浙江省精品课程教材 | 浙江省一流课程教材

Introduction to Logic

（The 3rd Edition）

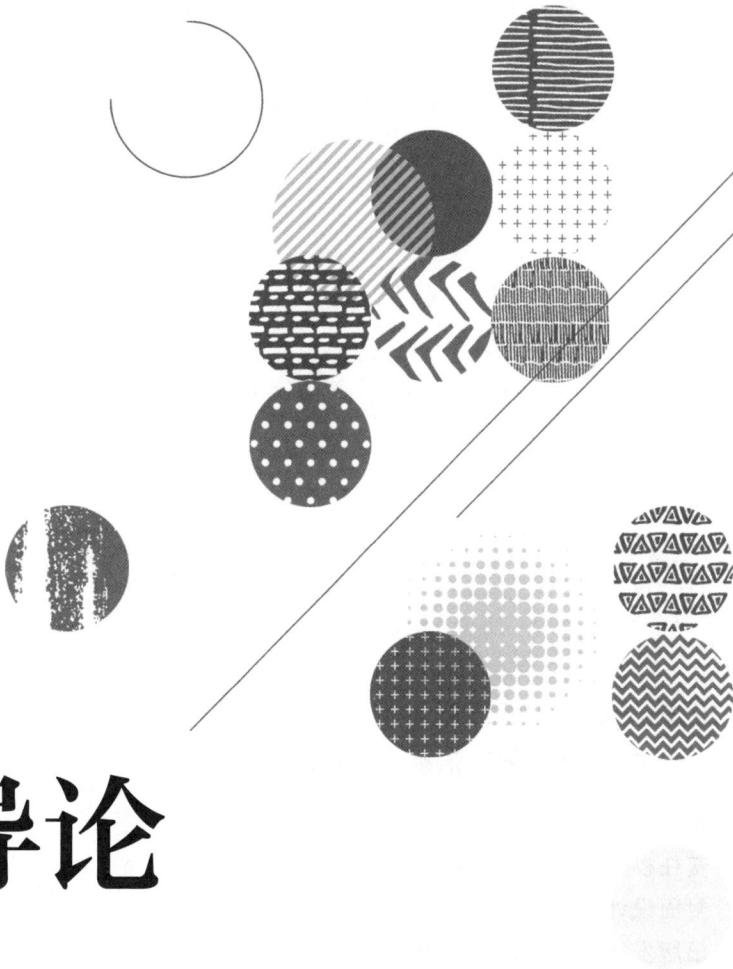

逻辑学导论

（第三版）

黄华新　徐慈华　张则幸 ◎编著

ZHEJIANG UNIVERSITY PRESS
浙江大学出版社

图书在版编目(CIP)数据

逻辑学导论 / 黄华新，徐慈华，张则幸编著. —3
版. —杭州：浙江大学出版社，2021.8
ISBN 978-7-308-21056-0

Ⅰ．①逻… Ⅱ．①黄… ②徐… ③张… Ⅲ．①逻辑学—
高等学校—教材 Ⅳ．①B81

中国版本图书馆 CIP 数据核字(2021)第 025699 号

逻辑学导论(第三版)

黄华新　徐慈华　张则幸 编著

责任编辑	曾　熙
责任校对	高士吟
封面设计	春天书装
出版发行	浙江大学出版社
	(杭州市天目山路 148 号　邮政编码 310007)
	(网址：http://www.zjupress.com)
排　　版	杭州朝曦图文设计有限公司
印　　刷	杭州佳园彩色印刷有限公司
开　　本	787mm×1092mm　1/16
印　　张	18.5
字　　数	570 千
版 印 次	2021 年 8 月第 3 版　2021 年 8 月第 1 次印刷
书　　号	ISBN 978-7-308-21056-0
定　　价	56.00 元

目录
CONTENTS

绪论

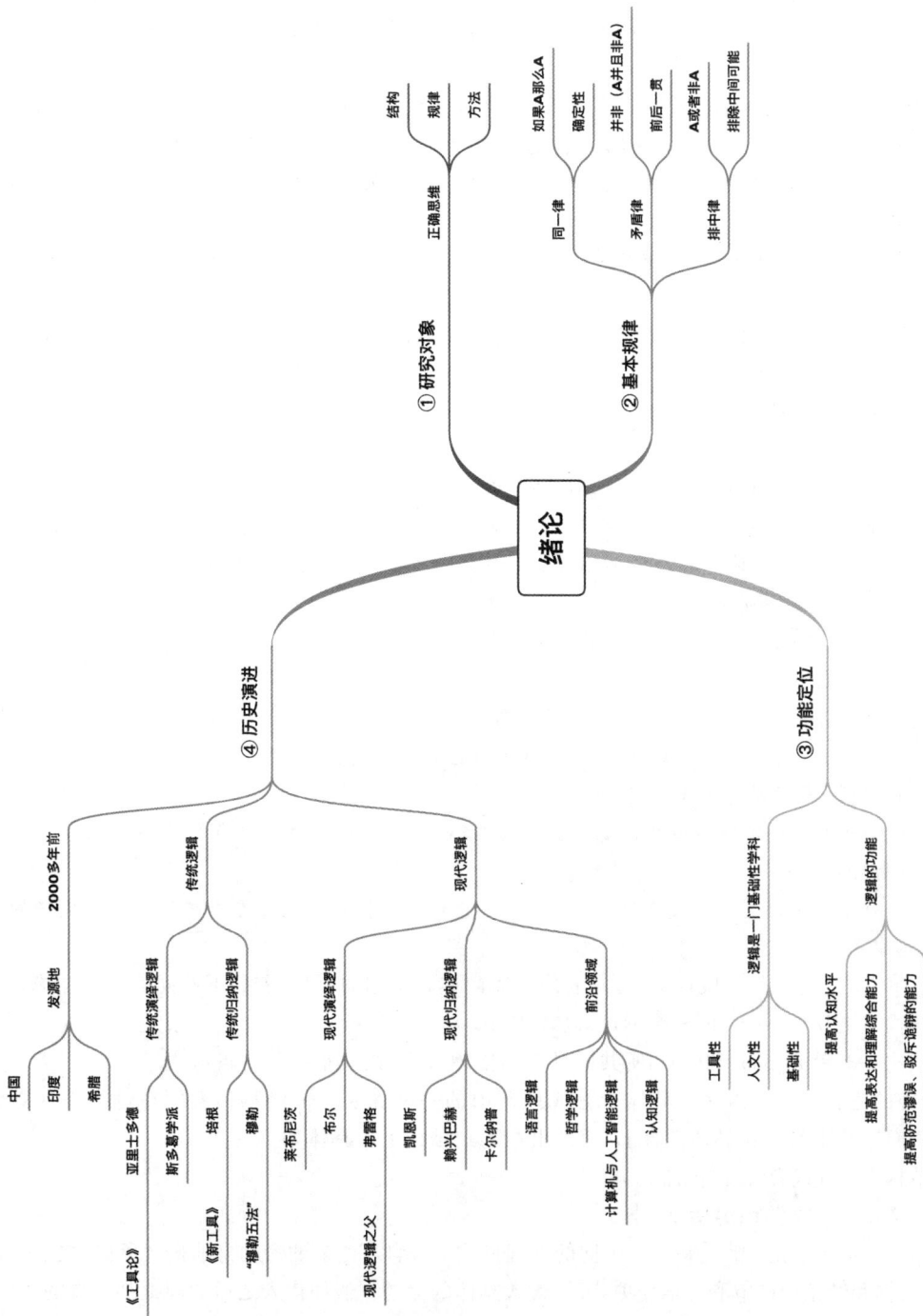

第一节　逻辑的研究对象

在现代汉语中,人们常常使用"逻辑"一词,但这个词在不同的语境中具有不同的意义。比如,人们说,"要当一个好校长,必须研究教育发展的内在逻辑",这里的"逻辑"相当于"规律""规则"。又比如,人们常说,"说话写文章要讲究逻辑",这里的"逻辑"指的是"严谨""有条理"等意思。当人们说"这是霸权主义逻辑"的时候,"逻辑"作为贬义词来使用,它是指某种谬论、歪理之类的意思。而当人们强调"如果想要提高自己的理性思维能力,应当多学点逻辑"时,这里的"逻辑"则是指"逻辑学"或"逻辑知识"。

在现实生活中,逻辑不仅在词义上具有多样性,而且在对其研究对象的理解上也存在着明显的差异。有的学者从狭义的角度定义逻辑,认为逻辑是研究有效推理的理论,而有效推理就是从真前提必然地得出真结论的推理。有的学者则从广义上理解逻辑,认为逻辑研究的是正确思维,他们还对"正确思维"做了宽泛的理解。

我们持广义的逻辑观,认为逻辑是关于正确思维的理论,具体地说,逻辑是一门关于思维的形式结构、规律和方法的科学。

思维的形式结构亦即思维的逻辑形式,是指从具体内容各不相同的命题或推理中抽取出来的一种共同结构。举例如下。

[1-1]有的干部是稳健型干部。

[1-2]有的城市是智慧城市。

[1-3]如果要建成世界名校,那么就要切实提高教学质量和科研水平。

[1-4]如果要增强企业的持续生命力,那么就应当提高产品的科技含量和文化附加值。

以上 4 个命题的具体内容是各不相同的,但[1-1]、[1-2]具有如下的共同结构。

[结构 1-1]有的 S 是 P。

[1-3]、[1-4]具有如下的共同结构:

[结构 1-2]如果 p,那么 q 并且 r。

[结构 1-1]是[1-1]和[1-2]的逻辑形式;[结构 1-2]是[1-3]和[1-4]的逻辑形式,它们分别是从[1-1]、[1-2]和[1-3]、[1-4]中抽取出来的一种共同的命题形式。

有的逻辑形式表现为推理形式,举例如下。

[1-5]所有现代技术的传播都是需要花工夫的;纳米技术的传播是现代技术的传播,所以,纳米技术的传播需要花工夫。

[1-6]所有优秀的文学作品都是受人欢迎的;优秀的剧本是优秀的文学作品,所以,优秀的剧本是受人欢迎的。

[1-5]、[1-6]是两个三段论推理,它们的具体内容各不相同,但有着如下共同的形式结构。

[结构 1-3]所有 M 是 P,S 是 M,所以,S 是 P。

[结构 1-3]就是[1-5]和[1-6]所共同具有的推理形式,这也是一种逻辑形式。

思维的逻辑形式是内含在具体命题或推理中的一种深层次的结构。人们在进行理性思维活动时,有些问题并不是出在具体内容上,而是出在形式结构上。具体如下。

[结构 1-4]p 或者 q;非 p,所以,q。

[结构 1-5]p 或者 q;p,所以,非 q。

[结构 1-4]和[结构 1-5]是两个不同的推理形式。"所以"之前的命题是前提;"所以"之后的命题是结论。前提和结论中的 p 和 q 是变项,可以代入具体的命题。假如代入之后的前提都是真的,结论是否必然为真呢? 如果结论必然为真,则这个推理形式正确(有效);反之,这个推理形式不正确(无效)。

我们可以证明[结构1-4]是正确的。例如,我们用"老李能歌"和"老李善舞"分别代入[结构1-4]中的p和q,那么前提分别是"老李能歌或者善舞"和"并非老李能歌",结论是"老李善舞"。再用"小王选修数学"和"小王选修逻辑"分别代入[结构1-4]中的p和q,那么前提是"小王或者选修数学或者选修逻辑"和"并非小王选修数学",结论是"小王选修逻辑"。我们还可以继续用其他的命题代入p和q,都不会出现前提真而结论假的情况,也就是说,只要前提都真,结论必然为真。而[结构1-5]却不然。用具体命题代入之后,可以使前提都真,而结论不一定真。例如,当我们用"老李能歌"和"老李善舞"分别代入[结构1-5]中的p和q,这样,前提分别是"老李能歌或者善舞"和"老李能歌",结论是"老李不善舞"。很显然,这里可能出现前提真而结论假的情形,所以,我们说这个推理形式不是正确(有效)的。

从上面的讨论中,可以看出,思维的形式结构是有某种规律性的,这就是逻辑规律。如前所述,逻辑正是以思维的形式结构(逻辑形式)、方法(逻辑方法)和规律(逻辑规律)作为自己的研究对象的。

任何一种思维的逻辑形式都由常项和变项组成。如[结构1-1]中的"有的……是……"是常项,"S""P"是变项,这里的变项又叫词项变项;[结构1-2]中的"如果……那么……并且……"是常项,"p""q""r"是变项,这里的变项又叫命题变项。词项变项和命题变项又叫逻辑变项,它们可以代表不同的思维内容,即具体的词项(概念)和具体的命题。上述逻辑形式中的"S""M""P",以及"p""q""r"都有这样的特点。这里所说的常项又叫逻辑常项,它们不随思维内容的变化而变化。上述逻辑形式中的"有的……是……""如果……那么……并且……""所有……是……"都有这样的特点。逻辑常项体现逻辑形式的本质特征,是思维的形式结构中的关键因素,是把不同类型的逻辑形式区分开来的唯一依据,因而是最重要、最根本的。

逻辑的中心任务是研究推理及其有效性标准,进而提供鉴别推理有效与否的模式与准则("有些逻辑学家使用'有效的'这个词项去表征逻辑上真的陈述。"[①]我们这里则是在"正确性"的意义上使用"有效性")。亚里士多德在他的第一部逻辑著作《论辩篇》中开宗明义地指出:这部著作的目的在于"发现一系列探究方法,依据这些方法,我们将能够就人们向我们提出的每个问题从一般所接受的意见出发进行推理,而且我们在提出一个论证的时候,也将避免说出自相矛盾的东西"。[②]"一个推理是一个论证,在这个论证中,有些东西被规定下来,由此必然地得出一些与此不同的东西。"[③]这可以看作是对演绎推理的朴素定义。正是由于亚里士多德把握了推理这条主线,才使他有可能创建逻辑这门科学。

人们从不同的角度去考察,推理可以区分出不同的类型。从前提与结论之间的联系性质来看,推理有演绎推理和归纳推理两大不同类型。

关于演绎与归纳的区别,章士钊先生在《逻辑指要》中枚举了如下5个方面。

第一,演绎为形式的,而归纳注重实质。

第二,演绎为分析的,而归纳为综合的。

第三,演绎为意义之表明,而归纳求意义之发现。

第四,演绎为证明方法,而归纳为发明方法。

第五,演绎如前提真,则结论必真;而归纳则虽前提真,而结论未必真。[④]

以推理为主要研究对象的逻辑学科在21世纪的发展前景如何?逻辑发展的主要动力将来自何处?有的学者认为,"计算机科学和人工智能将至少是21世纪早期逻辑学发展的主要动力源泉,并将由此决定21世纪逻辑学的另一面貌。由于人工智能要模拟人的智能,它的难点不在于模拟人脑所进行的各种必然性推理,而在于模拟最能体现人的智能特征的能动性、创造性思维,这种思维活动中包括学习、抉择、尝试、修正、推理诸因素,例如选择性地搜集相关的经验证据,在不充分信息的基础上做

①　I. M. 科庇. 符号逻辑[M]. 北京:北京大学出版社,1988:8.

②　W. D. Ross. *The Works of Aristotle*(*Vol. 1*)[M]. Oxford:Oxford at The Clarendon Press,1966:100a18-22.

③　W. D. Ross. *The Works of Aristotle*(*Vol. 1*)[M]. Oxford:Oxford at The Clarendon Press,1966:100a25-25.

④　转引自谢幼伟. 现代哲学名著述评[M]. 济南:山东人民出版社,1997:95.

出尝试性的判断或抉择,不断根据环境反馈调整、修正自己的行为……由此达到实践的成功。于是,逻辑学将不得不比较全面地研究人的思维活动,并着重研究人的思维中最能体现其能动性特征的各种不确定性推理,由此发展出的逻辑理论也将具有更强的可应用性"①。

思维活动的创造性是人类智能的本质特征。在理论思维的过程中,具有必然性的演绎推理无疑是十分重要的,但是具有或然性的推理,如归纳推理、类比推理、溯因推理,以及语用推理、合情推理等同样不可忽视。毋庸置疑,计算机要成功地模拟人的智能,体现出人类思维活动的创造性本质,就必须对各种或然性推理模式做深入具体的研究。

不仅如此,人在日常生活中进行推理的能力包含诸多方面,是相当复杂的过程,但常识推理的最一般基础是在容错知识情形下的推理。"一般地,容错知识包括两种最基本情形:一种是容'错'知识,即含矛盾的知识,这是在不相容知识情形下的推理问题;另一种是容'误'知识,即含未知的知识,这是在不完全知识情形下的推理问题。"②为了更好地理解自然语言,并满足计算机理解语言的需要,我们不能不研究"容错推理"之类的问题。

对推理这种最重要的思维形式,人们可以运用多种逻辑方法来加以分析和研究。比如,形式化方法和非形式化方法,语形方法、语义方法和语用方法③等。这里我们着重对形式化方法和非形式化方法做一个简要介绍。

形式化方法是指用一套特制的人工语言(即表意符号)来表示词项、命题、推理,从而把对推理形式的研究转化为对形式符号系统进行研究的方法。人工语言具有精确、简洁和直观的优点,它避免了日常自然语言可能具有的歧义性和模糊性。

逻辑学在构建形式系统时,有两种不同的形式化方法,即自然演绎方法和公理化方法。自然演绎方法是根据给定的推理规则从真前提推出真结论或从假设得出推断的一种形式化方法。用这种方法建立自然推演系统的基本思路是:把某些有效的推理形式作为推导规则,从而推导出其他的有效推理形式。公理化方法是从一些称作公理的初始的合式公式出发,根据事先给定的推理规则,得到一系列称作定理的结果,由此建立起一个包括公理、定理的系统。应用形式语言建立逻辑系统来研究推理等思维形式的方法,不仅对于逻辑科学本身有重要意义,而且在其他科学领域也有重要的应用。

非形式化方法主要以自然语言来刻画推理等思维的形式结构、规律和方法,侧重于对思维的逻辑形式做语义和语用方面的分析、研究,并不建立形式系统,它是相对于形式化方法而言的。例如,传统逻辑虽然使用了一些符号表达逻辑形式,但并没有脱离日常自然语言,因此不能把推理转化为演算,对于复杂的命题形式及其推理完全无法处理,更谈不上构造形式系统。传统逻辑中的推理理论主要是以日常自然语言为载体的,它是对多种逻辑知识的综合运用,但它是非形式化的,因而在精确性方面显得不足。其实,形式化方法与非形式化方法各有优长,它们是互补关系。对于推理等思维形式的研究来说,两者都是不可或缺的。

马克思认为,语言是思维本身的要素,是思想的直接现实。思维的形式结构是通过语言来表达的,语言外化、凝聚着思维,朱光潜曾说,"思想就是使用语言"。因此,逻辑要研究思维的形式结构及其规律,首先就要研究表达思维的语言,要研究语言表达式的意义。成中英在论及"现代逻辑的分析方法"时,提出"应对人类思想,以及这个思想所借以表示的语言媒介,做出新的认识"。在他看来,"19世纪所出版的关于传统逻辑的书,一开始就对语言做分析,对语言所代表的思想内涵结构做分析;并且认定,语言的存在主要是为了表达一个思想"④……

逻辑是关于思维的形式结构及其规律的科学,它的内在的真正的对象是思维。逻辑对语言的探

① 陈波.从人工智能看当代逻辑学的发展[J].中山大学学报论丛,2000(2):10-11.
② 林作铨.容错推理[J].计算机科学,1993(20):18.
③ 莫里斯.指号、语言和行为[M].上海:上海人民出版社,1989:261.
④ 成中英.论中西哲学精神[M].上海:中国出版集团东方出版中心,1991:26.

究,归根到底是对语言所表达的思维的探究,人们研究语句及语句之间的关系,目的是为了把握语句所表达的命题及由命题所构成的推理。

第二节 逻辑的基本规律

逻辑的基本规律,在普通逻辑中,通常是指同一律、矛盾律和排中律这三条基本规律。

逻辑的基本规律是思维活动所必须遵守的起码准则,它对一切思维活动都有制约作用。任何正确的思维形态,无论是概念、命题还是推理,都必须具有确定性,有确定的内容,确定地反映客观对象,这是逻辑思维的基本特征。同一律、矛盾律和排中律正是从不同角度反映这一特征的。同一律提出任何思想与自身同一,矛盾律要求思想前后一贯、不自相矛盾,排中律则排除两个矛盾思想的中间可能性。遵守这三条基本规律是思维具有确定性的必要条件,违反了它的要求,就会犯逻辑错误。

逻辑基本规律的普遍有效性还表现在与逻辑规则的区别上。逻辑基本规律普遍适用于概念、命题、推理等各种思维形态,而逻辑规则只适用于某一种思维形态。例如,定义的规则,只适用于定义;三段论的规则,只适用于三段论;证明与反驳的规则,只适用于证明与反驳。

任何规律都在一定的条件下发生作用。逻辑规律发生作用的条件是同一思维过程,即在同一时间、同一关系下针对同一对象的思维活动。

所谓"同一时间",是指思维所反映的对象处于相对稳定状态的那段时间,在此时间内对象具有其质的规定性。任何事物都处于永恒的发展变化之中,但在某事物没有变成另一事物之前的这段时间里,它是这个事物就是这个事物,不是其他事物。日月经天,江河行地,可以数万年而不变,保持相对稳定性;而有的基本粒子在极短的时间内就完成了衰变,改变了质的规定性。但它们有一个共同点:在它们是日月江河、基本粒子的时候,它们就是日月江河、基本粒子,而不是别的什么东西。这也就是说,任何客观事物都有自身的相对稳定状态,只是时间长短不同而已。思维过程中同一时间的长短取决于所反映的对象相对稳定状态的长短。

所谓"同一关系",主要指对象的同一方面。任何对象都有许多方面,是多种质的规定性的统一。例如,水有物理属性和化学属性。水的物理属性方面表明,水是一种无色、无味的透明液体,在一个标准大气压下,气温0℃时结冰,100℃时沸腾;水的化学属性方面表明,水是由两个氢原子和一个氧原子化合成一个水分子而构成的物质。因此,在不同关系下,对同一对象可以有不同的反映,这并没有违反逻辑的要求。

所谓"同一对象",是指思维过程中保持不变的那个对象。思维是客观事物的反映。任何事物都有相对稳定的阶段。这时,它是什么对象就是什么对象;不可能既是什么对象,又不是什么对象;而且要么是什么对象,要么不是什么对象,不会有第三种情况。因此,在同一思维过程中,一个思想反映了什么对象就反映了什么对象,不能既反映什么对象,又不反映什么对象;而且要么反映什么对象,要么不反映什么对象,没有中间可能性。但是,如果超出了同一思维过程,客观事物有了变化,思维自然也要发生变化,这时就不能要求思维保持原来的确定性。也就是说,逻辑规律所要求的思维的确定性,是有条件的确定,不是一成不变的绝对确定。举例如下。

[1-7]中华人民共和国成立前,中国是一个半殖民地半封建的国家,劳动人民处于被压迫被奴役的状态;中华人民共和国成立后,中国变成了一个独立自主的社会主义国家,劳动人民成了国家的主人。

这里,"中国是一个半殖民地半封建的国家"和"中国变成了一个独立自主的社会主义国家","劳动人民处于被压迫被奴役的状态"和"劳动人民成了国家的主人",都是互不相容的思想,如果出现在同一思维过程中,是逻辑规律所不容的逻辑错误。但是,分别出现在不同的时间:前者出现在中华人民共和国成立前,后者出现在中华人民共和国成立后,这是逻辑规律所容许的。

总之,逻辑规律是在"三同一"的条件下才起作用的,离开了这一条件,就不存在违反逻辑规律要求的问题。认识到这一点很重要,它直接关系到能否正确理解同一律、矛盾律和排中律的问题。

一、同一律

同一律的内容可以表述为:在同一思维过程中,一个思想如果反映某客观对象,那么,它就反映这个客观对象。一个思想是有真假的。从这个角度来考虑,同一律的内容也可以表述为:一个思想如果是真的,那么,它就是真的;如果它是假的,那么,它就是假的。

同一律可以用公式表示为

$$如果\ A\ 那么\ A$$

公式中的"A"表示任一思想。这一公式的意思是说,如果是 A 这个思想,那么,就是 A 这个思想,也就是说,在同一思维过程中,每一思想的内容都是确定的,是什么内容,就是什么内容。A 可能真,也可能假,但是,在逻辑上,"如果 A 那么 A"是永真的,它是一个逻辑永真式,因此,同一律是一条逻辑规律。

同一律要求思想必须具有确定性。

就概念方面而言,同一律要求,对于同一对象在同一时间和同一关系下,只能用同一个概念去反映它;对于不同的对象,就必须用不同的概念去反映。因为任何一类事物,在同一时间和同一关系之下,必定具有某种特定的属性。例如,商品这一类事物,它具有"用来交换"这样一种特有属性,当我们用"商品"概念去反映这一类事物时,"用来交换"这样一种特有属性也就成了"商品"概念的确定内涵。只要在商品还没有变成其他物品之前,它一定具有"用来交换"这种特有属性,"商品"这个概念也就具有确定的内涵。

根据同一律的上述要求,我们在思维过程中,就必须保持概念的同一性。对于某一概念的运用,如果开始时用在某种意义上,就不能中途改变它的意义。如果开始时指的是一种意义,到后来又指别的另一种意义,那就破坏了同一律的要求,犯了逻辑上偷换概念的错误。举例如下。

[1-8]任何燃烧都有渣质和灰烬;任何氧化都是燃烧;所以,任何氧化都有渣质和灰烬。

这里推得的结论是错误的,因为在第一个前提中,"燃烧"所指的是日常生活的意义,而到第二个前提时,"燃烧"又指化学的过程。我们知道氧化的作用如铁的生锈之类,并不同于一般的"燃烧",它的结果并不产生渣质和灰烬。因此,这一"燃烧"所指的是另一个概念,这就违反了同一律的要求,犯了偷换概念的错误。

诡辩家们是经常故意偷换概念,违反同一律的。举例如下。

[1-9]你没有失掉的东西,你就有了这东西;你没有失掉头上的角;所以,你头上有角。

这里"失掉"一词的所指是有不同意义的。第一个"失掉"是指本来有的东西的失掉,而第二个"失掉"却是对本来没有的对象而言的,所以,第二个"失掉"一词所指的不是原来的概念。诡辩家就是这样利用名词外表的相同,而暗中偷换概念,进行诡辩的。

再举一例。

[1-10]有的古墓出土的汉代陶器,图案精致,色彩协调,可惜都有损坏,不能展出。经过陶瓷工人的努力,现已将它们一一复制出来,终于使这些汉代陶器能与广大参观者见面了。

这里,前面所说的"汉代陶器"是指出土的文物,是真品;后面所说的"汉代陶器"则是复制品,是赝品,是两个不同的概念,这就犯了混淆概念的错误。

就命题方面而言,同一律要求一个命题肯定什么就肯定什么,否定什么就否定什么。同样,一个命题如果是真的,那就是真的;如果是假的,那就是假的。也就是说,作为一个命题必须具有确定的内容,必须保持自身的同一。例如,当我们做出"实践是检验真理的唯一标准"这一命题时,我们就肯定了它所表述的思想,就应该保持这一肯定不变。

在言语表达或交际过程中,我们确定了某一论题,就应该保持这一点,并加以论证。如果有意或无意地背离原来的论题,变换成别的论题,这就违反了同一律的要求,犯了偷换论题或转移论题的错误。举例如下。

[1-11]有位领导人在座谈会上说:"我们是人民的公仆,要当人民的老黄牛。老黄牛嘛,就是要埋头苦干,任劳任怨。当然,我们都还没有老,都还是四五十岁的人,我们还不是老黄牛,是中黄牛,还要继续为人民工作嘛。等我们老了以后,要退休,要让年轻有为的同志来接班。现在物质文化生活条件比以前好多了,以后大家退休了,可以安度晚年。"

这里,这位领导人在讲话中不停地在转移论题,以致前后思想之间失去了逻辑联系。开始的论题为干部是人民的公仆,是老黄牛,并且把"老黄牛"解释为有任劳任怨、埋头苦干的精神;接下来却谈年龄上还是"中黄牛";最后论题一转,又提起退休以后可以安度晚年。整个段落没有中心命题,因此思想不确定,让人莫名其妙。

再举一例。

[1-12]青年人应有远大理想,因为青年是祖国的未来,也就是说,什么样的青年最理想?体魄健全,思想进步才是最理想的青年……

这里,本来议论的是"青年人应有远大理想",又转而去议论"什么样的青年最理想",这就违反了同一律的要求,犯了转移论题的错误。

偷换论题也是违反同一律要求的一种逻辑错误。举例如下。

[1-13]有这样一个争论。

甲说:"我们今天就到书店去一次吧,到明天,我们要买的那本书可能被卖掉了。"

乙说:"不,不可能被卖掉的。"

第二天,那本书没有被卖掉。

根据这个情况,乙就说:"看到没有,而你还说它会被卖掉呢!"

在这场争论中,乙犯了偷换论题的错误,因为甲说的是"那本书可能被卖掉",乙在反驳甲的意见时,已经把"那本书可能被卖掉"偷换为"那本书会被卖掉",前者是模态命题,而后者是非模态命题,二者是完全不同的命题。根据同一律的要求,在争论中,对方的原意是什么,就是什么,不应当将对方的原意曲解成另外一种意思,然后再对这种已被曲解的命题加以反驳。当然,这样做,有的是有意的,有的也可能不是有意的。

在思维活动和交流思想的过程中,遵守和运用同一律,其主要的意义就在于保持思维的确定性。它是正确认识事物的必要条件。如果在认识世界和改造世界的过程中,不能保持思维的确定性,不能准确地、在同一意义上去反映对象,那么,就根本无法认识事物,正确地反映事物。

遵守和运用同一律,也是人们有效地交流思想的必要条件。如果在交流思想的过程中,所用的概念没有确定的内涵,随意地转移论题,就不可能进行有效的思想交流。

遵守和运用同一律,对于辨识谬误、反驳诡辩,也具有重大的意义。谬误和诡辩常常表现为概念模糊,思想混乱,或者故意颠倒黑白,混淆是非,这种种表现形式的实质就在于无意或者有意地破坏了思维的确定性,因此,遵守和运用同一律,就可以从思维的确定性方面给予谬误和诡辩以正确的揭示和有力的回击。

二、矛盾律

矛盾律的内容可以表述为:在同一思维过程中,一个思想不能既反映某客观对象,又不反映这一对象。也可以表述为:在同一思维过程中,一个思想不能既是真的,又是假的。矛盾律实际上是要排除矛盾,但它所要排除的"矛盾"不是辩证矛盾,而是思维中的逻辑矛盾,或者叫作"自相矛盾"。因此,矛盾律也可以叫作不矛盾律。

矛盾律可以用公式表示为

$$并非（A 并且非 A）$$

公式中的 A 表示任一思想,非 A 是对 A 的否定。在同一思维过程中,一个思想及其否定,是不能同真的。"A 并且非 A"是断定两个不能同真的思想同时为真,因此,这一断定必定是假的,"并非"就是要排除这种必定是假的断定。"并非（A 并且非 A）"这一公式,在逻辑上是永真的,它是一个逻辑永真式,因此,矛盾律是一条逻辑规律。

矛盾律要求思想必须前后一贯,不自相矛盾。违反矛盾律要求的逻辑错误叫作自相矛盾。"自相矛盾"中的"矛盾"一词,出自《韩非子·难一》中讲到的一篇寓言故事:"楚人有鬻盾与矛者,誉之曰:'吾盾之坚,物莫能陷也。'又誉其矛曰:'吾矛之利,于物无不陷也。'或曰:'以子之矛,陷子之盾,何如?'其人弗能应也。夫不可陷之盾与无不陷之矛,不可同世而立。"

用"无不陷之矛"去陷"不可陷之盾",结果会怎样？这位楚国商人当然只能是无言以对。因为如果他认为他的矛真的是"于物无不陷",而他的盾也是一种物,那么,他的矛自然也可陷他的盾,这样,说"他的盾是不可陷的"就不是真的了;反之,如果认为他的盾真的是"物莫能陷也",而他的矛也是一种物,那么,他的矛自然也"莫能陷"他的盾,这样,说"他的矛是无不陷的"就不是真的了。总之,"他的盾是不可陷的"与"他的矛是无不陷的"这两个命题是不可能同时为真的。

矛盾律的要求,可以分别从概念和命题这两个不同的方面来加以讨论。

就概念方面而言,在同一思维过程中,矛盾律要求一个概念不能既反映某类对象,又不反映这类对象。例如,"商品"这一概念不能既反映用来交换的这类劳动产品,同时又不反映这类劳动产品。我们也可以这样说,互相矛盾或者互相反对的概念不能同时反映同一个对象。例如,"生产性开支"和"非生产性开支"这两个概念是互相矛盾的,我们不能用这两个互相矛盾的概念同时去反映某一笔开支,说"这一笔开支既是生产性开支,又是非生产性开支"。又如,"唐朝大诗人"和"清朝大诗人"这两个概念是互相反对的,我们也不能用这两个互相反对的概念同时去反映某一位诗人,说"某某既是唐朝大诗人,又是清朝大诗人"。

就命题方面而言,矛盾律要求不能同时肯定两个互相矛盾或互相反对的命题都是真的。例如,"所有年满 18 岁的公民都有选举权"与"有些年满 18 岁的公民没有选举权"这两个命题是互相矛盾的,矛盾律要求不能同时肯定它们都是真的。又如,"汉水是长江最大的支流"与"汉水是长江最小的支流"这两个命题是互相反对的,矛盾律要求对于它们也不能同时肯定都是真的。

无论是概念方面,还是命题方面,如果违反了矛盾律的要求,就会犯自相矛盾的逻辑错误。其具体表现形式是多种多样的。

如果在同一个语句中,用上两个互相矛盾或者互相反对的概念,这种自相矛盾的错误叫作自语相违。举例如下。

[1-14]我自己一向就是常常这样做的。

这里,"一向"和"常常"是互相反对的概念,用在同一句话中,这就是一种自语相违的错误。

再举一例。

[1-15]这里是远离祖国的边疆。

"远离祖国的（地方）"和"祖国的边疆"也是互相反对的概念,用在同一个语句中,同样是属于自语相违的错误。

有时在一段文字中,前面肯定了某种意思,到后面又否定这种意思,这种自相矛盾的错误,叫前后冲突。举例如下。

[1-16]在海外,我是个穷人家的孩子,当时不必说读书,就连日常生活都不能维持。我爸为了一家人的生活,替资本家做苦工给折磨死了。爸死以后,我就没有书读了。

在这段文字中,前面肯定的意思是"爸在的时候也没有书读",可是到后面又表达了这样一种意思——"爸在的时候是有书读的",这就否定了前面所肯定的意思。

再举一例。

[1-17]要写好这个戏,困难确实很大。我们几个人都没有从事过文艺创作。老李虽然写过几篇小说,但写戏还是第一次。不过我们有信心完成这个任务。

在这段文字中,前面肯定"我们几个人(当然包括老李在内)都没有从事过文艺(包括小说)创作",后面又说"老李写过几篇小说",这就否定了前面所肯定的那个意思。

在违反矛盾律要求的逻辑错误中,有一种特殊的逻辑矛盾,就是悖论。悖论是这样一种命题:如果肯定它,就要导致对它的否定;反之,如果否定它,又要导致对它的肯定。一个命题是有真假的,由它是真的,就可推出它是假的;反之,由它是假的,就可推出它是真的。

在古希腊的诡辩中,就已经有人提出了悖论。如果有人说,"我正在说谎",这就是一个悖论。因为如果他所说的"我正在说谎"这句话是真的,那么,他就是正在说谎话,那么他所说的这句话即"我正在说谎"就是一句谎话,也就是说,他的话是假的;反之,如果他所说的"我正在说谎"这句话是假的,也就是说,是一句谎话,那么,他所说的"我正在说谎"这句话倒是一句真话。这种悖论被称为语义悖论。

语义悖论之所以产生,是由于一句话涉及了这句话自身。"说谎者"这个悖论的产生,就是由于"我正在说谎"这句话涉及了这句话自身。所以,为了避免这一类悖论,应设法避免"涉及自身"。

还有一种悖论,称为集合论悖论。1919年,逻辑学家罗素曾经提出这样一个问题:"某村子里有个理发师,他规定:'我只给那些自己不刮胡子的人刮胡子。'请问:这个理发师给不给自己刮胡子?"如果理发师给自己刮胡子,那么,按规定,他不能给自己刮胡子;如果理发师不给自己刮胡子,那么,按规定,他就要给自己刮胡子,这就陷入了奇异循环的怪圈之中。这就是数学史上著名的"理发师的悖论"。

遵守和运用矛盾律的意义就在于保证思维具有前后一贯性,或者说无矛盾性。它是正确思维所不可缺少的基本条件。遵守和运用矛盾律也是构造科学理论体系的起码条件之一。发现并排除科学理论体系中逻辑矛盾,是推动科学理论发展的一个重要途径。例如,在古代,亚里士多德的落体理论认为:物体从空中下落时,物体下落的快慢和物体重量成正比,即物体重量越大,下降速度也就越快。这一说法被物理学界公认为真理一直延续了1800多年。但伽利略却认为这一理论有问题,因为它存在着一个逻辑矛盾:假设有两个大小不同的物体(比如铁球),由同一高处下落,按照这一理论,则下落的速度会是不同的,即大的下落得快,小的下落得慢。再假定:我们把大小两个铁球捆在一起,那么,这个捆在一起的铁球将以哪种速度下落呢? 一方面,这个速度应该小于大铁球下落的速度。因为大速度和小速度合在一起,只能是中速度,中速度显然小于大铁球下落的速度。另一方面,这个速度又应该大于大铁球的下落速度。因为捆在一起的两个铁球的重量要比单独一个大铁球的重量大。于是就得出了一个自相矛盾的结论:捆在一起的两个铁球的下降速度同时既小于又大于单独一个大铁球的下降速度。

为了排除这一逻辑矛盾,伽利略做出了一个不同寻常的假设:轻重不同的物体应该是同时落地。物体下落的速度与它的重量无关。如果两物体受到空气阻力相同,或者消除空气阻力的影响(例如在真空中),两个重量不同的物体将以同样速度降落,同时到达地面。根据这一假定和逻辑推论,伽利略于1589年用100磅重和1磅重的两个大小不同的铁球,在罗马比萨斜塔做了著名的落体实验。实验结果是,这两个铁球从高塔上同时下落,确实也是同时落地的。这就证明了,自由落体在阻力相同的条件下,下落的速度是相同的,从而推翻了旧的落体理论,为新的落体理论的建立奠定了基础。

遵守和运用矛盾律,对于法律工作具有特殊的意义。比如,在法律文书中,对案情的陈述和定罪量刑必须前后一贯,不允许有逻辑矛盾。但如果没有遵循这一要求,就有可能做出自相矛盾的陈述和判决。例如,在某人被逼自杀一案中,判决书中定性某人为"威逼致死",但对被告又判"念其无意之错误",予以从轻处罚。显然"威逼致死"属于"故意",而"无意之错误"是"过失",以"故意"定罪,以"过失"减刑,不是自相矛盾吗?

遵守和运用矛盾律,揭露逻辑矛盾,也是一种重要的批判和反驳方法。古希腊哲学家赫拉克利特的学生克拉底鲁说:"我们对任何事物所做的肯定或否定都是假的。"这个观点显然是荒谬的。我们可以用揭露其内含着的逻辑矛盾的方法来加以批驳。我们不妨先假设克拉底鲁的观点成立,如果他的观点成立,那么我们肯定:"所有的产品都是合格的"是假的,这等于说是"有的产品不是合格的"是真的;如果他的观点成立,那么我们肯定:"有的产品不是合格的"是假的,这等于说是"所有的产品都是合格的"是真的。根据矛盾律,两个互相矛盾的命题:"所有的产品都是合格的"和"有的产品不是合格的"不可能都是真的,可见,克拉底鲁的观点不可能成立。

在反驳中,矛盾律是间接反驳的逻辑依据。这一点,我们到后文再来讨论。

三、排中律

排中律的内容可以表述为:在同一思维过程中,一个思想或者反映某客观对象,或者不反映这一对象。也可以表述为:在同一思维过程中,一个思想或者是真的,或者是假的。"排中"的意思就是排除中间可能性。一个思想反映或者不反映某客观对象;在真或者假之间,必居其一。

排中律可以用公式表示为

$$A \text{ 或者非 } A$$

公式中的 A 和非 A 是互相矛盾的思想。这里,不管 A 是真是假,"A 或者非 A"总是真的,是一个逻辑永真式,因此,排中律也是一条逻辑规律。

排中律要求在互相矛盾的思想之间,排除中间可能性。对于两个互相矛盾的思想,不能都加以否定。

就概念方面而言,在同一思维过程中,某对象或者属于概念 A 所反映的范围,或者属于非 A 所反映的范围。没有哪个对象既不属于 A 所反映的范围,又不属于非 A 所反映的范围。例如,在讨论我国的高等学校时,任何一所高校,要么属于"全国重点大学",要么属于"非全国重点大学"。没有哪一所高校既不属于全国重点大学,又不属于非全国重点大学。

就命题方面而言,在同一思维过程中,对于同一对象给出的两个互相矛盾的命题,必须肯定其中有一个是真的。例如,"这一批产品个个都是合格的",与"这一批产品有的不合格",这两个命题之间就是互相矛盾的关系,不会都是假的,其中必有一个是真的。

排中律要求在同一思维过程中,对于互相矛盾的思想,不能既不肯定这个,又不肯定那个,违反这一要求就会犯模棱两可的逻辑错误。举例如下。

[1-18]苏联作家卡达耶夫在 1932 年出版的长篇小说《时间呀,前进!》中,描写了一位青年突击队长用一种机器在较短的时间里生产出了大量的混凝土,工地上的总工程师认为这是胡来,瞎搞。他们进行了这样一段对话。

青年突击队长:"那么,你禁止这种工作了?"

总工程师:"我并不禁止。"

青年突击队长:"这就是说,你允许这种工作?"

总工程师:"不,不。"

青年突击队长:"那么,何以理解呢?"

总工程师:"就算长辈对你的忠告吧!"

在这个特定的语境里,"禁止这种工作"与"允许这种工作"是互相矛盾的关系,不能既否定前者,又否定后者。总工程师的意见违反了排中律的要求,犯了模棱两可的错误。

再举一例。

[1-19]甲乙两人就文艺创作问题发生了争论。

甲说:"我看,文艺创作是要有点灵感的。"

乙说:"不能这么说。"

甲说:"你认为文艺创作不需要有点灵感吗?"

乙说:"也不能这么说。"

甲说:"那你认为怎样?"

乙说:"我认为……反正这是个理论问题,我无非是谈谈个人的看法。"

这里,乙的意见显然是不符合排中律要求的,因为"文艺创作需要灵感"和"文艺创作不需要灵感"是两个互相矛盾的命题,其中必有一真,既否定前者,又否定后者,这就犯了模棱两可的错误。

就"模棱两可"的错误表现而言,它是同时否定两个互相矛盾的思想,因此,说它是"两不可"更确切一些,所以,有人认为应把违反排中律要求的错误名称更改为"模棱两不可"。我们认为,"模棱两可"是一个约定俗成的成语,已为大家所接受,所以,只要大家清楚"模棱两可"的错误是在于同时否定两个互相矛盾的思想,就没有必要非更名不可。

遵守和运用排中律的意义在于保证思想的明确性。思想具有明确性是正确地反映客观事物,有效交流思想的必要条件。

排中律要求我们要明确思想,力避含混,这在实践上是有重大意义的。对于在日常生活中玩弄含糊其辞,故意用"模棱两可"来回避对于问题的明确回答,排中律是有力的武器。我们应当运用排中律旗帜鲜明地对其进行驳斥,揭露其错误之所在。

在论证中,排中律是间接论证的逻辑依据。

第三节 逻辑的功能定位

一、逻辑是一门基础性学科

从对逻辑研究对象的探讨中,我们不难发现,逻辑是一门兼有工具性和人文性的基础学科。[①]

首先,逻辑是一门工具性学科,这方面它与数学和语言学相类似。西方"逻辑之父"亚里士多德和近代归纳逻辑的奠基人弗朗西斯·培根的逻辑著作分别为《工具论》和《新工具》,书名本身就恰当地表达了逻辑的性质和功能。亚里士多德曾把逻辑看作是纯粹的工具性学科,同时他清楚地认识到,逻辑决不仅仅是辩论、演讲、对话的武器,尤为重要的是,逻辑是一切科学研究的必备工具。工具性是逻辑学在科学体系中的首要特征。

其次,逻辑学具有重要的人文学性质。逻辑学是社会理性化的支柱性学科。正如有的学者所说:"近年来,社会各层面的'失范''无序化'问题是学术文化界讨论的一个持续性热点,人们为此提出了各种各样的诊断治疗方案。实际上,社会的规范化、有序化的深层底蕴是社会的理性化,而逻辑正是人类理性的最重要的支柱学科之一。"[②]"逻辑精神既是科学精神的基本要素,也是民主法治精神的基本要素。建立在逻辑基础之上的形式理性是科学体系与民主政治的共同基石……五四精神的核心无疑是民主与科学,而只有深刻正确地认识与理解逻辑,才能深刻正确地认识民主与科学。"回顾历史,我们可以看到,对逻辑学人文性质的认识可以追溯到古希腊时期的斯多葛学派,近代的唯理论者和经验论者也有这方面的论述。尽管现代逻辑的"纯形式"导向多多少少弱化了人们对逻辑学人文性质的

---

① 张建军.真正重视"逻先生":简论逻辑学的三重学科性质[N].人民日报(理论版),2002-01-12(6).

② 张建军.关于开展逻辑社会学研究的构想[J].哲学动态,1997(7):18-19.

关注,但随着语用逻辑及其相关学科的勃兴,逻辑学的人文性再度引起了人们的重视。

最后,逻辑学是一门基础性学科。目前,联合国教科文组织把逻辑与数学、物理、化学、天文、地理、生命科学等学科并列,绝非偶然,而是有其内在的理据。逻辑的这一学科定位实际上反映了20世纪科学系统演化的重大进展。但我国学术界迄今尚未真正形成共识,在教学体系与学科建制中也未能得到体现,这是亟待改变的。①

二、逻辑的功能

逻辑是一门普适性很强而非功利导向的工具性学科,它以"求真、明理、守则"为基本价值追求,旨在提高人们的思维能力,升华人们的思维品质。② 逻辑的功能主要表现在如下几个方面。

首先,逻辑有助于人们增强思维能力,提高认知水平。逻辑以研究有效推理为己任,它描述推理实践,解读推理规则,编制推理系统。推理的知识帮助人们的思维更加严谨、准确和敏捷,从而使人们的认知水平得以提高。恩格斯指出:"甚至形式逻辑也首先是探寻新结果的方法,由已知进到未知的方法。"③当前探讨逻辑与认知的关系正成为国内外学术界的热点和亮点。认知作为人们探究事物有关信息的过程和行为,它是人们获取知识的符号操作。约翰·P.霍斯顿(以下简称霍斯顿)把对认知的不同理解归纳为下列5种:①认知是信息加工过程,②认知是心理上符号的处理,③认知是问题的解决,④认知是思维,⑤认知是一组相关的活动:知觉、记忆、思维、判断、推理、问题的解决、学习、想象、概念的形成、语言的应用。逻辑的生命力在于它与人类认知的密切联系。

逻辑推理是科学赖以生存的基础,因而逻辑学的概念和方法在许多其他领域广泛适用,正如列宁所说,"各门学科都是应用逻辑"。近代实验—数学方法创始人、意大利科学家伽利略的科学研究程序,不仅重视观察、实验所提供的归纳证据,而且也重视运用数学和逻辑演绎进行理论论证。伽利略的方法论特征曾被有的西方科学哲学家描述为"推理和观察的适当组合"。我们认为,伽利略的这种研究模式实质上是把归纳法和演绎法、实验和理论有机地结合起来了。科学作为一种认识活动,它必须有实证的经验材料,同时,科学体系本身要求一致性、明确性和论证性。经验上的适当性和逻辑上的严谨性是科学理论成立的基本条件。

其次,学习逻辑有助于提高人们表达和理解的综合能力,培养人们"注重论证"的自觉意识。根据逻辑的要求,人们在日常思维和语言交流过程中,应当注意概念明确,判断恰当,推理有效,论证有力。如果我们能自觉地遵循这些逻辑的规范,那么就有望不断提高自己理想表达和正确理解的能力,逐步养成"讲道理、重论证"的自觉意识和"言之有理、持之有故"的文明习惯。逻辑对思维和交际的规范功能,也就是要求人们自觉地养成崇尚理性、注重论证的好习惯,这一点对推进我们的精神文明和政治文明建设、营造良性的文化环境都有重要的意义。谢幼伟在评论章士钊的《逻辑指要》时,有一段话发人深省。他说:"实则,谋'赛恩斯'与'德谟克拉西'之移植,所最需要者,莫过逻辑。逻辑为科学基本,无逻辑,则科学无方法。逻辑亦民主政治之要件,国民脑筋之清晰与否,影响及于民主政治之推行。换言之,须有科学之心态(mentality),言民主亦须有民主之心态,而此两种心态之养成,均非有逻辑之训练不为功。国人思想,最混乱而无条理,言论亦最空泛而无界划,自语相违,常不自觉。此其为'赛恩斯'与'德谟克拉西'移植之障,极为明显。此障不除,日言'赛恩斯'与'德谟克拉西'无益也;日言提倡新文化,亦无益也。作者深信,中国之现在与将来,如有所谓文化其物者,此必与逻辑之提倡有关。提倡新文化,而不提倡逻辑,直缘木求鱼之道耳。"④

① 蔡曙山. 逻辑学与现代科学的发展[J]. 中国社会科学,2000(4):85-88.
② 黄华新. 浅谈面向通识教育的逻辑课程建设[J]. 逻辑学研究,2018(4A):1-7.
③ 中共中央马克思恩格斯列宁斯大林著作编译局. 马克思恩格斯选集:第3卷[M]. 北京:人民出版社,1995:477.
④ 谢幼伟. 现代哲学名著述评[M]. 济南:山东人民出版社,1997:89-90.

理想的表达和正确的理解都有赖于对逻辑的掌握和运用。在理想的表达中,交际主体围绕交际目标,根据特定的语言环境有效地实施某种言语行为,促成双方成功地实现思想感情的沟通。理解作为表达的逆过程,它是接受者对传递者所发出的信息的领悟。理解可以是语形层次上的,也可以是语义和语用层次上的。然而无论是何种理解方式,如果要避免误解和曲解,求得理解和表达的一致,取得良好的效果,就应当自觉地运用逻辑工具。MBA 入学考试的逻辑试题中,曾经有下面这道题目。

[1-20]"有爱才有家,有家就有爱。"如果上述论断为真,那么以下哪项是正确的理解?

A. 有爱就有家。

B. 无家就无爱。

C. 有家一定有爱,有爱一定有家。

D. 无爱一定无家,无家一定无爱。

E. 有爱不一定有家,无爱一定无家。

正确答案为 E。有效选择的关键在于,人们对表达充分条件关系的联结词"就"和表达必要条件关系的联结词"才"做出准确理解和把握。

从逻辑上澄清和理解一个概念的确切含义,对于有效的学术争鸣无疑是先决条件,正如法国启蒙思想家伏尔泰曾经说过:"假如你愿意和我谈话,请你先把所用的名词下个定义。"因为有了逻辑上的明确定义,名词(概念)的含义也就确定了,人们对问题的理解也有了实实在在的基础。

最后,学习逻辑有助于人们掌握辨谬的工具,从而提高人们防范谬误、驳斥诡辩的能力。

谬误作为日常思维和语言交流中的错误,既有形式的,也有非形式的;谬误不仅涉及经验科学和理论科学的各个领域,而且存在于人们日常生活的方方面面。如果我们能有效地把握逻辑的规律、形式和方法,自觉提高识别真假对错的能力,那就能更好地辨析和防范谬误。例如,倘若我们自觉地遵循逻辑的确定性准则、一致性准则、明确性准则和论证性准则,就能比较有效地避免"混淆概念""转移论题""自相矛盾""模棱两可""理由虚假""根据不足""不相干"等在表达和理解中常见的谬误形式。英国逻辑学家 L. S. 斯泰宾(以下简称斯泰宾)说得好:"一个民主的民族极其需要清晰的思维,它没有由于无意识的偏见和茫然的无知而造成的曲解。我们在思维中的失败有时候是由一些错误造成的,而如果我们清楚地看到这些错误是如何产生的,则我们在某种程度上本来是可以消除这些错误的。"①

诡辩也是一种谬误,但它是故意地违反逻辑规律,违背推理和论证的规则,用似是而非的话语为错误的论点做辩护。诡辩有别于一般性的谬误,前者是"有意欺骗的论证",后者则是无意造成的错误。基本论点的荒谬性、违反逻辑的故意性和外观具有的欺骗性,构成了诡辩的三个重要特征。历史和现实中出现的诡辩手法可谓五花八门,千奇百怪。有效掌握辨谬的逻辑工具,不仅可以敏锐地识破诡辩,还可以有力地驳斥诡辩。

第四节　逻辑的历史演进

逻辑是一门历史发展的科学。它从诞生到如今,已经有了 2000 多年的历史,经历了从传统到现代的历史演变。

一、逻辑的发源地

中国在春秋战国时期,逻辑思想曾有很大发展,史称"名辩之学"。有着较完整的理论的是公孙龙、后期墨家和荀况三家。其中,后期墨家对于逻辑学的建立所做的贡献尤为突出。《墨子》一书中的

---

① L. S. 斯泰宾. 有效思维[M]. 吕叔湘,李广荣,译. 北京:商务印书馆,1997:序.

《经上》《经下》《经说上》《经说下》《大取》《小取》六篇统称《墨经》。《墨经》提出了"以名举实,以辞抒意,以说出故"的光辉思想。"名"是"名词","辞"相当于"命题","说"就是"推理"。《墨经》对这三者做了深刻的分析和说明。《墨经》中还探讨了近似矛盾律的问题。《墨经》说:"或谓之牛,或谓之非牛,是争彼也。是不俱当,不俱当,必或不当。"这就是说,"这是牛"和"这不是牛"这两个论断不能同时成立,必定有一个不能成立。

在古代印度也产生了逻辑学。古代印度的逻辑学被称为"因明"。"因"指推理的依据,"明"就是通常所说的"学"。"因明"就是古代印度关于推理的学说。陈那的《因明正理门论》、商羯罗主的《因明入正理论》等就是其中主要的代表作。这些著作系统地探讨了有关推理和论证的方法,建立了古代印度所特有的逻辑理论。

古代希腊是逻辑学的主要诞生地。亚里士多德对逻辑学进行了全面系统的研究,他的逻辑著作《工具论》是古代一部完备的逻辑著作。这部逻辑经典包含了六大部分:①"论辩篇",这是一部人们公认的论辩指南,专门研究对话和论辩的各种理论和技术;②"辨谬篇",研究对话和辩论中出现的各种谬误,辨析似是而非、颇具欺骗性的种种无效推论;③"范畴篇",分析各类语词及其意义;④"解释篇",探讨语言和思想之间的关系,以及语句所表达的命题之间的相互关联;⑤"前分析篇",研究直言三段论和模态三段论的性质、种类、功能和规则,探讨有效推理的一般形式;⑥"后分析篇",涉及科学方法论,它重在探讨科学活动中的推理和建构科学理论的方法。阿拉伯文版的《工具论》还包括《修辞学》,其中研究说服的方式和在一定场合运用适当的说服方法的能力。在《形而上学》中,亚里士多德还讨论了矛盾律和排中律,涉及思维的确定性、一致性和明确性等逻辑学的重要准则。

古希腊麦加拉—斯多葛学派的重要贡献在于他们着重研究了假言命题、选言命题、联言命题及其相应的推理形式,建立了有别于亚里士多德逻辑的命题理论;他们还把逻辑分为与记号有关的部分和涉及意义的部分,对意义理论做了有价值的探讨。在他们那里,逻辑包括论辩术和修辞学。同样,古罗马的逻辑也继承了这一研究传统,他们把逻辑、辩论术和修辞学当作一个统一的整体,并以此作为思维和表达的基本工具。中世纪的逻辑学家不仅发展了命题逻辑,探讨了语义悖论,而且还明确地把逻辑、语法和修辞学看作是互相联系、密不可分的"三艺"。

二、传统逻辑

传统演绎逻辑的主要内容是由亚里士多德和斯多葛学派建立起来的。其研究对象涉及三段论推理、假言推理、选言推理等人们常用的演绎推理形式。与此相应,传统演绎逻辑还考察了作为这类推理的前提和结论的种种命题的形式,如假言命题、选言命题、联言命题和直言命题等,并对构成命题成分的词项的若干特性做了探讨。

17世纪,受近代自然科学发展的影响,人们的目光更多地投向了科学探究和科学发现的方法上。弗朗西斯·培根(以下简称培根)在批评亚里士多德逻辑和经院逻辑的同时,提出了自己的《新工具》。他的《新工具》通过对实验方法论和"三表法"的探讨,重点研究了作为发现方法的归纳理论。

此后,在培根归纳理论的基础上,英国哲学家约翰·穆勒(以下简称穆勒)进一步丰富和发展了归纳逻辑的内容。他在《逻辑体系:归纳和演绎》(严复译为《穆勒名学》)一书中,比较深入系统地阐述了探求因果联系的五种方法,即契合法、差异法、契合差异并用法、共变法和剩余法。这就是人们常说的"穆勒五法"。由培根到穆勒所创建的归纳逻辑就是传统的归纳逻辑。传统归纳逻辑作为一种科学方法论,带有其明显的时代印记。

传统的演绎逻辑和传统的归纳逻辑构成了传统逻辑的基本内容。

三、现代逻辑

19世纪中期出现的数理逻辑标志着现代逻辑的诞生。早在17世纪末,德国逻辑学家戈特弗里德·威廉·莱布尼茨(以下简称莱布尼茨)就提出了用数学方法处理逻辑问题,把推理变成计算的创新理念。莱布尼茨企图找到一种方法,由少数基本概念通过组合得出一切概念。他认为:所有概念可以还原为少数的原始概念,这些原始概念构成"思想的字母表";复合概念可以由原始概念通过逻辑乘法得出;原始概念彼此之间是没有矛盾的;任何命题都是谓项性的,也就是说,可以还原为一个谓项对于一个主项有所述说的命题;任何真的肯定命题都是分析命题,也就是说,谓项包含在主项之中。莱布尼茨企图在这个基础上建立一个逻辑演算。虽然他的理想并没有能够通过自己的努力而得以实现,但后人仍然公认他是数理逻辑的开拓者和创始人。

在莱布尼茨之后,有不少人沿着他所开创的思路继续探索在逻辑中应用数学方法。英国数学家乔治·布尔(以下简称布尔)通过不同于莱布尼茨的探索途径,即不是继续保留对于逻辑的内涵的解释(所谓对于一个词的内涵的解释就是将该词看作表示一种性质),而是完全采用了外延的解释(所谓外延的解释就是将一个词看作表示一个类)。布尔认为逻辑中最基本的东西是"类",而逻辑可以看作类的演算。布尔所建立的这种类的代数称为"逻辑代数"(即布尔代数)。这种逻辑代数是数理逻辑的早期形式。

19世纪末和20世纪初,德国逻辑学家弗里德里希·路德维希·戈特洛布·弗雷格(以下简称弗雷格)模仿数学的方法,首次很缜密地利用数学式的符号,把传统逻辑符号化起来,并形成一种结构清楚的逻辑演算系统;同时,他也对逻辑的基本概念做了很深层的哲学探讨。此后,许多杰出的逻辑学家,譬如伯兰特·阿瑟·威廉·罗素、库尔特·哥德尔、阿尔弗雷德·塔斯基,在弗雷格所建的基础上,继续扩建和发展。这一发展的逻辑就是所谓现代逻辑。弗雷格被认为是现代逻辑之父。

模态逻辑是在数理逻辑的基础上发展起来的,它自20世纪二三十年代问世以来,得到了迅速发展。20世纪50年代以后,又出现了多种非标准的模态逻辑,如时态逻辑、道义逻辑、认知逻辑等。模态逻辑和非标准的模态逻辑,虽然都大量应用了数理逻辑的方法和理论,但它们的研究对象却不是数学的方法和基础,而是一些哲学领域中的重要概念的逻辑性质。如必然、可能、应当、知道、时态等的逻辑性质。因此,模态逻辑和非标准的模态逻辑统称为哲学逻辑。尼古拉斯·雷歇尔说:"哲学逻辑是在哲学思考的方向上成长起来的逻辑学科。"罗·格勒尔在《哲学逻辑》一书中指出:"哲学逻辑是由那些引起哲学家极大兴趣的逻辑种类组成的。哲学逻辑建立起形式系统和形式结构,并用于分析作为哲学研究核心的概念和论证。"[1]

现代归纳逻辑随着逻辑研究的不断深入也在蓬勃发展。其主要趋势是运用了数理工具,把归纳方法与概率统计理论结合起来。20世纪20年代,约翰·梅纳德·凯恩斯(以下简称凯恩斯)将概率理论与归纳逻辑有机结合起来,建立了第一个概率逻辑系统,这标志着现代归纳逻辑的正式诞生。20世纪30年代,汉斯·赖兴巴赫(以下简称赖兴巴赫)又构造了一个新的归纳逻辑体系。20世纪40年代以后,保罗·鲁道夫·卡尔纳普(以下简称卡尔纳普)在批判赖兴巴赫概率理论的基础上,按照经典数理逻辑公理化的方法建立了一个更为完善的现代归纳逻辑理论。此外,归纳逻辑还有一个发展方向,即从科学逻辑与方法论的角度来研究归纳理论在科学发现、检验和发展中的表现形式和作用机理。

目前,现代逻辑已形成了以数理逻辑为基础,并由经典逻辑的扩充(模态逻辑等),经典逻辑的变异(多值逻辑、直觉主义逻辑、自由逻辑、相关逻辑、非单调逻辑、概率逻辑等)所支撑的学科群体,其前沿的研究领域有语言逻辑、哲学逻辑、计算机与人工智能逻辑及认知逻辑等。[2]

语言逻辑是20世纪建立和发展起来的新兴学科,它是现代逻辑和现代语言学相结合的产物。"语言逻辑"一词最早出现在路德维希·约瑟夫·约翰·维特根斯坦(以下简称维特根斯坦)的前期代表作《逻辑哲学论》中,但他所说的语言主要指理想语言。维特根斯坦后期提出了"语言游戏理论",主张对日常语言的逻辑研究。乔治·莱考夫(以下简称莱考夫)首先明确提出建立自然语言逻辑的设想。他认为,自然语言逻辑的最高境界是,"表现任何可以表现于自然语言的概念,说明任何可以用自

① 蔡曙山.学科交叉视野中的现代逻辑[J].逻辑,2004(1):15.
② 蔡曙山.学科交叉视野中的现代逻辑[J].逻辑,2004(1):14.

然语言进行的推理……语言逻辑是关于自然语言的逻辑结构的理论,旨在探讨通过自然语言的推理来反映正确推理的思维规律"。[1] 理查德·梅里特·蒙塔古(以下简称蒙塔古)认为,自然语言和形式语言有类似于数学的结构,它们的语句都是借助递归定义由有限数单元构成的,语句的意义是它们的子表达式意义的函项。他运用现代逻辑方法来构造英语的句子系统,成功地描述了英语句子的真值语义特征。继蒙塔古之后,情境语义学、话语表现理论、类型-逻辑语法等从几个不同方面实现了对自然语言的逻辑研究。语言逻辑的发展为自然语言理解提供了更先进的工具。

语言逻辑的研究涉及语形学、语义学和语用学三个维度。卡尔纳普在《语义学导论》一书中清晰地表达说:"如果在一个研究中明白地涉及了说话者,或者换一个更为普遍的说法,涉及了语言的使用者,那么我们就把这个研究归入语用学的领域中……如果我们不考虑语言的使用者而只分析表达式和它的所指谓,我们就是从事语义学领域内的工作。最后,如果我们也不考虑所指谓,而只分析表达式之间的关系,我们就是从事语形学的工作。"

认知逻辑是认知科学与逻辑学交叉形成的新兴学科,目前正以强劲的态势稳健发展。有的学者认为,逻辑学正在经历着所谓的认知转向。认知转向的目标是:给出知识获取、知识表达及知识扩展和修正的认知模型与方法。新的研究方向要求采用新的方法。这一方向的工作路线是:①通过对人类认识过程的分析,发现实现上述过程的认知模型;②利用形式化方法构造描述认知模型的逻辑系统。[2] 如何审时度势,应对当今认识科学迅猛发展面临的现实挑战,抓住由逻辑学认知转向带来的良好机遇,将逻辑学的研究和认知科学的研究有机结合起来,从而进一步推动逻辑学科的繁荣和发展,这是摆在我国逻辑学工作者面前的一项紧迫任务。

✏ 练习题

一、从下列各题的 5 个备选项中选择 1 个正确的答案,并做出简要的说明。

1.有人说,彻底的无私包含两个含义:第一,无条件地实行为他人服务;第二,拒绝任何他人的服务。

下述哪项是上述观点的逻辑推论?

A.没有人是彻底无私的。

B.不可能所有的人都是彻底无私的。

C.如果有人接受了他人的服务,那么一定存在彻底无私的人。

D.如果有人拒绝了他人的服务,那么一定存在彻底无私的人。

E.彻底无私的人要靠教育来造就。

2.某珠宝店失窃,赵、钱、孙、李四人涉嫌被拘审。4 个人的口供如下。

赵:案犯是孙。

钱:李是罪犯。

孙:如果我作案,那么李是主犯。

李:作案的不是我。

4 个人口供中,只有 1 个是假的。

如果以上的断定为真,那么以下哪项是真的?

A.说假话的是赵,作案的是钱。

B.说假话的是李,作案的是孙和李。

---

[1] G. Lakoff. Linguistic and Natural Logic[J]. *Synthese*, 1970,22(1-2):151.

[2] 鞠实儿.逻辑学的认知转向[N].光明日报,2003-11-4(B3).

C.说假话的是钱,作案的是孙。

D.说假话的是孙,作案的是孙。

E.说假话的是赵,作案的是赵。

二、下列各段话是否违反矛盾律或排中律的要求? 为什么?

1.古人说:"或问文章有体乎? 曰:无。又问无体乎? 曰:有。然则果如何? 曰:定体则无;大体则有。"

2.有无鬼神的争论,我不参与,因为我觉得没有多大意思,对于他们的两种观点我都不赞成。

3.某地有一个神秘的大峡谷。这个大峡谷从来就没有人进去过;进去的人就从来没有出来过。

4.有几个中学生正在争论一个问题:是先有蛋,还是先有鸡? 小明说:"先有蛋,因为鸡是蛋孵化出来的,没有蛋哪能有鸡!"小玲说:"先有鸡,因为蛋是鸡生的。如果没有鸡,哪里来蛋呢?"小诸葛说:"不能说世界上先有鸡,也不能说世界上先有蛋。"

5.电站外高挂着一块告示牌:"500伏高压,严禁触摸,一触即死,违者法办!"

三、根据逻辑规律的知识,分析下列各题中的议论有无错误? 若有,错在何处?

1.在教室里,师生间有这样一段对话。

老师问:"从甲地到乙地是5千米,从乙地到甲地是多少千米?"

老师问小机灵。小机灵想了想,回答道:"不知道。"

老师说:"怎么,这么简单的问题都不懂! 从乙地到甲地不也是5千米吗?"

小机灵说:"老师,你错了。儿童节到国庆节是4个月,国庆节到儿童节也是4个月吗?"

2.甲乙两人就老李今年公务员考试之事,有这样一段对话。

甲:"我看,老李今年一定能考取公务员!"

乙:"你这话不对。"

甲:"你认为老李今年不可能考取公务员?"

乙:"你这话也不对。"

甲:"你的话是不合逻辑的!"

乙:"你的话才不合逻辑呢!"

3.小王与小林的对话如下。

小王:"你在大学里,学的是什么专业?"

小林:"我学过哲学、政治经济学、党史、形式逻辑、中国通史、世界通史、西方哲学史、中国哲学史和英语等。"

4.某科研所发生重要科研资料丢失事件,涉嫌者有A、B、C这3个人。A说:"是C丢失的。"B说:"不是我丢失的。"C说:"我没有丢失。"

据了解,3个人中只有一人说了真话。

请你运用从本章学到的知识,分析:究竟是谁丢失的? 说真话的是谁?

第一章习题参考答案

第二章　命题逻辑(一)

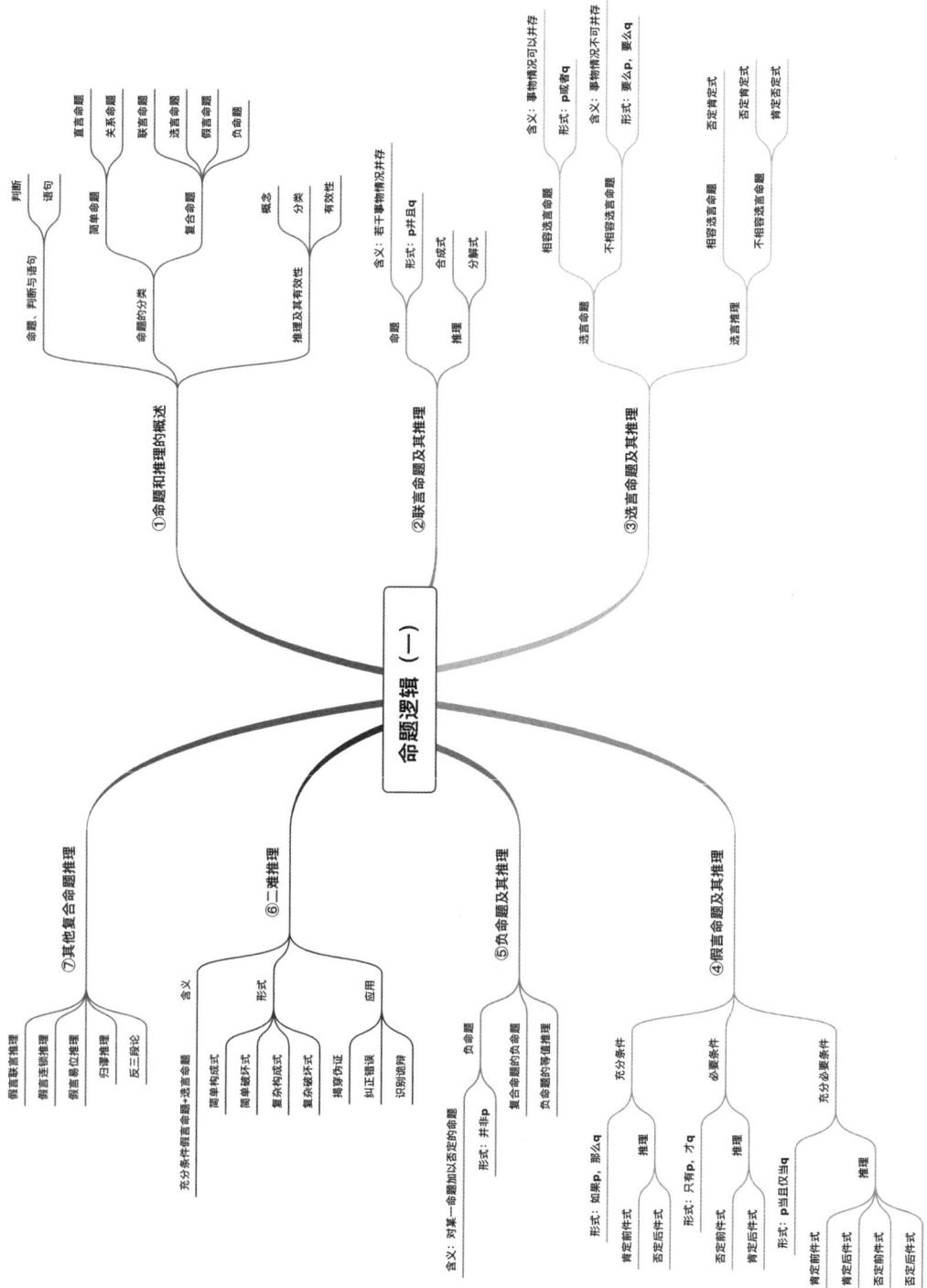

命题逻辑（一）

① 命题和推理的概述
- 命题、判断与语句
  - 判断
  - 语句
- 命题的分类
  - 简单命题
    - 直言命题
    - 关系命题
  - 复合命题
    - 联言命题
    - 选言命题
    - 假言命题
    - 负命题
- 推理及其有效性
  - 概念
  - 分类
  - 有效性

② 联言命题及其推理
- 命题
  - 含义：若干事物情况并存
  - 形式：p并且q
- 推理
  - 合成式
  - 分解式

③ 选言命题及其推理
- 选言命题
  - 相容选言命题
    - 含义：事物情况可以并存
    - 形式：p或者q
  - 不相容选言命题
    - 含义：事物情况不可并存
    - 形式：要么p，要么q
- 选言推理
  - 相容选言命题
    - 否定肯定式
  - 不相容选言命题
    - 否定肯定式
    - 肯定否定式

④ 假言命题及其推理
- 充分条件
  - 形式：如果p，那么q
  - 推理
    - 肯定前件式
    - 否定后件式
- 必要条件
  - 形式：只有p，才q
  - 推理
    - 否定前件式
    - 肯定后件式
- 充分必要条件
  - 形式：p当且仅当q
  - 推理
    - 肯定前件式
    - 肯定后件式
    - 否定前件式
    - 否定后件式

⑤ 负命题及其推理
- 负命题
  - 含义：对某一命题加以否定的命题
  - 形式：并非p
- 复合命题的负命题
- 命题间的等值推理

⑥ 二难推理
- 含义
- 形式
  - 简单构成式
  - 简单破坏式
  - 复杂构成式
  - 复杂破坏式
- 应用
  - 揭穿伪证
  - 纠正错误
  - 识别谬辩

⑦ 其他复合命题推理
- 假言联言推理
- 假言连锁推理
- 假言易位推理
- 归谬推理
- 反三段论
- 无分条件的有言命题·选言命题

第一节 命题和推理的概述

一、命题、判断与语句

什么是命题？命题是反映事物情况的思维形态。符合事物实际情况的命题是真命题，不符合事物实际情况的命题是假命题。举例如下。

[2-1]李白是诗人。

[2-2]堪培拉是历史名城。

[2-1]是真命题，因为它符合实际情况；而[2-2]是假命题，因为堪培拉并不是一座历史名城。

判断是对事物情况有所断定的思维形态。判断也有真假，这是判断与命题的共同点。二者也有不同点：判断总是有所断定的，即或者是肯定，或者是否定；而命题是未加断定的。举例如下。

[2-3]如果甲队战胜乙队，那么，甲队获得第一名。

[2-3]中的"甲队战胜乙队"是命题，不是判断，因为在[2-3]中，它仅仅是一种假定，而并未加以肯定。同样，[2-3]中的"甲队获得第一名"，也是命题，而不是判断。只有断定了的命题才是判断。

命题与语句有着密切的联系。命题是语句的思想内容，而语句则是命题的语言形式。命题与语句并不是简单的一一对应的关系。二者的对应关系是复杂的。这主要表现在以下3个方面。

第一，任何命题都要通过语句来表达，但并非任何语句都表达命题。一般地说，陈述句和反问句表达命题，疑问句、命令句和感叹句不表达命题。判定一个语句是不是表达命题，标准只有一个，就是看它是不是有真假。有真假的语句表达命题。一般地说，陈述句和反问句有真假，所以，这两种语句表达命题。而一般疑问句、命令句和感叹句本身都没有真假，所以，它们都不表达命题。为了简便起见，有时我们就将陈述句本身当作命题对待，比如，前面我们说[2-1]是真命题，说[2-2]是假命题，其实我们看到的仅仅是两个语句，它们所表达的思想内容才是命题。以下行文，我们都将做简便处理。

第二，同一个命题可以用不同的语句来表达。举例如下。

[2-4]任何人都不是天生聪明的。

[2-5]没有一个人是天生聪明的。

例[2-4]和例[2-5]是不同语法结构的两个语句，但是，它们所表达的命题却是相同的。

再举例如下。

[2-6]I love you deeply.

[2-7]我深深地爱着你。

例[2-6]和例[2-7]这两个不同的语句所表达的是同一个命题。有报道说，法国有一位语言学家送给夫人一本印刷精美的小书，作为银婚纪念的礼物。书中用2661种不同的语言，各写了一句话，表达的却是同一个命题，即"我深深地爱着你"。

第三，同一个语句可以表达不同的命题。举例如下。

[2-8]他，连我都不认识。

在不同的语境中，[2-8]这一语句可以表达"他不认识我"的意思，也可以表达"我不认识他"的意思。作为修辞手法之一的"双关"，同样也是同一语句表达两个不同命题。

有这样一个故事：有一次，李鸿章游园，看到园内景色，信口说了一句："庭前花未发。"陪同游园的秘书，灵机一动，随口应道："阁下李先生。"这就是一句双关语。字面上，"阁下"与"庭前"对应，作方位解；"李先生"与"花未发"对应，是"李树先结果"的意思。在"李鸿章游园"这一特定的语境中，"李先生"显然是指李鸿章，而"阁下"则是对李鸿章的尊称。

二、命题的分类

命题可分为简单命题和复合命题。

简单命题就是自身中不含有其他命题的命题。简单命题,亦称原子命题。复合命题就是自身中包含有其他命题的命题。复合命题,亦称分子命题。举例如下。

[2-9]所有的生物体都是有新陈代谢功能的。

[2-10]曹丕与曹植是兄弟。

[2-11]如果物体摩擦,那么,物体发热。

[2-12]并非所有的鸟都是会飞的。

[2-9]和[2-10]是简单命题,因为分解不出其他的命题了;而[2-11]和[2-12]则是复合命题,因为它们都可以分解出其他的命题来。[2-11]中,包含有"物体摩擦"和"物体发热"这样两个命题;[2-12]中,包含有"所有的鸟都是会飞的"这样一个命题。

简单命题可进一步分为直言命题和关系命题。[2-9]就是直言命题,[2-10]是关系命题。

复合命题又可分为联言命题、选言命题、假言命题和负命题。

此外,根据命题中是否包含有"必然""可能"等这类模态词,命题又可分为模态命题和非模态命题。

三、推理及其有效性

(一)推理的概念

推理就是从一个或者若干个命题得出其他命题的思维过程。它由前提和结论两部分组成。推理所依据的命题,叫作前提;通过推理所得到的命题,叫做结论。举例如下。

[2-13]所有的商品都是劳动产品,所以,有些劳动产品是商品。

[2-14]任何金属都是导体,铜是金属,所以,铜是导体。

[2-15]李林是律师或者是教师,李林不是律师,所以,李林是教师。

[2-16]水稻能够进行光合作用,棉花能够进行光合作用,白菜能够进行光合作用,大豆能够进行光合作用……水稻、棉花、白菜、大豆等都是绿色植物,所以,一切绿色植物都能进行光合作用。

从[2-13]到[2-16],这4个例子都是推理,"所以"之前的部分是前提,"所以"之后的部分是结论。

如前所述,表达命题的语言形式是语句,那么,表达推理的语言形式则是句群。但并非任何句群都是表达推理的,只有存在着前提与结论关系的句群才是表达推理的。在日常语言中,表达前提与结论关系的语词,除了"所以"之外,还有"因此""由此可见"等。

(二)推理的分类

根据不同的分类标准,可以对推理做不同的分类。

1.根据前提到结论的思维进程的不同分类

根据前提到结论的思维进程的不同,推理可分为3类,即演绎推理、归纳推理和类比推理。

(1)演绎推理就是从一般到个别的推理。

(2)归纳推理就是从个别到一般的推理。

(3)类比推理就是从个别到个别(或者从一般到一般)的推理。

2.根据前提与结论之间是否有蕴涵关系分类

根据前提与结论之间是否有蕴涵关系,推理可分为两类,即必然性推理和或然性推理。

(1)必然性推理就是前提蕴涵结论,即如果前提真,则结论一定真的推理。

(2)或然性推理就是前提不蕴涵结论,即如果前提真,则结论仅仅是可能真的推理。

演绎推理属于必然性推理；归纳推理（完全归纳推理除外）和类比推理属于或然性推理。

（三）推理的有效性

命题有真假之分，推理有对错之别。

推理的对错问题，也就是推理形式的有效性问题。一个推理是对还是错，或者说是有效还是无效，其判定的唯一依据，在于前提与结论之间的逻辑联系如何。一个推理是有效的，当且仅当，具有与该推理相同推理形式的任一推理都不出现前提真而结论假的情况。举例如下。

[2-17]有些大学生不是共青团员，所以，有些共青团员不是大学生。

[2-17]的推理形式是：有些 S 不是 P，所以，有些 P 不是 S。

[2-18]有些花不是桂花，所以，有些桂花不是花。

[2-18]具有与[2-17]相同的推理形式，而在[2-18]这一推理中，出现了"前提真而结论假"的情况，由此即可判定[2-17]这一推理是错的，或者说是无效的，尽管在[2-17]中，前提和结论都是真的。

[2-19]所有花都不是桂花，所以，所有桂花都不是花。

[2-19]的推理形式是：所有 S 都不是 P，所以，所有 P 都不是 S。

具有与[2-19]相同推理形式的任一推理都不会出现前提真而结论假这种情况，换句话说，如果前提真，则结论也真。就[2-19]而言，它的前提和结论都是假命题，那么，在某种特殊情况下，会不会出现"真前提而假结论"呢？

我们不妨设想这样一种情景：在某一花园里，有梅花、桃花、荷花、菊花等，却唯独没有桂花，因此，就这座花园里的所有花而言，确实是"所有花都不是桂花"，也就是说，在这种情况下，前提"所有花都不是桂花"为真，那么，结论"所有桂花都不是（这座花园里的）花"，同样也是真的。要使得结论为假，除非结论中的"花"是指普天下所有的花（其中有桂花），但是，这是不合理的。因为前提与结论所指的"花"没有保持同一性。可见，具有与[2-19]相同形式的推理是不会出现前提真而结论假这种情况的。所以说，[2-19]是有效的。

我们对[2-17]和[2-19]的有效性的详细讨论，目的是想告诉读者这样一点：一个推理的前提、结论的真假，与这一推理形式的对错（或者说，有效还是无效），二者虽有联系，但绝不能简单地把二者等同起来。一个推理的前提、结论都真，不等于其推理形式一定对。[2-17]就是一个很好的例证，它的前提和结论都是真的，但它的推理形式却是错的，或者说是无效的。一个推理的前提、结论都假，不等于其推理形式一定错，[2-19]就是一个很好的例证，它的前提和结论都是假的，但它的推理形式却是对的，或者说是有效的。

第二节　联言命题及其推理

一、联言命题

联言命题就是陈述若干事物情况并存的命题。举例如下。

[2-20]这项水利工程使附近几个县的农田受益，并且为这一地区的小工业提供了动力。

[2-21]生也有涯，知也无涯。

[2-20]陈述了这样两种并存的情况：这项水利工程一方面使附近几个县的农田受益，另一方面也为这一地区的小工业提供了动力。[2-21]陈述了人生有止境而知识无止境这两种情况并存。它们都是联言命题。

在逻辑结构上，联言命题由逻辑联结词"并且"连接支命题而成。其支命题称为联言支。联言支，通常用小写的 p、q 表示。这样，上面所举的例子，其逻辑形式，就可以写成

p 并且 q

联言命题的联结词"并且",可用符号"∧"表示,因此,"p 并且 q"又可表示为

p∧q

此公式可读作"p 合取 q"。

在日常语言中,联言命题的语言表达形式是多种多样的。举例如下。

[2-22]郭沫若是文学家,也是历史学家。

[2-23]林纾是著名的翻译家,但他不懂外语。

[2-24]控制论不仅对生物和生命现象的研究有深刻的意义,而且对哲学和社会现象的研究也有重要意义。

[2-25]人们啊! 要尊重自然,尊重规律,尊重生命。

[2-22]到[2-25],都是联言命题,但具体的语言表达形式是有所不同的,所表达的事物情况间的关系也有所不同。[2-22]是一个并列复句,"也"是联结词,[2-22]所陈述的两种情况"郭沫若是文学家"和"郭沫若是历史学家"是并列的关系;[2-23]陈述的两种情况"林纾是著名的翻译家"和"他不懂外语"具有转折的关系,"但"是联结词;[2-24]陈述的两种情况"控制论对生物和生命现象的研究有深刻的意义"和控制论"对哲学和社会现象的研究也有重要意义"具有递进的关系,"不仅……而且……"是联结词。[2-25]陈述的 3 种情况人们"要尊重自然"、人们"要尊重规律"和人们"要尊重生命"是并列的关系,联结词省略。

逻辑上看到了上述不尽相同的语言表达式中的共同之点,这就是它们所陈述的事物情况都是并存的,在联言命题与联言支之间存在着这样一种真假关系:如果联言支都是真的,那么,由它们所组成的联言命题是真的;如果有一个联言支是假的,那么,由它们所组成的联言命题就是假的。这就是联言命题的逻辑性质。联言命题与联言支之间的真假关系,可以用下面的真值表来表示(见表 2-1)。

表 2-1 联言命题与联言支之间的真假关系

p	q	p 并且 q
真	真	真
真	假	假
假	真	假
假	假	假

二、联言推理

联言推理就是根据联言命题的逻辑性质而进行的推理。它有以下两种形式。

(一)合成式

根据联言命题在其联言支都真时才为真的逻辑性质,可以给出如下的联言推理有效式

p

q
_____
所以,p 并且 q

举例如下。

[2-26]每次科学发现都给科学知识增加了新的内容，

每次科学发现都使人了解到自然界更多的方面，

所以，每次科学发现都给科学知识增加了新的内容，并且都使人了解到自然界更多的方面。

[2-27]科技工作者要学习现代科学，

政治工作者要学习现代科学，

所以，无论是科技工作者还是政治工作者都要学习现代科学。

[2-26]和[2-27]都是联言推理合成式。

(二)分解式

根据联言命题真，则其中各联言支都真的逻辑性质，从一个联言命题，可以推出其任一联言支，这就是分解式。它可以表示为

$$\frac{p\ \text{并且}\ q}{\text{所以},p}$$

或者

$$\frac{p\ \text{并且}\ q}{\text{所以},q}$$

举例如下。

[2-28]兵不在于多而在于精，所以，兵在于精。

[2-29]言者无罪，闻者足戒；所以，言者无罪。

[2-28]和[2-29]都是联言推理分解式。

第三节　选言命题及其推理

一、选言命题

选言命题就是对事物的若干可能情况做出陈述的命题。举例如下。

[2-30]这一批商品滞销或者是由于质量低劣，或者是由于价格太高。

[2-31]不是鱼死，就是网破。

[2-30]陈述这一批商品滞销有两个可能原因：一是质量低劣，二是价格太高；[2-31]陈述事物有两种可能情况：一是鱼死，二是网破。所以，[2-30]和[2-31]都是选言命题。

选言命题所陈述的若干事物可能的情况，有的是可以并存的，如[2-30]中的"质量低劣"和"价格太高"，这两个可能原因是可以并存的；有的则是不会并存的，如[2-31]中的"鱼死"与"网破"这两种情况是不会并存的。所陈述的事物情况可以并存的选言命题，称为相容选言命题；所陈述的事物情况不会并存的选言命题，称为不相容选言命题。

(一)相容选言命题

试考虑下面的例子。

[2-32]小李学过英语或者法语。

[2-33]赵守时这次迟到是由于闹钟坏了或者是由于路上塞车。

相容选言命题的联结词,通常用"或者"表示。组成选言命题的支命题称为选言支。具有两个选言支的相容选言命题,其命题形式为

$$p \text{ 或者 } q$$

相容选言命题的联结词"或者",可用符号"∨"表示,因此,"p 或者 q"又可表示为

$$p \lor q$$

此公式可读作"p 析取 q"。

相容选言命题与选言支之间的真假关系是这样的:如果选言支有一个为真,则相容选言命题就真;如果选言支都假,则相容选言命题才假。

相容选言命题与选言支之间的真假关系,可以用下面的真值表来表示(见表 2-2)。

表 2-2　相容选言命题与选言支之间的真假关系

p	q	p 或者 q
真	真	真
真	假	真
假	真	真
假	假	假

应该注意的是,作为逻辑联结词的"或者"不同于日常语言中的联结词"或者",日常语言中的联结词"或者"有时也在不相容的意义上使用。举例如下。

[2-34]老王今年 55 岁,或者 56 岁。

老王不可能既是 55 岁,又是 56 岁,显然,二者是不相容的。

(二)不相容选言命题

不相容选言命题就是由逻辑联结词"要么,要么"联结两个选言支而成的选言命题。举例如下。

[2-35]要么东风压倒西风,要么西风压倒东风。

[2-36]定居国外的中国人,要么保留中国国籍,要么取得外国国籍。

[2-35]的选言支"东风压倒西风"和"西风压倒东风"所陈述的事物情况是不能并存的;[2-36]的选言支"定居国外的中国人保留中国国籍"和"定居国外的中国人取得外国国籍"所陈述的事物情况也是不能并存的,所以,[2-35]和例[2-36]都是不相容选言命题。

不相容选言命题的逻辑形式可表示为

$$\text{要么 p 要么 q}$$

不相容选言命题的联结词"要么,要么",可用符号"∨̇"表示,因此,"要么 p 要么 q"又可表示为

$$p \dot{\lor} q$$

此公式可读作"p 不相容析取 q"。

不相容选言命题与其选言支之间的真假关系,是这样的:只有当选言支有一个,并且只有一个是真的时,该不相容选言命题才是真的;如果两个选言支都是真的或者都是假的,则该不相容选言命题是假的。如果选言支有一个,并且只有一个是真的,则该不相容选言命题才是真的;如果两个选言支都是真的或者都是假的,则该不相容选言命题都是假的。只有当选言支有一个,并且只有一个是真的时,该不相容选言命题才是真的;如果两个选言支都是真的或者都是假的,则该不相容选言命题是假的。这种真假关系可以用真值表表示(见表 2-3)。

表 2-3 不相容选言命题与选言支之间的真假关系

p	q	要么 p 要么 q
真	真	假
真	假	真
假	真	真
假	假	假

在日常语言中,不相容选言命题的语言表达式,也是多种多样的。举例如下。

[2-37]这次女子排球决赛,不是古巴队得冠军,就是中国队得冠军。

[2-38]或者得鱼,或者得熊掌,二者不可兼得。

[2-37]中的选言支"这次女子排球决赛,古巴队得冠军"与"这次女子排球决赛,中国队得冠军"所陈述的事物情况是不能并存的;[2-38]中的选言支"得鱼"和"得熊掌"所陈述的事物情况也是不能并存的。在日常语言中,"不是,就是"和"或者,或者,二者不可兼得",也是属于不相容的联结词。

二、选言推理

选言推理就是根据选言命题的逻辑性质而进行的推理。选言命题有相容与不相容之分,相应地,选言推理分为相容选言推理和不相容选言推理两种。

(一)相容选言推理

相容选言推理就是以相容选言命题为前提,根据相容选言命题的逻辑性质进行的推理。

我们知道,相容选言命题的逻辑性质是,如果一个相容选言命题是真的,则它的选言支至少有一个是真的。由此,相容选言推理就有以下两条规则。

[规则1]否定一部分选言支,就要肯定另一部分选言支。

[规则2]肯定一部分选言支,不能否定另一部分选言支。

根据规则,相容选言推理只有一个正确的形式,即否定肯定式

$$p\ 或者\ q$$
$$\frac{非\ p}{所以,q}$$

或者:

$$p\ 或者\ q$$
$$\frac{非\ q}{所以,p}$$

相容选言推理的否定肯定式就是有一个前提是相容选言命题,另一个前提是对该相容选言命题的一部分选言支的否定,结论是对该相容选言命题的另一部分选言支的肯定。

根据规则,相容选言推理的肯定否定式是不正确的。

请考虑下面的推理。

[2-39]金敏是教师或者是律师,她不是教师,所以,她是律师。

[2-40]金敏是教师或者是律师,她是教师,所以,她不是律师。

[2-39]符合相容选言推理的规则"否定一部分选言支,就要肯定另一部分选言支",所以,这一推理是正确的;[2-40]违反了相容选言推理的规则"肯定一部分选言支,不能否定另一部分选言支",所以,这一推理是不正确的。因为相容选言命题的选言支"金敏是教师"和"金敏是律师"可以同时是真的,因此,肯定"金敏是教师",不能否定"金敏是律师"。

(二)不相容选言推理

不相容选言推理就是根据不相容选言命题的逻辑性质进行的推理。

我们知道,不相容选言命题的逻辑性质是,如果一个不相容选言命题是真的,则它的选言支有一个是真的,并且只有一个是真的。由此,不相容选言推理就有以下两条推理规则。

[规则1]否定一部分选言支,就要肯定另一部分选言支。

[规则2]肯定一部分选言支,就要否定另一部分选言支。

根据规则,不相容选言推理有两个正确的形式。

1.否定肯定式

不相容选言推理的否定肯定式可表示为

$$\frac{\text{要么 p,要么 q}}{\text{非 p}}$$
$$\text{所以,q}$$

不相容选言推理的否定肯定式就是有一个前提是不相容选言命题,另一个前提是对该不相容选言命题的一部分选言支的否定,结论是对该不相容选言命题的另一部分选言支的肯定。

2.肯定否定式

不相容选言推理的肯定否定式可表示为

$$\frac{\text{要么 p,要么 q}}{\text{p}}$$
$$\text{所以,非 q}$$

不相容选言推理的肯定否定式就是有一个前提是不相容选言命题,另一个前提是对该不相容选言命题的一部分选言支的肯定,结论是对该不相容选言命题的另一部分选言支的否定。

请看下面的例子。

[2-41]要么小李得冠军,要么小王得冠军;小李没有得冠军,所以,小王得冠军。

[2-42]要么去桂林旅游,要么去海南旅游;去桂林旅游,所以,不去海南旅游。

[2-41]是不相容选言推理的否定肯定式,[2-42]是不相容选言推理的肯定否定式,这两个推理都是符合推理规则的,所以,都是正确的。

第四节　假言命题及其推理

所谓假言命题就是陈述某一事物情况是另一事物情况的条件的命题，假言命题亦称条件命题。

逻辑所考察的事物间的条件关系有以下 3 种。

第一，如果有事物情况 A，则必然有事物情况 B；如果没有事物情况 A 而未必没有事物情况 B，A 就是 B 的充分而不必要的条件，简称充分条件。

第二，如果没有事物情况 A，则必然没有事物情况 B；如果有事物情况 A 而未必有事物情况 B，A 就是 B 的必要而不充分的条件，简称必要条件。

第三，如果有事物情况 A，则必然有事物情况 B；如果没有事物情况 A，则必然没有事物情况 B，A 就是 B 的充分必要条件。举例如下。

［2-43］A：没有调查；B：没有发言权。

［2-44］A：破旧；B：立新。

［2-45］A：某数能被 2 整除；B：某数是偶数。

［2-43］中的 A 是 B 的充分条件，［2-44］中的 A 是 B 的必要条件，［2-45］中的 A 是 B 的充分必要条件。

与此相应，假言命题也有 3 种，即充分条件假言命题、必要条件假言命题和充分必要条件假言命题。根据 3 种不同的假言命题的逻辑性质，相应地，也就有 3 种不同的假言推理。

一、充分条件假言命题及其推理

（一）充分条件假言命题

充分条件假言命题就是陈述一事物情况是另一事物情况的充分条件的假言命题。举例如下。

［2-46］如果没有调查，那么就没有发言权。

［2-47］如果一个城市是脏乱差的城市，这个城市的市民是没有良好卫生习惯的市民，那么，这个城市是危险的。

［2-46］和［2-47］都是充分条件假言命题。"如果，那么"是充分条件假言命题的联结词；"如果"后面的支命题称为前件；"那么"后面的支命题称为后件。用 p 表示前件，用 q 表示后件，充分条件假言命题的命题形式可表示为

$$如果 p，那么 q$$

充分条件假言命题的联结词"如果，那么"可用符号"→"表示，因此，"如果 p，那么 q"又可表示为

$$p \rightarrow q$$

此公式可读作"p 蕴涵 q"。

充分条件假言命题与其支命题（前、后件）之间的真假关系是：只有当前件真而后件假时，该充分条件假言命题才是假的；如果不是"前件真而后件假"，则该充分条件假言命题是真的。这种真假关系可用下面的真值表来表示（见表 2-4）。

表 2-4　充分条件假言命题与其前、后件之间的真假关系

p	q	如果 p,那么 q
真	真	真
真	假	假
假	真	真
假	假	真

(二)充分条件假言推理

充分条件假言推理就是根据充分条件假言命题的逻辑性质进行的推理。

我们知道,当一个充分条件假言命题是真的情况下,如果该充分条件假言命题的前件是真的,那么,它的后件也必定是真的;如果它的前件是假的,那么,它的后件可能是假的,也可能是真的;如果它的后件是假的,那么,它的前件也必定是假的;如果它的后件是真的,那么,它的前件可能是真的,也可能是假的。根据这样的逻辑性质,充分条件假言推理就有以下两条规则。

〔规则 1〕肯定前件,就要肯定后件;否定前件,不能否定后件。

〔规则 2〕否定后件,就要否定前件;肯定后件,不能肯定前件。

根据以上规则,充分条件假言推理有两个正确的形式。

1.肯定前件式

充分条件假言推理的肯定前件式可表示为

$$如果\ p,那么\ q$$
$$\frac{p}{所以,q}$$

2.否定后件式

充分条件假言推理的否定后件式可表示为

$$如果\ p,那么\ q$$
$$\frac{非\ q}{所以,非\ p}$$

举例如下。

〔2-48〕如果我们要促进社会主义现代化建设的发展,那么,我们就要大力发展教育事业;我们要促进社会主义现代化建设的发展,所以,我们就要大力发展教育事业。

〔2-49〕如果这份经济合同是有效的,那么,它是经双方同意的;这份经济合同并没有经双方同意,所以,这份经济合同无效。

〔2-48〕和〔2-49〕都是充分条件假言推理,前者是肯定前件式,后者是否定后件式。这两个推理都符合推理规则,所以,都是正确的。

根据规则,否定前件式和肯定后件式都是无效的。举例如下。

〔2-50〕如果降落的物体不受外力的影响,那么,它不会改变降落的方向;这个物体受到了外力的影响,所以,它会改变降落的方向。

〔2-51〕如果赵某是走私犯,那么,他应受法律制裁;经查明,赵某确实受到了法律制裁,所以,赵某是走私犯。

[2-50]和[2-51]都是不正确的充分条件假言推理,因为[2-50]违反了"否定前件,不能否定后件"的规则;[2-51]违反了"肯定后件,不能肯定前件"的规则。

二、必要条件假言命题及其推理

(一)必要条件假言命题

必要条件假言命题是陈述一事物情况是另一事物情况的必要条件的假言命题。举例如下。

[2-52]只有破旧,才能立新。

[2-53]只有认真落实党的知识分子政策,才能充分调动广大知识分子的积极性。

[2-52]和[2-53]都是必要条件假言命题。"只有,才"是必要条件假言命题的联结词;"只有"后面的支命题是前件,用 p 表示。"才"后面的支命题是后件,用 q 表示,必要条件假言命题的命题形式可表示为

$$只有 p,才 q$$

必要条件假言命题的联结词"只有,才"可用符号"←"表示,因此,"只有 p,才 q"又可表示为

$$p \leftarrow q$$

此公式可读作"p 逆蕴涵 q"。

必要条件假言命题与其支命题(前、后件)之间的真假关系是:只有当前件假而后件真时,该必要条件假言命题才是假的;如果不是"前件假而后件真",则该必要条件假言命题是真的。这种真假关系可用真值表表示(见表 2-5)。

表 2-5 必要条件假言命题与其前、后件之间的真假关系

p	q	只有 p,才 q
真	真	真
真	假	真
假	真	假
假	假	真

(二)必要条件假言推理

必要条件假言推理是根据必要条件假言命题的逻辑性质进行的推理。

我们知道,当一个必要条件假言命题是真的情况下,如果该必要条件假言命题的前件假,则后件必定是假的;如果前件真,则后件可能真,也可能假;如果后件真,则前件必定是真的;如果后件假,则前件可能假,也可能真。由此,必要条件假言推理就有以下两条规则。

[规则 1]否定前件,就要否定后件;肯定前件,不能肯定后件。

[规则 2]肯定后件,就要肯定前件;否定后件,不能否定前件。

根据规则,必要条件假言推理有两个正确的形式。

1.否定前件式

必要条件假言推理的否定前件式可表示为

$$只有\ p,才\ q$$
$$\underline{非\ p}$$
$$所以,非\ q$$

2.肯定后件式

必要条件的假言推理的肯定后件式可表示为

$$只有\ p,才\ q$$
$$\underline{q}$$
$$所以,p$$

举例如下。

[2-54]这个地方只有处理好污水,才能全面搞好环境卫生;根据检查,这个地方没有处理好污水,所以,这个地方没有全面搞好环境卫生。

[2-55]只有此处地下有水,此处才有蚁穴;此处有蚁穴,所以,此处地下有水。

[2-54]和[2-55]都是必要条件假言推理,前者是否定前件式,后者是肯定后件式。两个推理都符合推理规则,所以,都是正确的。[2-55]是齐桓公的谋士隰朋的一个推理。有这样一个历史故事:有一次,隰朋跟随齐桓公去攻打孤竹国,部队行至山中,找不到河水和溪水,这时,隰朋要士兵们去找蚁穴。隰朋是这样想的:水是蚂蚁生存的必要条件之一,蚂蚁总是在水源附近营巢筑穴,所以,找到了蚁穴,掘地就能得水。根据隰朋的推断,在蚁穴处挖掘下去,果然找到了地下水。

根据规则,必要条件假言推理的肯定前件式和否定后件式都是无效的。举例如下。

[2-56]只有作案动机,才会是案犯;某人确有作案动机,所以,某人定是案犯。

[2-57]只有懂得古代汉语,才能读懂老子的《道德经》;小李不懂老子的《道德经》,可见,小李不懂古代汉语。

[2-56]和[2-57]是两个不正确的必要条件假言推理,前者违反了"肯定前件,不能肯定后件"的规则;后者违反了"否定后件,不能否定前件"的规则。

三、充分必要条件假言命题及其推理

(一)充分必要条件假言命题

充分必要条件假言命题是陈述一事物是另一事物的充分必要条件的假言命题。举例如下。

[2-58]某数是偶数,当且仅当,某数能被2整除。

[2-59]人不犯我,我不犯人;人若犯我,我必犯人。

[2-58]和[2-59]是充分必要条件假言命题,"当且仅当"是充分必要条件假言命题的联结词,在日常语言中,一般不用这一联结词。比如,[2-59]就没有用这一联结词。"人若犯我,我必犯人",是充分条件假言命题;"人不犯我,我不犯人",是必要条件假言命题(在日常语言中,"不,不"可以作为必要条件假言命题的联结词用),二者合起来就是充分必要条件假言命题。

充分必要条件假言命题的逻辑形式可表示为

$$p\ 当且仅当\ q$$

充分必要条件假言命题的联结词"当且仅当"可用符号"↔"表示,因此,"p当且仅当q"又可表示为

$$p \leftrightarrow q$$

此公式可读作"p 等值 q"。

充分必要条件假言命题与其支命题(前、后件)之间的真假关系是:如果前件与后件同真或同假,则该充分必要条件假言命题是真的;如果前件与后件不同真、不同假,则该充分必要条件假言命题是假的。这种真假关系可用真值表表示(见表 2-6)。

表 2-6　充分必要条件假言命题与其前、后件之间的真假关系

p	q	p 当且仅当 q
真	真	真
真	假	假
假	真	假
假	假	真

(二)充分必要条件假言推理

充分必要条件假言推理就是根据充分必要条件假言命题的逻辑性质进行的推理。

我们知道,当充分必要条件假言命题是真的情况下,如果前件真,则后件也真;如果后件真,则前件也真;如果前件假,则后件也假;如果后件假,则前件也假。由此,充分必要条件假言推理有以下两条规则。

[规则 1]肯定前件,就要肯定后件;肯定后件,就要肯定前件。

[规则 2]否定前件,就要否定后件;否定后件,就要否定前件。

根据规则,充分必要条件假言推理有 4 个正确的形式。

1. 肯定前件式

充分必要条件假言推理的肯定前件式可表示为

$$\frac{\begin{array}{l} p \text{ 当且仅当 } q \\ p \end{array}}{\text{所以},q}$$

2. 肯定后件式

充分必要条件假言推理的肯定后件式可表示为

$$\frac{\begin{array}{l} p \text{ 当且仅当 } q \\ q \end{array}}{\text{所以},p}$$

3. 否定前件式

充分必要条件假言推理的否定前件式可表示为

$$\frac{\begin{array}{l} p \text{ 当且仅当 } q \\ \text{非 } p \end{array}}{\text{所以},\text{非 } q}$$

4. 否定后件式

充分必要条件假言推理的否定后件式可表示为

$$p \text{ 当且仅当 } q$$
$$\underline{\text{非 } q}$$
$$\text{所以，非 } p$$

举例如下。

[2-60] 一个数是偶数当且仅当它能被 2 整除；这个数是偶数，所以，这个数能被 2 整除。

[2-61] 一个数是偶数当且仅当它能被 2 整除；这个数能被 2 整除，所以，这个数是偶数。

[2-62] 一个数是偶数当且仅当它能被 2 整除；这个数不是偶数，所以，这个数不能被 2 整除。

[2-63] 一个数是偶数当且仅当它能被 2 整除；这个数不能被 2 整除，所以，这个数不是偶数。

[2-61] 到 [2-63] 分别是以上充分必要条件假言推理的 4 个正确的推理形式。

第五节　负命题及其推理

一、负命题

负命题是对某一命题加以否定的命题，它是一种复合命题，不同于简单命题中的否定命题。举例如下。

[2-64] 并非所有的鸟都是会飞的。

[2-65] 有些产品不是合格的。

[2-64] 是负命题，它是对"所有的鸟都是会飞的"这一命题的否定；[2-65] 不是负命题，它是简单命题中的否定命题，它是否定有些产品具有合格的性质，而不是对命题的否定。"并非"是负命题的联结词，负命题的命题形式可表示为

$$\text{并非 } p$$

负命题的联结词可用符号"¬"表示，因此，"并非 p"又可表示为

$$\neg p$$

此公式可读作"非 p"。

负命题与其支命题之间的真假关系是：如果被否定的支命题为真，则负命题为假；如果被否定的支命题为假，则负命题为真。这种真假关系可用真值表表示（见表 2-7）。

表 2-7　负命题与其支命题之间的真假关系

p	并非 p
真	假
假	真

二、复合命题的负命题

(一)7 种复合命题的负命题

否定一个复合命题就构成该复合命题的负命题。前面,我们介绍过 7 种复合命题,因此,相应的就有 7 种复合命题的负命题。

1. 联言命题的负命题

其命题形式可表示为

$$并非(p 并且 q)$$

2. 相容选言命题的负命题

其命题形式可表示为

$$并非(p 或者 q)$$

3. 不相容选言命题的负命题

其命题形式可表示为

$$并非(要么 p,要么 q)$$

4. 充分条件假言命题的负命题

其命题形式可表示为

$$并非(如果 p,那么 q)$$

5. 必要条件假言命题的负命题

其命题形式可表示为

$$并非(只有 p,才 q)$$

6. 充分必要条件假言命题的负命题

其命题形式可表示为

$$并非(p 当且仅当 q)$$

7. 负命题的负命题

其命题形式可表示为

$$并非(并非 p)$$

(二)7 种复合命题的负命题的等值关系命题

上述负命题,都有与其具有等值关系的命题,分别如下。

1."并非(p 并且 q)"等值于"非 p 或者非 q"

根据联言命题的逻辑性质,一个联言命题是假的,当且仅当,它的联言支至少有一个是假的,因此,否定一个联言命题,等值于至少否定其一个联言支。例如,"并非物美并且价廉"等值于"物不美或者价不廉"。

2."并非(p 或者 q)"等值于"非 p 并且非 q"

根据相容选言命题的逻辑性质,一个相容选言命题是假的,当且仅当,它的选言支都是假的,因此,否定一个相容选言命题,等值于否定其全部选言支。例如,"并非刮风或者下雨"等值于"不刮风并且不下雨"。

3."并非(要么 p,要么 q)"等值于"(p 并且 q)或者(非 p 并且非 q)"

根据不相容选言命题的逻辑性质,一个不相容选言命题是假的,当且仅当,选言支都是真的或者都是假的,因此,否定一个不相容选言命题,等值于肯定其全部选言支,或者否定其全部选言支。例如,"并非(要么小王去,要么小李去)"等值于"(小王去并且小李去)或者(小王不去并且小李不去)"。

4."并非(如果 p,那么 q)"等值于"p 并且非 q"

根据充分条件假言命题的逻辑性质,一个充分条件假言命题是假的,当且仅当,前件为真而后件为假,因此,否定一个充分条件假言命题,等值于肯定其前件而否定其后件。例如,"并非如果小林上场比赛,那么甲队就获胜"等值于"小林上场比赛而甲队不获胜"。

5."并非(只有 p,才 q)"等值于"非 p 并且 q"

根据必要条件假言命题的逻辑性质,一个必要条件假言命题是假的,当且仅当,前件为假而后件为真,因此,否定一个必要条件假言命题,等值于否定其前件而肯定其后件。例如,"并非只有读过大学才能发明创造"等值于"没有读过大学也能发明创造"。

6."并非(p 当且仅当 q)"等值于"(p 并且非 q)或者(非 p 并且 q)"

根据充分必要条件假言命题的逻辑性质,一个充分必要条件假言命题是假的,当且仅当,前件为真而后件为假,或者前件为假而后件为真,因此,否定一个充分必要条件假言命题,等值于肯定其前件而否定其后件,或者否定其前件而肯定其后件。例如,"并非当且仅当风调雨顺,才能获得丰收",等值于"风调雨顺而没有获得丰收,或者不风调雨顺却获得了丰收"。

7."并非(并非 p)"等值于"p"

否定一个负命题,也就是对其支命题的双重否定,它等值于该支命题。例如,"并非(不是甲队获胜)"等值于"甲队获胜"。

三、负命题的等值推理

如前所述,一个负命题有其等值命题,二者具有等值关系,因此,二者可以互推,这就是负命题的等值推理。

(1)根据"并非(p 并且 q)"等值于"非 p 或者非 q",因此,"并非(p 并且 q)"与"非 p 或者非 q",可以等值互推。例如,"并非物美并且价廉",可以推出"物不美或者价不廉"。反之,"物不美或者价不廉",也可以推出"并非物美并且价廉"。

(2)"并非(p 或者 q)"等值于"非 p 并且非 q",因此,"并非(p 或者 q)"与"非 p 并且非 q",可以等值互推。例如,"并非刮风或者下雨",可以推出"不刮风并且不下雨"。反之,"不刮风并且不下雨",可以推出"并非刮风或者下雨"。

(3)"并非(要么 p,要么 q)"等值于"(p 并且 q)或者(非 p 并且非 q)",因此,"并非(要么 p,要么 q)"与"(p 并且 q)或者(非 p 并且非 q)",可以等值互推。例如,并非"要么小王去,要么小李去",可以推出"小王和小李都去"或者"小王和小李都不去"。反之,"小王和小李都去"或者"小王和小李都不去",可以推出并非"要么小王去，要么小李去"。

（4）"并非（如果 p，那么 q）"等值于"p 并且非 q"，因此，"并非（如果 p，那么 q）"与"p 并且非 q"，可以等值互推。例如，"并非'如果小林上场比赛，那么甲队就获得胜利'"，可以推出"小林上场比赛而甲队并未获得胜利"。反之，"小林上场比赛而甲队并未获得胜利"，可以推出"并非'如果小林上场比赛，那么甲队就获得胜利'"。

（5）"并非（只有 p，才 q）"等值于"非 p 并且 q"，因此，"并非（只有 p，才 q）"与"非 p 并且 q"，可以等值互推。例如，"并非'只有读过大学，才能发明创造'"，可以推出"没有读过大学，也能发明创造"。反之，"没有读过大学，也能发明创造"，可以推出"并非'只有读过大学，才能发明创造'"。

（6）"并非（p 当且仅当 q）"等值于"（p 并且非 q）或者（非 p 并且 q）"，因此，"并非（p 当且仅当 q）"与"（p 并且非 q）或者（非 p 并且 q）"，可以等值互推。例如，并非"当且仅当风调雨顺，才能获得丰收"，可以推出"风调雨顺而并未获得丰收"或者"不风调雨顺也能获得丰收"。反之，"风调雨顺而并未获得丰收"或者"不风调雨顺也能获得丰收"，可以推出"并非'当且仅当风调雨顺，才能获得丰收'"。

（7）"并非（并非 p）"等值于"p"，因此，并非（并非 p）与 p 可以互推。例如，"并非'不是甲队获胜'"，可以推出"甲队获胜"。反之，"甲队获胜"，可以推出"并非'不是甲队获胜'"。

第六节 二难推理

一、什么是二难推理

二难推理是以假言命题为大前提，以选言命题为小前提，而推得一个以直言命题或选言命题为结论的推理。二难推理是假言选言推理的一部分，它的大前提有两个假言命题，小前提即把大前提中的两个假言命题的前件加以肯定，或者把大前提中的两个后件加以否定，从而构成一个选言命题，由此再推得应有的结论。

二难推理是根据一种"进退两难"的选择而得名的。选言命题的两个选言支是对两个困难选择的陈述，除了这两个可能的选择之外，没有第三种可能的选择。

例如：有一个工程项目，在决策时考虑不周，仓促上马后，发现资金不足。如果继续施工下去，那么，不足的资金难以筹集；如果工程暂停下来，那么，已经投下去的资金要造成积压浪费；或者继续施工下去，或者工程暂停下来；所以，或者不足的资金难以筹集，或者已经投下去的资金要造成积压浪费。这就是一个二难推理。当然，在实际思维中，可能的选择不一定只有两个，如有 3 个可能时，就成了三难推理。

二、二难推理的形式

二难推理有 4 种不同的推理形式。

（一）简单构成式
二难推理的简单构成式可表示为

> 如果 p，那么 q；
>
> 如果非 p，那么 q；
>
> 或者 p，或者非 p；
> _____
>
> 所以，q

在这一推理形式中,假言前提由两个假言命题组成,其中有两个不同的前件,有一个相同的后件;选言前提的两个不相容而又穷尽的选言支是对大前提的两个不同的前件的肯定。按照假言推理的规则,肯定前件,就要肯定后件。所以,结论肯定假言前提中两个假言命题的相同后件。举例如下。

[2-66]在武松看来,景阳冈上的老虎,刺激它也是那样,不刺激它也是那样,总之是要吃人的。

[2-67]如果你爱他,就把他送到纽约,因为那里是天堂;如果你恨他,就把他送到纽约,因为那里是地狱。

[2-66]和[2-67]都是二难推理的简单构成式,在语言表达上,都是省略式。其中[2-66]省略了选言前提。如果补充成完整形式是:景阳冈上的老虎,如果刺激它,它是要吃人的;如果不刺激它,它也是要吃人的;你或者刺激它,或者不刺激它;所以,它总是要吃人的。[2-67]省略了选言前提和结论。如果补充成完整形式是:如果你爱他,就把他送到纽约,因为那里是天堂;如果你恨他,就把他送到纽约,因为那里是地狱;或者你爱他,或者你恨他;所以,你就把他送到纽约。

(二)简单破坏式

二难推理的简单破坏式可表示为

$$
\begin{array}{l}
如果\ p,那么\ q; \\
如果\ p,那么\ r; \\
\underline{或者非\ q,或者非\ r;} \\
所以,非\ p
\end{array}
$$

在这一推理形式中,假言前提由两个假言命题组成,其中有两个不同的后件,有一个相同的前件;选言前提的两个选言支是对大前提的两个不同的后件的否定。按照假言推理的规则,否定后件,就要否定前件,所以,结论否定假言前提中两个假言命题的相同前件。举例如下。

[2-68]如果是一部好作品,那么它的思想内容一定好;如果是一部好作品,那么它的艺术水准一定高;某人的作品或者思想内容不好,或者艺术水准不高;所以,某人的作品不是好作品。

[2-69]如果是一个彻底的唯物主义者,就一定会实事求是地对待事物;如果是一个彻底的唯物主义者,就绝不会仅凭主观臆断来处理事情;他或者不实事求是地对待事物,或者仅凭主观臆断来处理事情;所以,他无论如何不是一个彻底的唯物主义者。

[2-68]和[2-69]都是二难推理的简单破坏式。用二难推理批评人,分量是很重的,所以,使用时应慎重。

(三)复杂构成式

二难推理的复杂构成式可表示为

$$
\begin{array}{l}
如果\ p,那么\ q; \\
如果非\ p,那么\ r; \\
\underline{或者\ p,或者非\ p;} \\
所以,或者\ q,或者\ r
\end{array}
$$

在这一推理形式中,假言前提由两个假言命题组成,其前件和后件都各不相同;选言前提的两个不相容而又穷尽的选言支是对大前提的两个不同前件的肯定。按照假言推理的规则,肯定前件,就要肯定后件,所以,结论是肯定假言前提中两个假言命题的不同后件。举例如下。

[2-70]如果他的意见是正确的,那么你应当表示接受;如果他的意见是错误的,那么你应当表示反对;或者他的意见是正确的,或者他的意见是错误的;所以,你或者应当表示接受,或者应当表示反对。

[2-71]在神话故事"孙悟空三打白骨精"中,美猴王曾面临两难处境:如果打死白骨精,自己就得被师傅赶走;如果不打死白骨精,师傅就会被妖精吃掉;或者打死白骨精,或者不打死白骨精;所以,或者自己被赶走,或者师傅被妖精吃掉。"两害相权取其轻",最后孙悟空做出选择:宁可被师傅赶走,也要打死妖精。

[2-70]和[2-71]都是二难推理的复杂构成式。复杂构成式是二难推理的典型形式,人们说起二难推理时,通常所指的就是二难推理的复杂构成式。最后,人们总是根据"两害相权取其轻"的原则,做出选择,摆脱两难。

(四)复杂破坏式

二难推理的复杂破坏式可表示为

$$如果 p,那么 r;$$
$$如果 q,那么 s;$$
$$\underline{或者非 r,或者非 s;}$$
$$所以,或者非 p,或者非 q$$

在这一推理形式中,假言前提由两个假言命题组成,其前件和后件都各不相同;选言前提的两个选言支是对两个假言命题的不同后件的否定。按照假言推理的规则,否定后件,就要否定前件,所以,结论是否定假言前提中两个假言命题的不同前件。举例如下。

[2-72]如果一个人的觉悟高,他就能认识他的错误;如果一个人的态度好,他就能承认他的错误;某人或者不认识他的错误,或者不承认他的错误;所以,某人或者觉悟不高,或者态度不好。

三、二难推理的应用

二难推理是辩论上的一种有力武器。美国前总统亚伯拉罕·林肯曾当过律师,据说有一次,他在法庭辩论时,应用二难推理有力地揭穿了原告证人所提供的伪证。被收买的证人福尔逊在法庭上一口咬定被告小阿姆斯特朗是杀人凶手。福尔逊说:在 10 月 18 日晚上 11 点左右,他亲眼看见被告开枪击毙了被害人。那天晚上月光很亮,他看清了小阿姆斯特朗的脸孔。林肯当庭揭穿了福尔逊的谎言。林肯指出:如果被告的脸朝着月亮,那么站在被告东边距离 30 米远的证人就只能看到被告的后脑勺,而不能看到被告的脸孔;如果被告的脸背着月亮,那么证人也不能看清被告的脸孔,因为这时月光只能照到被告的后脑勺;不管被告当时向着月光或者背着月光,总之,证人都不能看清被告的脸孔。这个二难推理揭穿了福尔逊的伪证,证明了被告是冤枉的。

应用二难推理对于批判错误的非科学的观点也具有重大的认识上的意义。中世纪的神学家宣扬"上帝是全能的"。"全能"也就是无所不能,这当然是站不住的,怎样批判这种谬论呢? 有人构造了这样一个二难推理:"如果上帝能够创造出一块连他自己也举不起来的石头,那么上帝就不是全能的,因为有一块石头他举不起来;如果上帝不能够创造出这样一块石头,那么上帝也不是全能的,因为有一块石头他造不出来;上帝或者是能够创造或者是不能够创造这样一块石头,所以,总而言之上帝并不是全能的。""无所不能"的说法本身,在逻辑上暗含着一个悖论:因为如果肯定"上帝是无所不能的",那么,什么样的石头上帝都应当能够造出来,包括举不起来的石头,这就必然走向反面,否定"上帝是无所不能的"。上面这个二难推理正是抓住了这个要害。

当然,二难推理也可能被错误地使用而成为诡辩的手段。我们要破斥作为诡辩手段的二难推理,就必须仔细考察一番它的表现形式。

一是应用虚假的假言命题作为前提来进行诡辩。例如,有人说:"如果身体强壮,那么不需要锻炼,因为不锻炼也挺好;如果身体不够强壮,也不需要锻炼,因为锻炼也没用;一个人身体或者强壮,或者不强壮,总之,都不需要锻炼。"这个二难推理中的两个假言前提实际上并不成立,破斥这个二难推理,就要针对其假言前提,指出它的问题所在。

二是给出一个选言支不穷尽的选言前提来进行诡辩。例如,有人说:"如果天气热,则人感到不舒服;如果天气冷,则人也感到不舒服;或者天气热,或者天气冷;所以,人总是感到不舒服的。"这个诡辩的要害就在于选言前提的选言支:"天气热"和"天气冷",并没有穷尽天气情况的各种可能,因为还有"不冷不热"的时候,所以,并不是在任何时候"人总是感到不舒服的"。

三是以诡辩应对诡辩。传说古代希腊诡辩家普洛太哥拉和他的学生欧提勒斯打官司的事件,就是诡辩应对诡辩的典型例子。普洛太哥拉教欧提勒斯法律,欧提勒斯先付学费的一半,其余一半在欧提勒斯毕业后第一次给人打官司胜利时付清。但欧提勒斯毕业后,并未执行律师职务,他也不偿还债务。于是普洛太哥拉诉诸法庭,提出下列的二难推理:"如果欧提勒斯官司打败了,则照法庭的判决,他应偿债;如果他的官司打胜了,则照合同的条件,他也要偿债;他的官司或者打败了,或者打胜了;总之,他应偿债。"欧提勒斯提出下列的二难推理反驳道:"如果我的官司打胜了,则照法庭的判决,我不应偿债;如果我的官司打败了,则照合同的条件,我也不应偿债;我的官司或者打胜了,或者打败了;总之,我不应偿债。"师生双方的二难推理都是错误的,都是一种诡辩,因为双方都采用了双重标准,即"法庭的判决"和"合同的条件",违反了同一律的要求,因而结论都不成立。

第七节　其他复合命题推理

复合命题推理还有其他多种形式,这里介绍几种较为常用的推理形式。

一、假言联言推理

假言联言推理是由假言命题和联言命题组成前提的推理。比较有代表性的推理形式有以下两种。

(一)假言联言推理肯定式

假言联言推理肯定式可表示为

> 如果 p,那么 r;
>
> 如果 q,那么 s;
>
> p 并且 q;
> ——————————
> 所以,r 并且 s

(二)假言联言推理否定式

假言联言推理否定式可表示为

> 如果 p,那么 r;
>
> 如果 q,那么 s;
>
> 非 r 并且非 s;
> ——————————
> 所以,非 p 并且非 q

举例如下。

[2-73]如果要物美,就要提高技术水平;如果要价廉,就要降低生产成本;既要物美,又要价廉;所以,既要提高技术水平,又要降低生产成本。

[2-74]如果是国际主义者,就要关注世界和平与人类幸福;如果是爱国主义者,就要为祖国尽心尽力;某人既不关注世界和平与人类幸福,也不为祖国尽心尽力;所以,某人既不是国际主义者,也不是爱国主义者。

[2-73]和[2-74]都是假言联言推理,前者是肯定式,后者是否定式。

二、假言连锁推理

假言连锁推理是前提和结论都是假言命题的推理。其形式为

$$如果\ p,那么\ q;$$
$$如果\ q,那么\ r;$$
$$\overline{}$$
$$所以,如果\ p,那么\ r$$

举例如下。

[2-75]如果没有雄厚的经济实力,就没有强大的国防力量;如果没有强大的国防力量,国家的安全就没有保障;所以,如果没有雄厚的经济实力,国家的安全就没有保障。

三、假言易位推理

充分条件假言命题"如果 p 那么 q"的逻辑性质是:p 真必然 q 真,因而 q 假必然 p 假,所以,从"如果 p,那么 q"可以推出"如果非 q,那么非 p",即

$$如果\ p,那么\ q$$
$$\overline{}$$
$$所以,如果非\ q,那么非\ p$$

这就是假言易位推理的形式。举例如下。

[2-76]如果没有雄厚的经济实力,那么,就没有强大的国防力量;所以,如果要有强大的国防力量,那么,就要有雄厚的经济实力。

[2-77]如果没有强大的国防力量,那么,国家的安全就没有保障;所以,如果国家的安全要有保障,那么,就要有强大的国防力量。

[2-76]和[2-77]都是假言易位推理。

四、归谬推理

具有下列形式的推理,称为归谬推理。

$$如果\ p,那么\ q\ 并且非\ q$$
$$\overline{}$$
$$所以,非\ p$$

"q 并且非 q"是逻辑上必定为假的命题,因为不论 q 所代表的具体命题的真假如何,"q 并且非 q"这个联言命题总是假的。一个充分条件假言命题如果是真的,那么它的后件是假的,则它的前件必定是假的。举例如下。

[2-78]如果物体下落的速度与重量成正比,那么重物与轻物连在一起的降落速度大于重物(因为两物重量之和大于重物),并且重物与轻物连在一起的降落速度不大于重物(因为两物的合速不会比速度大者更大);所以,并非物体下落的速度与重量成正比。

这是归谬推理的一个著名的例子。

五、反三段论

如果两个前提能够推出结论,那么,如果结论为假而前提中有一个为真,则另一个前提必为假。其形式是

$$\frac{如果\ p\ 且\ q\ 则\ r}{所以,如果非\ r\ 且\ p\ 则非\ q}$$

或者

$$\frac{如果\ p\ 且\ q\ 则\ r}{所以,如果非\ r\ 且\ q\ 则非\ p}$$

举例如下。

[2-79]如果一个推理的前提都真,并且推理形式有效,则结论真;所以,如果一个推理的结论假而推理形式有效,则前提并非都真。

[2-80]如果一个推理的前提都真,并且推理形式有效,则结论真;所以,如果一个推理的结论假而前提都真,则推理形式无效。

[2-79]和[2-80]都是反三段论。

上面,我们对各种复合命题推理做了分析性的考察,但是,在实际思维中,各种复合命题推理通常并不是单一地出现,而是综合地被应用的。下面,我们举出一些实例,希望能给读者一点启示。

【实例 2-1】

有一个猜扑克牌的智力游戏。

S 先生、X 先生、Y 先生都知道有如下 16 张牌。

黑桃:J、8、4、2、7、3。

红桃:A、Q、4。

方块:A、5。

草花:K、Q、5、4、6。

约翰教授从中挑出一张,把它的点数告诉 X 先生,把花色告诉 Y 先生,并问他们知不知道这张牌是什么牌?S 先生听到如下对话。

X 先生说:"我不知道这张牌。"

Y 先生说:"我知道你不知道这张牌。"

X 先生说:"我知道这张牌了。"

Y 先生说:"我也知道了。"

听罢以上对话,S 先生想了一想之后,就正确地说出这张牌是什么牌。S 先生是通过怎样的推理知道的呢?

解析

现在我们来剖析一下 S 先生的推理过程。

他首先听到 X 先生说:"我不知道这张牌。"这时,S 先生想:X 先生是知道扑克牌的点数的。扑克牌的点数有两种情况:一种是唯一性的点数,如黑桃 J、8、2、7、3,草花 K、6;另一种是共同性的点数,如A、Q、4、5。

约翰教授告诉 X 先生的点数或者是唯一性的点数或者是共同性的点数;约翰教授告诉 X 先生的点数肯定不是唯一性的点数(因为如果是唯一性的点数,X 先生应立即就能知道这张扑克牌是什么牌,可是他却说"不知道");所以,约翰教授告诉 X 先生的点数必定是共同性的点数(不管 S 先生是自觉还是不自觉,他得出这一结论用到了选言推理否定肯定式,还用到了充分条件假言推理否定后件式)。

Y 先生对 X 先生说:"我知道你不知道这张牌。"这句话耐人寻味。S 先生想:Y 先生只知道花色,扑克牌的花色有两种情况:一种是既有共同性的点数,又有唯一性的点数,如黑桃和草花;另一种是只有共同性的点数,如红桃和方块。约翰教授告诉 Y 先生的花色或者是黑桃和草花中的某一种或者是红桃和方块中的某一种;约翰教授告诉 Y 先生的花色肯定不是黑桃和草花中的某一种(因为在黑桃和草花这两种花色中,都有唯一性的点数,如果约翰教授告诉 Y 先生的花色是黑桃和草花中的某一种的话,那么,Y 先生就不能对 X 先生说"我知道你不知道这张牌"这样的话,而现在 Y 先生却做出了明确的断言);所以,约翰教授告诉 Y 先生的花色必定是"红桃和方块中的某一种"(S 先生得出这一结论,用的仍是选言推理和假言推理)。

现在只剩下 5 张扑克牌了:红桃 A、Q、4,方块 A、5。这 5 张扑克牌中的点数,也有两种情况:共同性的点数 A;唯一性的点数 Q、4、5。

S 先生听到 X 先生说:"我知道这张牌了。"这时 S 先生想:这张扑克牌的点数或者是 A,或者是Q、4、5 之中的某一个;肯定不是 A(因为如果是 A,X 先生还是无法知道这张牌究竟是什么牌,它可能是红桃 A,也可能是方块 A);所以,约翰教授告诉 X 先生的点数必定是 Q、4、5 之中的某一个点数。

现在,只剩下 3 张扑克牌了:红桃 Q、4 和方块 5。这时,S 先生听到 Y 先生说:"我也知道了。"S 先生想:约翰教授告诉 Y 先生的花色或者是红桃或者是方块;约翰教授告诉 Y 先生的花色肯定不是红桃(因为如果是红桃的话,Y 先生还是无法知道这张扑克牌的,它可能是红桃 Q,也可能是红桃 4。现在 Y 先生说"我也知道了");可见,约翰教授告诉 Y 先生的花色肯定是方块。这时剩下的方块花色的扑克牌只有方块 5。

S 先生就是这样通过反复应用选言推理和假言推理,最终推出这张扑克牌必定是方块 5 的。

【实例 2-2】

如果李生喜欢表演,则他报考戏剧学院。如果他不喜欢表演,则他可以成为戏剧理论家。如果他不报考戏剧学院,则他不能成为戏剧理论家。

由此可推出李生将:

A. 不喜欢表演。

B. 成为戏剧理论家。

C. 不报考戏剧学院。

D. 报考戏剧学院。

E. 不成为戏剧理论家。

解析

根据题设条件,可以推出李生将报考戏剧学院。推理的过程并不是唯一的。这里只介绍其中一个推理过程:以第一个命题为前提,进行假言易位推理,可以推出:如果李生不报考戏剧学院,则他不喜欢表演。以这一命题和题设中的第二个命题为前提,进行假言连锁推理,可以推出:如果李生不报考戏剧学院,则他可以成为戏剧理论家。以这一命题和题设中的第三个命题为前提,进行归谬推理,就可以推出:李生肯定报考戏剧学院。所以,本题的正确选项是 D。

【实例 2-3】

全国运动会举行女子 5000 米比赛,辽宁、山东、河北各派了 3 名运动员参加。比赛前,4 名体育爱好者在一起预测比赛结果。

甲说:"辽宁队训练就是有一套,这次的前三名非她们莫属。"

乙说:"今年与去年可不同了,金银铜牌辽宁队顶多拿一个。"

丙说:"据我估计,山东队或者河北队会拿牌的。"

丁说:"第一名如果不是辽宁队的,就该是山东队的了。"

比赛结束后,发现以上 4 人只有一人言中。

以下哪项最可能是该项比赛的结果?

A. 第一名辽宁队,第二名辽宁队,第三名辽宁队。

B. 第一名辽宁队,第二名河北队,第三名山东队。

C. 第一名山东队,第二名辽宁队,第三名河北队。

D. 第一名河北队,第二名辽宁队,第三名辽宁队。

E. 第一名河北队,第二名辽宁队,第三名山东队。

解析

甲和丙两人的预测不会都真,也不会都假,换句话说,甲和丙两人的预测必定有一个真,有一个假。根据题意"4 人只有一人言中",那么,言中的人不是甲,就是丙,所以,乙和丁的预测都是错的。丁的预测错,就可以得出:并非"第一名如果不是辽宁队的,就该是山东队的了",以此为前提,进行等值推理,可以推出:第一名既不是辽宁队,也不是山东队。所以,第一名是河北队。

乙的预测错,可以得出:辽宁队至少拿两个奖牌。已知金牌由河北队获得,所以,辽宁队拿到银牌和铜牌。

本题的正确答案是 D。

✎ 练习题

一、从 5 个备选答案中选择 1 个正确的答案,并做出简要的分析

1. 古代一位国王率领张、王、李、赵、钱五位将军一起打猎,各人的箭上均刻有自己的姓氏。围猎中,一只鹿中箭倒下,但却不知是何人所射。国王令众将军猜测。

张说:"或者是我射中的,或者是李将军射中的。"

王说:"不是钱将军射中的。"

李说:"如果不是赵将军射中的,那么一定是王将军射中的。"

赵说:"既不是我射中的,也不是王将军射中的。"

钱说:"既不是李将军射中的,也不是张将军射中的。"

国王令人把射中鹿的箭拿来,看了看,说:"你们 5 位将军的猜测,只有两个人的话是真的。"

根据国王的话,可以判定以下哪项是真的?

A. 张将军射中此鹿。

B. 王将军射中此鹿。

C. 李将军射中此鹿。

D. 赵将军射中此鹿。

E. 钱将军射中此鹿。

2. 某大学进行演讲比赛,得第一名的只有一人。在对 6 个参赛者进行名次预测时,4 人做了如下预测。

甲:取得第一名的要么是我,要么是乙。

乙:取得第一名的要么是甲,要么是丙。

丙:如果不是戊取得第一名,就一定是己。

丁:第一名绝不会是甲。

比赛结果发现,只有一个人的预测正确。请问谁得第一名? 谁的预测正确?

A.甲得第一名,乙的预测正确。

B.乙得第一名,甲的预测正确。

C.丙得第一名,乙的预测正确。

D.丁得第一名,丁的预测正确。

E.戊得第一名,丙的预测正确。

3.销售经理的人选,对于一个公司的生存和发展十分重要。哈维珍珠有限责任公司对于销售经理的任用,就非常慎重。由于前任销售经理因故离任,关于公司新销售经理的人选,甲、乙、丙3位董事经过充分考虑,提出了他们的意见。

甲:要么聘用李先生,要么聘用王先生。

乙:如果不聘用李先生,那么也不聘用王先生。

丙:如果不聘用王先生,那么就聘用李先生。

以下诸项中,能同时满足甲、乙、丙3位董事意见的方案是哪一项?

A.聘用李先生,不聘用王先生。

B.聘用王先生,不聘用李先生。

C.李先生和王先生两人都聘用。

D.李先生和王先生两人都不聘用。

E.聘用其他人当销售经理。

4.某公安局的刑侦员甲、乙、丙、丁通过广泛的调查取证,对某案的嫌疑犯李、赵做了如下断定:

甲:"我认为赵不是凶犯。"

乙:"或者李是凶犯,或者赵是凶犯。"

丙:"如果李是凶犯,则赵不是凶犯。"

丁:"我看李和赵都是凶犯。"

事后证明,这四位刑侦员的断言只有一句是假的。根据以上情况,可以推知:

A.李和赵都是凶犯。

B.甲的话是假的。

C.李是凶犯,丙的话是真的。

D.赵是凶犯,而李不是凶犯。

E.丁的话是真的。

5."如果货币的储蓄额和销售回笼额都没有增长,那么货币的入股额一定增长",以此为前提,若再增加一个前提,可以推出"货币的储蓄额事实上增长了"的结论。

以下哪项是该增加的前提?

A.货币的入股额一定增长了。

B.货币的入股额事实上没有增长。

C.货币的销售回笼额没有增长。

D.货币的销售回笼额和入股额事实上都没有增长。

E.货币的销售回笼额和入股额事实上都增长了。

6.8个硕士研究生赵、钱、孙、李、周、吴、陈、王正在争取获得某项科研基金。按规定只有1人能获得该项基金。谁能获得该项基金,由学校评委的投票数决定。评委分成不同的投票小组。

如果李获得的票数比陈多,那么钱将获得该项基金。

如果王获得的票数比孙多,或者钱获得的票数比周多,那么吴将获得该项基金。

如果孙获得的票数比王多,同时陈获得的票数比李多,那么赵将获得该项基金。

如果吴获得了该项基金,那么下面哪个结论一定是正确的?

A.孙获得的票数比王多。

B.王获得的票数比孙多。

C.李获得的票数不比陈多。

D.钱获得的票数比周多。

E.陈获得的票数比李多。

7.如果赵川参加宴会,那么钱华、孙旭和李元将一起参加宴会。

如果上述断定是真的,那么,以下哪项也是真的?

A.如果赵川没参加宴会,那么,钱、孙、李3人中至少有一人没参加宴会。

B.如果赵川没参加宴会,那么,钱、孙、李3人都没有参加宴会。

C.如果钱、孙、李3人都参加了宴会,那么,赵也参加宴会。

D.如果李元没参加宴会,那么,钱华和孙旭不会都参加宴会。

E.如果孙旭没参加宴会,那么,赵川和李元不会都参加宴会。

二、分析题

1.写出下列推理的形式,并分析其是否有效。

如果小林基础好并且学习努力,那么,他能取得好成绩;他没有取得好成绩;所以,他基础不好,学习也不努力。

2.下列 A、B 两命题是不是一对具有矛盾关系的命题?为什么?

A.如果李军是团员,那么,林胜也是团员。

B.如果李军是团员,那么,林胜不是团员。

3.列出下列推理的形式,并分析其是否有效。

如果老王不出席,则老李出席;如果老张不出席,则老白出席;老王或老张出席;所以,老李不出席或老白不出席。

4.断定一个复合命题为真,是否断定了其所有支命题为真?试以假言命题为例加以说明。

5.以下列(1)和(2)为前提,能否推出结论(3)?如果能,则说明所应用的是什么推理?

(1)如果这次春游去桂林或者去昆明,那么,小丁和小李都要去。

(2)小丁不去或者小李不去。

(3)这次春游不去昆明。

三、综合题

1.几个大学生在一起议论现代社会中的某些难题。设他们的如下论断都是真的,则从中可以得出什么良策?说明在推导过程中的每一步用的是什么推理形式。

(1)要么保住耕地,要么饿肚子。

(2)如果人口增长,那么就要增加住房。

(3)只有多盖高楼,才能既增加住房,又保住耕地。

(4)人口在增长,又不能饿肚子。

2.某公司有甲、乙、丙、丁、戊 5 位职员,大家商量假日的值班问题,有如下 5 条意见:

(1)如果甲来值班,那么乙或丙也来值班;

(2)如果乙来值班,那么丁也来值班;

(3)如果丙来值班,那么丁也来值班;

(4)只有甲来值班,戊才来值班;

(5)戊是来值班的。

问:丁是不是来值班?说明在推导过程中的每一步用的是什么推理形式。

3.已知:

(1)如果甲和乙参加会议,那么丙不参加会议;

(2)只有甲参加会议,丁才参加会议;

(3)乙和丙都参加会议。

试问:甲和丁是否参加会议?说明在推导过程中的每一步用的是什么推理形式。

4.某案件有4名嫌疑犯,调查后确认:

(1)只有B是罪犯,C才是罪犯;

(2)如果C不是罪犯,那么D是罪犯;

(3)或者A是罪犯,或者B不是罪犯;

(4)A不是罪犯。

根据以上确认,可确定谁是罪犯?说明在推导过程中的每一步用的是什么推理形式。

5.某单位有采购员A、B、C、D、E5人。已知:

(1)或者C去上海,或者B去上海;

(2)如果A不去北京,则B去上海;

(3)只有E去广州,D和A才都去北京;

(4)如果C去上海,则D去北京;

(5)B不去上海。

问:E是否去广州?说明在推导过程中的每一步用的是什么推理形式。

6.下列4句中只有一句真,问:小王、小李、小林是否去值班?说明推导过程。

(1)或者小王不去值班,或者小李不去值班;

(2)如果小王不去值班,那么小李也不去值班;

(3)小林去值班,小李也去值班;

(4)小王不去值班。

7.在某次税务检查后,4个工商管理人员有如下结论:

甲:所有个体户都没纳税;

乙:服装个体户陈老板没纳税;

丙:并非所有个体户都没纳税;

丁:有的个体户没纳税。

如果4人中只有两人的断定属实,请问服装个体户陈老板有没有纳税?说明推导过程。

8.3位同学从学校毕业后,一个当了律师,一个当了教师,一个当了会计。同学会上,大家做了如下议论:

A:甲当了律师,乙当了教师;

B:甲当了教师,丙当了律师;

C:甲当了会计,乙当了律师。

但大家的议论都只说对了一半,请问他们各选择了什么职业?说明推导过程。

第二章习题参考答案

第三章 ■ 命题逻辑（二）

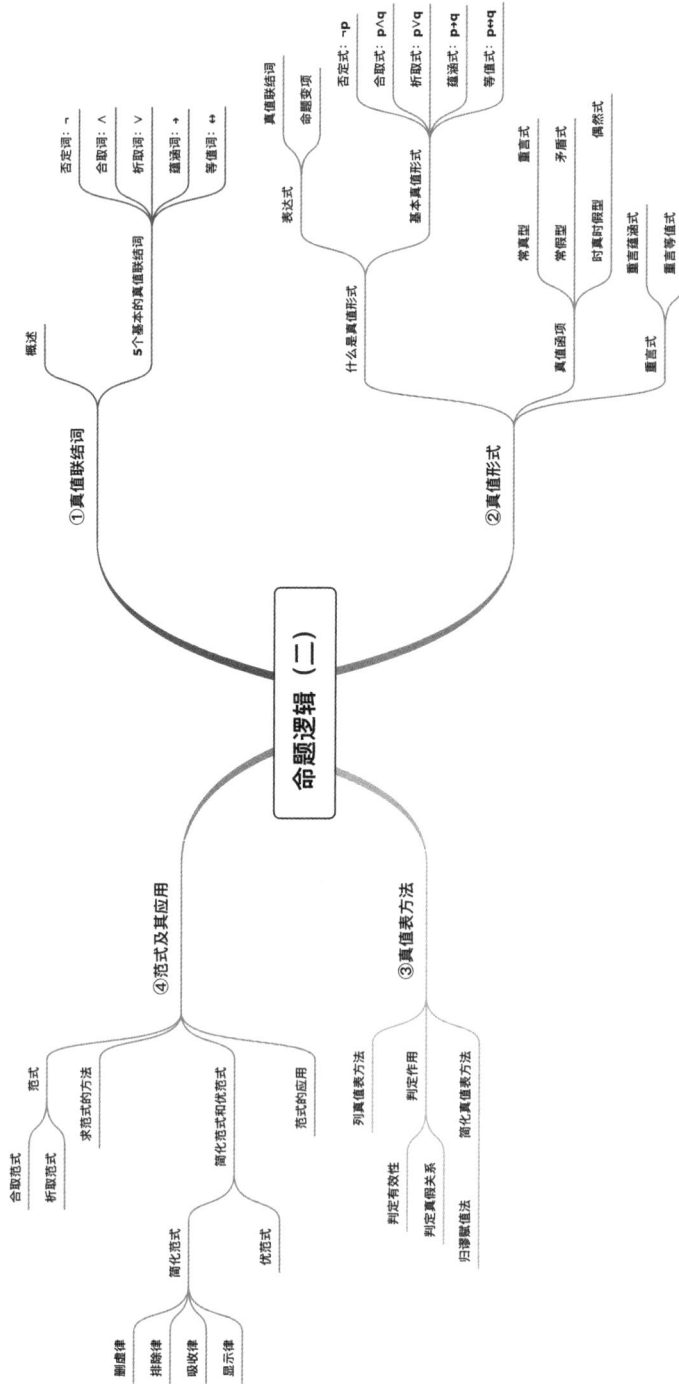

命题逻辑（二）

①真值联结词

- 概述
- 5个基本的真值联结词
  - 否定词：¬
  - 合取词：∧
  - 析取词：∨
  - 蕴涵词：→
  - 等值词：↔

②真值形式

- 表达式
  - 真值联结词
  - 命题变项
- 什么是真值形式
  - 否定式：¬p
  - 合取式：p∧q
  - 析取式：p∨q
  - 蕴涵式：p→q
  - 等值式：p↔q
- 真值函项
  - 常真型 — 重言式
  - 常假型 — 矛盾式
  - 时而真时而假型 — 偶然式
- 重言式
  - 重言蕴涵式
  - 重言等值式

③真值表方法

- 列真值表的方法
- 判定作用
  - 判定有效性
  - 判定真假关系
- 简化真值表方法
  - 归谬赋值法

④范式及其应用

- 范式
  - 合取范式
  - 析取范式
- 求范式的方法
- 简化范式和优范式
  - 简化范式
    - 删盈律
    - 排除律
    - 吸收律
    - 显示律
  - 优范式
- 范式的应用

命题逻辑是现代逻辑的基础组成部分之一。它以命题为基本逻辑形式,它在研究命题时,只把一个命题分析到其中所含命题成分为止,把简单命题作为整体来考察,不把一个简单命题再分析为非命题成分(如个体词、谓词和量词等)的结合。由简单命题出发,经使用命题联结词构成复合命题,然后研究复合命题的逻辑形式及复合命题之间的推理关系。通过这样的分析,可以显示一些重要的逻辑形式,这种逻辑形式和有关的逻辑规律就属于命题逻辑。命题逻辑的规律反映复合命题的逻辑特征。复合命题的逻辑特征决定于联结词所反映的客观联系,所以,命题逻辑又被称为联结词的逻辑。本章先介绍一些有关命题逻辑的基础理论知识。

第一节　真值联结词

一、真值联结词概述

什么是真值联结词？反映复合命题与支命题之间的真假关系的联结词,就叫作真值联结词。这种真值联结词与日常语言里的联结词是有所不同的。由于日常语言的歧义性、不确定性,因此根据日常语言里的联结词和支命题的真假,只能部分地确定复合命题的真假。比如,在日常语言里,用"并且"这个联结词构成的联言命题,不仅要求支命题都为真,而且要求支命题之间有一定的意义联系,有时还要求被联结的支命题不能颠倒语序。例如,"2＋2＝4并且雪是白的"这一联言命题,虽然它的两个支命题都是真命题,但是,在日常语言里,人们很难接受这种命题。其他联结词也有类似情况。我们知道,意义的联系是具体内容的联系,有时表面上看来似乎是互不相干的两个命题,在特殊场合实际上却有着密切的联系。因此,要确定两命题之间有无意义的联系,就必须对其具体内容做具体的分析,而不可能用一个公式将它固定下来。所以,有必要对日常语言里的联结词,如"并非""并且""或者""如果……那么……""当且仅当"等,进行科学的抽象。具体地说就是抽取复合命题与支命题之间的真假关系而撇开其他的含义。这样抽象所得的联结词就是真值联结词。为了把真值联结词与日常语言里的联结词区别开来,命题逻辑用专门的人工符号表达真值联结词。例如,用"∧"(合取)表示与日常语言里的"并且"相当的真值联结词;用"∨"(析取)表示与日常语言里的"或者"相当的真值联结词。

现代逻辑的发展历史表明,把日常语言里的联结词抽象为真值联结词,从而从完全形式的角度研究命题,是一种科学而有效的方法。

二、5个基本的真值联结词

(一)否定词

表达"否定"的真值联结词可用符号"￢"表示。它相当于日常语言里的"并非""……是假的"等语词。举例如下。

[3-1]并非所有的名牌产品都是质量过硬的。

[3-2]"所有的花都结果"是假的。

在[3-1]中,"并非"是对支命题"所有的名牌产品都是质量过硬的"的否定;在[3-2]中,"是假的"是对"所有的花都结果"这一支命题的否定。

在命题逻辑中为了准确地定义、直观地刻画真值联结词的逻辑含义,通常把真值联结词所包含的真假关系列成一个图表。这种包含命题变项和真值联结词,并说明真值联结词逻辑含义的图表被称为真值表。否定词的逻辑含义可用下列真值表定义(见表3-1)。

表 3-1　否定词真值表

p	¬p
T	F
F	T

在这个真值表中,"p"叫作命题变项,它表示任意命题;"¬p"叫作否定式;"T"表示真;"F"表示假。第一列列举了 p 这个命题有真假两种可能;第一行表示:当 p 为真时,¬p 为假;第二行表示:当 p 为假时,¬p 为真。由于"¬"是一元联结词,所以,"¬"的支命题的全部真值情况只有两种,即真或假。相应地,它的真值表只有两行。

(二)合取词

合取词用符号"∧"表示,它是对"并且""虽然……但是……""不但……而且……"等日常语言里的联结词的逻辑抽象。合取词的逻辑含义可用下列真值表定义(见表 3-2)。

表 3-2　合取词真值表

p	q	p∧q
T	T	T
T	F	F
F	T	F
F	F	F

这个真值表精确地定义了"∧"的用法。它表示:仅当"p"和"q"都为真时,"p∧q"为真;在其他 3 种情况下,"p∧q"皆为假。

"∧"和下面要讨论的联结词都是二元联结词,它联结两个支命题,因此,它的真值表有 4 行。

本书在第一章里已经说到过合取词"∧"和日常语言里的"并且"有区别。这里不再重复。

(三)析取词

析取词是对"或者""可能……可能……"等联结词的逻辑抽象,用符号"∨"表示。析取词的逻辑含义可用下列真值表定义(见表 3-3)。

表 3-3　析取词真值表

p	q	p∨q
T	T	T
T	F	T
F	T	T
F	F	F

在日常语言里,人们使用"或者"常表示几种可能情况中至少有一种可能情况存在的意思。举例如下。

[3-3]李军是公务员或者王健是公务员。

当李军和王健都是公务员,即两个支命题都为真时,那么,整个命题为真;当李军是公务员而王健不是公务员,或者李军不是公务员而王健是公务员时,整个命题也为真。只有当李军和王健都不是公务员时,整个命题才为假。在这一例中,日常语言里的"或者"与上述真值表中的含义是相同的。

但是,在日常语言里,有时"或者"也反映支命题不能同时成立的不相容析取关系。举例如下。

[3-4]中国女子足球队得冠军或者美国女子足球队得冠军。

在[3-4]中,两个支命题"中国女子足球队得冠军"和"美国女子足球队得冠军"不可能同时为真,这里的"或者"与析取词"∨"的逻辑含义是不同的。也就是说,日常语言里"或者"的含义是不确定的。究竟是什么含义,要看具体情况而定。命题逻辑中的析取词则是单义的,只反映相容析取关系。为了表达不相容析取的含义,命题逻辑不是采用增加基本联结词数量的办法,而是通过基本联结词的综合应用来加以刻画。p 和 q 不相容析取,可定义为

$$(p \lor q) \land \neg(p \land q)$$

这个公式的含义就是:p 和 q 至少有一个为真,而并非 p 和 q 都为真。

(四)蕴涵词

蕴涵词是命题逻辑中一个很重要的真值联结词,用符号"→"表示。它是对"如果……那么……""当……便……""只要……就……"等联结词的逻辑抽象。在日常语言中,"如果……那么……"是多义的。这一点,本书在第一章已经做过论述。作为真值联结词,蕴涵词只是前件对后件具有充分条件关系的逻辑抽象。根据充分条件关系的特点,蕴涵词的逻辑含义可定义如下(见表 3-4)。

表 3-4　蕴涵词真值表

p	q	p→q
T	T	T
T	F	F
F	T	T
F	F	T

从表 3-4 可知,只有当前件真而后件假时,p→q 才假。对于蕴涵的如此定义,应当承认并不是完美无缺的。比如,从上述真值表可以发现,当前件假时,无论后件如何,整个真值形式 p→q 都为真,也就是说,一个假命题蕴涵任何命题。例如,"如果地球是方的,那么,地球会飞"和"如果地球是方的,那么,地球不会飞",根据表 3-4,这两个命题都是真的。从表 3-4 还可以发现,当后件真时,无论前件如何,整个真值形式 p→q 也都是真的。这就是说,一个真命题为任何命题所蕴涵。例如,"如果太阳从东边出来,那么,地球是圆的"和"如果太阳不从东边出来,那么,地球是圆的",根据表 3-4,这两个命题都是真的。这就是逻辑史上两个有名的蕴涵怪论。在日常语言里,人们显然是难以接受的。这种蕴涵理论确实是有缺陷的,它的缺陷就在于它太过宽容,以至于如上所述的这种怪论,在这种蕴涵理论的庇护下,也堂而皇之地成了真的命题。但是,这种蕴涵理论也有它的另外一面,这就是对于假言推理有效性的解释而言,这种蕴涵理论是完全可以令人满意的,并且对于假言命题的真假确定,十分方便。也正因为如此,这虽不完美的蕴涵理论仍为很多人所接受,并沿用至今。

我们在第一章"复合命题及其推理"中,讨论到假言命题有 3 种,其中有一种是必要条件假言命题,它的联结词是"只有……才……",并给出一个独立的符号"←",命题逻辑根据基本的真值联结词应尽可能精简的原则,取消了这个符号,并把"p←q"定义为:"¬p→¬q"。

(五)等值词

等值词用符号"↔"表示,它相当于日常语言"当且仅当""如果……并且……""只有……才……"等联结词。从蕴涵角度考察,等值可表示为两个蕴涵式的合取,"p↔q"可表示为:(p→q)∧(q→p),即 p 蕴涵 q 并且 q 蕴涵 p,所以,等值又称互蕴。等值词的逻辑含义可定义如下(见表 3-5)。

表 3-5　等值词真值表

p	q	p↔q
T	T	T
T	F	F
F	T	F
F	F	T

上述真值表说明,当支命题取同样的值时,p↔q 为真,否则就为假。

当我们把联结词抽象成真值联结词后,命题形式也就成了真值形式。

第二节　真值形式

一、什么是真值形式

由真值联结词和命题变项构成的与复合命题结构相当的结构形式,就是真值形式。与 5 个基本的真值联结词相应,基本的真值形式也有如下 5 种。

(1)否定式,¬p,可读作:并非 p。

(2)合取式,p∧q,可读作:p 并且 q。

(3)析取式,p∨q,可读作:p 或者 q。

(4)蕴涵式,p→q,可读作:如果 p 那么 q。

(5)等值式,p↔q,可读作:p 当且仅当 q。

本章第一节在定义真值联结词时,给出了 5 个基本真值表,这 5 个真值表实际上也刻画了由这些真值联结词所构成的 5 种真值形式的逻辑特征,因此,这 5 个真值表也就是 5 种真值形式的真值表。现归纳如下(见表 3-6)。

表 3-6　5 种真值表

p	q	¬p	p∧q	p∨q	p→q	p↔q
T	T	F	T	T	T	T
T	F	F	F	T	F	F
F	T	T	F	T	T	F
F	F	T	F	F	T	T

如同真值联结词是对日常语言里的联结词的逻辑抽象一样,真值形式则是对命题形式的真假关系的抽象,它反映了复合命题与支命题在真假关系上的特征,而撇开了其他的意义联系。因此,可以根据命题变项等的真假完全形式地确定真值形式的真假,从而实现现代逻辑仅从真假角度形式地研究命题的目的。

"¬p""p∧q""p∨q""p→q""p↔q"等真值形式是命题逻辑中最基本的 5 种真值形式。在这几种真值形式的基础上,按照一定的形成规则,可以生成各种各样的复杂的真值形式。举例如下。

[3-5]p∧q→r

[3-6]¬(p∨q→r)

[3-5]这一真值形式可以读作:如果 p 并且 q 那么 r。[3-6]这一真值形式可以读作:并非如果 p 或

者 q 那么 r。

不管是多么复杂的真值形式,最终都可以分解为几种基本形式来研究。这样,就为研究各种复杂的命题,提供了较为充分的工具。

复合命题的种类是丰富多样的,真值形式的数量是无穷无尽的。但是,如果只从命题变项的真假与整个真值形式真假之间的函数关系考虑,当命题变项的数目确定后,整个真值形式的真假显示也就确定了。因此,命题逻辑为了研究无限的真值形式的类型和特征,引进了真值函项这个概念。

二、真值函项

(一)什么是真值函项

什么是真值函项? 真值函项又称真值函数。函数是指 A、B 两类事物,如果对于 A 类的每一个分子 X,B 类中至多只有一个分子 Y 与它相对应,那么,A 与 B 两类事物就有一种函数关系,其中,X 称为自变项,Y 称为对于 X 的函数的值。在命题变项的真假与真值形式的真假之间也存在一种类似函数的关系。比如,当 p、q 的真值确定后,"$p \wedge q$"等真值形式的真假,也就确定了。我们可以把真值形式看成是以真假为值的函数,这种函数就叫作真值函数,或者说真值函项。

由于真值函项只反映命题变项与真值形式之间的真值函数关系,不涉及真值形式的具体构成形式,所以,不同的真值形式可以表示相同的真值函项。真值形式是无穷的,而真值函项的种类却是有限的,如果命题变项的数目是确定的话。

在二值逻辑中,如果一个真值函项共包含 p、q 两个命题变项,那么,命题变项的真值组合情况共有以下 4 种可能(见表 3-7)。

表 3-7　包含两个命题变项的真值组合情况

p	q
T	T
T	F
F	T
F	F

在一般情况下,包含 n 个命题变项的真值函项,其命题变项的真值组合可能共有 2^n 种。

命题变项的真值情况确定了,就可进一步讨论真值函项的种类了。每一种真值函项的值都是对其命题变项真值情况的一种肯定或否定。例如,析取式和合取式的真值组合如下(见表 3-8)。

表 3-8　析取式与合取式的真值组合情况

p	q	$p \vee q$	$p \wedge q$
(1)T	T	T	T
(2)T	F	T	F
(3)F	T	T	F
(4)F	F	F	F

析取式 $p \vee q$ 肯定了第(1)(2)(3)这 3 种组合,而否定了第四种组合;合取式 $p \wedge q$ 肯定了第一种组合,而否定其他 3 种组合。因此,抽象地说,对命题变项的每一种真值情况,真值函项可能加以肯定,也可能加以否定。在一般情况下,包含 n 个命题变项的真值函项,其命题变项的真值情况有 2^n

种,对每一种情况又有两种可能断定的情况,所以,真值函项共有 2^{2^n} 种。当 $n=1$ 时,真值函项共有 2^{2^1} 种,即 4 种[真值函项用 f(p) 表示],具体如表 3-9 所示。

表 3-9　$n=1$ 时的真值函项

p	$f_1(p)$	$f_2(p)$	$f_3(p)$	$f_4(p)$
T	T	T	F	F
F	T	F	T	F

当 $n=2$ 时,真值函项共有 2^{2^2} 种,即 16 种(真值函项用 f_1、f_2…表示),具体如表 3-10 所示。

表 3-10　$n=2$ 时的真值函项

p	q	f_1	f_2	f_3	f_4	f_5	f_6	f_7	f_8	f_9	f_{10}	f_{11}	f_{12}	f_{13}	f_{14}	f_{15}	f_{16}
T	T	T	T	T	T	T	T	T	F	F	F	F	F	F	F	F
T	F	T	T	T	T	F	F	F	F	T	T	T	T	F	F	F	F
F	T	T	T	F	F	T	T	F	F	T	T	F	F	T	T	F	F
F	F	T	F	T	F	T	F	T	F	T	F	T	F	T	F	T	F

其中,f_2 可用 p∨q 表示;f_5 可用 p→q 表示;f_7 可用 p↔q 表示;f_8 可用 p∧q 表示。

真值函项抽象地反映了命题变项与真值形式之间的一般真值关系。通过真值函项可以从一般意义上完整地研究真值形式的种种特点。例如,表 3-9 中列出了两个命题变项的真值函项的所有种类,由此可知,不论真值形式的具体形式如何,只要是包含两个命题变项,它的真值情况一共只有上述 16 种。因此,真值函项是研究真值形式的有效工具。

(二)真值函项的类型

通过对真值函项的分析,可以发现真值形式的一些特点。从上述两个命题变项的真值形式的真值函项种类表中可以发现,真值函项可以分成 3 种类型。

1.常真型

不论命题变项取什么值,真值函项都取真。例如,表 3-10 中的 f_1 就是常真型。真值形式"p∨¬p"就是这种常真型真值函项的表现。无论取何值,"p∨¬p"总为真。这种常真的真值函项被称为重言的真值函项,表示重言的真值函项的真值形式就是重言的真值形式,简称重言式(永真式)。"p∨¬p"就是一个重言式。"¬(p∧¬p)"也是一个重言式。

2.常假型

不论命题变项取何值,真值函项总为假。例如,表 3-10 中的 f_{16}。这种常假的真值函项,被称为矛盾的真值函项,表示矛盾的真值函项的真值形式,被称为矛盾的真值形式,简称矛盾式(恒假式)。例如,"p∧¬p"就是一个矛盾式。

3.时真时假型

当命题变项取某种值时,真值函项为真;当命题变项取另一种值时,真值函项为假。表 3-10 中从 f_2—f_{15} 都属于这种类型。代表这种真值函项的真值形式很多,例如,"p→q"就是其中一个。我们把这种类型的真值形式,统称为偶然式。

三、重言式

在上述 3 类真值形式中,重言式在命题逻辑中具有极其重要的地位。命题逻辑中的推理规则,都可以表示为重言式。命题逻辑演算系统就是由重言式构成的系统。在重言式中,尤为重要的是重言蕴涵式和重言等值式,因为凡是正确的推理形式都可以表现为重言蕴涵式或重言等值式。

现将最常用的重言蕴涵式和重言等值式简介如下。

(一)重言蕴涵式

重言蕴涵式表示的逻辑关系是:若前件(命题或命题的合取)是真的,则后件也是真的。当它们的变项被代之以具体命题,并以蕴涵式的前件为前提,以蕴涵式的后件为结论,这就转换成了具体推理,并且若推理的前提是真的,则结论也是真的。因此,命题逻辑中的重言蕴涵式恰好表示了思维中的正确推理形式。

关于正确推理形式的重言蕴涵式,最常用的有下列 9 个。

(1)$(p \rightarrow q) \wedge p \rightarrow q$[肯定前件]。

(2)$(p \rightarrow q) \wedge \neg q \rightarrow \neg p$[否定后件]。

(3)$(p \vee q) \wedge \neg p \rightarrow q$[析取否定]。

　　$(p \vee q) \wedge \neg q \rightarrow p$[析取否定]。

(4)$(p \wedge q) \rightarrow p$[合取化简]。

　　$(p \wedge q) \rightarrow q$[合取化简]

(5)$(p, q) \rightarrow p \wedge q$[合取引入]。

(6)$p \rightarrow (p \vee q)$[析取引入]。

　　$q \rightarrow (p \vee q)$[析取引入]

(7)$(p \rightarrow q) \wedge (q \rightarrow r) \rightarrow (p \rightarrow r)$[假言连锁]。

(8)$(p \rightarrow q) \wedge (r \rightarrow s) \wedge (p \vee r) \rightarrow (q \vee s)$[二难推理]。

　　$(p \rightarrow q) \wedge (r \rightarrow s) \wedge (\neg q \vee \neg s) \rightarrow (\neg p \vee \neg r)$[二难推理]。

(9)$(p \rightarrow q) \wedge (p \rightarrow \neg q) \rightarrow \neg p$[归谬推理]。

(二)重言等值式

和重言蕴涵式一样,重言等值式也反映了逻辑规律和规则。关于正确推理形式的重言等值式,最常用的有下列 10 个。

(1)$p \leftrightarrow \neg \neg p$[双否律]。

(2)$(p \rightarrow q) \leftrightarrow (\neg q \rightarrow \neg p)$[易位律]。

(3)$\neg (p \wedge q) \leftrightarrow (\neg p \vee \neg q)$[德摩根律]。

　　$\neg (p \vee q) \leftrightarrow (\neg p \wedge \neg q)$[德摩根律]。

(4)$p \wedge q \leftrightarrow q \wedge p$[交换律]。

　　$p \vee q \leftrightarrow q \vee p$[交换律]。

(5)$p \leftrightarrow p \wedge p$[幂等律]。

　　$p \leftrightarrow p \vee p$[幂等律]。

(6)$p \wedge (q \vee r) \leftrightarrow (p \wedge q) \vee (p \wedge r)$[分配律]。

　　$p \vee (q \wedge r) \leftrightarrow (p \vee q) \wedge (p \vee r)$[分配律]。

(7)$p \wedge (q \wedge r) \leftrightarrow (p \wedge q) \wedge r$[结合律]。

　　$p \vee (q \vee r) \leftrightarrow (p \vee q) \vee r$[结合律]。

(8)$(p \wedge q \rightarrow r) \leftrightarrow (p \rightarrow (q \rightarrow r))$[移出律]。

(9)$(p \rightarrow q) \leftrightarrow (\neg p \vee q)$[蕴析律]。

(10)$(p \leftrightarrow q) \leftrightarrow (p \rightarrow q) \wedge (q \rightarrow p)$[等值律]。

确定一个真值形式是否为重言式,可用真值表方法得出。

第三节 真值表方法

一、列真值表的方法

真值表是命题逻辑的重要工具,它不仅可以定义真值联结词,而且可以判定推理形式是否有效,分析几个真值形式相互之间的关系。本章第一、二节给出了 5 个基本真值形式的真值表,根据这些基本真值表,可以列出复杂真值形式的真值表。其一般步骤如下。

(1)列出给定的真值形式所包含的所有的命题变项,并列出这些命题变项的各种真假组合。从真假角度考虑,任一命题只有真假两种可能,所以,当只有两个命题变项时,其真假组合有 4 种情况,即真真、真假、假真、假假。一个复合命题所含的命题变项的数目越多,则命题变项的真假组合的数目也就越多。我们用"k"表示命题变项的真假组合的数目,用"n"表示命题变项的数目,则有

$$k=2^n$$

例如,给定的真值形式是:$(p{\rightarrow}q) \wedge p{\rightarrow}q$,其中包含的命题变项是 p、q,它们的真假组合有 4 种情况,如表 3-11 所示。

表 3-11　4 种真假组合情况

p	q
T	T
T	F
F	T
F	F

(2)根据构成过程,逐步地由简而繁地列出这个真值形式的各个组成部分,最后为这个真值形式本身。仍用上例,其组成部分如下

$$p \quad q \quad p{\rightarrow}q \quad (p{\rightarrow}q) \wedge p \quad (p{\rightarrow}q) \wedge p{\rightarrow}q$$

(3)根据基本真值表,逐个计算出每个组成部分的真假情况,最后得出此真值形式的真假情况。仍用上例,其真值表如下(见表 3-12)。

表 3-12　根据每个组成部分真假情况得出的真值表

p	q	p→q	(p→q)∧p	(p→q)∧p→q
T	T	T	T	T
T	F	F	F	T
F	T	T	F	T
F	F	T	F	T

二、真值表的判定作用

运用真值表可在有限的步骤内,机械地判定一个推理形式是否有效,还能判定几个真值形式之间

在真假上的关系,这就是真值表的判定作用。

(一)判定推理形式的有效性

一个正确的推理形式可以分析为一个蕴涵式,而且必是一个重言的蕴涵式。反之,如果代表某一推理形式的蕴涵式不是重言式,则说明此推理形式无效。因此,运用真值表方法,可以在有限的步骤内判定一个推理形式是否有效。其一般步骤如下。

(1)把推理形式改写成一个蕴涵式,改写方法是:前提与前提之间用合取联结,前提与结论之间用蕴涵联结。

(2)列出此蕴涵式的真值表,并察看此蕴涵式是否为重言式。如果真值表显示,不论命题变项取何值,整个蕴涵式都为真,则此蕴涵式是重言式,这样就可判定此推理形式有效。如果真值表显示蕴涵式不是重言式,则可判定此推理形式无效。举例如下。

[3-7]p 或者 q,非 p,所以,q。

这是一个推理形式,它可改写成如下蕴涵式

$$(p \lor q) \land \neg p \to q$$

(3)列出此蕴涵式的真值表(见表 3-13)。

表 3-13 [3-7]的真值表

p	q	$\neg p$	$p \lor q$	$(p \lor q) \land \neg p$	$(p \lor q) \land \neg p \to q$
T	T	F	T	F	T
T	F	F	T	F	T
F	T	T	T	T	T
F	F	T	F	F	T

从表 3-13 可知,此蕴涵式是重言式,因此,上述推理形式有效。

再举一例。

[3-8]如果降落的物体不受外力影响,那么,它不会改变降落的方向;现在它受了外力的影响,所以,它改变了降落的方向。

先抽象出这一推理的推理形式:用 p 表示"降落的物体受外力影响";用 q 表示"改变降落的方向",则其推理形式为:如果非 p,那么非 q;p,所以,q。

改写成蕴涵式为

$$(\neg p \to \neg q) \land p \to q$$

列出真值表(见表 3-14)。

表 3-14 [3-8]的真值表

p	q	$\neg p \to \neg q$	$(\neg p \to \neg q) \land p$	$(\neg p \to \neg q) \land p \to q$
T	T	T	T	T
T	F	T	T	F
F	T	F	F	T
F	F	T	F	T

表 3-14 表明,上述的蕴涵式不是重言式,所以,上述推理无效。

(二)判定真值形式之间的真假关系

1. 判定真值形式之间真假关系的步骤

在思维实际中,有时需要知道几个命题是否等值,如不等值,又是什么关系。判定它们的真假关系,一般的步骤如下。

首先,写出这些命题的真值形式。

其次,列出这些真值形式的真值表。

最后,分析真值表,并判定是何关系。如果真值表显示,这几个真值形式的真值情况完全一样,则说明这几个命题等值;如果真假情况不同,则说明不等值。不等值关系又可分为矛盾关系(特点是不可同真,不可同假)、反对关系(特点是不可同真,可以同假)和下反对关系(特点是不可同假,可以同真)等各种关系。

2. 举例

[3-9]判定下列命题 A 与 B 是否等值。

A:如果甲不上场,那么,乙就上场。

B:或者甲上场,或者乙上场。

设"甲上场"为 p;"乙上场"为 q,则上述命题的真值形式为

$$A: \neg p \rightarrow q$$
$$B: p \vee q$$

列出其真值表(见表 3-15)。

表 3-15　[3-9]的真值表

p	q	$\neg p \rightarrow q$	$p \vee q$
T	T	T	T
T	F	T	T
F	T	T	T
F	F	F	F

由表 3-15 可知,命题 A 与 B 是等值的。

[3-10]判定下列命题 A 与 B 是何种关系。

A:如果买电视机,那么,不买录音机。

B:既买电视机又买录音机。

设"买电视机"为 p,"买录音机"为 q。则上述命题的真值形式为

$$A: p \rightarrow \neg q$$
$$B: p \wedge q$$

列出其真值表(见表 3-16)。

表 3-16　[3-10]的真值表

p	q	p→¬q	p∧q
T	T	F	T
T	F	T	F
F	T	T	F
F	F	T	F

由表 3-16 可见,命题 A 与 B 是不可同真不可同假的矛盾关系。

三、简化真值表方法

从理论上说,任一推理形式都可运用上述的真值表方法加以判定。但是,实际上,如果推理形式中所含的命题变项很多,要完全列举出命题变项的真假组合情况就会显得十分冗长和烦琐。因此,有必要改进这种真值表方法。这里介绍一种主要的改进方法,即简化真值表方法。

简化真值表方法,又叫归谬赋值法。它的主要思想是:为了说明一个蕴涵式 A→B 是重言式,只要证明无论对 A→B 中的变项赋什么值,前件 A 真而后件 B 假是不可能的就行了。或者说,当断定它前件 A 真而后件 B 假时,变项赋值就必然导致逻辑矛盾(即相同的命题变项既真又假)。反之,如果变项赋值没有出现任何矛盾,这就说明该蕴涵式前件 A 真而后件 B 假是可能的,也就是说,该蕴涵式不是重言式。现举例说明如下。

[3-11]p→p∨q

[3-11]这一蕴涵式是否为重言式?我们应用简化真值表的方法来判定它。第一步,先假设这一蕴涵式为假,根据蕴涵式的特点,要满足这一假设,必须它的前件"p"赋真值,后件"p∨q"赋假值。后件"p∨q"是析取式,根据析取式的特点,要使得析取式"p∨q"为假,它的支命题"p"和"q"必须均赋值为假,这样对"p"的赋值就出现了矛盾,即既要赋真值又要赋假值,这是不能允许的,所以,"[3-11]这一蕴涵式为假"的假设不能成立,所以,这一蕴涵式必是一个重言式。相应的推理形式必定有效。上述分析过程如表 3-17 所示。

表 3-17　[3-11]分析表

p→p∨q
(1)　　F
(2)T　　F
(3)　　F　F

由表 3-17 可见,若 p→p∨q 为假,必然导致 p 赋值上出现矛盾,因此,p→p∨q 不可能为假,也就是说,p→p∨q 必是重言式。

[3-12](p→r)∧(q→s)∧(p∨q)→(r∨s)

[3-12]这一蕴涵式是否为重言式,可以通过如下步骤分析:(1)假设这一蕴涵式为假。(2)要使得这一蕴涵式为假,根据蕴涵式的特点,对于它的前件"(p→r)∧(q→s)∧(p∨q)"应赋值为真,对于它的后件"r∨s"应赋值为假。(3)要使得"(p→r)∧(q→s)∧(p∨q)"为真,根据合取式的特点,对于它的支命题"p→r""q→s""p∨q"应赋值为真;要使得它的后件"r∨s"为假,根据析取式的特点,对于它的支命题"r"和"s"应赋值为假。(4)要使得"p→r"为真,而 r 已赋值为假,因此,p 应赋值为假;要使得"q→s"为真,而 s 已赋值为假,因此,q 应赋值为假;要使得"p∨q"为真,而 p 已赋值为假,因此,q 应赋值为真,这样,q 的赋值就出现了矛盾(如果要避免这一矛盾,则 p 应赋值为真,这样 p 的赋值就出现了矛盾),所以,"[3-12]这一蕴涵式为假"的假设不能成立,所以,[3-12]这一蕴涵式是重言式,相应的推理形式

(这是二难推理复杂构成式)有效。上述分析过程如表3-18所示。

表3-18 ［3-12］分析表

$$(p \rightarrow r) \wedge (q \rightarrow s) \wedge (p \vee q) \rightarrow (r \vee s)$$

(1)						F			
(2)		T		T		F			
(3)	T		T		T	F	F		
(4)	F	F	F	F		F	T		

由表3-18可见,"q"的赋值出现了矛盾,所以,"$(p \rightarrow r) \wedge (q \rightarrow s) \wedge (p \vee q) \rightarrow (r \vee s)$"是重言式。

［3-13］$(p \rightarrow r) \wedge (q \rightarrow s) \rightarrow (\neg p \rightarrow \neg s)$

［3-13］这一蕴涵式是否为重言式? 现列表说明如下(见表3-19)。

表3-19 ［3-13］分析表

$$(p \rightarrow r) \wedge (q \rightarrow s) \rightarrow (\neg p \rightarrow \neg s)$$

(1)					F		
(2)		T			F		
(3)	T		T		T	F	
(4)	F	F	T	T		F	T

上述的简化真值表表明,假设［3-13］这一蕴涵式为假时,命题变项的赋值没有出现任何矛盾,这说明:假设能够成立,也就是说,［3-13］这一蕴涵式不是重言式。

第四节 范式及其应用

一、范式

范式是一种具有一定规范形式的公式。凭借这种规范形式,我们就能确定一命题逻辑的真值形式是否为重言式、矛盾式或偶然式。

范式有两种,合取范式和析取范式。合取范式能判定一公式是否为重言式,析取范式能判定一公式是否为矛盾式。凡不能借合取范式确定为重言式,也不能借析取范式确定为矛盾式的就是偶然式。

(一)合取范式

合取范式是一合取式,它的合取支都是简单析取。所谓简单析取就是析取式中的析取支是命题变项或命题变项的否定。简单析取中不包含合取、蕴涵、等值符号。否定符号只置于命题变项前。举例如下。

［3-14］$p \vee q$

［3-15］$\neg p \vee q$

［3-16］$p \vee \neg p \vee \neg q$

［3-14］、［3-15］、［3-16］都是简单析取。

［3-17］$\neg \neg p \vee q$

［3-18］$\neg (p \wedge q) \vee r$

［3-19］$p \vee (q \rightarrow r)$

［3-17］、［3-18］、［3-19］都不是简单析取。

一简单析取是否为重言式,可简单地确定。一简单析取 A 为重言式,当且仅当,A 包含某命题变项及其否定。举例如下。

[3-20]p∨¬p

[3-21]¬p∨¬q∨q

[3-22]r∨q∨¬r

[3-20]、[3-21]、[3-22]都是重言式。

合取范式就是由简单析取借合取联结词联结而成。举例如下。

[3-23](p∨q)∧(p∨¬q∨q)∧(p∨q∨¬r)

[3-24](p∨¬p)∧(r∨q∨¬r)∧(¬p∨¬q∨q)

[3-25](¬p∨q∨r∨¬s)∧(p∨q∨¬r∨s)

[3-23]、[3-24]、[3-25]都是合取范式。

[3-26]p∨q

[3-27]p∧(r∨q)

[3-26]和[3-27]也是合取范式,因[3-25]可改写为:(p∨q)∧(p∨q)。

[3-27]可改写为:(p∨p)∧(r∨q)。

合取范式可用于判定一公式是否为重言式。当合取范式的每一合取支,即简单析取都是重言式时,合取范式就是重言式。而简单析取是否为重言式,是极易判定的。[3-24]就是重言式,[3-16]、[3-20]、[3-21]、[3-22]可以看作合取范式的特殊情况,也是重言式。

(二)析取范式

析取范式是一析取式,它的析取支都是简单合取。所谓简单合取是指合取式中的合取支是命题变项或命题变项的否定。简单合取中不包含析取、蕴涵、等值符号。否定符号只置于命题变项前。举例如下。

[3-28]p∧q

[3-29]¬p∧q

[3-30](p∧¬p)∧q

[3-28]、[3-29]、[3-30]都是简单合取。

[3-31]¬¬p∧q

[3-32]¬(p∨q)∧r

[3-33]p∧(q→r)

[3-31]、[3-32]、[3-33]都不是简单合取。

一简单合取是否为矛盾式可简单地确定。一简单合取 A 为矛盾式,当且仅当,A 包含某命题变项及其否定。举例如下。

[3-34]p∧¬p

[3-35]p∧q∧¬q

[3-36]r∧q∧¬r

[3-34]、[3-35]、[3-36]都是矛盾式。

析取范式就是由简单合取借析取联结词联结而成。举例如下。

[3-37](p∧q)∨(q∧r∧¬q)∨(¬p∧q∧¬r)

[3-38](p∧¬p)∨(r∧q∧¬r)∨(p∧q∧¬q)

[3-39](p∧q∧r∧¬q)∨(q∧r∧s∧¬s)

[3-37]、[3-38]、[3-39]都是析取范式。

析取范式可用于判定一公式是否为矛盾式。当析取范式中的每一析取支,即简单合取都是矛盾式时,析取范式便是矛盾式。[3-38]、[3-39]就是矛盾式。而简单合取是否为矛盾式,是极易判定的。

二、求范式的方法

(一)求范式的步骤

把公式化为范式,其步骤如下。

1.销去蕴涵和等值符号

销去蕴涵符号,可以将蕴涵式 A→B,等值置换为析取式¬A∨B。

销去等值符号,可以将等值式 A↔B,等值置换为合取式(¬A∨B)∧(¬B∨A),或者等值置换为析取式(A∧B)∨(¬A∧¬B)。求合取范式时,用前者;求析取范式时,则用后者。

2.否定符号销去或内移

销去否定符号,如果遇到¬¬A,可以等值置换为 A。

内移否定符号,如果遇到¬(A∧B),可以等值置换为¬A∨¬B;如果遇到¬(A∨B),可以等值置换为¬A∧¬B。

3.销去重复的合取支和析取支

遇到 A∧A,可以等值置换为 A。

遇到 A∨A,可以等值置换为 A。

4.分配

合取分配:A∧(B∨C),等值置换为(A∧B)∨(A∧C)。

析取分配:A∨(B∧C),等值置换为(A∨B)∧(A∨C)。

由上可见,求范式的过程所依据的都是等值置换律,因此,可以保证求得的范式与原公式是等值的。这样,通过范式也就可以间接地判定原公式是否为重言式、矛盾式或偶然式。

(二)举例

【实例 3-1】

求(p→q)∧p→q 的合取范式。

解析

(1)销去→:¬((¬p∨q)∧p)∨q。

(2)内移¬:¬(¬p∨q)∨¬p∨q。

(3)内移¬:(¬¬p∧¬q)∨¬p∨q。

(4)销去¬¬:(p∧¬q)∨¬p∨q。

(5)分配∨:(p∨¬p∨q)∧(¬q∨¬p∨q)。

(5)就是所求公式的合取范式。这里的(4)是所求公式的析取范式。

【实例 3-2】

求 p↔p∨q 的析取范式。

解析

(1)销去↔:(p∧(p∨q))∨(¬p∧¬(p∨q))。

(2)内移¬:(p∧(p∨q))∨(¬p∧¬p∧¬q)。

(3)分配∧:(p∧p)∨(p∧q)∨(¬p∧¬p∧¬q)。

(4)删去重复:p∨(p∧q)∨(¬p∧¬q)。

(4)就是所求公式的析取范式。

三、简化范式和优范式

(一)简化范式

简化范式所讨论的问题就是如何简化求范式的运算过程或者化简所求得的范式。作为简化依据的逻辑规律,常用以下的重言等值式。

1. 删虚律

(1) $A \wedge (B \vee \neg B) \leftrightarrow A$。

(2) $A \vee (B \wedge \neg B) \leftrightarrow A$。

这里,(1)中的"$B \vee \neg B$"和(2)中的"$B \wedge \neg B$",前者恒真,后者恒假,它们对于等值式两端公式的真或假都不产生影响,故称为虚式,在化简范式时可以把它们删去,也就是将左端公式等值置换为右端公式,这叫作删去虚式,是施行删虚律的结果。

2. 排除律

(1) $(A \vee B) \wedge (A \vee \neg B) \leftrightarrow A$。

(2) $(A \wedge B) \vee (A \wedge \neg B) \leftrightarrow A$。

这里,(1)和(2)中,等值式左端公式的真假只取决于"A"的真假,因此,可以把"B"和"$\neg B$"排除掉。

3. 吸收律

(1) $A \wedge (A \vee B) \leftrightarrow A$。

(2) $A \vee (A \wedge B) \leftrightarrow A$。

这里,(1)和(2)将左端公式等值置换为右端公式,可以看作是吸收了"$A \vee B$"和"$A \wedge B$"的结果。因为左端公式的真假只取决于"A"的真假,因此,可以把"$A \vee B$"和"$A \wedge B$"删去。

4. 显示律

(1) $(A \vee B) \wedge \neg B \leftrightarrow (A \vee B) \wedge \neg B \wedge A$。

(2) $(A \wedge B) \vee \neg B \leftrightarrow (A \wedge B) \vee \neg B \vee A$。

这里,(1)和(2)将左端公式等值置换为右端公式,可以看作是将左端公式中的"A"显示出来。有人形象地将它比喻为"引蛇出洞"。从表面上看,似乎与化简背道而驰,但是,它为施行吸收律创造了条件,所以,最终结果也能达到化简范式的目的。

【实例3-3】

工人应当注视他近旁传送带上带来的零件,他应当从带上取下的零件要同时满足以下条件。

条件1:有下列特征之一的:弯曲的、生锈的或未涂色的。

条件2:不合标准的或生锈的。

条件3:弯曲的或未涂色的。

条件4:不合标准的或未涂色的。

条件5:弯曲的、生锈的或涂色的。

工人要简化这些指令,他要取下的是具有哪两种特征的零件?

解析

令:

p:弯曲的。

q:生锈的。

r:涂色的。

s:合标准的。

则上面5个条件可表示如下。

条件 1:p∨q∨¬r。

条件 2:¬s∨q。

条件 3:p∨¬r。

条件 4:¬s∨¬r。

条件 5:p∨q∨r。

同时满足以上条件,可以用合取式表示如下。

(1)(p∨q∨¬r)∧(¬s∨q)∧(p∨¬r)∧(¬s∨¬r)∧(p∨q∨r)。

施排除律于(1)中的第1和第5合取支,并销去重复,得如下表达式。

(2)(p∨q)∧(¬s∨q)∧(p∨¬r)∧(¬s∨¬r)。

分别施分配律于(2)中的第1、2合取支和第3、4合取支,并销去重复,得如下表达式。

(3)(p∧¬s)∨q∧(p∧¬s)∨¬r。

施分配律于(3),得如下表达式。

(4)(p∧¬s)∨(p∧¬s∧¬r)∨(p∧¬s∧q)∨(q∧¬r)。

施吸收律于(4),得如下表达式。

(5)(p∧¬s)∨(q∧¬r)。

(5)就是我们要求得的结果,即工人要取下的零件是弯曲的和不合标准的,或者是生锈的和未涂色的。

(二)优范式

1.优范式须满足的条件

优范式是具有唯一性的范式。合取范式和析取范式都具有优范式。优范式须满足以下条件。

(1)须是简化范式。

(2)范式中每个子公式须包含该公式所有的命题变项。

(3)所有命题变项应按字母顺序排列;相同的变项,不带否定符号的排在前面。

2.优范式的具体方法

根据以上条件,求优范式的具体方法如下。

(1)把范式化为简化范式。

(2)加元和展开。给不包含某一变项的子公式增加该变项。例如,给 p∧q 增加变项 r 时,可给 p∧q 增加虚式 r∨¬r,即将 p∧q 等值置换为 p∧q∧(r∨¬r);给 p∨q 增加变项 r 时,可给 p∨q 增加虚式 r∧¬r,即将 p∨q 等值置换为 p∨q∨(r∧¬r),这叫作加元。加元并不改变原公式的真值。加元所依据的规律是以下重言等值式。

A∧(B∨¬B)↔A

A∨(B∧¬B)↔A

加元和删虚所依据的是相同的等值式。由此更可以说明,虚式可以根据不同的需要,或者将它们删去,或者将它们加上。加元后,根据分配律就可以得到包含所需变项的子公式。例如,p∧q∧(r∨¬r)分配后即得(p∧q∧r)∨(p∧q∧¬r)。p∨q∨(r∧¬r)分配后即得(p∨q∨r)∧(p∨q∨¬r)。

(3)按字母顺序调整子公式中变项的顺序;相同的变项,不带否定符号的排在前面。

(4)按照前面的原则排列子公式的顺序。

根据以上方法,就可以求得优范式。

3.举例

【实例 3-4】

根据(¬p∨q)∧(¬q∨r)∧(¬r∨p),求其优合取范式。

解析

(1)加元

$(\neg p \vee q \vee (r \wedge \neg r)) \wedge (\neg q \vee r \vee (p \wedge \neg p)) \wedge (\neg r \vee p \vee (q \wedge \neg q))$。

(2)分配

$(\neg p \vee q \vee r) \wedge (\neg p \vee q \vee \neg r) \wedge (\neg q \vee r \vee p) \wedge (\neg q \vee r \vee \neg p) \wedge (\neg r \vee p \vee q) \wedge (\neg r \vee p \vee \neg q)$。

(3)整理

$(p \vee q \vee \neg r) \wedge (p \vee \neg q \vee r) \wedge (p \vee \neg q \vee \neg r) \wedge (\neg p \vee q \vee r) \wedge (\neg p \vee q \vee \neg r) \wedge (\neg p \vee \neg q \vee r)$。

(3)就是该例的优合取范式。

【实例 3-5】

根据 $(\neg p \wedge q) \vee (\neg q \wedge r) \vee (\neg r \wedge p)$，求其优析取范式。

解析

(1)加元

$(\neg p \wedge q \wedge (r \vee \neg r)) \vee (\neg q \wedge r \wedge (p \vee \neg p)) \vee (\neg r \wedge p \wedge (q \vee \neg q))$。

(2)分配

$(\neg p \wedge q \wedge r) \vee (\neg p \wedge q \wedge \neg r) \vee (\neg q \wedge r \wedge p) \vee (\neg q \wedge r \wedge \neg p) \vee (\neg r \wedge p \wedge q) \vee (\neg r \wedge p \wedge \neg q)$。

(3)整理

$(p \wedge q \wedge \neg r) \vee (p \wedge \neg q \wedge r) \vee (p \wedge \neg q \wedge \neg r) \vee (\neg p \wedge q \wedge r) \vee (\neg p \wedge q \wedge \neg r) \vee (\neg p \wedge \neg q \wedge r)$。

(3)就是该例优析取范式。

优范式是唯一的。因之优范式能表明两个公式是否具有相同的真值函项。一般的范式不能起这种作用。

[3-40] $(\neg p \vee q) \wedge (\neg q \vee r) \wedge (\neg r \vee p)$

[3-41] $(\neg q \vee p) \wedge (\neg p \vee r) \wedge (\neg r \vee q)$

[3-40]和[3-41]具有同一个优合取范式。这里的[3-40]就是前面的**【实例 3-4】**，有兴趣的读者不妨求一下[3-41]的优合取范式。然后比较一下，就可以发现，[3-40]和[3-41]虽然具体形式不同，而优范式却完全相同，这意味着它们具有相同的真值函项。

四、范式的应用

范式作为一种逻辑运算的方法，具有多方面的用处。下面我们结合实例分析说明范式的作用。

(一)利用范式能简化得到的信息，使原来费解的东西变得简单明了

举例如下。

【实例 3-6】

聂卫平获胜并且马晓春获胜，当且仅当聂卫平获胜。

这句话是费解的，简直可以说是莫名其妙。现在我们用简化范式来处理。

解析

令：

p：聂卫平获胜。

q：马晓春获胜。

上面这句话可表示如下关系。

(1) $p \wedge q \leftrightarrow p$。

(2)销去 $\leftrightarrow$：$(\neg (p \wedge q) \vee p) \wedge (\neg p \vee (p \wedge q))$。

(3)内移 $\neg$：$(\neg p \vee \neg q \vee p) \wedge (\neg p \vee (p \wedge q))$。

(4)删去虚式：$\neg p \vee (p \wedge q)$。

(5)分配 $\vee$：$(\neg p \vee p) \wedge (\neg p \vee q)$。

(6)删去虚式：$\neg p \vee q$。

(6)可以等值置换为 p→q,意即"如果聂卫平获胜,那么马晓春获胜"。这一语意是明明白白的。

(二)利用范式可以判定具有不同形式的符号表达式是否具有相同的真假性

【实例 3-7】

如果中国女排胜古巴女排,则中国女排必须与俄美两队中的优胜队比赛。

甲与乙两人对于上述命题分别给出了两个不同的符号表达式。

甲:p→((q→r)∨(s→t))。

乙:(p∧q→r)∨(p∧s→t)。

两个表达式中,有如下关系。

p:中国女排胜古巴女排。

q:俄罗斯女排胜美国女排。

r:中国女排与俄罗斯女排比赛。

s:美国女排胜俄罗斯女排。

t:中国女排与美国女排比赛。

试问甲与乙所给出的两个不同的符号表达式,具有相同的真假性吗?

解析

我们可以用优范式来求解这个问题。

(1)先求甲的符号表达式的优范式:p→((q→r)∨(s→t))。

(2)销去→:¬p∨¬q∨r∨¬s∨t。

(2)就是优范式。

(3)再求乙的符号表达式的优范式:(p∧q→r)∨(p∧s→t)。

(4)销去→:¬(p∧q)∨r∨¬(p∧s)∨t。

(5)内移¬:¬p∨¬q∨r∨¬p∨¬s∨t。

(6)销去重复:¬p∨¬q∨r∨¬s∨t。

(6)也是优范式。

甲和乙的两个不同表达式,其优范式是相同的,可见,它们的真假性是相同的。

(三)利用范式可以判定若干个语言表达式相互间是否存在矛盾

我们知道,析取范式具有判定一个符号表达式是否为矛盾式的功能。现在,我们就用析取范式来判定上述议论是否存在矛盾的问题。

【实例 3-8】

如果物价提高了,则工资会增加。或者物价提高了或者物价受到控制。如果物价受到控制,则不会有通货膨胀。事实上存在着通货膨胀,但工资却没有增加。

试问这段议论是否存在着矛盾?

解析

先将上述议论符号化。

令:

p:物价提高了。

q:工资会增加。

r:物价受到控制。

s:会有通货膨胀。

则上述议论可表示为如下表达式。

(1)(p→q)∧(p∨r)∧(r→¬s)∧(s∧¬q)。

(2)销去→,得:(¬p∨q)∧(p∨r)∧(¬r∨¬s)∧(s∧¬q)。

(3)施分配律于(2)中的第3和第4合取支,得:$(\neg p \lor q) \land (p \lor r) \land (\neg r \land s \land \neg q) \lor (\neg s \land s \land \neg q)$。

(4)删去(3)中的虚式,得:$(\neg p \lor q) \land (p \lor r) \land (\neg r \land s \land \neg q)$。

(5)施分配律于(4),得:$(\neg p \land p \land \neg r \land s \land \neg q) \lor (\neg p \land r \land \neg r \land s \land \neg q) \lor (q \land p \land \neg r \land s \land \neg q) \lor (q \land r \land \neg r \land s \land \neg q)$。

删去虚式即得析取范式的零公式,这意味着被判定的符号表达式为矛盾式。因为被删去的全是矛盾式。由此可见,上述议论存在着逻辑矛盾。

(四)范式能判定一推理的结论能否从前提合乎逻辑地推出

我们知道,一个具有正确形式的推理,其前提是蕴涵结论的,即结论能够从前提合乎逻辑地推出。如果前提真,则结论也一定真。因此,凡正确的推理,定可表示为一个重言的蕴涵式,而合取范式恰好具有判定重言式的功能。这就是说,利用范式是能够判定一结论能否从前提推出的。

【实例3-9】

某机关办公室共有5位工作人员,如果E来值班,则A或C也得来值班。如果B不来值班,则A也不来值班。如果C来值班,那么B也来值班。D只有当E去值班时,他才去值班。因此,当D去值班时,B也去值班。

解析

我们用合取范式来检查这一推理。

令:

A:A值班。

B:B值班。

C:C值班。

D:D值班。

E:E值班。

(1)所检证的这一推理的形式可表示为如下的蕴涵式:$((E \to A \lor C) \land (\neg B \to \neg A) \land (C \to B) \land (D \to E)) \to (D \to B)$。

(2)销去$\to$和$\neg\neg$得:$\neg((\neg E \lor A \lor C) \land (B \lor \neg A) \land (\neg C \lor B) \land (\neg D \lor E)) \lor (\neg D \lor B)$。

(3)内移$\neg$和销去$\neg\neg$得:$(E \land \neg A \land \neg C) \lor (\neg B \land A) \lor (C \land \neg B) \lor (D \land \neg E) \lor \neg D \lor B$。

(4)施显示律于第2、3、4、5、6析取支,得:$(E \land \neg A \land \neg C) \lor (\neg B \land A) \lor (C \land \neg B) \lor (D \land \neg E) \lor \neg D \lor B \lor A \lor C \lor \neg E$。

(5)施吸收律于(4)得:$(E \land \neg A \land \neg C) \lor \neg D \lor B \lor A \lor C \lor \neg E$。

(6)施显示律于(5)中的第1和第6析取支,得:$(E \land \neg A \land \neg C) \lor \neg D \lor B \lor A \lor C \lor \neg E \lor (\neg A \land \neg C)$。

(7)施吸收律于(6)得:$\neg D \lor B \lor A \lor C \lor \neg E \lor (\neg A \land \neg C)$。

(8)施显示律于(7)中的第3和第6析取支,得:$\neg D \lor B \lor A \lor C \lor \neg E \lor (\neg A \land \neg C) \lor \neg C$。

(9)施吸收律于(8)中的第6和第7析取支,得:$\neg D \lor B \lor A \lor C \lor \neg E \lor \neg C$。

(9)就是重言的析取式。根据删虚律,可以删去。零公式的合取范式是重言式。(9)可以看作是合取范式的特殊情况。

由此可见,公式(1)是重言式,推理是有效的,结论可以从前提推出。

(五)利用范式可以从给定的前提寻求应得的结论

这和范式被用于判定是否为重言式,进而确定一推理形式是否有效不同。因为后者结论已经给出,我们需要验证的只是结论是否由前提合乎逻辑地推出,而这里所讨论的是从给定的前提寻求应得的结论。这时还没有现成的结论,因而还无法建立一个被检证的公式。当给出的前提较多时,从这些前提探求它们应得到一个什么结论,往往是一件较困难的课题。用范式方法求解,可以根据题意建立合取范式,然后将范式化简得到应得的结论。

【实例 3-10】

在某国女子排球队长期的训练和比赛中,教练对主力队员之间的最佳配合,总结出如下几条规律。

(1)B 和 D 最好不同时上场。

(2)如果 C 上场,那么最好 D 也上场。

(3)如果 A 上场,那么最好 B 也上场。

(4)如果 E 和 F 同时上场,那么最好 C 也上场。

(5)A 和 F 需要同时上场。

为了保持球场上的最佳阵容,究竟谁上场,谁不上场?

解析

我们用范式来讨论这一课题。

令:

A:A 上场。

B:B 上场。

C:C 上场。

D:D 上场。

E:E 上场。

F:F 上场。

(1)以上 5 条规律可用一个合取式来表示:¬(B∧D)∧(C→D)∧(A→B)∧(E∧F→C)∧(A∧F)。

(2)销去→得:¬(B∧D)∧(¬C∨D)∧(¬A∨B)∧(¬(E∧F)∨C)∧A∧F。

(3)内移¬得:(¬B∨¬D)∧(¬C∨D)∧(¬A∨B)∧(¬E∨¬F∨C)∧A∧F。

(4)施显示律于(3)中的第 3、4、5、6 合取支,得:(¬B∨¬D)∧(¬C∨D)∧(¬A∨B)∧(¬E∨¬F∨C)∧A∧F∧B∧(¬E∨C)。

(5)施吸收律于(4)中的第 3、4、7、8 合取支,得:(¬B∨¬D)∧(¬C∨D)∧(¬E∨C)∧A∧F∧B。

(6)施显示律于(5)中的第 1 和第 6 合取支,得:(¬B∨¬D)∧(¬C∨D)∧(¬E∨C)∧A∧F∧B∧¬D。

(7)施吸收律于(6)中的第 1 和第 7 合取支,得:(¬C∨D)∧(¬E∨C)∧A∧F∧B∧¬D。

(8)施显示律于(7)中的第 1 和第 6 合取支,得:(¬C∨D)∧(¬E∨C)∧A∧F∧B∧¬D∧¬C。

(9)施吸收律于(8)中的第 1 和第 7 合取支,得:(¬E∨C)∧A∧F∧B∧¬D∧¬C。

(10)施显示律于(9)中的第 1 和第 6 合取支,得:(¬E∨C)∧A∧F∧B∧¬D∧¬C∧¬E。

(11)施吸收律于(10)中的第 1 和第 7 合取支,得:A∧F∧B∧¬D∧¬C∧¬E。

(11)就是所要寻求的结论,即 A、B、F 上场,C、D、E 不上场。

(六)利用范式还可以得到前提的所有推断,这是对前提所蕴含的信息的充分揭示

范式的这一作用是其他的逻辑方法所不具有的。

【实例 3-11】

从下列前提能推出哪些结论?

"肺癌在男性吸烟者中比女性吸烟者中更普遍。如果吸烟是肺癌的原因,那么,这不会是事实。肺癌在男性吸烟者中比女性吸烟者中普遍的事实意味着肺癌是由某种男性造成的东西引起的。"

解析

我们用优合取范式来求解这一问题。

令:

p：肺癌在男性吸烟者中比女性吸烟者中普遍。

q：吸烟是肺癌的原因。

r：男性造成的某种东西引起肺癌。

(1)上述前提的合取式可表示为：$p \wedge (q \rightarrow \neg p) \wedge (p \rightarrow r)$。

求(1)的优合取范式。

(2)销去→得：$p \wedge (\neg q \vee \neg p) \wedge (\neg p \vee r)$。

(3)加元得：$(p \vee (q \wedge \neg q) \vee (r \wedge \neg r)) \wedge (\neg q \vee \neg p \vee (r \wedge \neg r)) \wedge (\neg p \vee r \vee (q \wedge \neg q))$。

(4)分配得：$(p \vee q \vee r) \wedge (p \vee q \vee \neg r) \wedge (p \vee \neg q \vee r) \wedge (p \vee \neg q \vee \neg r) \wedge (\neg q \vee \neg p \vee r) \wedge (\neg q \vee \neg p \vee \neg r) \wedge (\neg p \vee r \vee q) \wedge (\neg p \vee r \vee \neg q)$。

(5)删去重复，整理顺序，得：$(p \vee q \vee r) \wedge (p \vee q \vee \neg r) \wedge (p \vee \neg q \vee r) \wedge (p \vee \neg q \vee \neg r) \wedge (\neg p \vee q \vee r) \wedge (\neg p \vee \neg q \vee r) \wedge (\neg p \vee \neg q \vee \neg r)$。

(5)就是与(1)相等值的优合取范式。在这一优合取范式中，任意取若干合取支，用合取符号"$\wedge$"联结起来，即为一个推论；穷尽了合取支的各种组合，即求出了该前提集的所有推论。

(6)例如，取第1、第3、第5和第6合取支，用合取符号联结，得：$(p \vee q \vee r) \wedge (p \vee \neg q \vee r) \wedge (\neg p \vee q \vee r) \wedge (\neg p \vee \neg q \vee r)$。

(7)施排除律得：$(p \vee r) \wedge (\neg p \vee r)$。

(8)再施排除律得：r。

r 即推理的一个结论，意为"男性造成的某种东西引起肺癌"。

(9)又如，取第1和第6合取支，用合取符号联结，得：$(p \vee q \vee r) \wedge (\neg p \vee \neg q \vee r)$。

(10)可以等值置换为：$\neg r \rightarrow \neg (p \wedge q) \wedge \neg (\neg p \wedge \neg q)$。

(10)的意思是说，如果并非男性造成的某种东西引起肺癌，那么，吸烟是肺癌的原因和肺癌在男性吸烟者中比女性吸烟者中普遍，这两个断定是互相矛盾的。

n 个合取支的所有不同组合有 $2^n - 1$ 个。上述前提集共有 7 个合取支，所以，它的所有不同的推论(包括前提集自身)共有 127 个。这说明，日常议论所蕴含的信息量是惊人的。只有应用范式方法才能充分揭示所蕴含的信息。

✎ 练习题

一、设 p 为 T,q 为 T,r 为 F,下列公式中,哪些公式取值为 T？哪些公式取值为 F？

1. $p \rightarrow (q \rightarrow r)$。

2. $(p \wedge q) \rightarrow \neg r$。

3. $(q \wedge \neg r) \rightarrow \neg p$。

4. $(\neg q \rightarrow \neg r) \rightarrow (p \rightarrow r)$。

二、指出下列公式中,哪些是重言式、矛盾式或偶然式？

1. $p \wedge \neg p \rightarrow q$。

2. $(p \rightarrow q) \wedge q \rightarrow p$。

3. $(p \rightarrow q) \wedge p \rightarrow \neg q$。

4. $(p \vee \neg p) \rightarrow \neg q$。

三、将以下推理用符号表示为蕴涵式,并用简化真值表方法判明它们是否为重言式？

1. 如果甲队在这场球赛中取胜，则甲队将赢得这场联赛冠军。所以，如果甲队在这场球赛中取胜并且它继续打下面的场次，则甲队将赢得这场联赛冠军。

2. 只要执行正确的知识分子政策,就能发挥知识分子的积极性。如果不发挥知识分子的积极性,就不能使科技事业兴旺。所以,如果执行正确的知识分子政策,就能使科技事业兴旺。

3. 如果 A 参加,则 B 和 C 不参加。如果 B 或 C 不参加,则比赛将不能进行。所以,如果 A 参加比赛,则比赛将不能进行。

4. 如果 A 和 B 一起上场,或对方弃权,则我队将取得胜利。B 未参加且对方未弃权。所以,我队将不能获胜。

四、求以下公式的合取范式,指明是否为重言式。

1. $(p \rightarrow q) \vee (\neg p \rightarrow \neg r) \rightarrow (q \wedge r)$。

2. $p \rightarrow ((p \rightarrow q) \rightarrow q)$。

3. $(p \rightarrow \neg q) \rightarrow \neg q$。

4. $\neg (p \leftrightarrow q)$。

五、求以下公式的析取范式,指明是否为矛盾式。

1. $(p \wedge q) \rightarrow (\neg q \wedge r)$。

2. $(p \wedge \neg r) \vee (p \wedge q) \rightarrow (q \wedge r)$。

3. $(p \wedge q) \vee (r \wedge s) \wedge \neg s \rightarrow p$。

4. $(p \rightarrow q) \leftrightarrow (r \rightarrow s)$。

六、利用简化范式解以下课题。

1. 调查者得到有关事件的某些材料。

材料(1):如果有 D 情况和 C 情况,则不会没有 B 情况。

材料(2):如果有 C 情况和 A 情况,则会有 D 情况或 B 情况。

材料(3):如果有 C 情况却无 D 情况,则会有 B 情况或 A 情况。

材料(4):如果有 C 情况而无 B 情况,则也无 D 情况。

问:从这些材料中我们能得到什么结论?

2. 3 个车间达成协议,在审核方案时应遵守下列条件:如果第二车间不参加审核方案,那么第一车间也不参加这一审核;如果第二车间参加方案的审核,那么第一、第三两个车间就参加方案的审核。从上面能否得出:当第一车间参加方案审核时,则第三车间也参加方案的审核。

七、利用优合取范式得出前提的所有推断。

设前提如下。

(1) $p \wedge q \rightarrow r$。

(2) $p \wedge \neg r$。

求出这两个前提的所有推断。

第三章习题参考答案

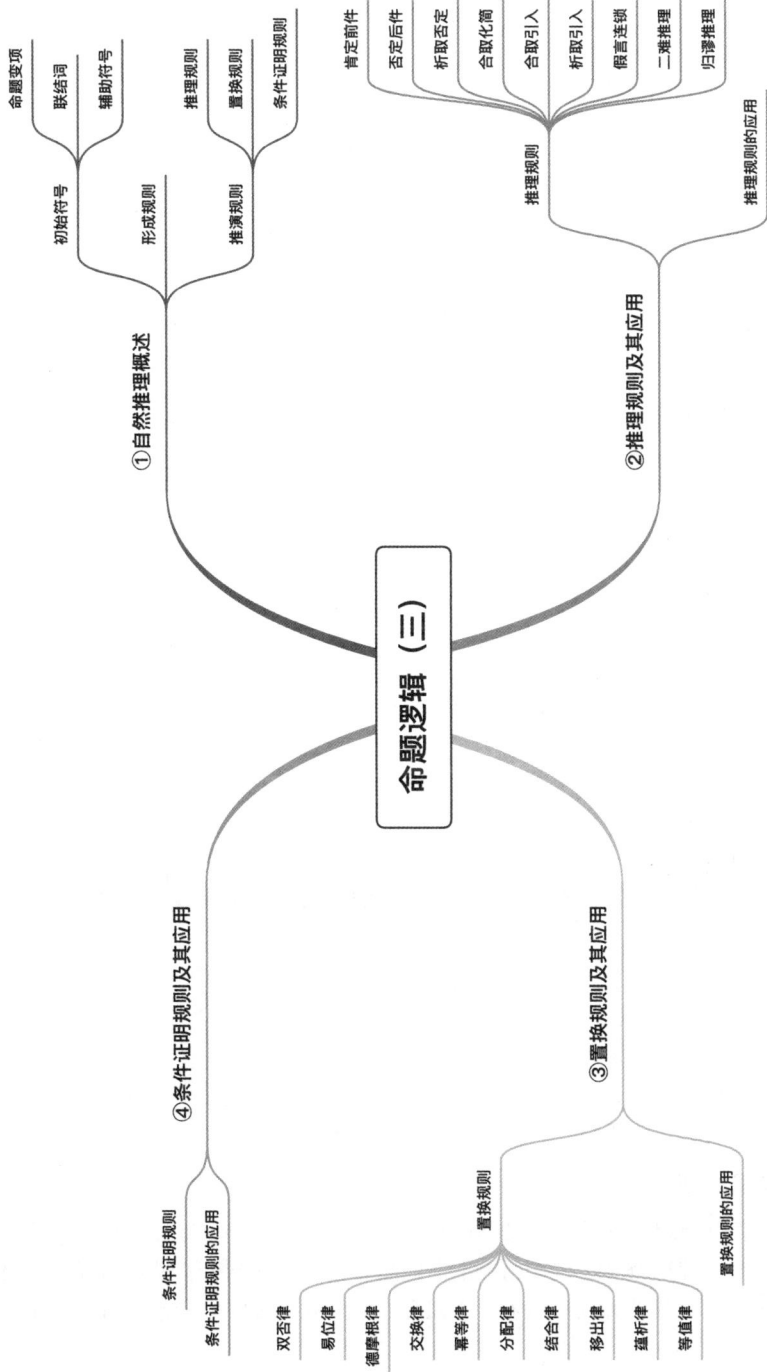

命题逻辑（三）

① 自然推理概述
- 初始符号
  - 命题变项
  - 联结词
  - 辅助符号
- 形成规则
- 推演规则
  - 推理规则
  - 置换规则
  - 条件证明规则

② 推理规则及其应用
- 推理规则
  - 肯定前件
  - 否定后件
  - 析取否定
  - 合取化简
  - 合取引入
  - 析取引入
  - 假言连锁
  - 二难推理
  - 归谬推理
- 推理规则的应用

③ 置换规则及其应用
- 置换规则
  - 双否律
  - 易位律
  - 德摩根律
  - 交换律
  - 幂等律
  - 分配律
  - 结合律
  - 移出律
  - 蕴析律
  - 等值律
- 置换规则的应用

④ 条件证明规则及其应用
- 条件证明规则
- 条件证明规则的应用

第一节 命题逻辑自然推理概述

本章介绍命题逻辑的自然推理。自然推理系统是采用一种按自然演绎思想构成的形式系统。与公理化系统相比较,自然推理系统更接近于日常的有内容的推理方法。通过自然推理,人们能够建立起一种形式证明,这种形式证明的结构能够精确地把日常推理转变为逻辑结构,可以从给定的前提出发,用给定的规则进行推演。

自然推理有很多系统,本书介绍的是其中一个系统。它包括如下 3 个方面的内容。

一、初始符号

(1)命题变项:p、q、r、s、p_1、q_1、r_1、s_1······
(2)联结词:¬、∨、∧、→、↔。
(3)辅助符号:(、)。

二、形成规则

形成规则规定,在系统中哪些符号组合是有意义的,哪些是没有意义的。有意义的符号组合叫合式公式,简称公式。形成规则如下。

(1)命题变项是公式。
(2)如果 A 是公式,则¬A 是公式。
(3)如果 A 和 B 是公式,则(A∧B)、(A∨B)、(A→B)、(A↔B)是公式。
(4)只有符合上面三条的符号组合才是公式。

三、推演规则

(1)推理规则。
(2)置换规则。
(3)条件证明规则。

自然推理的主要特征就在于强调应用推演规则的重要性。下面就分别介绍 3 种推演规则。

第二节 推理规则及其应用

一、推理规则

(一)9 条推理规则

我们在上一章中介绍了 9 个关于正确推理形式的重言蕴涵式。这些重言蕴涵式反映了人们日常思维中的逻辑推理的规则。本书介绍的自然推理系统选择这些重言蕴涵式作为推理规则。当把这些重言蕴涵式转换为本系统的推理规则时,原式中的命题变项均用本系统的公式 A、B、C、D 等表示。

1.推理规则 1：肯定前件

根据重言蕴涵式(A→B)∧A→B,我们得到肯定前件规则如下。

从"A→B"和"A"可以推得"B"。

2.推理规则 2：否定后件

根据重言蕴涵式(A→B)∧¬B→¬A,我们得到否定后件规则如下。

从"A→B"和"¬B"可以推得"¬A"。

3.推理规则 3：析取否定

根据重言蕴涵式(A∨B)∧¬A→B,(A∨B)∧¬B→A,我们得到析取否定规则如下。

从"A∨B"和"¬A"可以推得"B"。

从"A∨B"和"¬B"可以推得"A"。

4.推理规则 4：合取化简

根据重言蕴涵式(A∧B)→A 和(A∧B)→B,我们得到合取化简规则如下。

从"A∧B"可以推得"A"。

从"A∧B"可以推得"B"。

5.推理规则 5：合取引入

根据重言蕴涵式从(A,B)→A∧B,我们得到合取引入规则如下。

从"A"和"B"可以推得"A∧B"。

6.推理规则 6：析取引入

根据重言蕴涵式 A→(A∨B)和 B→(A∨B),我们得到析取引入规则如下。

从"A"可以推得"A∨B"。

从"B"可以推得"A∨B"。

7.推理规则 7：假言连锁

根据重言蕴涵式(A→B)∧(B→C)→(A→C),我们得到假言连锁规则如下。

从"A→B"和"B→C"可以推得"A→C"。

8.推理规则 8：二难推理

根据重言蕴涵式(A→B)∧(C→D)∧(A∨C)→(B∨D),我们得到二难推理规则如下。

从"A→B""C→D"和"A∨C"可以推得"B∨D"。

9.推理规则 9：归谬推理

根据重言蕴涵式(A→B∧¬B)→¬A,我们得到归谬推理规则如下。

从"A→B∧¬B",可以推得"¬A"。

(二)说明

以上 9 条推理规则,构成了本自然推理系统的推演根据。在把这 9 条推理规则应用到具体推理中之前,我们还需要说明以下两个问题。

第一个问题是,推理规则中的公式"A""B""C""D"等可以是简单命题形式,也可以是复合命题形式。例如,"A"和"B"分别代表合取式"p∧q"和"r∧s",根据"肯定前件"的推理规则,我们可以进行如下推理。

[4-1](p∧q)→(r∧s)

p∧q

∴r∧s

而根据"否定后件"的推理规则,我们可以进行如下推理。

(p∧q)→(r∧s)

¬(r∧s)

∴¬(p∧q)

第二个问题是，这9条规则必须应用于整个公式，而不能应用于公式中的某一部分。

例如，以下的推理

[4-2] p∧q→r

∴p→r

是无效的，而以下的推理

[4-3] (p→r)∧q

∴p→r

是有效的。因为在前面一个推理中，"p∧q"仅仅是前提中的一个部分，所以，这个推理是对"合取化简"规则的误用，推理是无效的。而在后面一个推理中，前提在整体上是一个合取式，所以，这个推理是对"合取化简"规则的正确应用，推理是有效的。

我们用简化真值表方法对这两个推理加以验证（见表4-1、表4-2）。

表 4-1　[4-2]真值表

(	p	∧	q	→	r	)	→	(	p	→	r	)
	⋮	⋮	⋮	⋮	⋮		⋮		⋮	⋮	⋮	
	T	F	F	T	F		F		T	F	F	

此式在赋值中未导致逻辑矛盾，因此，此式不是重言蕴涵式，推理形式无效。而

表 4-2　[4-3]真值表

(	p	→	r	)	∧	q	→	(	p	→	r	)
	⋮	⋮	⋮		⋮	⋮	⋮		⋮	⋮	⋮	
	T	T	T		T	F	T		F	T	F	

此式在赋值中r既真又假，出现了逻辑矛盾，因此，此式是重言蕴涵式，推理形式有效。

二、推理规则的应用

为了更具体地理解、掌握上述九条推理规则，我们给出一些日常推理的例子。

【实例 4-1】

如果围棋第一高手加盟东方队，那么东方队的实力大增，并且有望获得全国围棋联赛的第一名或第二名。围棋第一高手加盟东方队，所以，东方队有望获得全国围棋联赛的第一名或第二名。

解析

证明：

令：p：围棋第一高手加盟东方队。

q：东方队的实力大增。

r：东方队有望获得全国围棋联赛的第一名。

s：东方队有望获得全国围棋联赛的第二名。

则有表达式。

(1) p→q∧(r∨s)（前提）。

(2) p（前提）。

(3) q∧(r∨s)[(1)(2)肯定前件]。

(4) r∨s[(3)合取化简]。

证毕。

在上面的证明中,每一行左边写出顺序编号,它表示推理的步骤。中间是由前提到结论的公式序列;根据顺序编号,前两行(1)和(2)是作为前提的公式,第三行(3)是由前提推出的过渡性的公式,最后一行(4)是结论。在每一行的右边都附有说明,表示证明中推理的依据。如(1)和(2)的说明是前提;(3)的说明"(1)(2)肯定前件",意为(3)是根据"肯定前件"的推理规则,由(1)和(2)推得的。(4)的说明是"(3)合取化简",意为(4)是根据"合取化简"的规则,由(3)推得的。

现在,我们可以给出一个"证明"的定义了。

一个证明是这样一个公式序列:其中,每一个公式或者是前提,或者是根据推理规则由序列中在前的公式推得的,序列的最后一个公式是结论。证明的一般形式可表示如下。

$$
\left.\begin{array}{l} p_1 \\ \vdots \\ p_n \end{array}\right\} 前提
$$

$$
\left.\begin{array}{l} s_1 \\ \vdots \\ s_n \end{array}\right\} 根据推理规则由前提得到的过渡性公式
$$

$$C \quad 结论$$

【实例 4-2】

如果小赵参加长跑比赛,那么小钱参加短跑比赛。如果小孙参加跳远比赛,那么小李参加跳高比赛。如果小钱参加短跑比赛,或者小李参加跳高比赛,那么甲班比赛得分将提高。如果甲班比赛得分提高,那么甲班同学受到鼓舞。小赵参加长跑比赛或者小孙参加跳远比赛。所以,甲班比赛得分提高并且甲班同学受到鼓舞。

解析

证明:

令:

p:小赵参加长跑比赛。

q:小钱参加短跑比赛。

r:小孙参加跳远比赛。

s:小李参加跳高比赛。

t:甲班比赛得分提高。

μ:甲班同学受到鼓舞。

则有如下表达式。

(1)p→q(前提)。

(2)r→s(前提)。

(3)q∨s→t(前提)。

(4)t→μ(前提)。

(5)p∨r(前提)。

(6)q∨s[(1)(2)(5)二难推理]。

(7)t[(3)(6)肯定前件]。

(8)μ[(4)(7)肯定前件]。

(9)t∧μ[(7)(8)合取引入]。

证毕。

第三节 置换规则及其应用

一、置换规则

(一)置换规则概述

上面介绍的 9 条推理规则,对于命题推理的有效性的证明是十分重要的,但却不是充分的。有许多有效的命题推理,仅靠 9 条推理规则无法加以证明。为了建立起一个能够证明任何有效命题推理的逻辑系统,有必要进一步引进置换规则。

在命题逻辑中,置换规则一般表述如下。

对于任何公式 A,无论它是以整个公式出现,还是作为一个公式的一部分出现,都可用与它重言等值的公式 B 来替换。

我们已经指出,9 条推理规则只能应用于整个公式而不能应用于它的子公式,而置换规则不仅能应用于整个公式,也能应用于整个公式中的某一子公式。可见,置换规则比推理规则在使用上所受的限制要少,因此使用起来更加方便。例如,由前提"p∧p→q",不能通过化简规则推出"p→q",但可以通过置换规则推出"p→q"。因为"p∧p"和"p"是重言等值的,因此,"p∧p→q"就可以置换为"p→q"。

(二)10 条置换规则

任何一个重言等值式的左右两支是重言等值的。根据置换规则,任何重言等值式的左右两支都可以互相置换。重言等值式是无穷多的,用哪些重言等值式作为置换规则,这就需要进行选择。第三章介绍的 10 个关于正确推理形式的重言等值式,都是在日常推理中常用的,把它们转换为 10 条置换规则,对于本书自然推理系统的推演来说,已经足够了。当把这些重言等值式转换为本系统的置换规则时,原式中的命题变项均用本系统公式 A、B、C、D 等表示。

1. 置换规则 1:双否律

根据重言等值式 A↔¬¬A,可得置换规则如下。

"A"和"¬¬A"可以互相置换。这一置换规则命名为:双否律。

2. 置换规则 2:易位律

根据重言等值式(A→B)↔(¬B→¬A),可得置换规则如下。

"A→B"和"¬B→¬A"可以互相置换。这一置换规则命名为:易位律。

3. 置换规则 3:德摩根律

根据重言等值式¬(A∧B)↔(¬A∨¬B)和¬(A∨B)↔(¬A∧¬B)可得置换规则如下。

"¬(A∧B)"和"¬A∨¬B"可以互相置换。

"¬(A∨B)"和"(¬A∧¬B)"可以互相置换。

这条规则统称为:德摩根律。它有两个部分,前一部分叫作"否定合取的德摩根律",后一部分叫作"否定析取的德摩根律"。

4. 置换规则 4:交换律

根据重言等值式 A∧B↔B∧A 和 A∨B↔B∨A,可得置换规则如下。

"A∧B"和"B∧A"可以互相置换。

"A∨B"和"B∨A"可以互相置换。

这条规则也有两个部分,前一部分叫作"合取交换律",后一部分叫作"析取交换律"。

5. 置换规则 5:幂等律

根据重言等值式 A↔A∧A 和 A↔A∨A,可得置换规则如下。

"A"和"A∧A"可以互相置换。

"A"和"A∨A"可以互相置换。

这个规则也是可以分为两个部分的。它的前一部分叫作"合取幂等律",后一部分叫作"析取幂等律。"

6.置换规则 6:分配律

根据重言等值式 A∧(B∨C)↔(A∧B)∨(A∧C)和 A∨(B∧C)↔(A∨B)∧(A∨C),可得置换规则如下。

"A∧(B∨C)"和"(A∧B)∨(A∧C)"可以互相置换。

"A∨(B∧C)"和"(A∨B)∧(A∨C)"可以互相置换。

这条置换规则的前一部分,叫作"合取对析取的分配律",后一部分叫作"析取对合取的分配律"。

7.置换规则 7:结合律

根据重言等值式 A∧(B∧C)↔(A∧B)∧C 和 A∨(B∨C)↔(A∨B)∨C,可得置换规则如下。

"A∧(B∧C)"和"(A∧B)∧C"可以互相置换。

"A∨(B∨C)"和"(A∨B)∨C"可以互相置换。

此置换规则的前一部分叫作"合取结合律",后一部分叫作"析取结合律"。

8.置换规则 8:移出律

根据重言等值式(A∧B→C)↔(A→(B→C)),可得置换规则如下。

"(A∧B→C)"和"(A→(B→C))",可以互相置换。

9.置换规则 9:蕴析律

根据重言等值式(A→B)↔(￢A∨B),可得置换规则如下。

"A→B"和"￢A∨B",可以互相置换。

10.置换规则 10:等值律

根据重言等值式(A↔B)↔((A→B)∧(B→A)),可得置换规则如下。

"A↔B"和"(A→B)∧(B→A)",可以互相置换。

二、置换规则的应用

上面,我们共介绍了 10 条置换规则,和前面介绍的 9 条推理规则结合起来,能够大大地提高对于命题推理的有效性的证明能力。原来仅靠推理规则无法证明的有效推理,现在就可以证明了。

【实例 4-3】

￢(p∧q)

￢(r∨s)

q

∴￢(s∨p)

解析

证明:

(1)￢(p∧q)[前提]。

(2)￢(r∨s)[前提]。

(3)q[前提/∴￢(s∨p)]。

(4)￢p∨￢q[(1)德摩根律]。

(5)￢￢q[(3)双否律]。

(6)￢p[(4)(5)析取否定]。

(7)￢r∧￢s[(2)德摩根律]。

(8)￢s[(7)合取化简]。

(9)¬s∧¬p[(6)(8)合取引入]。

(10)¬(s∨p)[(9)德摩根律]。

对上述证明,我们做一些分析。我们想要证明的结论是"¬(s∨p)",但它不可能根据9条推理规则从前提中得到。引入置换规则后,我们可以考虑"¬(s∨p)"是析取式的否定,因此可用德摩根律对它进行置换,即置换为:"¬s∧¬p"。而"¬s∧¬p"可用合取引入规则由"¬s"和"¬p"合取而成。至此,我们就把如何从前提中推出结论"¬(s∨p)"转换为如何从前提中得"¬s"和"¬p"了。那么,"¬s"和"¬p"如何从前提中得到呢?含有"s"的前提是(2)"¬(r∨s)",根据德摩根律可得到"¬r∧¬s",再由合取化简就可得到"¬s"。含有"p"的前提是(1)"¬(p∧q)",根据德摩根律可得"¬p∨¬q"。前提(3)"q",应用双否律可置换为"¬¬q","¬p∨¬q"和"¬¬q",通过应用析取否定规则,就可得到"¬p"。将这一逆向思考的过程倒过来,就是【实例4-3】的证明过程。

【实例4-4】

p∨q↔¬r∧s

¬r∧s→t∨μ

¬(¬t→μ)

∴¬p∧¬q

解析

证明:

(1)p∨q↔¬r∧s[前提]。

(2)¬r∧s→t∨μ[前提]。

(3)¬(¬t→μ)(前提/∴¬p∧¬q)。

(4)(p∨q→¬r∧s)∧(¬r∧s→p∨q)[(1)等值律]。

(5)p∨q→¬r∧s[(4)合取化简]。

(6)p∨q→t∨μ[(5)(2)假言连锁]。

(7)¬(¬¬t∨μ)[(3)蕴析律]。

(8)¬(t∨μ)[(7)双否律]。

(9)¬(p∨q)[(6)(8)否定后件]。

(10)¬p∧¬q[(9)德摩根律]。

证毕。

【实例4-4】的证明过程可以这样来考虑,为了得到结论"¬p∧¬q",前提中同时含有"p"和"q"的是前提(1)的左支"p∨q"。根据德摩根律,由"¬(p∨q)"就可以得到"¬p∧¬q"。但是,"¬(p∨q)"如何得出呢?初看似乎无路可走。但仔细分析,可看出前提(1)是一个等值式,根据等值律和合取化简规则,可以由它得到"p∨q→¬r∧s";而这个蕴涵式的后件"¬r∧s",恰好是前提(2)"¬r∧s→t∨μ"的前件,于是可以通过假言连锁得到"p∨q→t∨μ"。如果我们能够得到"¬(t∨μ)",就可以构成否定后件而得到"¬(p∨q)",即"¬p∧¬q"了。"¬(t∨μ)"恰好可以由前提(3)"¬(¬t→μ)",根据蕴析律和双否律来得到。于是,就有了上述证明过程。

【实例4-5】

如果天下雨,那么小林就不去游览西湖南线了。或许是天下雨,或许是家务事太多。要是公司里有很多事或者家务事太多,那么小林就不去看电影了。小林现在刚看完电影,所以,小林就不去游览西湖南线了。

解析

这一推理是有效的。现证明如下。

证明:

令:

p：天下雨。

q：小林去游览西湖南线。

r：家务事太多。

s：公司里有很多事。

t：小林去看电影。

则有如下表达式。

(1)p→¬q[前提]。

(2)p∨r[前提]。

(3)s∨r→¬t[前提]。

(4)t[前提/∴¬q]。

(5)¬¬t[(4)双否律]。

(6)¬(s∨r)[(3)(5)否定后件]。

(7)¬s∧¬r[(6)德摩根律]。

(8)¬r[(7)合取化简]。

(9)p[(2)(8)取析否定]。

(10)¬q[(1)(9)肯定前件]。

证毕。

【实例 4-5】的结论是"小林不去游览西湖南线"，即"¬q"。我们的目标是求得"¬q"。"¬q"可以通过前提(1)"p→¬q"，应用"肯定前件"规则得到，因而需要"p"。而"p"可以通过对前提(3)"p∨r"，应用"析取否定"规则获得，这使我们寻找目标转向"¬r"。但"¬r"不可能通过 9 条推理规则直接得到。为了得到"¬r"，我们必须应用置换规则。根据双否律，前提(4)"t"，可以置换为"¬¬t"，"¬¬t"与前提(3)"s∨r→¬t"，根据"否定后件"规则可求得"¬(s∨r)"；再根据德摩根律求得"¬s∧¬r"。至此，就可以容易地看出：只要再应用"合取化简"规则，就可以求得"¬r"了。

【实例 4-6】

某一场足球比赛，教练不派 3 号上场而派 6 号上场；如果派 6 号上场，那么或者是不派 8 号上场或者是派 9 号上场；如果派 9 号或者不派 8 号上场，那么 5 号定要上场，所以，5 号一定上场。

解析

证明：

令：

p：教练派 3 号上场。

q：教练派 6 号上场。

r：教练派 8 号上场。

s：教练派 9 号上场。

t：教练派 5 号上场。

则有如下表达式。

(1)¬p∧q[前提]。

(2)q→¬r∨s[前提]。

(3)s∨¬r→t[前提/∴t]。

(4)¬r∨s→t[(3)交换律]。

(5)q→t[(2)(4)假言连锁]。

(6)q[(1)合取化简]。

(7)t[(5)(6)肯定前件]。

证毕。

此推理的有效性也是不可能仅用 9 条推理规则来证明的。因为推理的结论是"教练派 5 号上场",即"t"。要求得"t",根据前提(3)"s∨¬r→t",就要先求得"s∨¬r"。初一看,这似乎就是前提(2)中的后件。但是,仔细一看,前提(2)中的后件是"¬r∨s",而前提(3)中的前件是"s∨¬r",二者并不完全相同,所以,"s∨¬r"不可能通过对前提(2)应用肯定前件规则来获得。前提(2)和(3)也不能应用假言连锁规则来获得"q→t"。引入置换规则以后,我们只要对前提(2)的后件或者前提(3)的前件应用交换律,就可以使二者相同了。这样,就可以应用假言连锁规则,获得"q→t",再应用合取化简和肯定前件等推理规则,就可以求得结论"t"了。

至此,我们介绍了 9 条推理规则、10 条置换规则及其应用。需要指出的是,这 19 条规则虽然都是十分有用的,但并不是每条规则都是在逻辑上必不可少的。其实,诸如否定后件、析取否定等推理规则和易位律、移出律等置换规则,都可以在本系统中由其他规则推导出来。比如,易位律:"A→B"和"¬B→¬A"可以相互置换,这条置换规则就可以由蕴析律、双否律和交换律等推导出来。推导的过程如下。

根据蕴析律由"A→B",可置换为"¬A∨B"。

根据交换律由"¬A∨B",可置换为"B∨¬A"。

根据双否律由"B∨¬A",可置换为"¬¬B∨¬A"。

再根据蕴析律由"¬¬B∨¬A"可置换为"¬B→¬A"。

所以,在本系统中,有了蕴析律、交换律和双否律,确实可以取消易位律。否定后件、析取否定和移出律等规则,如何从其他规则中推导出来,这个课题留给读者自己去完成。那么,为什么在本系统中容纳了这些逻辑上并非必要的规则呢? 我们主要是出于实用方面的考虑,因为有了这些在逻辑上并非必要的规则,使用起来却方便多了,它们能使许多证明得以简化。

第四节　条件证明规则及其应用

一、条件证明规则

到现在为止,我们已经有了 9 条推理规则和 10 条置换规则,但是,对于所有的有效命题推理的证明,仍是不充分的。举例如下。

【实例 4-7】

p→q,∴p→p∧q。

解析

对于【实例 4-7】这一推理的有效性,仅用上述 19 条规则还是无法予以证明。要证明它,还应引入第 20 条规则,即条件证明规则。

条件证明规则是:如果从前提"A"和假设"B"可以推出"C",那么,仅从前提"A"就可以推出"B→C"。

条件证明规则可表示为如下模式。

$$
\begin{array}{ll}
A & \text{前提} \\
\ulcorner B & \text{假设} \\
\ \vdots & \\
\llcorner C & \text{由 A 和 B 推得的公式} \\
\therefore B \to C &
\end{array}
$$

对上面的模式可做这样的说明:"A"表示所有给定的前提的合取;"B"表示假设的前提,从假设的前提"B"开始到"C"为止,属于假设的范围,称为假设域。假设域的第一行是假设,它是我们要求得的结论的前件;假设域的最后一行是结论的后件。假设域中的任何一行,或者是假设,或者是由假设或给定前提所推出的。作为结论的蕴涵式"B→C"在假设域之外,这意味着,这个结论是不依赖于假设"B"的,而仅仅依赖于前提"A",换句话说,对于结论而言,假设"B"是被解除了的。结论不允许依赖于假设,这个道理是很显然的。因为如果允许依赖假设,那么,什么样的结论就都可以得出来。条件证明中的假设是推理过程中的一种策略而已。

我们知道,引入假设可以增加推演的"前提",可以使原来无法证明的推理得以证明,或者使原来比较复杂的证明得以简化。条件证明规则的最大特点是:根据证明的需要,可以在证明过程中随意引入假设作前提,然后把假设解除掉,把引进的前提销去。销去的前提就不再作为结论的前提。解除假设、销去引进前提的目的是为了保证结论是仅由给定的前提得出的。

现在,我们用条件证明规则来证明【实例4-7】推理的有效性。

证明:

　　(1)p→q[前提/∴p→p∧q]。

　┌(2)p[假设]。

　│(3)q[(1)(2)肯定前件]。

　└(4)p∧q[(2)(3)合取引入]。

　　(5)p→ p∧q[(2)—(4)条件证明]。

证毕。

在上述的证明中,(5)右边的说明表示,(5)是通过条件证明规则从(2)到(4)得出的。(5)被标示在假设域之外,这意味着(5)并不依赖于假设"p",而仅仅依赖于前提"p→q"。也就是说,对于【实例4-7】中的结论"p→p∧q"而言,假设"p"是被解除的。

有了条件证明规则,加上前面19条规则,对于证明命题推理的有效性就充分了。也就是说,对于任何一个命题推理来说,只要应用这20条规则,它的有效性都能予以证明。

二、条件证明规则的应用

下面,我们结合实例说明条件证明规则的应用和应注意的问题。

【实例4-8】

如果校长提出的措施能够实施,那么,学校教育质量定能得到保证,除非全校教师不支持校长。如果校长提出的措施能够实施,那么如果学生的素质没有问题,那么全校教师定会支持校长。学生的素质没有问题,所以,如果校长提出的措施能够实施,那么,学校教育质量定能得到保证。

解析

证明:

令:

p:校长提出的措施能够实施。

q:学校教育质量定能得到保证。

r:全校教师支持校长。

s:学生素质有问题。

则有如下表达式。

　　(1)p→(r→q)[前提]。

　　(2)p→(¬s→r)[前提]。

　　(3)¬s[前提/∴p→q]。

  —(4)p(假设)。

   (5)¬s→r[(2)(4)肯定前件]。

   (6)r→q[(1)(4)肯定前件]。

   (7)¬s→q[(5)(6)假言连锁]。

   (8)q[(3)(7)肯定前件]。

   (9)p→q[(4)—(8)条件证明]。

证毕。

  条件证明规则的应用,需要提出假设和解除假设。因此,在证明过程中不要把假设域的标志(用折线表示)忘掉,也不要画错了行目。

【实例 4-9】

  如果小周或小刘参加志愿者活动,那么小沈也参加志愿者活动。如果小沈和小钱都参加志愿者活动,那么,小张也参加志愿者活动。所以,如果小周参加志愿者活动,那么,如果小钱也参加志愿者活动,则小张和小沈都参加志愿者活动。

  解析

  证明:

  令:

  p:小周参加志愿者活动。

  q:小刘参加志愿者活动。

  r:小沈参加志愿者活动。

  s:小钱参加志愿者活动。

  t:小张参加志愿者活动。

  则有如下表达式。

   (1)p∨q→r[前提]。

   (2)r∧s→t[前提/∴p→(s→t∧r)]。

  —(3)p(假设)。

   —(4)s(假设)。

    (5)p∨q[(3)析取引入]。

    (6)r[(1)(5)肯定前件]。

    (7)r∧s[(4)(6)合取引入]。

    (8)t[(2)(7)肯定前件]。

    (9)t∧r[(6)(8)合取引入]。

   (10)s→t∧r[(4)—(9)条件证明]。

   (11)p→(s→t∧r)[(3)—(10)条件证明]。

证毕。

  上面这个证明,两次用到了条件证明。对此证明可做这样的分析:在证明中,推理的结论是一个蕴涵式"p→(s→t∧r)",因此,我们可以考虑采用条件证明规则来得到它,这就需要假设"p",用它来推导出"s→t∧r"。而"s→t∧r"又是一个蕴涵式,因此,我们可以考虑再用条件证明规则,即假设"s"来推导出"t∧r"。因此,在证明中就两次用到了条件证明规则。

  由于假设了"p",通过析取引入即可得到"p∨q",因而进一步就可对第一行的前提应用"肯定前件"规则求得"r"。由于又假设了"s",则 r 与 s 应用"合取引入"规则即可得到"r∧s",因而进一步又可用"肯定前件"规则求得"t"。t 与 r 应用"合取引入"规则就能得到"t∧r"。

综上所述,自然推理通过应用上述 20 条推演规则,能充分地进行日常推理与证明。不过,自然推理作为一种形式系统,它主要是用来证明一些作为逻辑公式的重言式,或者说用来进行定理证明的。我们知道,重言式是永真的,它的真是不依赖于任何前提的。在一个自然推理系统中,我们可以对任何重言式构造无前提证明。无前提证明是通过使用条件证明规则来实现的;或者说,无前提证明是以假设为出发点并通过解除假设来得出结论的,而结论就是所要证明的重言式。下面是应用条件证明规则以及其他推演规则来证明重言式的一些例子。

【实例 4-10】

重言式 1:$p \rightarrow p \vee q$。

解析

证明:

(1) $\neg(p \rightarrow p \vee q)$ [假设]。

(2) $\neg(\neg p \vee (p \vee q))$ [(1)蕴析律]。

(3) $\neg \neg p \wedge \neg(p \vee q)$ [(2)德摩根律]。

(4) $\neg \neg p \wedge (\neg p \wedge \neg q)$ [(3)德摩根律]。

(5) $\neg \neg p \wedge \neg p \wedge \neg q$ [(4)结合律]。

(6) $p \wedge \neg p \wedge \neg q$ [(5)双否律]。

(7) $p \wedge \neg p$ [(6)合取化简]。

(8) $\neg \neg(p \rightarrow p \vee q)$ [(1)—(7)归谬推理]。

(9) $p \rightarrow p \vee q$ [(8)双否律]。

【实例 4-11】

重言式 2:$(p \rightarrow q) \vee (q \rightarrow p)$。

解析

证明:

(1) $\neg[(p \rightarrow q) \vee (q \rightarrow p)]$ [假设]。

(2) $\neg(p \rightarrow q) \wedge \neg(q \rightarrow p)$ [(1)德摩根律]。

(3) $\neg(p \rightarrow q)$ [(2)合取化简]。

(4) $\neg(\neg p \vee q)$ [(3)蕴析律]。

(5) $\neg \neg p \wedge \neg q$ [(4)德摩根律]。

(6) $\neg \neg p$ [(5)合取化简]。

(7) p [(6)双否律]。

(8) $\neg(q \rightarrow p)$ [(2)合取化简]。

(9) $\neg(\neg q \vee p)$ [(8)蕴析律]。

(10) $\neg \neg q \wedge \neg p$ [(9)德摩根律]。

(11) $\neg p$ [(10)合取化简]。

(12) $p \wedge \neg p$ [(7)(11)合取引入]。

(13) $\neg \neg[(p \rightarrow q) \vee (q \rightarrow p)]$ [(1)—(12)归谬推理]。

(14) $(p \rightarrow q) \vee (q \rightarrow p)$ [(13)双否律]。

【实例 4-11】 的重言式不是蕴涵式,当我们应用条件证明时,要考虑应用归谬推理规则,也即应用反证法。为了证明重言式"$(p \rightarrow q) \vee (q \rightarrow p)$",首先假设"$\neg[(p \rightarrow q) \vee (q \rightarrow p)]$";然后,设法以此为前提推导出逻辑矛盾;最后,解除假设,并应用"归谬推理"规则来证明"$(p \rightarrow q) \vee (q \rightarrow p)$"是重言式。

【实例 4-12】

重言式 3：$(p \to q) \to ((q \to r) \to (p \to r))$。

解析

证明：

```
┌─(1)p→q［假设］。
│┌─(2) q→r［假设］。
││┌─(3)p［假设］。
│││(4)q［(1)(3)肯定前件］。
│││(5)r［(2)(4)肯定前件］。
││└(6)p→r［(3)—(5)条件证明］。
│└(7)(q→r)→(p→r)［(2)—(6)条件证明］。
└(8)(p→q)→((q→r)→(p→r))［(1)—(7)条件证明］。
```

【实例 4-12】的证明假设了三个前提。第三个假设前提的假设域完全被第二个假设前提的假设域所包含，而第二个假设前提的假设域又完全被第一个假设前提的假设域所包含。我们在证明中，先解除第三个假设域，再解除第二个假设域，最后解除第一个假设域。一般说来，在一个重言式的证明中，如果该重言式具有如下形式

$$p_1 \to (p_2 \to (\cdots \cdots (p_n \to q)))$$

则我们可以把"p_1""p_2"……"p_n"，这几个前件依次作为假设，并由这些假设推出"q"以后，再按相反的次序依次解除它们。

【实例 4-13】

重言式 4：$p \lor (q \land \neg q) \leftrightarrow p$。

解析

证明：

```
┌─(1)p∨(q∧¬q)［假设］。
│(2)¬p［假设］。
│(3)¬¬p∨(q∧¬q)［(1)双否律］。
│(4)¬p→(q∧¬q)［(3)蕴析律］。
│(5)q∧¬q［(2)(4)肯定前件］。
│(6)¬¬p［(2)—(5)归谬推理］。
└(7)p［(6)双否律］。
 (8)p∨(q∧¬q)→p［(7)—(10)条件证明］。
┌─(9)p［假设］。
└(10)p∨(q∧¬q)［(9)析取引入］。
 (11)p→p∨(q∧¬q)［(9)—(10)条件证明］。
 (12)(p∨(q∧¬q)→p)∧(p→p∨(q∧¬q))［(8)、(11)合取引入］。
 (13)p∨(q∧¬q)↔p［(12)等值律］。
```

【实例 4-13】是一个等值式，在证明中，可以先把它分解成两个互逆的蕴涵式，并分别加以证明，然后通过"合取引入"规则和等值律得到这个等值式。

✎ 练习题

一、对下列推理进行有效性证明。

1.如果亚里士多德自由落体理论是正确的，那么，物体越重下落速度越快。或者亚里士多德的自由落体理论是正确的，或者伽利略的自由落体理论是正确的。如果物体自由降落的速度不受重量影响，则并非物体越重下落速度越快。因为物体自由降落的速度并不受重量影响，所以，伽利略的自由落体理论是正确的。

2.或者如果李某当选校长，那么他将改善学生生活，或者学生失望。倘若如果李某当选校长则他将改善学生生活，那么学生拥护李某。如果学生失望，那么学生自由散漫。所以学生拥护李某。因为学生没有自由散漫。

3.如果世界上存在着邪恶，那么，上帝或者不愿意清除邪恶，或者不能清除邪恶。如果上帝是仁慈的，那么上帝愿意清除邪恶。如果上帝是全能的，那么上帝能够清除邪恶。如果上帝存在，那么上帝既是仁慈的，又是全能的。或者世界上没有战争，或者世界上有邪恶。所以，上帝不存在。因为世界上有战争。

4.没有地狱，也没有天堂。所以，有地狱或者有神仙，当且仅当，有天堂或者有神仙。

二、证明以下推理形式的有效性。

1. $q \to \neg p$

$q \wedge (r \to s)$

$p \vee r$

$\therefore S$

2. $p \vee q \to (r \to (s \leftrightarrow t))$

$r \wedge s$

$r \vee u \to p$

$\therefore s \leftrightarrow t$

3. $q \to (\neg r \vee t)$

$s \to \neg t$

s

$\therefore q \to \neg r$

4. $p \wedge p \to r$

$(p \to r) \to s$

$\neg q \vee t$

$\therefore q \to s \wedge t$

三、构造下列重言式的证明。

1. $(p \to (p \to q)) \to (p \to q)$

2. $(p \wedge q \to r) \to (p \to (q \to r))$

3. $\neg p \vee p$

4. $p \to q \vee \neg q$

5. $p \to p$

6. $p \wedge (q \vee \neg q) \leftrightarrow p$

第五章 谓词逻辑（一）

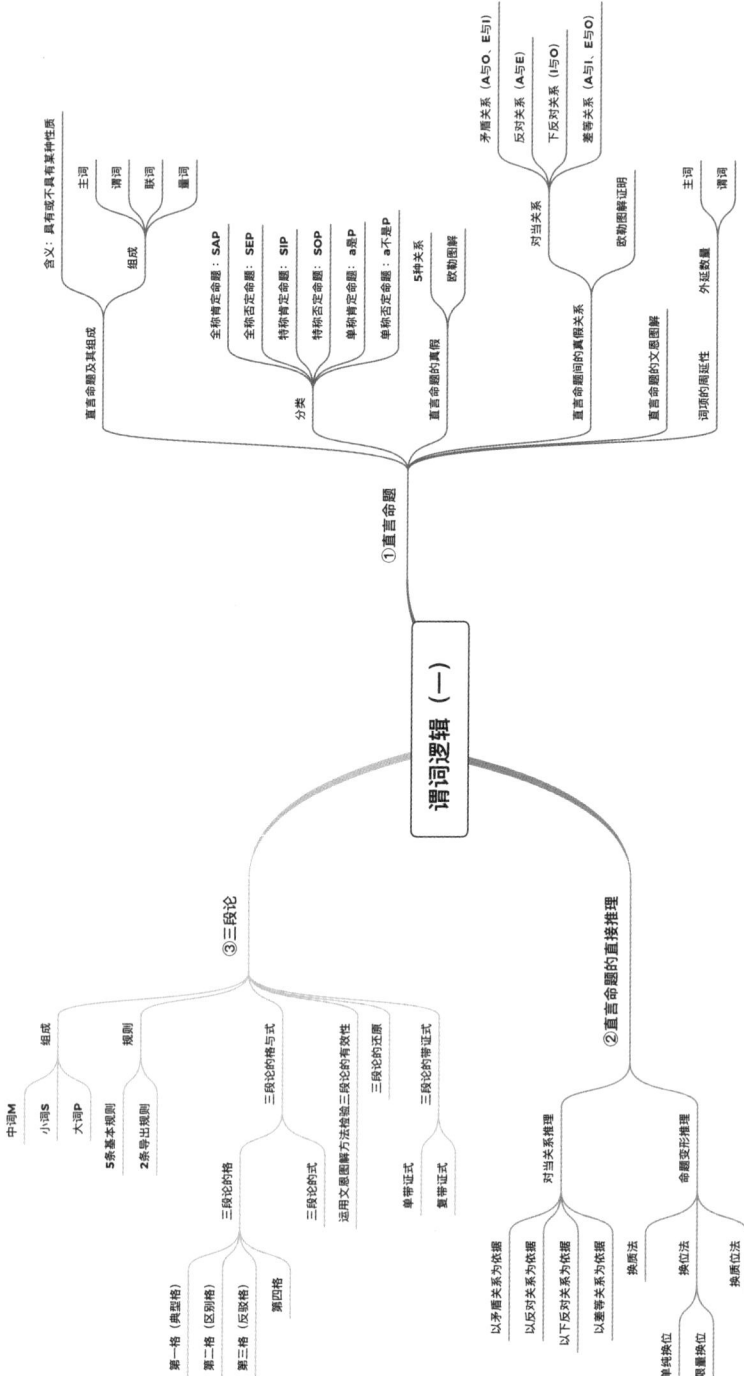

谓词逻辑（一）

①直言命题

直言命题及其组成
- 含义：具有或不具有某种性质
- 组成
  - 主词
  - 谓词
  - 联词
  - 量词

分类
- 全称肯定命题：SAP
- 全称否定命题：SEP
- 特称肯定命题：SIP
- 特称否定命题：SOP
- 单称肯定命题：a是P
- 单称否定命题：a不是P

直言命题的真假
- 5种关系
- 欧勒图解

直言命题间的真假关系
- 对当关系
  - 矛盾关系（A与O、E与I）
  - 反对关系（A与E）
  - 下反对关系（I与O）
  - 差等关系（A与I、E与O）
- 欧勒图解辅证明

直言命题的文恩图解

词项的周延性
- 外延数量
  - 主词
  - 谓词

②直言命题的直接推理

- 对当关系推理
  - 以矛盾关系为依据
  - 以反对关系为依据
  - 以下反对关系为依据
  - 以差等关系为依据
- 命题变形推理
  - 换质法
  - 换位法
    - 单纯换位
    - 限量换位
  - 换质位法

③三段论

组成
- 中词M
- 小词S
- 大词P

规则
- 5条基本规则
- 2条导出规则

三段论的格与式
- 三段论的格
  - 第一格（典型格）
  - 第二格（区别格）
  - 第三格（反驳格）
  - 第四格
- 三段论的式
- 运用文恩图解法检验三段论的有效性
- 三段论的还原
- 三段论的省略式
  - 单前提式
  - 复前提式

与命题逻辑不同,谓词逻辑把命题分析为比命题更小的单位——词项,如主词、谓词和量词,然后研究这样的命题之间的逻辑推理关系。命题逻辑以简单命题作为分析的最小单位,而不再分析简单命题的形式结构。这种分析是有局限性的。因为有些有效推理,其有效性的根据在于简单命题的结构成分和关系。举例如下。

[5-1]所有的科学家都是热爱真理的,

爱因斯坦是科学家,

所以,爱因斯坦是热爱真理的。

这一推理显然是有效的,但是在命题逻辑看来却不是有效的,因为这一推理的前提和结论都是简单命题,如果不分析简单命题的内部结构,则这个推理的逻辑形式可表示如下。

$$\frac{\begin{array}{l} p \\ q \end{array}}{\therefore r}$$

显然,这不是命题逻辑里的正确推理形式。为了说明这一推理及与此类似的推理的有效性,我们的逻辑分析必须深入命题的内部结构,这就触及组成命题的更小单位,即词项。对简单命题加以分析,区别其主词和谓词,全称和存在,总结出它们的形式结构,然后研究这些形式结构的逻辑性质,以及形式结构间的逻辑关系,从而导出有关它们的逻辑形式和规律,这就构成了谓词逻辑。谓词逻辑里的形式和规律都和量词的特征有密切联系。因此,谓词逻辑,亦称量词逻辑。

最早形态的谓词逻辑是亚里士多德的三段论学说。本章介绍传统谓词逻辑的内容。

第一节　直言命题

一、直言命题及其组成

直言命题就是反映事物具有或不具有某种性质的命题。直言命题,亦称性质命题或主谓词命题。举例如下。

[5-2]所有的金属都是能导电的。

[5-3]有些劳动产品不是商品。

[5-2]表示所有的金属都具有能导电这一性质,[5-3]则表示有些劳动产品不具有商品的性质。它们都是直言命题。

从上述两个实例,可以看出直言命题是由下列 4 个部分构成的。

(1)主词,表示命题中被反映对象的词项。如[5-2]中的"金属",[5-3]中的"劳动产品"。主词通常用"S"来表示。

(2)谓词,表示命题对象的性质的词项。如[5-2]中的"能导电的",[5-3]中的"商品"。谓词通常用"P"来表示。

(3)联词,表示主项与谓项之间的联系性质的词项。如[5-2]中的"是",[5-3]中的"不是"。前者是肯定联词,它断定主项所反映的对象具有某种性质;后者是否定联词,它断定主项所反映的对象不具有某种性质。联词的性质,通常被称为直言命题的"质"。

(4)量词,表示主项所反映的对象的数量的词项。[5-2]中的"所有",称为全称量词;[5-3]中的"有些",称为特称量词。表示特称量词的语词有"有些"、"有的"和"有"等。特称量词亦称存在量词,"有"是存在的意思。"有"的数量范围是:至少有一个,也可以是全体。

[5-4]有产品是合格的。

[5-4]表示合格的产品是有的,至少有一个,也可以是全部产品都合格。

二、直言命题的分类

(一)根据命题的质的不同分类

根据命题的质的不同,直言命题分为两类:肯定命题和否定命题。

1. 肯定命题

肯定命题就是反映事物具有某种性质的命题。[5-2]和[5-4]都是肯定命题。肯定命题的联词是肯定联词"是"。

2. 否定命题

否定命题就是反映事物不具有某种性质的命题。[5-3]就是否定命题。否定命题的联词是否定联词"不是"。

(二)根据命题的量的不同分类

根据命题的量的不同,直言命题分为3类:全称命题、特称命题和单称命题。

1. 全称命题

全称命题就是反映主项的全体都具有或不具有某种性质的命题。[5-2]就是全称命题。

2. 特称命题

特称命题就是反映主项至少有一个具有或不具有某种性质的命题。[5-3]和[5-4]都是特称命题。

3. 单称命题

单称命题就是反映单个对象具有或不具有某种性质的命题。举例如下。

[5-5]鲁迅是中国新文化运动的主将。

[5-6]堪培拉不是历史文化名城。

[5-5]和[5-6]都是单称命题。

(三)根据命题的质与量的结合分类

以命题的质与量相结合为分类根据,直言命题可分为6类。

1. 全称肯定命题

全称肯定命题的逻辑形式为:所有 S 是 P,简记为 SAP,简称 A 命题(A 是拉丁文 affirmo 即"肯定"一词的第一个元音字母)。

2. 全称否定命题

全称否定命题的逻辑形式为:所有 S 不是 P,简记为 SEP,简称 E 命题(E 是拉丁文 nego 即"否定"一词的第一个元音字母)。

3. 特称肯定命题

特称肯定命题的逻辑形式为:有 S 是 P,简记为 SIP,简称 I 命题(I 是拉丁文 affirmo 的第二个元音字母)。

4. 特称否定命题

特称否定命题的逻辑形式为:有 S 不是 P,简记为 SOP,简称 O 命题(O 是拉丁文 nego 的第二个元音字母)。

5. 单称肯定命题

单称肯定命题的逻辑形式为:a 是 P。

6. 单称否定命题

单称否定命题的逻辑形式为:a 不是 P。

单称肯定命题和单称否定命题中的"a"为单独概念变项,表示单称命题的主项是一个单独概念。传统逻辑把单称命题当作全称命题处理。所以,在传统逻辑中,直言命题归结为 A、E、I、O 这 4 种类型。

三、直言命题的真假

从命题形式上看,直言命题反映的是主词表示的对象类与谓词表示的对象类之间的关系,或者说是主词与谓词之间的外延关系。直言命题的真假就取决于主词(S)与谓词(P)之间为何种外延关系。

从外延上说,主词(S)与谓词(P)之间有且仅有以下 5 种关系。

(1)全同关系(Ⅰ),如图 5-1 所示。

(2)真包含于关系(Ⅱ),如图 5-2 所示。

(3)真包含关系(Ⅲ),如图 5-3 所示。

(4)交叉关系(Ⅳ),如图 5-4 所示。

(5)全异关系(Ⅴ),如图 5-5 所示。

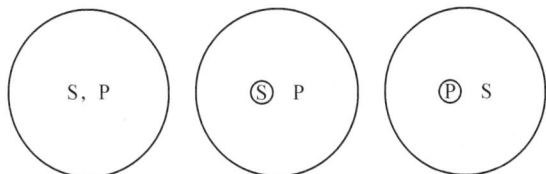

图 5-1　　　　　图 5-2　　　　　图 5-3

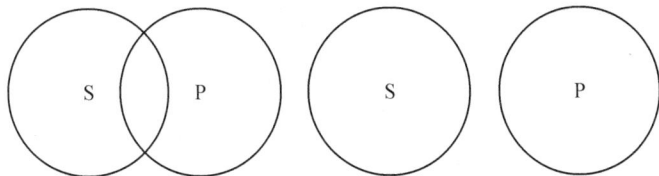

图 5-4　　　　　　　图 5-5

在Ⅰ或Ⅱ的情况下,"所有 S 是 P"均为真;在Ⅲ或Ⅳ或Ⅴ的情况下,"所有 S 是 P"均为假。A 命题反映的是Ⅰ和Ⅱ的共同点,即 S 的外延全部包含在 P 的外延中。

在Ⅴ的情况下,"所有 S 不是 P"为真;在其他情况下均为假。E 命题只表示Ⅴ,即 S 与 P 在外延上是全异的。

在Ⅰ或Ⅱ或Ⅲ或Ⅳ的情况下,"有 S 是 P"均为真;在Ⅴ的情况下,"有 S 是 P"为假。"有 S 是 P"表示的是Ⅰ、Ⅱ、Ⅲ和Ⅳ这 4 种情况的共同点,即 S 与 P 在外延上至少有部分重合。

在Ⅲ或Ⅳ或Ⅴ的情况下,"有 S 不是 P"均为真;在Ⅰ或Ⅱ的情况下,"有 S 不是 P"均为假。O 命题表示的是Ⅲ、Ⅳ和Ⅴ的共同点,即 S 与 P 在外延上至少有部分不重合。

综上所述,直言命题 A、E、I、O 的真假情况如表 5-1 所示。

表 5-1　直言命题 A、E、I、O 的真假情况

命题类型	真	假
SAP	Ⅰ Ⅱ	Ⅲ Ⅳ Ⅴ
SEP	Ⅴ	Ⅰ Ⅱ Ⅲ Ⅳ
SIP	Ⅰ Ⅱ Ⅲ Ⅳ	Ⅴ
SOP	Ⅲ Ⅳ Ⅴ	Ⅰ Ⅱ

由于这种图解方法是由瑞士数学家利昂哈德·欧勒提出的,所以,被称为欧勒图解。

需要注意的是,欧勒图解的适用范围,有一个预设,即直言命题的主词不是空概念。空概念所反映的对象在现实世界中是不存在的。如果一个直言命题的主词是空概念,那么,就可能出现这样一种情况:A命题为真而I命题为假。举例如下。

[5-7]所有不受外力作用的物体都做匀速直线运动。

[5-8]有不受外力作用的物体做匀速直线运动。

[5-7]和[5-8]中的主词"不受外力作用的物体"就是一个空概念,这样的物体在现实世界中是不存在的。[5-7]是一个科学命题,无疑是真的。但[5-8]作为存在命题,很显然不是真的。可见,欧勒图解不适用于主词为空概念的直言命题。

四、直言命题间的真假关系

(一)对当关系

直言命题A、E、I、O之间的真假关系,亦称对当关系。在传统逻辑中,以图5-6的方形图来表示对当关系,这被称为逻辑方阵。

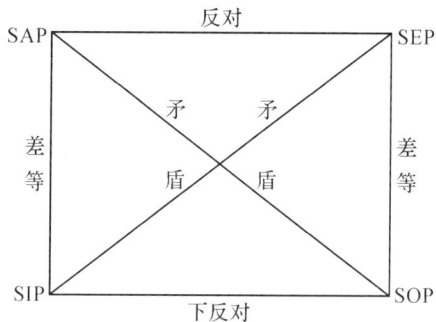

图 5-6　逻辑方阵

在这个方阵中,存在着4种关系。

1. 矛盾关系

矛盾关系存在于A命题与O命题、E命题与I命题之间。

具有矛盾关系的两个命题,一个为真,则另一个为假;一个为假,则另一个为真。

命题间的矛盾关系,即不同真、不同假的关系。

2. 反对关系

反对关系存在于A命题与E命题之间。

具有反对关系的两个命题,一个为真,则另一个为假;一个为假,则另一个可能为真,也可能为假,即真假不定。

命题间的反对关系,即不同真可同假的关系。

3. 下反对关系

下反对关系存在于I命题与O命题之间。

具有下反对关系的两个命题,一个为假,另一个为真;一个为真,则另一个可能为假,也可能为真,即真假不定。

命题间的下反对关系,即不同假、可同真的关系。

4. 差等关系

差等关系存在于A命题与I命题、E命题与O命题之间。

在上述两对具有差等关系的命题中,全称命题真,则特称命题真;特称命题真,而全称命题真假不定;特称命题假,则全称命题假;全称命题假,而特称命题真假不定。

命题间的差等关系,即可同真、可同假的关系。

(二)证明

上述关系,可以用欧勒图解的方法做出证明。以 A 命题与 E 命题之间的反对关系为例。

如果 A 命题为真,根据欧勒图解,可知主词(S)与谓词(P)之间的外延关系为图 5-1 或图 5-2,而在这两种情况下,E 命题是假的;如果 E 命题为真,根据欧勒图解,可知主词(S)与谓词(P)之间的外延关系为图 5-5,而在这种情况下,A 命题是假的。可见,A 命题与 E 命题是不能同真的。如果 A 命题为假,根据欧勒图,可知主词(S)与谓词(P)之间的外延关系为图 5-3、图 5-4 或图 5-5。如果是图 5-3 或图 5-4,则 E 命题为假;如果是图 5-5,则 E 命题为真,所以,如果 A 命题为假,则 E 命题可能为假,可能为真,即真假不定。如果 E 命题为假,根据欧勒图解,可知主词(S)与谓词(P)之间的外延关系为图5-1 或图 5-2 或图 5-3 或图 5-4。如果是图 5-1 或图 5-2,则 A 命题为真;如果是图 5-3 或图 5-4,则 A 命题为假,所以,如果 E 命题为假,则 A 命题可能为真,也可能为假,即真假不定。由此可证,A 命题与 E 命题之间为不同真、可同假的反对关系。

矛盾关系、下反对关系和差等关系,也都可以用欧勒图解法做出证明。这些证明,我们留给读者去完成。

关于直言命题间的对当关系,值得注意以下 3 点。

第一,直言命题间的反对关系、下反对关系和差等关系,都预设主词不是空概念。[5-7]和[5-8],表明当主词为空概念时,差等关系不成立。当主词为空概念时,反对关系和下反对关系,也都不成立。只有矛盾关系,依然成立。详细说明,请参见图 5-7—图 5-10。

第二,直言命题间的对当关系,以主谓项的同素材为前提条件。举例如下。

[5-9]所有产品都是合格的。

[5-10]所有产品都不是合格的。

[5-11]所有产品都不是不合格的。

[5-12]有些产品是不合格的。

[5-9]与[5-10]是同素材的,因为主词都是"产品",谓词都是"合格的",[5-9]与[5-10]为反对关系,[5-9]与[5-11]、[5-12]不是同素材的,因为[5-11]和[5-12]中的谓词是"不合格的",所以,[5-9]与[5-11]不是反对关系,[5-9]与[5-12]不是差等关系。而[5-11]与[5-12]是同素材的,二者为矛盾关系。

第三,同素材的单称肯定命题与单称否定命题之间为矛盾关系,而不是反对关系。这意味着,就命题间真假关系而言,单称命题有别于全称命题。

五、直言命题的文恩图解

文恩图是英国数学家约翰·文恩创制的。用文恩图示 A、E、I、O 这 4 种直言命题,其图形是一个长方形内有两个相交的圆,长方形表示论域,两个圆分别表示 S 类和 P 类,并用"+"表示存在,用"阴影"表示不存在。A、E、I、O 这 4 种直言命题的文恩图示具体如下。

图 5-7 表示是 S 而不是 P 的分子是不存在的,或者说,S 类与非 P 类的交是空类,$S\overline{P}=0$。

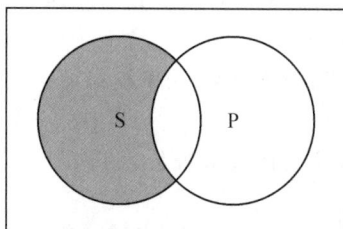

图 5-7　SAP 示意

图 5-8 表示是 S 又是 P 的分子是不存在的,或者说,S 类与 P 类的交是空类,SP＝0。

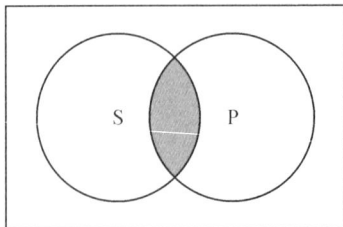

图 5-8　SEP 示意

图 5-9 表示是 S 又是 P 的分子是存在的,或者说,S 类与 P 类的交不是空类,SP≠0。

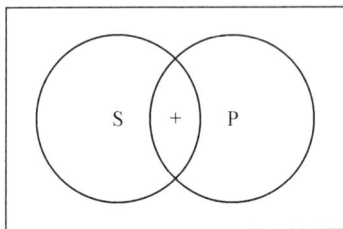

图 5-9　SIP 示意

图 5-10 表示是 S 而不是 P 的分子是存在的,或者说,S 类与非 P 类的交不是空类,$S\overline{P}$≠0。

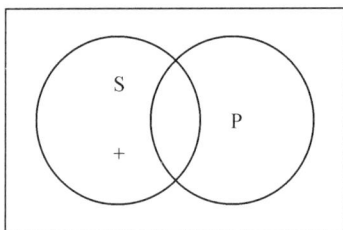

图 5-10　SOP 示意

文恩图与欧勒图有一个最明显的区别:欧勒图不能表示空类,而文恩图能够表示空类。如果直言命题的主项 S 为空类,用文恩图可以表示如下(见图 5-11)。

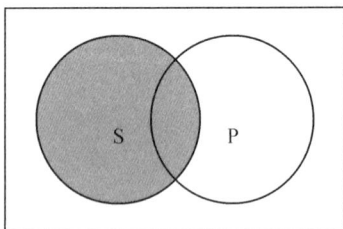

图 5-11　S 为空类示意

图 5-11 表示 SAP 和 SEP 均为真,而 SIP 和 SOP 均为假,所以,当主项 S 为空类的情况下,反对关系、下反对关系和差等关系均不成立。

如果直言命题的主项 S 不是空类,则反对关系、下反对关系和差等关系成立。以反对关系为例,现用文恩图解法说明如下。

假设 SAP 为真,并预设 S≠0,用文恩图表示如下(见图 5-12)。

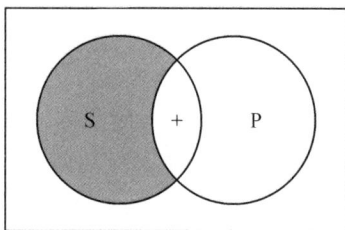

图 5-12　SAP 为真(S≠0)示意

图 5-12 告诉我们,SEP 为假。

假设 SEP 为真,并预设 S≠0,用文恩图表示如下(见图 5-13)。

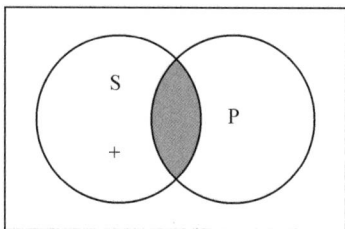

图 5-13　SEP 为真(S≠0)示意

图 5-13 告诉我们,SAP 为假。

假设 SAP 为假,用文恩图表示如下(见图 5-14)。

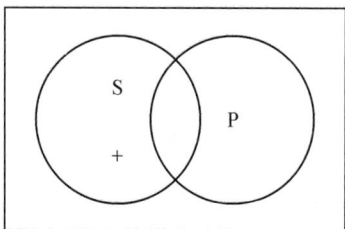

图 5-14　SAP 为假示意

图 5-14 告诉我们,S 类与 P 类的交没有任何表示,这意味着它有两种可能,即 SP=0 或者 SP≠0。如果 SP=0,则 SEP 为真;如果 SP≠0,则 SEP 为假。也就是说,SEP 可能为真,也可能为假。

假设 SEP 为假,用文恩图表示如下(见图 5-15)。

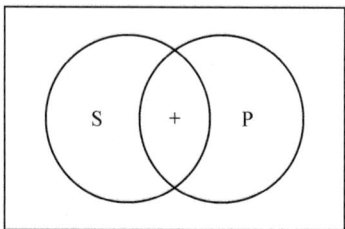

图 5-15　SEP 为假示意

图 5-15 告诉我们,S 类与非 P 类的交有两种可能,即 SP=0 或 SP≠0,也就是说,SAP 可能为真,也可能为假。

综上所述,当主词 S≠0 的情况下,SAP 与 SEP 为不同真、可同假的反对关系。

当主词 S≠0 的情况下,直言命题间的下反对关系和差等关系,也可用文恩图解的方法加以证明。具体如何证明,我们留给读者去完成。

六、词项的周延性

词项的周延性,这里主要是指直言命题的主词和谓词的外延数量,在命题中的反映情况。在一个直言命题中,如果命题对它的主词或谓词的全部外延做了反映,那么,这一主词或谓词就是周延的;如果命题没有反映它的主词或谓词的全部外延,那么,这一主词或谓词就是不周延的。根据这个定义,全称命题的主词是周延的,而特称命题的主词是不周延的。

直言命题的谓词的周延情况怎样?我们先来分析否定命题,当我们说"所有 S 都不是 P"的时候,这里的"P",显然反映的是"任何一个 P";当我们说"有 S 不是 P"的时候,它反映了至少有一个 S 被排斥在"任何 P"之外,这就是说,就否定命题而言,它反映了谓词的全部外延,所以,否定命题的谓词是周延的。

我们再来分析肯定命题,当我们说"所有 S 是 P"或者"有 S 是 P"的时候,它并没有反映谓词 P 的全部外延,它最多只能说是至少有一部分 P 是 S,尽管客观上有可能是全部 P 是 S。所以,肯定命题的谓词是不周延的。

根据上面的讨论,我们把 A、E、I、O 这 4 种直言命题的词项周延性情况列表如下(见表 5-2)。

表 5-2　A、E、I、O 这 4 种直言命题的词项周延性情况

命题类型	主词	谓词
A	周延	不周延
E	周延	周延
I	不周延	不周延
O	不周延	周延

需要说明的是,单称命题主、谓词的周延情况与全称命题相同。正是在这一点上,传统逻辑把单称命题当作全称命题来对待。

第二节　直言命题的直接推理

由一个直言命题作前提所构成的推理,称为直言命题的直接推理。直言命题的直接推理有对当关系推理和命题变形推理两种。

一、对当关系推理

(一)对当关系推理的 4 种类别

对当关系推理是以直言命题 A、E、I、O 之间的真假关系为依据的。A、E、I、O 之间的对当关系有矛盾关系、反对关系、下反对关系和差等关系 4 种不同情况,因此,对当关系推理也相应地有 4 种类别。

1.以矛盾关系为依据的对当推理

两个具有矛盾关系的直言命题,不同真,也不同假。据此,由一个命题的真可推出另一个命题的假,由一个命题的假可推出另一命题的真。

(1)由真推假

①由 SAP 真,推出 SOP 假。

②由 SEP 真,推出 SIP 假。

③由 SIP 真,推出 SEP 假。

④由 SOP 真,推出 SAP 假。

(2)由假推真

①由 SAP 假,推出 SOP 真。

②由 SEP 假,推出 SIP 真。

③由 SIP 假,推出 SEP 真。

④由 SOP 假,推出 SAP 真。

2.以反对关系为依据的对当推理

两个具有反对关系的直言命题,不同真、可同假。据此,由一个命题的真可推出另一个命题的假。但是,由一个命题的假不可推出另一个命题的真(也不能推出另一个命题的假),所以,以反对关系为依据的对当推理,只能由真推假。

(1)由 SAP 真,推出 SEP 假。

(2)由 SEP 真,推出 SAP 假。

3.以下反对关系为依据的对当推理

两个具有下反对关系的直言命题,不同假,可同真。据此,由一个命题的假,可推出另一个命题的真。但是,由一个命题的真不可推出另一个命题的假(也不能推出另一个命题的真),所以,以下反对关系为依据的对当推理只能由假推真。

(1)由 SIP 假,推出 SOP 真。

(2)由 SOP 假,推出 SIP 真。

4.以差等关系为依据的对当推理

根据同质(即同为肯定或同为否定)的全称命题和特称命题之间存在差等关系,即如果全称命题真,则特称命题真;如果特称命题假,则全称命题假。据此,以差等关系为依据的对当推理有以下有效的推理式。

(1)由 SAP 真,推出 SIP 真。

(2)由 SEP 真,推出 SOP 真。

(3)由 SIP 假,推出 SAP 假。

(4)由 SOP 假,推出 SEP 假。

以差等关系为依据的对当推理,要注意的是,由全称命题的假,不可推出特称命题的假(也不可推出特称命题的真);由特称命题的真,不可推出全称命题的真(也不可推出全称命题的假)。

值得注意的是,上述以反对关系、下反对关系和差等关系为依据的对当推理的有效式,都必须以主词(S)的存在为前提条件。下面,以下反对关系推理为例,应用文恩图解法来说明这一点。

假设 SIP 为假,并假设 S≠0,可得文恩图示如下(见图 5-16)。

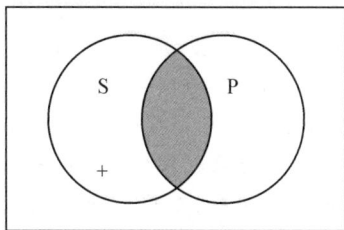

图 5-16　SIP 为假(S≠0)示意

图 5-16 告诉我们,$S\overline{P}≠0$,即 SOP 为真。

所以,在 S≠0 的条件下,由 SIP 假,可推出 SOP 真。

假设 SOP 为假,并假设 S≠0,可得文恩图示如下(见图 5-17)。

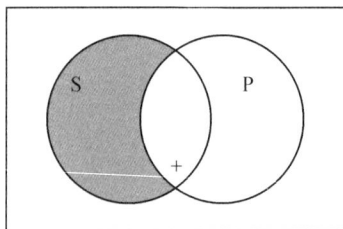

图 5-17　SOP 为假(S≠0)示意

图 5-17 告诉我们,SP≠0,即 SIP 真。

所以,在 S≠0 的条件下,由 SOP 假,可推出 SIP 真。

(二)举例

下面是几个应用对当关系推理知识的实例。

【实例 5-1】

一天,日本京都大学佛学教授柳田圣山教授来到上海玉佛寺参观访问。在大雄宝殿,柳田教授就洪钟使用的规矩、方法请教玉佛寺的法师。这位法师说,寺庙做隆重佛事的时候,七七四十九天,日日夜夜都要敲击洪钟。柳田教授听后,表示不赞同。他说:"'七七'期间,白天敲钟,夜里是不敲的。因为佛教寺庙的规矩是'晨钟暮鼓',夜里敲钟,佛教经典上无此记载。"

法师听后,未予置辩。他们一道走出殿堂,来到卖品部,柳田教授仔细观赏着清人俞樾手书的唐诗《枫桥夜泊》,甚为喜爱。这时,法师走上去,随手在"姑苏城外寒山寺,夜半钟声到客船"中的"寒山寺""夜半钟声"上画了几个圈圈,提请教授注意。教授略有所思,大为震惊,很快就立正、低头、合掌,连连向法师致敬。

为什么柳田教授见到法师在这两句诗上画上圈之后,就大为震惊,并连连向法师致敬呢?

解析

柳田教授之所以大为震惊,是因为他从法师所圈出的"寒山寺""夜半钟声"上,悟到自己一直深信不疑的"晨钟暮鼓"说是不成立的。

根据直言命题间的对当关系,"一切佛教寺庙夜里都不会敲钟的"与"有的佛教寺庙夜里会敲钟的"之间是不同真、不同假的矛盾关系。现有唐朝诗人张继的《枫桥夜泊》为据,证明"有的佛教寺庙夜里会敲钟的"为真,由此就可推出"一切佛教寺庙夜里都不会敲钟的"为假。

【实例 5-2】

某校甲班有 40 人,多少人学会了电脑打字?有甲、乙、丙三人在议论。

甲:甲班的李聪同学没学会电脑打字。

乙:甲班有人学会了电脑打字。

丙:甲班有人没学会电脑打字。

若甲、乙、丙三人中只有一人说对了。问:甲班多少人学会了电脑打字?

解析

甲班 40 人都学会了电脑打字。因为乙和丙两人所言为下反对关系,二者不会同假,必有一真。根据题意,甲所言必为假,由此可知:甲班的李聪同学学会了电脑打字。

既然甲班的李聪同学学会了电脑打字,可知:乙所言"甲班有人学会了电脑打字"为真。

既然乙所言为真,根据题意,可知:丙所言"甲班有人没学会电脑打字"为假。

根据矛盾关系推理,由"甲班有人没学会电脑打字"为假,可推出"甲班所有人都学会了电脑打字"为真。所以说"甲班 40 人都学会了电脑打字"。

【实例 5-3】

在某项税务检查后,4 个税务检查人员有如下结论。

甲:所有个体户都没纳税。

乙:个体户陈老板没纳税。

丙:有的个体户纳税了。

丁:有的个体户没纳税。

如果4人中只有两个断定属实,问:陈老板有没有纳税?

解析

陈老板纳税了。因为甲与丙所言为矛盾关系,必为一真一假。根据题意,乙和丁所言也应为一真一假。如果乙所言为真,则丁所言也为真,这与题意不符,所以,乙所言必为假。

由此可知:陈老板纳税了。

二、命题变形推理

换质法、换位法和换质位法,在传统逻辑中,称为直言命题变形推理。

(一)换质法

改变原命题的质,并且把原命题的谓项换成与之相矛盾的谓项,这种方法称为换质法。原命题进行换质而得到的命题,称为换质命题。在换质法中,换质命题和原命题是等值的。A、E、I、O命题都可以运用换质法。

(1)"所有S是P",换质为"所有S不是非P"。

(2)"所有S不是P",换质为"所有S是非P"。

(3)"有S是P",换质为"有S不是非P"。

(4)"有S不是P",换质为"有S是非P"。

例如,"任何困难都是可以克服的",可换质为"任何困难都不是不可克服的"。

需要注意的是,换质命题的谓项与原命题的谓项应是矛盾关系,否则换质法的推理不是有效的。举例如下。

[5-13]有些产品不是优等品,

所以,有些产品是劣等品。

"优等品"与"劣等品"不是矛盾关系,而是反对关系,因为有些产品既不是优等品,也不是劣等品。所以,当前提"有些产品不是优等品"为真时,结论"有些产品是劣等品",可能为真,也可能为假。

另外,换质命题的谓项不一定以"非P"的形式出现,只要它是原命题谓项的矛盾概念就可以了。举例如下。

[5-14]任一自然数是有理数,

所以,任一自然数不是无理数。

(二)换位法

交换主项和谓项的位置,就是换位法。通过换位法而得到的命题,称为换位命题。根据原命题与换位命题的量项是否相同,可以把换位法分为单纯换位和限量换位两种。

1.单纯换位

换位命题和原命题的量项相同的换位法,称为单纯换位。E命题和I命题就可以单纯换位。

E命题换位:"所有S不是P",可以换位为"所有P不是S"。例如:"所有彻底的唯物主义者都不是有神论者",可以换位为"所有的有神论者都不是彻底的唯物主义者"。这就是单纯换位。

I命题换位:"有S是P"可以换位为"有P是S"。例如:"有些大学生是共青团员",进行单纯换位,就可以得到"有些共青团员是大学生"。

2.限量换位

改变原命题的量的换位法,称为限量换位。A命题不能单纯换位,它只能限量换位为I命题:"所有 S 是 P",只可以换位为"有 P 是 S"。例如:"所有的商品都是劳动产品",只可以换位为"有些劳动产品是商品"。

换位法必须遵守这样的规则:原命题中不周延的词项,换位后不得周延。

在"所有 S 是 P"这一命题形式中,谓词 P 是不周延的,如果进行单纯换位得"所有 P 是 S",在这一换位命题形式中,主词 P 是周延的,这就会违反换位法的规则。一旦违反这一规则,就会出现这样的结果:真前提而推出假结论。例如:"所有的商品都是劳动产品",如果进行单纯换位,推出结论是:"所有的劳动产品都是商品"。在这一推理中,前提为真,而结论却为假。所以,A 命题只能限量换位。

还有一点需要注意,A 命题限量换位的有效性,预设着 A 命题的主词存在。我们可用文恩图解来说明这一点。

假设 SAP 为真,并假设 S≠0,则有文恩图示如下(见图 5-18)。

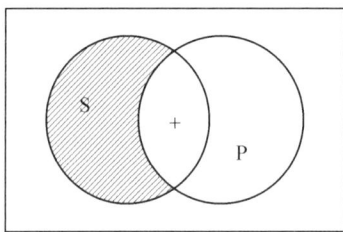

图 5-18　SAP 为真(S≠0)示意

图 5-18 告诉我们:PS≠0,即 PIS 真。

由此可见,在预设 S≠0 的条件下,SAP 可以限量换位为 PIS。

根据换位法的规则,O 命题不能换位。因为对 O 命题进行换位势必会违反换位法的规则,我们知道,O 命题的主词是不周延的,换位后成为谓词,而 O 命题的谓词是周延的。如果对 O 命题进行换位,就可能出现"真前提而假结论"的情况。例如,有些树不是桃树,所以,有些桃树不是树。这一换位推理,显然是不正确的。

(三)换质位法

先换质,再换位,这样的方法就叫作换质位法。

1.A 命题的换质位

"所有 S 是 P",换质位得"所有非 P 不是 S"。

例如,从"凡是真正的科学理论都是经过实践检验的",通过换质位可以得到"凡是不经过实践检验的都不是真正的科学理论。"

2.E 命题的换质位

"所有 S 不是 P",换质位得"有些非 P 是 S"。

这里,应该注意,从"所有 S 不是 P",换质得"所有 S 是非 P",而"所有 S 是非 P"通过换位不能得出"所有非 P 是 S",因为前者是 A 命题,它只能进行限量换位。

3.I 命题不能换质位

因为"有 S 是 P",换质后得"有 S 不是非 P",这是 O 命题,它不能换位,所以,I 命题不能换质位。

4.O 命题的换质位

"有 S 不是 P",换质位得"有非 P 是 S"。

例如,"有的青年不是团员",换质位得"有的非团员是青年"。

还有换位质法、戾换法等,也属于命题变形法。先换位,再换质,称为换位质法。戾换法则是这样一种命题变形法,它是通过交互连续应用换质法与换位法而推出一个以原命题主词的矛盾概念为其主词的新命题。例如,"所有金属是能导电的",通过戾换,可得"有的非金属不是能导电的"。

这里要注意的是,在传统逻辑中,预设着直言命题的主词和谓词所涉及的类,都是非空类。否则,就有可能从真的前提通过戾换推出假的结论。例如,从"凡发展的事物都有内部矛盾",通过戾换推出"有不发展的事物没有内部矛盾"。在这一戾换法的直接推理中,前提为真而结论却为假,这就是因为"不发展的事物"实际上是不存在的,即是空类。

下面是应用命题变形推理的实例。

【实例 5-4】

有这样一段相声。

甲:不会说话净得罪人。明明是好意呀,别人听了也不舒服。

乙:有这样的事?

甲:我大爷就因为不会说话,老得罪人。有一次,我大爷请客,请了四位客人到饭馆吃饭。约好下午六点钟,到了五点半,来了三位,有一位没来,这位还是主客。

乙:那就再等会儿,实在不来就吃吧!

甲:我大爷可是个守信用的人,一直等到六点半,那位还没有来。他急啦,自言自语地说:"该来的不来嘛!"其中有一位就不痛快啦:"怎么该来的不来? 那我是不该来的呀! 我走吧!"他下楼走啦!

乙:得,气走了一位。

甲:我大爷在楼上左等右等,那位主客还是没有来。不但那位没有来,还走掉了一位。我大爷又说啦:"唉! 又走了一位,真是,不该走的走啦!"另外一位又嘀咕了:"什么? 不该走的走啦,没诚意请我呀! 我也走吧!"他也走啦。

乙:有这么说话的吗? 又气走了一位。

甲:就剩下一位啦! 这位跟我大爷是老交情,他对我大爷说:"兄弟,你以后说话可要注意点,哪有这么说话的呀! 不该走的走啦! 那人家还不走? 以后可别这么说话啦!"我大爷解释说:"大哥,我没有说他俩呀!""哦! 说我呀,我也走吧!"

乙:全气走啦!

从大爷说的话通过命题变形,可以推出怎样的结论?

解析

"该来的不来",通过换位质,可得"来的是不该来的",怪不得已来的客人听了不舒服。"不该走的走了",通过换质位,可得"不走的不是不该走的",再换质,可得"不走的是该走的"。所以,不走的客人生气了。

我们知道,如果一个推理是有效的,而它的结论不是真的,那么必定是它的前提不是真的。因为老大爷邀请的客人是四位,来了三位,只有一位没有来,因此不应加限量地说"该来的不来",最多只能说"有的该来的不来",这是一个 O 命题,它是不能换位质的,不能得"有的来的是不该来的",这就不会气走客人了。

【实例 5-5】

毛泽东同志说过:"不到长城非好汉。"

如果这一说法是真的,到长城的人和好汉都存在,那么,下列哪项断定必然是真的?

A. 所有到长城的都是好汉。

B. 有的到长城的是好汉。

C. 有的到长城的不是好汉。

D. 所有到长城的都不是好汉

解析

"不到长城非好汉",通过换位质,可得"好汉是到长城的"。这是 A 命题,它只能限量换位得:"有的到长城的是好汉",不能换位得"所有到长城的都是好汉",所以,"有的到长城的是好汉",B 必然是真的。因为在主、谓词存在的条件下,A 命题的限量换位,是有效的。前提真,则结论必然真。

A 与 B 是差等关系,B 真,A 可真可假;B 与 C 是下反对关系,B 真,C 也可真可假;B 与 D 是矛盾关系,B 真,D 假。所以,本题的正确答案是 B。

第三节　三段论

一、对三段论的一般考察

三段论是最早成为逻辑研究对象的一类推理。亚里士多德考察了三段论推理,提出了较完备的三段论理论。

三段论在传统逻辑中叫直言三段论,它是根据一个共同的词项把两个直言命题联结起来得出另一个直言命题的推理。举例如下。

[5-15]任何真理都是驳不倒的,

任何经过实践检验的科学理论都是真理,

所以,任何经过实践检验的科学理论都是驳不倒的。

在三段论中,有且仅有3个词项。有一个词项在前提中出现两次,如[5-15]中的"真理",称为"中词"。有一个词项在前提中出现一次,而在结论中作为主词出现,如[5-15]中的"经过实践检验的科学理论",称为"小词"。还有一个词项在前提中出现一次,而在结论中作为谓词出现,如[5-15]中的"驳不倒的",称为"大词"。

在讨论三段论的形式时,一般用大写的 M 表示"中词",S 表示"小词",P 表示"大词"。含有大词的前提,如[5-15]中的"任何真理都是驳不倒的",称为大前提,含有小词的前提,如[5-15]中的"任何经过实践检验的科学理论都是真理",称为小前提。

在三段论的前提中,中词的外延分别同小词的外延和大词的外延发生关系,从而得出小词与大词的外延关系作为结论。因此,对三段论推理的考察,实质是对词项外延关系的考察。三段论理论是一种词项外延关系的理论,说到底,也就是事物类之间包含与排斥关系的理论。

二、三段论的规则

三段论的规则是判定一个三段论的推理形式是否正确的标准。如果符合三段论的各条规则,则这个三段论的形式是正确的;若违反其中任何一条规则,则这个三段论的形式不是正确的。

(一)三段论的规则

符合三段论的各条规则是三段论形式正确的充分必要条件。三段论的规则,需要以下5条。

[规则1]中词在前提中至少要周延一次。

[规则2]在前提中不周延的词项,在结论中也不得周延。

[规则3]两个前提不能都是否定的。

[规则4]前提中若有一个是否定的,则结论也须是否定的。

[规则5]若结论是否定的,则必须有一前提是否定的。

以上5条为三段论的基本规则。这5条规则对于判定一个三段论的推理形式是否正确,既是必要的,也是充分的。

(二)三段论的导出规则

为了更简便地判定一个三段论是否正确,有效地构造一个正确的三段论,我们可以从三段论的基本规则推导出两条补充规则,称作三段论的导出规则。

[导出规则1]两个前提不能都是特称的。

[导出规则2]前提中若有一个是特称的,则结论必须是特称的。

这两条导出规则,可以用基本规则加以证明。

1.导出规则 1 的证明

就质方面说,两个特称前提只有 3 种可能情况:①两个前提都是否定的;②两个前提都是肯定的;③一个前提是否定的,而另一个前提是肯定的。

如果是情况①,则违反[规则 3]。

如果是情况②,那么在两个前提中没有一个是周延的,则违反[规则 1]。

如果是情况③,根据[规则 4],结论必须是否定的,则大词在结论中周延;根据[规则 2],大词在前提中也必须是周延的,又根据[规则 1],中词在前提中必须周延一次,故必须至少有两个词项周延,但是在情况③中,只有一个词项是周延的,所以,情况③也是不能成立的。

以上三种情况都不能成立,所以,两个前提不能都是特称的。

2.导出规则 2 的证明

根据基本规则,有效的前提组合只能有 3 种可能情况:①一个前提为 A 命题,另一个前提为 I 命题;②一个前提为 E 命题,另一个前提为 I 命题;③一个前提为 A 命题,另一个前提为 O 命题。

如果是情况①,两个前提中只有一个词项是周延的,根据[规则 1],这个词项应该是中词,因此,在前提中小词必定是不周延的,根据[规则 2],小词在结论中也不得周延,所以,结论必定是特称的,因为小词是结论的主词,并且只有特称命题的主词才是不周延的。

如果是情况②和③,两个前提中都只有两个词项是周延的,根据[规则 1],其中一个周延的词项应该是中词;又根据[规则 4]和[规则 2],前提中有一个否定,结论应为否定;大词在结论中周延,在前提中也必须周延,所以,前提中另一个周延的词项应该是大词,这样,小词在前提中必定是不周延的,所以,在结论中也不得周延,因此,结论也必定是特称的。

三、三段论的格与式

研究三段论的格与式,也就是研究三段论的形式结构及其不同类型,研究不同类型的特征和特殊的作用。

(一)三段论的格

三段论是由三个直言命题构成的。每个直言命题有一主词一谓词。在三段论的前提中,中词既可以做主词,也可以做谓词。这样,由于中词在前提中做主词或做谓词这种位置不同而形成不同的三段论形式,称作三段论不同的格,三段论共有 4 个格。

1.第一格

中词在大前提中做主词,在小前提中做谓词。第一格的形式如下(见图 5-19)。

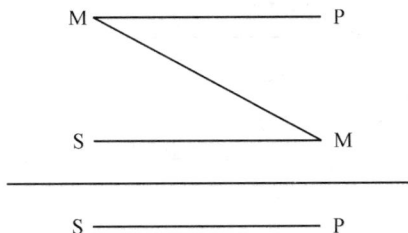

图 5-19 三段论第一格形式

举例如下。

[5-16]任何气体(M)都是可以液化的(P);

氧(S)是气体(M);

所以,氧(S)是可以液化的(P)。

2.第二格

中词在大前提中做谓词,在小前提中也做谓词。第二格的形式如下(见图5-20)。

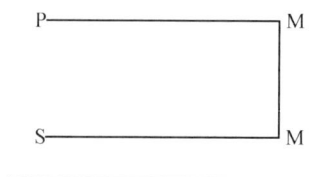

图5-20 三段论第二格形式

举例如下。

[5-17]氢(P)是最轻的气体(M);

这瓶里的气体(S)不是最轻的气体(M);

所以,这瓶里的气体(S)不是氢(P)。

3.第三格

中词在大前提中做主词,在小前提中也做主词。第三格的形式如下(见表5-21)。

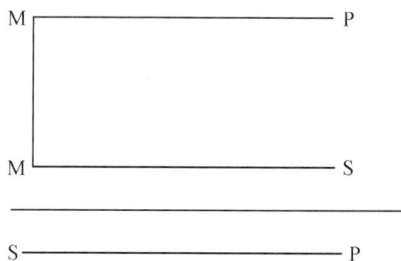

图5-21 三段论第三格形式

举例如下。

[5-18]语言(M)不是上层建筑(P);

语言(M)是社会现象(S);

所以,有的社会现象(S)不是上层建筑(P)。

4.第四格

中词在大前提中做谓词,在小前提中做主词,第四格形式如下(见图5-22)。

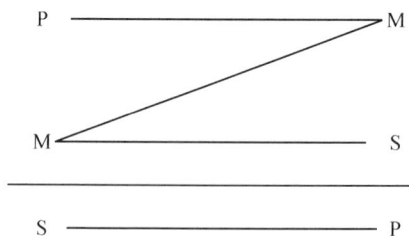

图5-22 三段论第四格形式

举例如下。

[5-19]有些押韵的作品(P)是诗(M);

所有的诗(M)都是文学作品(S);

所以,有些文学作品(S)是押韵的作品(P)。

5.三段论4个格的特殊要求

三段论的4个格,由于各有不同的形式结构,故而各有某些特殊的要求。

第一格的特殊要求是:①小前提必须肯定,②大前提必须全称。

第二格的特殊要求是：①前提中必须有一个是否定的，②大前提必须全称。

第三格的特殊要求是：①小前提必须肯定，②结论必须特称。

第四格的特殊要求是：①若两前提中有一否定，则大前提必须全称；②若大前提肯定，则小前提必须全称；③若小前提肯定，则结论必须特称；④不能有特称否定前提；⑤不能有全称肯定结论。

以上这些特殊要求，有的人称它们为三段论各格的特殊规则。但是，这些特殊规则仅是三段论有效性的必要条件。

6.三段论各格的不同作用

三段论各格有着不同的特点，因而在实际运用中有着各自不同的作用。

(1)第一格的大前提是全称的，它反映了一般性的情况；小前提是肯定的，它反映了有关的对象情况属于大前提所反映的一般情况，由此得出该对象情况的特殊性的结论。第一格的应用最为广泛，被称为"典型格"。这个格在司法审判中有着特别重要的作用，所以，通常又称为"审判格"。司法工作的原则是"以法律为准绳，以事实为依据"。司法审判总是以第一格的形式出现。这里，全称的大前提陈述法律的规定，肯定的小前提陈述相关的事实；结论就是以此为根据做出的判决。

(2)第二格的特点是：它的结论总是否定的，因此，它常用来区别不同的对象，因而称为"区别格"。同时，第二格也常用来反驳肯定命题。例如，为了把"社会主义"和"吃大锅饭"区别开来，可以构造下面的第二格三段论。

[5-20]社会主义能促进生产力的发展；

吃大锅饭不能促进生产力的发展；

所以，吃大锅饭不是社会主义。

(3)第三格的特点是：结论总是特称的，因此，当我们用特称命题来反驳与之相矛盾的全称命题时，就常用三段论来加强反驳的逻辑力量。第三格被称为"反驳格"，亦称"例证格"。例如，为了证实特称命题"有的人不是自私的"，并用来进一步反驳全称命题"人都是自私的"，可以构造下面的第三格三段论。

[5-21]孔繁森不是自私的；

孔繁森是人；

所以，有的人不是自私的。

根据直言命题的对当关系，"有的人不是自私的"，等值于"并非所有人都是自私的"。这就反驳了"人都是自私的"这一全称命题，因为有三段论支持用来反驳的论据，即特称命题"有的人不是自私的"，所以，反驳是有力的。

(4)第四格是一个不很自然的格，在思维实际中比较少见。在亚里士多德的三段论体系中，只有第一、第二和第三格，而没有第四格。仅就形式结构而言，第四格是应该予以承认的。至于它的实际作用如何，这里就不做讨论了。

(二)三段论的式

1.概述

三段论的式是由于前提和结论的质、量的不同而形成的不同的三段论形式。研究三段论的式，也就是研究 A、E、I、O 这 4 种直言命题在两前提、一结论中各种有效的组合。仅从组合而言，每一格可有 $4 \times 4 \times 4 = 64$(式)，4 个格则有 $64 \times 4 = 256$(式)。这是可能式。由于很多可能式都是违反三段论规则的，因而是非有效式。那么，有效式究竟有哪几个呢？

在传统逻辑中，假定三段论中的全称命题的主词对象存在，在这种假定之下，三段论的有效式共有 24 个。

第一格：AAA、EAE、AII、EIO、(AAI)、(EAO)。

第二格：AEE、EAE、EIO、AOO、(AEO)、(EAO)。

第三格：AAI、AII、EAO、EIO、IAI、OAO。

第四格：AAI、AEE、EAO、EIO、IAI、(AEO)。

2.说明

有两点要说明一下。

(1)括号里的式叫作弱式。如第一格的 AAI 和 EAO 式就是弱式,它们分别是 AAA 和 EAE 式派生的式。由于在全称命题的主项对象存在的假定下,SAP 蕴涵 SIP,因此,以 MAP 为大前提,以 SAM 为小前提,可以推出 SAP,也就可以推出 SIP。同理,以 MEP 为大前提,以 SAM 为小前提,可以推出 SEP,也就可以推出 SOP。对于第二格和第四格中的弱式,也可做同样的理解。

(2)凡是有效式都是符合三段论的规则及各格的特殊要求的三段论式。因此,在考虑各格究竟有多少有效式时,首先可以根据各格的特殊要求,选择前提的有效组合。如第一格要求大前提必须全称,因此,能作为有效大前提的命题只有 A 和 E 命题;第一格要求小前提必须肯定,因此,能作为有效小前提的命题只有 A 和 I 命题。这样,就不难求出第一格的前提有效组合了,进而就可以求出第一格的有效式。同理,可以求出其他 3 个格的有效式。

现代逻辑不假定三段论中的全称前提的主词对象存在,因此,全称命题不蕴涵特称命题,这样,在现代逻辑中,三段论的有效式只有 15 个。

第一格:AAA、EAE、AII、EIO。

第二格:AEE、EAE、EIO、AOO。

第三格:AII、EIO、IAI、OAO。

第四格:AEE、EIO、IAI。

四、运用文恩图解方法检验三段论的有效性

(一)用文恩图检验三段论有效性的步骤

用文恩图解的方法可以直观地检验一个三段论是否有效。

运用文恩图解的方法检验三段论的有效性,应遵循以下的步骤。

(1)第一步,翻译,即把三段论的大小前提和结论,用符号表示为公式。

(2)第二步,画图,即根据公式画出大小前提的文恩图形。

(3)第三步,判定,即根据图形做出判定的结果。

(二)举例

【实例 5-6】

所有偶蹄动物都是哺乳动物;

所有牛都是偶蹄动物;

所以,所有牛都是哺乳动物。

解析

根据三段论的规则检查,这是一个有效三段论。如果要把检查过程详细写出来,却不是很简便的。运用文恩图解的方法,可以直观而又简便地表现其有效性。

(1)第一步,翻译。

以 S 表示"牛",以 M 表示"偶蹄动物",以 P 表示"哺乳动物",上述三段论可以表示为

$$M\overline{P}=0$$
$$\frac{S\overline{M}=0}{S\overline{P}=0}$$

(2)第二步,画图。

用文恩图表示如下(见图 5-23)。

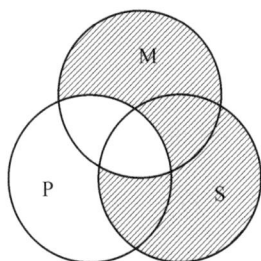

图5-23　【实例5-6】文恩图

(3)第三步,判定。

判定一个三段论是否有效,就看前提是否蕴涵结论。如果前提蕴涵结论,则该三段论有效;如果前提不蕴涵结论,则该三段论非有效。根据图 5-23,$(M\overline{P}=0 \wedge \overline{S}M=0) \rightarrow \overline{S}P=0$,故可判定三段论是有效的。

再举一例。

【实例 5-7】

所有医生都是医务工作者,

所有护士都不是医生,

所以,所有护士都不是医务工作者。

解析

本例不是一个有效的三段论,可用文恩图解方法判明如下。

(1)第一步,翻译。

可翻译成表达式

$$M\overline{P}=0$$
$$\underline{SM=0}$$
$$\overline{SP}=0$$

(2)第二步,画图。

用文恩图表示如下(见图 5-24)。

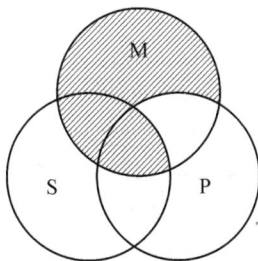

图5-24　【实例5-7】文恩图

(3)第三步,判定。

根据图 5-24,前提不蕴涵结论,所以,此三段论非有效。

运用文恩图解方法还能够直观地表明为什么在假定三段论的全称前提的主词对象存在的条件下,第一格的 AAI、EAO,第二格的 AEO、EAO,第三格的 AAI、EAO,第四格的 AAI、EAO、AEO 这 9 个式为有效式。

例如,证明第三格的 AAI 式是否为有效式,可通过以下验证。

【实例 5-8】

证明第三格 AAI 是否为有效式。

解析

假定 MAP,MAS 中的 $M \neq 0$,这包括 4 种可能,$SMP \neq 0$;$\overline{S}MP \neq 0$;$SM\overline{P} \neq 0$;$\overline{S}M\overline{P} \neq 0$。

大前提 MAP，即 $M\bar{P}=0$；

小前提 MAS，即 $M\bar{S}=0$；

结论 SIP，即 $SP\neq0$。

用文恩图表示 $M\neq0$ 和大小前提如下（见图 5-25）。

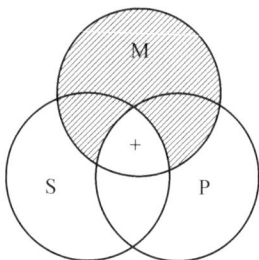

图5-25　【实例 5-8】文恩图

由图 5-25 可见，在 $M\neq0$ 的假定下，前提蕴涵结论，所以，有效。

五、三段论的还原

如前所述，在传统逻辑中，三段论共有 24 个有效式。如果不假定三段论中的全称命题的主项存在，三段论共有 15 个有效式。而这些有效式中，第一格的 AAA 式和 EAE 式是最基本的，其余的有效式，都能还原为这两个有效式，或者说，从这两个有效式出发，能够推导出所有其余的有效式。因此第一格的 AAA 式和 EAE 式，被认作是三段论的公理。

〔公理Ⅰ〕凡是对一类事物有所肯定者，对该类中的每一个子类也有所肯定。第一格的 AAA 式正是这个意思，用欧勒图表示如下（见图 5-26）。

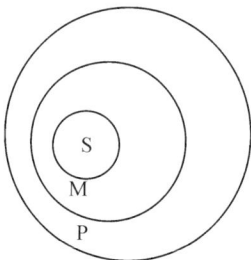

图 5-26　公理Ⅰ示意

〔公理Ⅱ〕凡是对一类事物有所否定者，对该类中的每一个子类也有所否定。第一格的 EAE 式正是这个意思，用欧勒图表示如下（见图 5-27）。

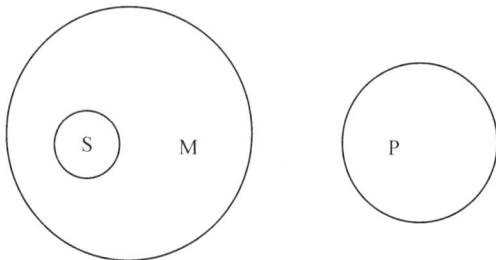

图 5-27　公理Ⅱ示意

三段论其余的有效式如何还原为第一格的 AAA 式和 EAE 式？我们现在就来探讨这个问题。

还原所用的方法，主要是换位法、反三段论及 A、E、I、O 之间的对当关系。

应用换位法就能还原的有第二格的 AEE 式、EAE 式和第四格的 AEE 式等。例如第二格 EAE

式为

$$
\frac{\begin{array}{l} P\ E\ M \\ S\ A\ M \end{array}}{S\ E\ P}
$$

对大前提进行换位为

$$
\frac{\begin{array}{l} M\ E\ P \\ S\ A\ M \end{array}}{S\ E\ P}
$$

这就是第一格的 EAE 式。

例如,第四格的 AEE 式为

$$
\frac{\begin{array}{l} P\ A\ M \\ M\ E\ S \end{array}}{S\ E\ P}
$$

对结论进行换位,同时将大小前提互换位置,具体为

$$
\frac{\begin{array}{l} M\ E\ S \\ P\ A\ M \end{array}}{P\ E\ S}
$$

将 S 改写为 P,P 改写为 S,具体为

$$
\frac{\begin{array}{l} M\ E\ P \\ S\ A\ M \end{array}}{S\ E\ P}
$$

这就是第一格的 EAE 式。

应用反三段论,完成还原,例如,第二格的 AOO 式,具体为

$$
\frac{\begin{array}{l} P\ A\ M \\ S\ O\ M \end{array}}{S\ O\ P}
$$

反三段论为

$$
\frac{\begin{array}{l} P\ A\ M \\ S\ A\ P \end{array}}{S\ A\ M}
$$

因为 PAM 和 SOM 能推出 SOP,那么,PAM 和并非 SOP 就能推出并非 SOM,并非 SOP 等值于 SAP,并非 SOM 等值于 SAM。

将 P 改为 M,M 改写为 P,具体为

$$
\frac{\begin{array}{l} M\ A\ P \\ S\ A\ M \end{array}}{S\ A\ P}
$$

这就是第一格的 AAA 式。

应用换位法和反三段论,完成还原,例如第一格的 AII 式为

$$
\frac{\begin{array}{l} M\ A\ P \\ S\ I\ M \end{array}}{S\ I\ P}
$$

反三段论为

$$M \quad A \quad P$$
$$S \quad E \quad P$$
$$\overline{S \quad E \quad M}$$

对小前提和结论各自进行换位,同时将大小前提互换位置,具体为

$$P \quad E \quad S$$
$$M \quad A \quad P$$
$$\overline{M \quad E \quad S}$$

将 S 改写为 P,P 改写为 M,M 改写为 S,具体为

$$M \quad E \quad P$$
$$S \quad A \quad M$$
$$\overline{S \quad E \quad P}$$

这就是第一格的 EAE 式。

其余有效式的还原,作为习题,我们留给读者去完成。

六、三段论的带证式

带证式是一种复合形式的三段论,其中至少有一个前提是另一个省略三段论的结论。如果三段论的两个前提中,只有一个前提是另一个省略三段论的结论,就称为单带证式。举例如下。

[5-22]一切科学的知识都是有用的,因为一切科学的知识都来自实践而能指导实践;

一切医学的知识都是科学的知识;

所以,一切医学的知识都是有用的。

如果三段论的两个前提分别是另外两个省略三段论的结论,那么就称为复带证式。举例如下。

[5-23]凡真理是不怕批评的,因为真理是批评不倒的;

凡真正的科学理论都是真理,因为真正的科学理论是客观规律的正确反映;

所以,凡真正的科学理论是不怕批评的。

由于在带证式中,三段论的前提是另外省略三段论的结论,这清楚地显示了前提本身被断定的理由,因而三段论的带证式比一般三段论形式具有更强的论证性和说服力。在论证过程中,当必需论证前提(即论证中的论据)的真实性时,一般都运用带证式这种三段论的复合形式。

下面是几个综合应用直言命题及其推理的实例。

【实例 5-9】

所有四川来京打工人员都办理了暂住证;所有办理了暂住证的人员都获得了就业许可证;有些四川来京打工人员当上了门卫;有些业余武术学校的学员也当上了门卫;所有的业余武术学校的学员都未获得就业许可证。

如果上述断定都是真的,那么除了以下哪项,其余的断定也必定是真的?

A.所有四川来京打工人员都获得了就业许可证。

B.没有一个业余武术学校的学员办理了暂住证。

C.有些四川来京打工人员是业余武术学校的学员。

D.有些门卫没有就业许可证。

E.有些门卫有就业许可证。

解析

应用三段论,由题干中的第 1 个和第 2 个断定可以推出:"所有四川来京打工人员都获得了就业许可证"(A)。由题干中的第 2 个和第 5 个断定可以推出:"所有的业余武术学校的学员都未办理暂住证",换句话说,"没有一个业余武术学校的学员办理了暂住证"(B)。由题干中的第 4 个和第 5 个断定

可以推出："有些门卫没有就业许可证"（D）。根据题干中的第 3 个断定和已推出的 A 作为前提，可以推出："有些门卫有就业许可证"（E）。

在题干中的断定都是真的这一题设条件下，应用三段论，合乎逻辑地推出的选项 A、B、D、E，也必定是真的。因此，正确的选项只有 C。

根据题干中的第 1 个断定和已推出的 B 为前提，可以推出："所有四川来京打工人员都不是业余武术学校的学员"，这一命题与选项 C 为矛盾关系，前者为真，后者必为假。由此也可判定本题的正确答案应选择 C。

【实例 5-10】

赵、钱、孙、李、周、吴、陈七人参加工会组织的游戏比赛。对于他们的比赛结果，组委会工作人员甲、乙、丙做了如下预言。

甲：七人中有人会得奖。

乙：七人中有人不会得奖。

丙：七人中只有赵会得奖。

比赛结果表明，甲、乙、丙三人中有两人的预言是真的。那么，以下哪项必定是真的？

A.钱会得奖。

B.周会得奖。

C.除了赵以外，其余六人都得奖。

D.如果赵不得奖，那么其余六人中至少有一人得奖。

E.七人中无一人得奖。

解析

丙的预言"七人中只有赵会得奖"，其含义有两层：一是说"赵会得奖"；二是说"其余六人都不会得奖"。如果丙的预言为真，那么，甲的预言和乙的预言也均应为真，但这显然与题意"三人中有两人的预言是真的"相矛盾，所以，丙的预言必定为假，"其余六人都不会得奖"为假，可以推知"其余六人中至少有一人得奖"为真，但推不出"钱会得奖"或者"周会得奖"，更推不出"其余六人都得奖"。"七人中无一人得奖"，不可能是真的。所以，正确的答案是 D。选项 D 是一个充分条件假言命题，已知后件"其余六人中至少有一人得奖"为真，前件"赵不得奖"不论是真，还是假，这个充分条件假言命题必定是真的。

✏ 练习题

一、从下列各题的 5 个备选项中选出 1 个正确的答案，并做出简要的分析说明。

1.桌子上有 4 只糖果盒子。在每只盒盖上各写着一句话。第一只盒盖上写着："所有的盒子里都有水果糖"；第二只盒盖上写着："本盒中有椰子糖"；第三只盒盖上写着："本盒中没有巧克力糖"；第四只盒盖上写着："有些盒子里没有水果糖"。

如果上述 4 句话中只有一句是真的，那么下列哪项必定是真的？

A.4 只盒子里都有水果糖。

B.第二只盒子里有椰子糖。

C.第三只盒子里有巧克力糖。

D.有的盒子里没有水果糖。

E.无法确定 4 只盒子里各有什么糖。

2.某律师事务所连主任在内共有 15 名律师。有几名是大学本科毕业的？

(1)有些是大学本科毕业的。

（2）有些不是大学本科毕业的。

（3）主任不是大学本科毕业的。

如果上述3句话中只有一句是真的，那么下列哪项一定是真的？

A. 有14名律师是大学本科毕业的。

B. 有2名律师不是大学本科毕业的。

C. 15名律师都是大学本科毕业的。

D. 除主任外，都是大学本科毕业的。

E. 无法确定究竟有多少名。

3. 有些导演留大胡子，所以，有些留胡子的人是大嗓门。

为使上述推理成立，必须补充以下哪项作为前提？

A. 有些导演是大嗓门。

B. 所有大嗓门的人都是导演。

C. 所有导演都是大嗓门。

D. 有些大嗓门的不是导演。

E. 有些导演不是大嗓门。

4. 李玲：王华是优秀企业家，所以，他有资格进入名人俱乐部。

金森：不过王华不讲卫生，他不是年轻人的好榜样，所以，王华不应被名人俱乐部接纳。

金森的论证使用了以下哪项作为前提？

（1）有些优秀企业家不讲卫生。

（2）所有不讲卫生的人都不是年轻人的好榜样。

（3）所有被名人俱乐部接纳的人都是年轻人的好榜样。

A. 仅（1）。

B. 仅（2）。

C. 仅（3）。

D. 仅（2）和（3）。

E. （1）、（2）和（3）。

5. 华苑社区已有住户向居委会报告家中发现白蚁。

如果住户的报告属实，则下列陈述中不能确定真假的是哪项？

（1）华苑社区没有住户家中没发现白蚁。

（2）华苑社区有的住户家中没发现白蚁。

（3）华苑社区所有的住户家中都未发现白蚁。

A. 仅（1）。

B. 仅（2）。

C. 仅（1）和（2）。

D. 仅（1）和（3）。

E. （1）、（2）和（3）。

6. 有些自然物品具有审美价值，所有的艺术品都有审美价值，所以，有些自然物品也是艺术品。

以下哪个推理与题干中的推理在结构及所犯的逻辑错误上最为类似？

A. 有些有神论者是佛教徒，所有的基督教徒都不是佛教徒，所以，有些有神论者不是基督教徒。

B. 有些牙科医生喜欢烹饪，李进是牙科医生，所以，李进喜欢烹饪。

C. 有些南方人爱吃辣，所有的南方人都习惯吃大米，所以，有些习惯吃大米的人爱吃辣。

D. 有些进口货是假货，所有国内组装的APR空调机的半成品都是进口货，所以，有些APR空调机半成品是假货。

E.有些研究生也拥有了私人汽车,所有的大款都拥有私人汽车,所以,有些研究生也是大款。

7.甲、乙、丙、丁是同班同学。

甲说:"我班同学英语考试都及格了。"

乙说:"丁英语考试没及格。"

丙说:"我班有人英语考试没及格。"

丁说:"乙英语考试也没及格。"

已知只有一人说假话,则可推断以下哪项断定是真的?

A.说假话的是甲,全班同学英语考试都没及格。

B.说假话的是乙,乙英语考试没及格。

C.说假话的是丙,乙英语考试及格了。

D.说假话的是丁,丁英语考试没及格。

E.说假话的是甲,乙和丁英语考试都没及格。

8.如果所有的鸟都会飞,并且鸵鸟是鸟,则鸵鸟会飞。

从上述前提出发,若加上前提"鸵鸟不会飞,但鸵鸟是鸟"之后,我们仍不能合乎逻辑地确定下列哪些陈述的真假?

(1)并非所有的鸟都会飞。

(2)有的鸟会飞。

(3)所有的鸟都不会飞。

(4)有的鸟不会飞。

(5)所有的鸟都会飞。

A.仅(2)。

B.仅(3)。

C.仅(2)和(3)。

D.仅(1)、(2)和(3)。

E.仅(3)和(4)。

二、用文恩图表示下列命题。

1.没有无因之果。(S:果;P:有原因的。)

2.没有一个人是天生聪明的。(S:人;P:天生聪明的。)

3.哪有不淘气的孩子?!(S:孩子;P:淘气的。)

4.所有的肝部炎症都有传染性,而有些消化系统疾病没有传染性。(S:消化系统疾病;P:肝部炎症;M:有传染性。)

三、用对当关系的逻辑知识,回答下列各题。

1.设P、Q、R为3个直言命题,已知P与Q之间为反对关系,P与R之间为矛盾关系,试问:

(1)当Q为真时,R的真假如何?

(2)当R为真时,Q的真假如何?

(3)当Q为假时,R的真假如何?

(4)当R为假时,Q的真假如何?

2.已知"政客没有不说谎的"为真,请指出下述命题的真假。

(1)美国总统布什不说谎。

(2)并非有的政客不说谎。

(3)政客并非都说谎。

(4)有的政客说谎,而有的政客不说谎。

3.逻辑学考试前,某班议论纷纷。

(1)我班所有人都能及格。

(2)我班有人不及格。

(3)我班李玲能及格。

(4)我班有人能及格。

成绩出来后发现,这些议论中只有两句是正确的,请问:该班李玲同学逻辑学考试是否及格?请说明理由。

四、用换质法和换位法的逻辑知识,回答下列问题。

1.从"一切真正的革命者都是光明磊落的",能否推出"凡是不光明磊落的人都不是真正的革命者"? 如能,请将这一推理过程用公式表示出来。

2.从"凡是正确的推理都是形式正确的推理",能推出一个怎样的命题(以"形式正确的推理"为主词)? 若以"不正确的推理"为主词,则能推出的命题应是怎样的?

3.以"凡不劳动者不得食"为前提,若得出的结论的主词是"劳动者",那么结论应是一个怎样的命题? 请将这一推理过程用公式表示出来。

五、列出下列三段论的推理形式,指出小词、中词和大词,并根据三段论的规则,确定其是否有效? 如非有效,则指出其违反了什么规则?

1.大学生是在大学学习的,赵欣是在大学学习的,所以,赵欣是大学生。

2.钻石是非金属,有的非金属很贵重,所以,钻石很贵重。

3.哺乳动物是脊椎动物,鸟不是哺乳动物,所以,鸟不是脊椎动物。

4.没有一部优秀的文艺作品是不受欢迎的,而电视连续剧并非都受群众欢迎,所以,有些电视连续剧不是优秀的文艺作品。

六、综合题

1.下列3句话一真二假,试确定S与P为何种外延关系,并写出推导过程。

(1)有S是P。

(2)有S不是P。

(3)有P不是S。

2.已知:

(1)M和P的外延不相容。

(2)"所有M是S"为真。

请指出S与P之间的外延关系如何?

3.一有效三段论的小前提为否定命题。试证:该三段论的大前提必为PAM。

4.若A、B、C分别为有效三段论的两个前提和结论,D是与B相矛盾的直言命题。试证:以A和D为前提,以C为结论的三段论式不是有效三段论式。

第五章习题参考答案

第六章 ■ 谓词逻辑（二）

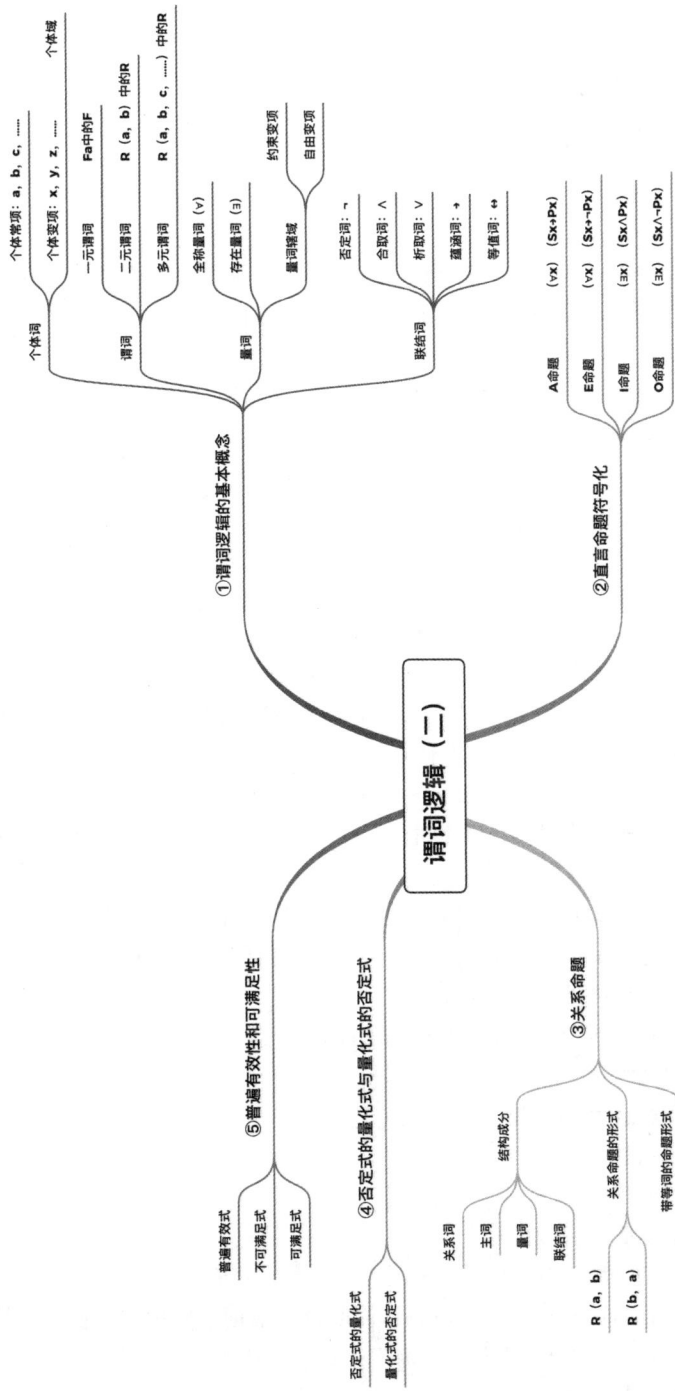

谓词逻辑（二）

①谓词逻辑的基本概念

- 个体词
  - 个体常项：a, b, c, ……
  - 个体变项：x, y, z, ……
  - 个体域
- 谓词
  - 一元谓词 Fa中的F
  - 二元谓词 R (a, b) 中的R
  - 多元谓词 R (a, b, c, ……) 中的R
- 量词
  - 全称量词 (∀)
  - 存在量词 (∃)
  - 量词辖域
    - 约束变项
    - 自由变项
- 联结词
  - 否定词：¬
  - 合取词：∧
  - 析取词：∨
  - 蕴涵词：→
  - 等值词：↔

②直言命题符号化

- A命题 (∀x) (Sx→Px)
- E命题 (∀x) (Sx→¬Px)
- I命题 (∃x) (Sx∧Px)
- O命题 (∃x) (Sx∧¬Px)

⑤普遍有效性和可满足性

- 普遍有效式
- 不可满足式
- 可满足式

④否定式的量化式与量化式的否定式

- 否定式的量化式
- 量化式的否定式

③关系命题

- 关系词
  - 结构成分
    - 主词
    - 量词
    - 联结词
  - 关系命题的形式
    - R (a, b)
    - R (b, a)
  - 带等词的命题形式

本章和第七章介绍的是现代谓词逻辑的内容。本章先介绍一些有关现代谓词逻辑的基础性知识。

第一节　谓词逻辑的基本概念

命题所反映的不对之进行分解的单个对象称为个体。表示个体的词项，叫作个体词。表示个体的性质或个体与个体之间的关系的词项，叫作谓词。举例如下。

[6-1]哥白尼是天文学家。

[6-2]地球围绕太阳运行。

[6-3]绍兴在杭州与宁波之间。

[6-1]中的"哥白尼"是个体词，"……是天文学家"是谓词；[6-2]中的"地球"和"太阳"都是个体词，"……围绕……运行"是谓词；[6-3]中的"绍兴""杭州""宁波"都是个体词，"……在……与……之间"是谓词。

表示特定个体的符号，叫作个体常项。逻辑中，常用拉丁字母表中小写字母 a,b,c……表示个体常项。表示个体性质的谓词，称作一元谓词。如[6-1]中的谓词。表示两个个体之间关系的谓词，称作二元谓词。如[6-2]中的谓词。表示 3 个个体之间关系的谓词，称作三元谓词。如[6-3]中的谓词。二元以上的谓词，统称为多元谓词。逻辑中，常用大写的拉丁字母表示谓词。把个体词写在谓词的右侧，即可构成一谓词逻辑的公式。举例如下。

[6-4]Fa

    R(a,b)

F 表示特定个体 a 有 F 性质，或者读作：a 是 F。R(a,b)表示两特定个体 a 和 b 有 R 关系，或者读作：a 对 b 有 R 关系。

个体词所指称的对象不一定都是特定的个体，也可以是某一特定对象类中不确定的任一个体。表示指称这种个体的个体词符号，称作个体变项。逻辑中，常用小写的拉丁字母 x,y,z……表示个体变项。个体变项所代表的东西，称作个体变项的值。个体变项取值的范围称作个体域。在需要时，可规定个体域为什么范围的事物。如规定个体域为"人"，则 x,y,z……就表示某人。在不加规定的情况下，个体域为全域，即宇宙万物，则 x,y,z……表示任一事物。因此，Fx 可以表示任一事物 x 有 F 性质，或者说 x 是 F。为了表示命题对象的数量，是一切 x 有 F 性质，还是至少有一 x 有 F 性质，需要引进表示全称量词和存在量词的符号。

在谓词逻辑中，全称量词的符号通常表示是(∀……)；存在量词的符号是(∃……)。在省略号的地方填以个体变项。如(∀x),(∀y)，读作"对任一 x"，"对任一 y"；(∃x),(∃y)，读作"存在 x"，"存在y"，或者读作"至少有一 x"，"至少有一 y"。

有了个体词、谓词和量词符号，来看下面命题。

[6-5]一切都是变化的。

[6-5]可以用符号表示为(∀x)Fx。

Fx 表示："x 是变化的。"

[6-6]有的东西是劳动创造的。

[6-6]可以用符号表示为(∃x)Fx。

Fx 表示："x 是劳动创造的。"

命题逻辑中的联结词符号¬,∧,∨,→,↔,同时也是谓词逻辑中需要使用的符号。举例如下。

[6-7]有的东西是劳动创造的，而有的东西不是劳动创造的。

[6-8]如果李宗源是李锡铭的父亲，则李锡铭必定是李锡钦的哥哥或弟弟。

［6-7］可以用符号表示为$(\exists x)Fx \wedge (\exists x) \neg Fx$。

Fx 表示："x 是劳动创造的。"

［6-8］可以用符号表示为$F(a,b) \rightarrow G(b,c) \vee H(b,c)$。

a 表示："李宗源"；b 表示："李锡铭"；c 表示："李锡钦"；F 表示："……是……的父亲"；G 表示："……是……的哥哥"；H 表示："……是……的弟弟"。

在带量词的谓词公式中，量词有一个作用范围的问题，这就是量词的辖域问题。

在量词的辖域里，一切和量词里的变项相同的变项都受此量词所约束。如果量词后有括号，则括号内的公式为此量词的辖域，量词后跟随的最短的公式为此量词的辖域。举例如下。

［6-9］$(\forall x)R(x,y,z)$

［6-10］$(\forall x)(Fx \rightarrow Gx)$

［6-11］$(\forall x)Fx \wedge (\forall x)Gx$

［6-12］$(\forall x)(Fx \rightarrow (\exists y)(R(x,y) \wedge Gy))$

在［6-9］中，$R(x,y,z)$是全称量词"$\forall x$"的辖域。在［6-10］中，$Fx \rightarrow Gx$是"$\forall x$"的辖域。在［6-11］中，Fx 是第一个"$\forall x$"的辖域，Gx 则是第二个"$\forall x$"的辖域。在［6-12］中，$Fx \rightarrow (\exists y)(R(x,y) \wedge Gy)$是"$\forall x$"的辖域，而$R(x,y) \wedge Gy$是"$\exists y$"的辖域。

掌握"量词的辖域"这一概念，对于我们正确分析和准确理解自然语句的含义是有帮助的。举例如下。

［6-13］一切事物，它或者是有生命的，或者是没有生命的。

这是一个真命题。用符号表示其形式如下。

［6-14］$(\forall x)(Fx \vee \neg Fx)$

$(Fx \vee \neg Fx)$是$\forall x$的辖域。如果不注意量词的作用范围，比如把［6-13］写成如下形式。

［6-15］$(\forall x)Fx \vee (\forall x) \neg Fx$

改变了量词的辖域，［6-14］与［6-15］的含义完全不同。［6-15］的意思是说，或者一切事物都是有生命的，或者一切事物都是没有生命的。这是一个假命题。

在量词的辖域内，受量词所约束的变项，称为约束变项；不受量词所约束的变项，称为自由变项。举例如下。

［6-16］$(\forall x)Fx$

［6-17］$(\exists x)Fx$

［6-16］和［6-17］中的变项都是约束变项。如果 F 表示"是有价值的"，那么，［6-16］的意思是说，"一切都是有价值的"，这是一个假命题；［6-17］的意思是说，"至少有的是有价值的"，这是一个真命题。

如果变项既不受全称量词所约束，也不受存在量词所约束，那么，就是自由变项。举例如下。

［6-18］Fx

［6-18］就是一个命题形式，是无真假可言的。如果 F 表示："……是固体"，并且 x 的值确定之后，比如说 x 表示"冰块"，那么它是真命题；如果 x 表示"冰水"，那么它是假命题。总之，自由变项的个体域虽然已经确定，比如说，确定个体域为一切事物，但是如果它的值未定，那么它仅仅是一个命题形式，只有当我们以特定的值替代变项以后，才可以得到一个有真假意义的命题。约束变项则与此不同，因为在变项的个体域确定以后，它的意义是确定的，它不是真，就是假。例如，用全称量词"$\forall$"约束［6-18］中的变项，成为［6-16］，F 仍解释为"固体"，意思是说"一切都是固体"，这是假命题。如果用存在量词"$\exists$"约束［6-18］中的变项，成为［6-17］，意思是说"有的是固体"。这就是一个真命题。

第二节　直言命题符号化

在上一节中，我们所讨论的直言命题，它们的主词对象或者是特定的个体，或者是最普遍的类——"事物"。但是,在多数情况下,直言命题的主词并不是指称最普遍的事物类,而是指称某个特定的事物类。举例如下。

[6-19]一切商品都是劳动产品。

[6-19]的符号化有两种方法。第一种方法是规定个体域。例如,当规定个体域为商品时,[6-19]的符号式如下。

[6-20]$(\forall x)Fx$

Fx 表示:x 是劳动产品。

当公式中个体变项的种类不多时,用规定个体域的方法,符号化一个命题是可行的。但如果个体变项较多,用规定个体域的方法就容易引起混乱。因此,在逻辑中,一般不采用规定个体域的方法来建立逻辑公式。

第二种方法是用谓词符号表示命题的主词。例如,把[6-19]中的主词"商品"当作一个谓词,用 Gx 表示:x 是商品,这样[6-19]可以表示如下。

[6-21]$(\forall x)(Gx \to Fx)$

[6-21]可以读作:对任一 x 而言,如果 x 是商品,那么 x 是劳动产品。

这样,全称否定命题,如

[6-22]一切商品都不是劳动产品。

可以用符号表示为

[6-23]$(\forall x)(Gx \to \neg Fx)$

[6-23]可以读作:对任一 x 而言,如果 x 是商品,那么 x 不是劳动产品。这是一个假命题。不过,现在讨论的是如何用符号表示直言命题的问题,真假问题可以暂时撇开。

特称肯定命题,如

[6-24]有商品是劳动产品。

可以用符号表示为

[6-25]$(\exists x)(Gx \land Fx)$

[6-25]是说,存在着是商品又是劳动产品的事物。

特称否定命题,如

[6-26]有商品不是劳动产品。

可以用符号表示为

[6-27]$(\exists x)(Gx \land \neg Fx)$

[6-27]是说,存在着是商品但不是劳动产品的事物。

这样,4 种直言命题形式,即

(1)所有 S 是 P;

(2)所有 S 不是 P;

(3)有 S 是 P;

(4)有 S 不是 P。

在谓词逻辑中,分别表示为

(1)$(\forall x)(Sx \to Px)$;

(2)$(\forall x)(Sx \to \neg Px)$;

(3)$(\exists x)(Sx \land Px)$;

(4)$(\exists x)(Sx \land \neg Px)$。

做以下几点说明。

第一,在传统逻辑中,全称命题的主词对象是假定其存在的,现代谓词逻辑突破了这一局限,因此,全称命题形式应表示为蕴涵式,而不能表示为合取式。假如把 SAP 表示为合取式,将是

[6-28]$(\forall x)(Sx \land Px)$

这一公式是说，S所指称的对象存在，因此，当S所指称的对象不存在时，Sx就不能成立。这显然不符合现代谓词逻辑所理解的SAP的含义。而用蕴涵式表示，则用个体常项取代$Sx \to Px$的x后，即使前件为假，整个蕴涵式仍然为真，这与SAP的含义是一致的。举例如下。

[6-29]凡高考总分在700分以上者入学后均可获得一等奖学金。

即使"高考总分在700分以上者"所指称的对象不存在，[6-29]仍然可以是真的。只有当有人高考在700分以上入学后却没有获得一等奖学金，才能说[6-29]是假的。这些意思在蕴涵式中得到了恰当的体现。

[6-30]不论x为何，若x是高考总分在700分以上者，则x入学后可获得一等奖学金。

进一步用符号表示，即

[6-31]$(\forall x)(Sx \to Px)$

同理，SEP应表示为$(\forall x)(Sx \to \neg Px)$，而不能表示为$(\forall x)(Sx \land \neg Px)$。

第二，特称命题，又称存在命题，如SIP和SOP，它们的命题形式应用合取式来表示，而不能用蕴涵式来表示。这是为什么呢？因为如果用蕴涵式来表示特称命题，就会出现这样的情况：有些明明是荒谬的特称命题，表示为蕴涵式后却成为真命题了。举例如下。

[6-32]有人有一千只手。

在神话世界里，有千手观音。但人不是神，在现实世界，没有人有一千只手，[6-32]显然是一个假命题。如果把它表示为蕴涵式是

[6-33]$(\exists x)(Sx \to Px)$

Sx表示：x是人；Px表示：x有一千只手。[6-33]可以等值置换为

[6-34]$(\exists x)(\neg Sx \lor Px)$

这一公式是说，至少存在一x，它或者不是人，或者有一千只手。这又等于是说，或者至少存在一不是人的东西，或者至少存在有一千只手的东西。这一选言命题无疑是一个真命题，因为它的前一个选言支是非常容易满足成真条件的。由此可见，特称命题不能用蕴涵式来表示。用合取式表示怎样呢？仍以[6-32]为例，把它表示为合取式是

[6-35]$(\exists x)(Sx \land Px)$

[6-35]可以解读为："某某是人并且某某有千只手。"[6-32]是假命题，[6-35]也是假命题，因为[6-35]是个联言命题，在联言命题中，只要有一个联言支是假的，它就是假的。所以，用合取式来表示特称命题是合适的。

第三节　关系命题

关系命题是反映事物之间的关系的命题。举例如下。

[6-36]曹丕和曹植是兄弟。

[6-37]有人欣赏每一件展品。

关系命题是不同于直言命题的另一种类型的命题。直言命题是主谓词命题，它包含一个主词，一个谓词。而一个最简单的关系命题至少得有两个主词和一个谓词。如[6-36]中的"曹丕"和"曹植"就是两个主词，"……和……是兄弟"是一个二元谓词；[6-37]中的"人"和"展品"也都是主词，"……欣赏……"也是一个二元谓词。

一、关系命题的结构成分

关系命题一般包含以下一些成分。

(一)关系词

关系词,用来表示事物之间的关系。在谓词逻辑中,关系词也称作谓词。它是一种多元谓词。如 $R(a,b)$ 表示二元谓词;$S(x,y,z)$ 表示三元谓词;等。

(二)主词

主词,表示关系者,即发生关系的事物。在关系命题形式中,主词一般用个体常项和个体变项两类符号表示。个体常项,表示关系者是特定的个体事物。如 $R(a,b)$ 中的 a 和 b,就是个体常项符号。如果用 a 表示"曹丕";b 表示"曹植",R 表示"……和……是兄弟",那么[6-36]的命题形式就可以表示为 $R(a,b)$。个体变项,表示关系者是某类中非特定的个体。如 $S(x,y,z)$ 中的 x,y,z 就是个体变项符号。

(三)量词

量词,用来表示关系者的数量。和直言命题一样,关系命题的量词,也有全称量词和特称量词。在谓词逻辑中,特称量词通常称为存在量词。关系命题的个体常项不带量词,谓词也不带量词,但个体变项必须给出量的规定,即需带量词。如有两个个体变项,那么需带两个量词。两个量词可以置放在公式前端,如[6-37]可以用符号表示为

[6-38] $(\exists x)(\forall y)(Fx \land Gy \land R(x,y))$

Fx 表示"x 是人",Gy 表示"y 是展品",$R(x,y)$ 表示"x 欣赏 y"。

(四)联结词

联结词,用来表示命题形式诸部分之间的关系。如在[6-38]中,使用了把"Fx"、"Gy"和"R(x,y)"这几个部分联结起来的合取联结词。关系命题形式中使用的联结词和使用方法,同直言命题形式中一样。

二、关系命题的形式

(一)关系命题的不同形式

1.当关系命题的两个主词都是表示特定个体的词项时关系命题的形式

此时关系命题的形式有如下两种。

(1)$R(a,b)$。

(2)$R(b,a)$。

(1)读作:"a 和 b 有 R 关系。"(2)读作:"b 和 a 有 R 关系。"设 a 表示"甲队",b 表示"乙队",R 表示"……打败……",则"甲队打败乙队"具有(1)的形式;"乙队打败甲队"具有(2)的形式。

2.当关系命题的两个主词,有一个表示特定个体的词项,另一个表示某类中非特定个体的词项时,关系命题的形式

此时关系命题有以下 4 种形式。

(1)$(\forall x)(Sx \to R(x,a))$。

表示:所有具有 S 性质的对象和 a 有 R 关系。

(2)$(\forall x)(Sx \to R(a,x))$。

表示:a 和所有 S 有 R 关系。

(3)$(\exists x)(Sx \land R(x,a))$。

表示:有的 S 和 a 有 R 关系。

(4)$(\exists x)(Sx \land R(a,x))$。

表示:a 和有的 S 有 R 关系。

设 S 表示"对手",a 表示"甲队",R 表示"……打败……",则(1)(2)(3)(4)可分别解读如下。

(5)所有对手打败甲队。

(6)甲队打败所有对手。

(7)有的对手打败甲队。

(8)甲队打败有的对手。

3.当关系命题的两个主词是表示不同两类中非特定个体的词项时关系命题的形式

此时关系命题有以下8种形式。

(1)(∀x)(∀y)H(x,y)。

(2)(∀x)(∃y)H(x,y)。

(3)(∃x)(∀y)H(x,y)。

(4)(∃x)(∃y)H(x,y)。

(5)(∀y)(∀x)H(x,y)。

(6)(∀y)(∃x)H(x,y)。

(7)(∃y)(∀x)H(x,y)。

(8)(∃y)(∃x)H(x,y)。

限定 x 为"参观者",y 为"展品",H 表示"……欣赏……",上面8个命题形式可分别解读如下。

(9)每个参观者欣赏每一件展品。

(10)每个参观者欣赏有的展品。

(11)有的参观者欣赏每一件展品。

(12)有的参观者欣赏有的展品。

(13)所有展品,对每个参观者来说,他们都欣赏它们。

(14)所有展品,对有的参观者来说,他欣赏它们。

(15)有的展品,每个参观者都欣赏它。

(16)有的展品,有的参观者欣赏它。

如果不限定个体域,则需将"参观者"和"展品"用个体变项和一元谓词刻画出来。设 F 表示"……是参观者",G 表示"……是展品",H 表示"……欣赏……"。上述8种关系命题可用符号表示如下。

(17)(∀x)(Fx→(∀y)(Gy→H(x,y)))

(18)(∀x)(Fx→(∃y)(Gy∧H(x,y)))

(19)(∃x)(Fx∧(∀y)(Gy→H(x,y)))

(20)(∃x)(Fx∧(∃y)(Gy∧H(x,y)))

(21)(∀y)(Gy→(∀x)(Fx→H(x,y)))

(22)(∀y)(Gy→(∃x)(Fx∧H(x,y)))

(23)(∃y)(Gy∧(∀x)(Fx→H(x,y)))

(24)(∃y)(Gy∧(∃x)(Fx∧H(x,y)))

(二)需注意的问题

准确地理解和应用关系命题形式,要注意以下几点。

第一,关系命题中主词的前后顺序。在有些关系中,发生关系的事物是有一定顺序的。如关系的主动者(称作关系前项)与关系的承受者(称作关系后项)在关系中的地位就不同。老赵打小赵,老赵是打人的,小赵是被打的。用 a 表示"老赵",b 表示"小赵",R 表示"……打……",这一关系命题的形式是 R(a,b),而不能用 R(b,a)来表示。

括号内用逗号分开的两个个体词,逗号前的是关系前项,逗号后的是关系后项。

第二,关系命题中全称量词和存在量词的前后次序也是不能随意颠倒的。"(∃x)(∀y)R(x,y)"蕴涵"(∀y)(∃x)R(x,y)",但是"(∀x)(∃y)R(x,y)"却并不蕴涵"(∃y)(∀x)R(x,y)"。举例如下。

[6-39]有的参观者欣赏所有的展品。

[6-40]所有展品都有参观者欣赏。

当[6-39]真时,[6-40]也一定真。但是,当[6-40]真时,[6-39]却不一定真。换句话说,[6-39]蕴涵[6-40],但[6-40]却不蕴涵[6-39]。

关系命题中的量词,如果都是全称量词,或者都是存在量词,那么次序的变换不会改变命题的真值。也就是说,"$(\forall x)(\forall y)R(x,y)$"等值于"$(\forall y)(\forall x)R(x,y)$","$(\exists x)(\exists y)R(x,y)$"等值于"$(\exists y)(\exists x)R(x,y)$"。举例如下。

[6-41]所有代表赞成全部提案。

[6-41]等值于:

[6-42]全部提案对于所有代表来说都是赞成的。

[6-43]有的代表赞成有的提案。

[6-43]等值于:

[6-44]有的提案对有的代表来说是赞成的。

(三)举例

下面,我们结合实例讨论如何使用个体词、谓词、量词及命题联结词,把日常语言的语句译成逻辑符号表达式。

【实例 6-1】

每个人都有母亲。

解析

若以 F 表示"……是人",上面这句话可表示如下。

[6-45]$(\forall x)(Fx \to x$ 有母亲$)$

现在我们来考虑"x 有母亲"如何译成逻辑符号表达式。"x 有母亲"看似一元谓词,实际上更恰切地理解,应理解为二元谓词,以 R 表示:"……是……的母亲"。因此,"x 有母亲"可以表示为

[6-46]$(\exists y)R(y,x)$

这样,【实例 6-1】可译成如下的逻辑符号表达式。

[6-47]$(\forall x)(Fx \to (\exists y)R(y,x))$

【实例 6-2】

每个大一学生都认识至少一个大二学生。

解析

以 F 表示:"……是大一学生",则上面这个语句可写成如下表达式。

[6-48]$(\forall x)(Fx \to x$ 认识至少一个大二学生$)$

在考虑如何把"x 认识至少一个大二学生",译成逻辑符号表达式之前,我们可以先考虑下面的语句。

李明认识至少一个大二学生。

上面这句话可改写成:有些大二学生是李明所认识的。

以 a 表示"李明",以 S 表示"……是大二学生",以 K 表示"……认识……",则上面这句话可译成:$(\exists y)(Sy \wedge K(a,y))$。

我们把上面这一符号表达式中的"a"换成"x",就可以用来表示"x 认识至少一个大二学生"了。改写后的符号表达式如下。

[6-49]$(\exists y)(Sy \wedge K(x,y))$

这样,【实例 6-2】可以完整地译成如下表达式。

[6-50]$(\forall x)(Fx \to (\exists y)(Sy \wedge K(x,y)))$

【实例 6-3】

有的老师认识每一个学生。

解析

以 T 表示:"……是老师",上面这一语句可写成如下表达式。

[6-51]$(\exists x)(Tx \wedge x$ 认识每一个学生$)$

"x 认识每一个学生"的意思是:每一个学生都是 x 所认识的。

以 S 表示"……是学生",以 K 表示"……认识……",上面这一语句译成如下表达式。

[6-52]$(\forall y)(Sy \rightarrow K(x,y))$

因此,【实例 6-3】可以完整地翻译如下。

[6-53]$(\exists x)(Tx \wedge (\forall y)(Sy \rightarrow K(x,y)))$

【实例 6-4】

每一个大一学生都只认识大二学生。

解析

这个语句可写成如下表达式。

[6-54]$(\forall x)(Fx \rightarrow x$ 只认识大二学生$)$

而"x 只认识大二学生"的意思是:每一个被 x 所认识的人都是大二学生。

这个语句又可写成如下表达式。

[6-55]$(\forall y)(K(x,y) \rightarrow Sy)$

因此,【实例 6-4】可以完整地翻译如下。

[6-56]$(\forall x)(Fx \rightarrow (\forall y)(K(x,y) \rightarrow Sy))$

这里的 F 表示"……是大一学生",S 表示"……是大二学生",K 表示"……认识……"。

【实例 6-5】

每一个大一学生都不认识全部大二学生。

解析

以 F 表示:"……是大一学生",上面这个语句可写成如下表达式。

[6-57]$(\forall x)(Fx \rightarrow x$ 不认识全部大二学生$)$

而"x 不认识全部大二学生",又可写成:至少有一个大二学生是 x 所不认识的。

以 S 表示"……是大二学生",以 K 表示"……认识……",则上面这一语句可写成如下表达式。

[6-58]$(\exists y)(Sy \wedge \neg K(x,y))$

因此,【实例 6-5】可以完整地翻译如下。

[6-59]$(\forall x)(Fx \rightarrow (\exists y)(Sy \wedge \neg K(x,y)))$

【实例 6-6】

人文专业学生都互相认识。

解析

这个语句可写成:每一个人文专业学生都认识全部人文专业学生。

以 F 表示"……是人文专业学生",则上面这个语句可写成如下表达式。

[6-60]$(\forall x)(Fx \rightarrow x$ 认识全部人文专业学生$)$

而"x 认识全部人文专业学生",又可写成如下表达式。

[6-61]$(\forall y)(Fy \rightarrow K(x,y))$

这样,【实例 6-6】的完整的逻辑符号表达式如下。

[6-62]$(\forall x)(Fx \rightarrow (\forall y)(Fy \rightarrow K(x,y)))$

这一符号表达式也可以写成如下形式。

[6-63]$(\forall x)(\forall y)(Fx \wedge Fy \rightarrow K(x,y))$

三、带等词的命题形式

(一) 概述

带等词的命题是一种特殊的关系命题。等词是表示等同关系的词项。设有"a"和"b"两个个体常项指称同一个个体,则我们说,a 和 b 之间具有等同关系。例如,"孙逸仙博士"和"孙中山先生"指称同一个人,因此,我们可以用以下说法。

[6-64] 孙逸仙博士就是孙中山先生。

[6-64] 中的"就是",就是等词。在逻辑上,我们用等同符号"="把两个词项连成一个命题形式,来表示这两个词项指称同一个个体,即

[6-65] $a = b$

若以"a"表示"最小的自然数",以 b 表示"1",[6-65] 可以解读为

[6-66] 最小的自然数就是 1。

"="是意义固定的逻辑符号,是一种谓词常项。它不同于谓词变项符号,其意义可随意解释。使用等词可构成简单的公式,即

[6-67] $a = b, x = y$

表示 a 等于 b,x 等于 y。不等于是对等于关系的一种否定,也就是否定一个等词公式。这记为

[6-68] $\neg (a = b)$ 或 $a \neq b$, $\neg (x = y)$ 或 $x \neq y$

这些称作等词合式公式,简称等词公式。

使用等词公式可以刻画一些量词概念。

[6-69] 至少有一个体。

[6-70] 至少有二个体。

[6-71] 至少有 n 个体。

分别表示如下。

[6-72] $(\exists x_1)(x_1 = x_1)$。

[6-73] $(\exists x_1)(\exists x_2)(x_1 \neq x_2)$。

[6-74] $(\exists x_1)(\exists x_2) \cdots (\exists x_n)(x_1 \neq x_2 \wedge x_2 \neq x_3 \wedge x_1 \neq x_n \wedge \cdots \wedge x_{n-1} \neq x_n)$

[6-75] 至多有一个体。

[6-76] 至多有二个体。

[6-77] 至多有 n 个体。

又可分别表示如下。

[6-78] $(\forall x_1)(\forall x_2)(x_1 = x_2)$。

[6-79] $(\forall x_1)(\forall x_2)(\forall x_3)(x_1 = x_2 \vee x_1 = x_3 \vee x_2 = x_3)$。

[6-80] $(\forall x_1)(\forall x_2) \cdots (\forall x_n)(\forall x_{n+1})(x_1 = x_2 \vee \cdots \vee x_1 = x_{n+1} \vee \cdots \vee x_n = x_{n+1})$

"恰好"的意思是"不多不少正好是……"。"恰好有一个体"的意思是"至少有一个体并且至多有一个体"。举例如下。

[6-81] 恰好有一个体。

[6-82] 恰好有二个体。

[6-83] 恰好有 n 个体。

可分别表示如下。

[6-84] $(\exists x_1)(x_1 = x_1) \wedge (\forall x_1)(\forall x_2)(x_1 = x_2)$。

[6-85] $(\exists x_1)(\exists x_2)(x_1 \neq x_2) \wedge (\forall x_1)(\forall x_2)(\forall x_3)(x_1 = x_2 \vee x_1 = x_3 \vee x_2 = x_3)$。

[6-86]$(\exists x_1)(\exists x_2)\cdots(\exists x_n)(x_1\neq x_2\wedge x_2\neq x_3\wedge x_1\neq x_n\wedge\cdots\wedge x_{n-1}\neq x_n)\wedge(\forall x_1)(\forall x_2)\cdots$ $(\forall x_n)(\forall x_{n+1})(x_1=x_2\vee\cdots\vee x_1=x_{n+1}\vee\cdots\vee x_n=x_{n+1})$。

(二)举例

下面结合实例,说明等词的使用。

【实例6-7】

至少有两个研究生获得光华奖。

解析

这句话可以改写为:至少有两个获得光华奖的研究生。

前面讲过表示"至少有二个体"的表达式如下。

[6-87]$(\exists x_1)(\exists x_2)(x_1\neq x_2)$

现在要刻画的个体是"获得光华奖的研究生",我们可以用一元谓词 F 表示:"……是获得光华奖的研究生",这样,【实例6-7】可以表示如下。

[6-88]$(\exists x_1)(\exists x_2)(Fx_1\wedge Fx_2\wedge x_1\neq x_2)$

【实例6-8】

至多有两个本科生获得一等奖学金。

解析

同样,这句话可以改写为:至多有两个获得一等奖学金的本科生。

表示"至多有二个体"的表达式如下。

[6-89]$(\forall x_1)(\forall x_2)(\forall x_3)(x_1=x_2\vee x_1=x_3\vee x_2=x_3)$

我们用 F 表示:"……是获得一等奖学金的本科生",这样,【实例6-8】可以表示如下。

[6-90]$(\forall x_1)(\forall x_2)(\forall x_3)(Fx_1\wedge Fx_2\wedge Fx_3\rightarrow x_1=x_2\vee x_1=x_3\vee x_2=x_3)$

【实例6-9】

这次去海南考察恰好只有两个人。

解析

这句话可以改写为:恰好有两个人这次去海南考察。

"恰好有二个体"的符号表达式如下。

[6-91]$(\exists x_1)(\exists x_2)(x_1\neq x_2)\wedge(\forall x_1)(\forall x_2)(\forall x_3)(x_1=x_2\vee x_1=x_3\vee x_2=x_3)$

我们用 F 表示:"……是这次去海南考察的人",这样,【实例6-9】可以符号化表达如下。

[6-92]$(\exists x_1)(\exists x_2)(Fx_1\wedge Fx_2\wedge x_1\neq x_2)\wedge(\forall x_1)(\forall x_2)(\forall x_3)(Fx_1\wedge Fx_2\wedge Fx_3\rightarrow x_1=x_2\vee x_1=$ $x_3\vee x_2=x_3)$

第四节 否定式的量化式与量化式的否定式

表示全称命题或存在命题的公式,称为量化式。

一、否定式的量化式

否定式的量化式是这样一种命题形式,它是在否定式的最前端加一量词,而否定词则加在否定式中的主词或谓词之前。举例如下。

[6-93]一切事物都不是尽善尽美的。

用符号表示其形式为

[6-94]$(\forall x)\neg Fx$

这是否定式的全称量化式,其中,F 表示"……是尽善尽美的"。

[6-95]有的东西不是用钱能买到的。

用符号表示其形式为

[6-96]$(\exists x)\neg Fx$

这是否定式的存在量化式,其中,F 表示"……是用钱能买到的"。

[6-97]凡是非正义战争都是不得人心的。

用符号表示其形式为

[6-98]$(\forall x)(\neg Fx \rightarrow \neg Gx)$

这也是否定式的全称量化式,其中,Fx 表示"x 是正义战争",Gx 表示"x 是得人心的"。

[6-99]有些产品是不合格的。

用符号表示其形式为

[6-100]$(\exists x)(Fx \wedge \neg Gx)$

这也是否定式的量化式,其中,Fx 表示"x 是产品",Gx 表示"x 是合格的"。

[6-101]所有的参观者都不欣赏某展品。

用符号表示其形式为

[6-102]$(\forall x)(Tx \rightarrow (\exists y)(Gy \wedge \neg H(x,y)))$

这是带否定词的关系命题的量化式,其中,Tx 表示"x 是参观者",Gy 表示"y 是展品",H 表示"……欣赏……"。

[6-103]有些未成年人不喜欢某些展品。

用符号表示其形式为

[6-104]$(\exists x)(\neg Tx \wedge (\exists y)(Gy \wedge \neg H(x,y)))$

这也是带否定词的关系命题的量化式,其中,Tx 表示"x 是成年人",Gy 表示"y 是展品",H 表示"……喜欢……"。

二、量化式的否定式

与否定式的量化式不同,量化式的否定式则是另一类的命题形式。它是在量化式的最前端加上一个否定词。举例如下。

[6-105]并非一切都是假的。

用符号表示其形式为

[6-106]$\neg (\forall x)Fx$

这是全称量化式的否定式,其中,Fx 表示"x 是假的"。

[6-107]不存在固定不变的东西。

用符号表示其形式为

[6-108]$\neg (\exists x)Fx$

这是存在量化式的否定式,其中,Fx 表示"x 是固定不变的"。

[6-109]并非所有的金属都是固体。

用符号表示其形式为

[6-110]$\neg (\forall x)(Nx \rightarrow Bx)$

这也是全称量化式的否定式,其中,Nx 表示"x 是金属",Bx 表示"x 是固体"。

[6-111]并非有人是天生的文学家。

用符号表示其形式为

[6-112]$\neg (\exists x)(Mx \wedge Nx \wedge Px)$

这也是存在量化式的否定式,其中,Mx 表示"x 是人",Nx 表示"x 是天生的",Px 表示"x 是文学家"。

[6-113]并非所有参观者都不欣赏每一件展品。

用符号表示其形式为

[6-114]¬(∀x)(Tx→(∀y)(Gy→¬H(x,y)))

这是关系命题量化式的否定式,其中,Tx 表示"x 是参观者",Gy 表示"y 是展品",H 表示"……欣赏……"。

[6-115]并非有的展品使得有的参观者喜欢。

用符号表示其形式为

[6-116]¬(∃x)(Gx∧(∃y)(Ty∧H(y,x)))

这也是关系命题量化式的否定式,其中,Gx 表示"x 是展品",Ty 表示"y 是参观者",H 表示"……喜欢……"。

第五节 普遍有效性和可满足性

带量词的公式,是谓词逻辑所考察的命题形式。谓词公式作为一种命题形式,归根到底,总是反映着思维和客观世界的某些关系。如同命题逻辑把它的公式按照真假情况的不同,分为重言式、矛盾式和偶然式一样,谓词逻辑把它的公式也分为三类,分别称为普遍有效式、不可满足式和可满足式。

一、普遍有效式

谓词逻辑里的一个公式是普遍有效的,当且仅当,用任一特定的命题替代其中的命题变项,用任一特定的个体词替代其中的个体变项,用任一特定的谓词替代其中的谓词变项,其结果总是真的。例如,传统逻辑所考察的思维规律:同一律、矛盾律和排中律。在谓词逻辑中,它们分别表示为如下的公式。

[6-117](∀x)(Fx→Fx)

这是同一律。它是说,任一事物,如它是 F,则它是 F。

[6-118]¬(∃x)(Fx∧¬Fx)

这是矛盾律。它是说,不存在某一事物,它是 F 又不是 F。

[6-119](∀x)(Fx∨¬Fx)

这是排中律。它是说,任一事物,它或是 F 或不是 F。

这些谓词公式都是普遍有效式。举例如下。

[6-120](∀x)(Fx→Gx)→(∀x)(Fx→¬¬Gx)

这是直言命题的换质推理。

[6-121]¬(∀x)Fx→(∃x)¬Fx

这是直言命题的对当关系的推理。

[6-122](∀x)(Fx→Gx)∧(∀x)(Gx→Hx)→(∀x)(Fx→Hx)

这是直言三段论的 AAA 式。

以上这些都是正确的推理形式。用谓词公式表示的正确的推理形式,也都是普遍有效式。

二、不可满足式

谓词逻辑的一个公式是不可满足的,当且仅当,不论用什么命题、个体词和谓词替代公式中的相应的变项,其结果总是假的。逻辑的矛盾式就具有这种不可满足的性质。举例如下。

[6-123]（∃x）（Fx∧￢Fx）

它是说，有 x 既是 F 又是非 F，或在一事物上 F 性质和非 F 性质同时存在。这样的 F 是找不到的。普遍有效的否定就是不可满足式。举例如下。

[6-124]（∀x）（Fx→Fx）

这是前面说过的同一律在谓词逻辑中的表达式，是一个普遍有效式，它的否定，即

[6-125]￢（∀x）（Fx→Fx）

或者

[6-126]（∃x）（Fx∧￢Fx）

[6-125]和[6-126]是互相等值的，[6-126]就是前面说过的[6-123]，[6-125]和[6-126]都是不可满足式。

[6-127]（∀x）Fx→Fa

公式[6-127]是说，如果一切事物都是 F，那么，某一特定事物是 F，不论 F 和 a 取什么值，公式[6-127]总是真的。因而它是一个普遍有效的式。它的否定式为

[6-128]￢（（∀x）Fx→Fa）

或者

[6-129]（∀x）（Fx∧￢Fa）

[6-128]和[6-129]是互相等值的。[6-129]是说，一切事物都是 F，而某一事物不是 F，这显然是自相矛盾的。不论 F 和 a 解释成什么，其结果总是假的。也就是说，[6-128]和[6-129]是不可满足的式。

三、可满足式

谓词逻辑里的一个公式是可满足的，当且仅当，至少有一特定的命题，一个特定的个体词和一特定的谓词，将它们替代公式里的相应变项后，其结果是真的。举例如下。

[6-130]p∧q

[6-131]（∀x）Fx

[6-130]是命题逻辑的公式，是偶然式，它同时也是谓词逻辑中的公式，是可满足的。比如，当我们用真的命题替代 p 和 q，其结果就是真的。在公式[6-131]中，当我们用"可分的"替代 F，其结果是真的。因此，也是可满足的。但是，它们并不是普遍有效的。因为当我们用真的命题替代公式[6-130]中的 p，而用假的命题替代其中的 q 时，公式[6-130]就不是真的。同样，当我们用"不变的"替代公式[6-131]中的 F 时，公式[6-131]就不是真的了。

凡普遍有效式都是可满足的，但可满足的并非都是普遍有效的。

✏ 练习题

一、用谓词逻辑公式表示以下命题。

1. 中国学生是刻苦学习的。（C：中国；S：学生；A：刻苦的；L：学习的。）

2. 并非所有导电的金属都是固体。（N：金属；E：导电的；B：固体。）

3. 每一个法律系学生会干部都认识有些大一学生。（F：法律系学生会干部；H：认识；D：大一学生。）

4. 有的大四学生认识每一个大一学生。（T：大四学生；D：大一学生；H：认识。）

5. 这次考试只有两个人优秀。（F：这次考试优秀的人。）

6. 这次排球比赛最少有 3 个队参加。（F：这次排球比赛参加的队。）

7.没有最大的自然数。（提示：可以引进数学符号＞作为谓词常项。）

二、把下面的逻辑符号表达式译成中文。

1.（∀x）（Fx∧Gx→Kx）（F：红花；G：有香味的；K：受人欢迎的。）

2.（∃x）（Fx∧（∃y）（Gy∧H（x,y）））（F：教师；G：棋下得好的学生；H：喜欢。）

3.¬（∃x）（Mx∧Nx∧Px）（M：人；N：才能；P：天生的。）

4.（∃x₁）（∃x₂）（Fx∧Gx∧Hx∧x₁≠x₂）（F：唱歌好；G：跳舞好；H：新闻系学生。）

5.（∀x）（Fx→（∃y）R（y,x））（F：人；R：……是……的父亲。）

6.（∀x）（Tx→（∃y）（Gy∧Sy∧H（x,y）））（T：教师；G：勤奋好学的；S：学生；H：喜欢。）

第六章习题参考答案

第七章 ■ 谓词逻辑（三）

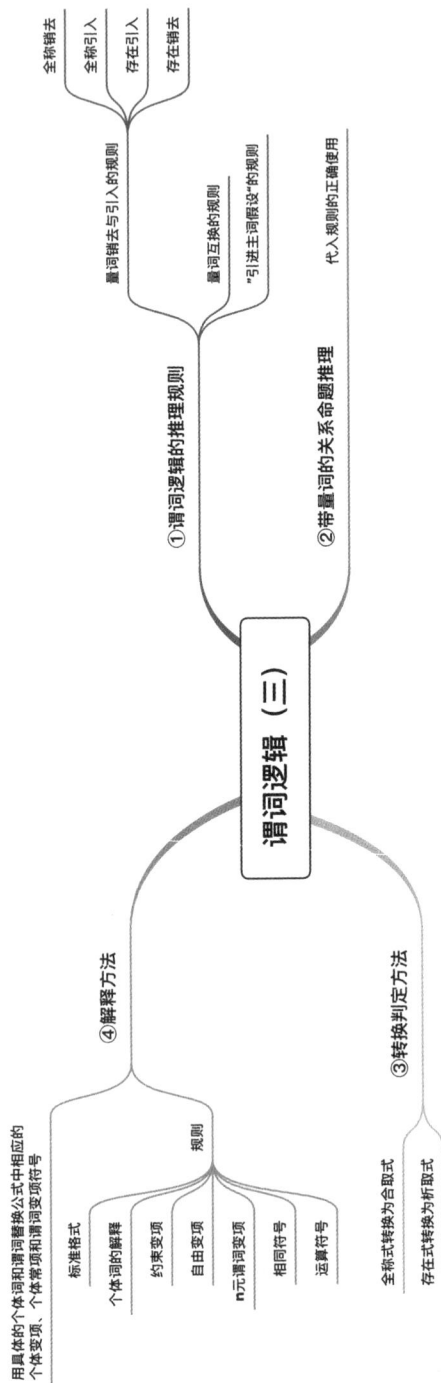

谓词逻辑（三）

①谓词逻辑的推理规则

- **量词销去与引入的规则**
  - 全称销去
  - 全称引入
  - 存在引入
  - 存在销去
- **量词互换的规则**
- **"引进主词假设"的规则**
- **代入规则的正确使用**

②带量词的关系命题推理

④解释方法

- 用具体的个体词和谓词替换公式中相应的个体变项、个体常项和谓词常项和谓词变项符号
- 标准格式
- 个体词的解释
- 约束变项
- 自由变项
- n元谓词变项
- 相同符号
- 运算符号
- 规则

③转换判定方法

- 全称式转换为合取式
- 存在式转换为析取式

126

本章主要介绍谓词逻辑的自然推理。谓词逻辑的自然推理是在命题逻辑的基础上建立起来的。本书第四章所介绍的命题逻辑的所有的推理规则都是谓词逻辑自然推理的规则，另外，还增加有关量词的规则。这也是谓词逻辑推理不同于命题逻辑推理的主要区别。有关命题推理的规则，前面已做过介绍，不再重复。这里要介绍的是谓词逻辑所特有的关于处理量词的规则。

第一节 谓词逻辑的推理规则

谓词逻辑关于量词的规则有四条，即销去全称量词、引入全称量词、销去存在量词和引入存在量词的规则。

一、量词销去与引入的规则

(一)规则 1：全称销去

销去量词的谓词逻辑公式，就可以当作命题逻辑的公式来处理。举例如下。

［7-1］凡是诗人都是富于想象的。

［7-1］可符号化为：Sx 表示"x 是诗人"，Px 表示"x 是富于想象的"。即

［7-2］$(\forall x)(Sx \rightarrow Px)$

销去全称量词，变成

［7-3］$Sx \rightarrow Px$

就可以当作命题逻辑的公式来处理。若再增加前提 Sx 和使用命题逻辑的"肯定前件"规则，就可以建立下面的推理。

［7-4］$Sx \rightarrow Px$

Sx

∴ Px

如果不销去量词，自然无法建立这种推理，因此，销去量词公式中的量词，是谓词逻辑中进行推理的先决条件。

销去全称的规则是：从公式 $(\forall \Delta)A\Delta$，可以推出 $A\gamma$，其中 γ 为任意的个体符号。举例如下。

从 $(\forall x)(Fx \rightarrow Gx)$ 可推出 $Fx \rightarrow Gx$。

从 $(\forall x)(Fx \rightarrow Gx)$ 可推出 $Fa \rightarrow Ga$。

销去全称量词的规则，实际上它本身也是一推理，即从全称推出单称，从断定全域或某对象域所有对象如何如何，可断定该域中某对象如何如何。它又相当于在有某性质或某关系的事物中找一实例，因此，这一规则又被称作全称例示。

一个全称命题在销去全称量词后，将得到一个单称命题，这时，所得到的这个单称命题既可以是一个确定个体的命题，也可以是一个不确定个体的命题。

［7-5］凡是诗人都是富于想象的。

从［7-5］可以推出：李白是富于想象的。

也可以推出：某某诗人是富于想象的。

全称量化式的个例取代，要注意的是当销去全称量词后，量词辖域中受量词约束的个体变项可以用任何个体词（个体变项和个体常项）来替代，但是替代时，必须予以一致的替代，并且要替代该变项的每一次出现；替代得到的变项不得受其他量词所约束，因此，如下的替代是不合法的。

从 $(\forall x)R(x,x)$ 得到 $R(x,y)$。

从 $(\forall x)(Fx \rightarrow Gx)$ 得到 $Fa \rightarrow Gb$。

从($\forall$x)($\exists$y)(Fx↔Fy)得到($\exists$y)(Fy↔Fy)。

利用全称销去规则可以说明以下推理的有效性

【实例7-1】

所有画家都是艺术家；

所有艺术家都是长于形象思维的；

齐白石是画家，

所以，齐白石是长于形象思维的。

解析

令：

Fx：x是画家。

Gx：x是艺术家。

Hx：x是长于形象思维的。

a：齐白石。

上面这一推理的推理形式，可用符号表示如下。

($\forall$x)(Fx→Gx)

($\forall$x)(Gx→Hx)

Fa

∴ Ha

可以给这一推理建立以下形式证明：

(1)($\forall$x)(Fx→Gx)[前提]。

(2)($\forall$x)(Gx→Hx)[前提]。

(3)Fa[前提]。

(4)Fa→Ga[a,(1)全称销去]。

(5)Ga→Ha[a,(2)全称销去]。

(6)Fa→Ha[(4)(5)假言连锁]。

(7)Ha[(3)(6)肯定前件]。

利用全称销去规则，必须注意以下几点。

第一，一个全称量词可以被销去，这一全称量词必须在整个量化式的最前端，否则推理是无效的。举例如下。

[7-6]¬($\forall$x)Fx

对于这一公式，我们不能应用全称销去规则，将其全称量词销去，而得 ¬Fa。因为如果以 Fx 表示"x是美好的"，a表示"西湖"，可得如下推理。

(1)并非一切都是美好的。

(2)并非西湖是美好的。

很显然，(1)是真的，而(2)是假的，这说明推理无效，究其原因就在于错误地应用了全称销去规则。

第二，全称量词的辖域必须达到整个量化式的最末端，否则也会出现无效推理。举例如下。

[7-7]($\forall$x)(Sx→Px)→Pa

对于这一公式，我们也不能应用全称销去规则，而得到如下形式。

[7-8](Sb→Pb)→Pa

因为如果以 Sx 表示"x是人"，Px 表示"x是电影导演"，a 表示"乔丹"，b 表示"谢晋"，可得如下推理。

(1)如果所有人都是电影导演，那么乔丹是电影导演。

(2)如果谢晋是电影导演，那么乔丹是电影导演。

我们知道，乔丹是美国著名的篮球明星，但他并不是电影导演，因此，(1)是真命题，而(2)却是一个假命题。出现这样的无效推理，其原因也是错误地应用全称销去规则。

第三，应用全称销去规则，销去全称量词，并做变项替代时，不能改变原公式中量词的约束关系。举例如下。

［7-9］（∀x）（∃y）¬R（x，y）

对于这一公式，虽然可以应用全称销去规则而销去全称量词，但是在销去全称量词，做变项替代时，不能得到如下形式。

［7-10］（∃y）¬R（y，y）

因为其中的¬R（y，y），它的第一个y在原公式中是不受（∃y）的约束的x，而现在却受（∃y）约束了。如果R表示："……与……是相同的"，则前提和结论可分别解读为如下推理。

（1）任一客体都有客体与自己不相同。

（2）存在客体与自己不相同。

这里的前提是真的，而结论却是假的。

（二）规则2：全称引入

销去量词是为了进行推理，推理最后得到的公式是不带量词的。但实际上带量词的命题做前提的推理得到的结论一般都是带量词的命题。这就要给推理中得到的公式加量词。

全称引入是说，如果从前提集合Γ能推出某个体域任取的某个体有某种性质，则从Γ可推出该个体域任一个体都有该性质。这一规则，也叫全称概括规则。为使这一规则能形式地应用，它被形式地刻画如下。

如Γ推出AΔ，Δ在A中不是带标记的，则Γ可推出（∀Δ）AΔ。

给一公式添加全称量词不是随意的。当我们知道某类中一事物有某种性质时，并不能随意推论该类任一事物都有该性质。例如，不能从"李时珍是药物学家"，推论出"所有古人都是药物学家"。

引入全称规则规定了给得到的公式加全称量词的条件：个体变项Δ不是带标记的。

当一个带全称量词的公式在销去量词后，其中受全称量词约束的个体变项在形式上不受量词约束了。但实际上在我们的头脑中仍对这样的公式有印象，即记得它们原是受全称量词约束的。对于这样的个体变项，我们称它们是不带标记的。含有这样的个体变项的公式，以及由它们得到的公式，称作不加标的公式。对于这些不加标的公式，可以对其中的不带标记的个体变项施全称引入规则，添加全称量词以约束它们。为了具体地说明全称引入规则的使用，让我们看下面这一推理。

【实例7-2】

所有智能动物都是有智慧的；

所有人都是智能动物；

所以，所有人都是有智慧的。

解析

这是一个传统逻辑的直言三段论，它的有效性是显然的。

令：

Sx：x是人。

Mx：x是智能动物。

Px：x是有智慧的。

则这一推理的推导过程可以精确地表述如下。

（1）（∀x）（Mx→Px）［前提］。

（2）（∀x）（Sx→Mx）［前提］。

（3）Mx→Px［x，（1）全称销去］。

（4）Sx→Mx［（2）全称销去］。

（5）Sx→Px［（3）（4）假言连锁］。

(6)(∀x)(Sx→Px)[(5)全称引入]。

在这一推理过程中,由(5)推出(6),其依据就是全称引入规则。这一推理是有效的,说明我们在这一推理过程中使用全称引入规则是正确的。现在我们要探讨:为什么这里使用全称引入规则是正确的?我们看到有这样一个条件,即(5)中的个体变项x是在(3)和(4)中使用全称销去规则时才出现的,这表示个体变项x,是不带标记的,或者说,它的指称完全是任意的。这里的x相当于某某,不是特定的某某,而是任一某某。而这也就是全称命题(∀x)(Sx→Px)的意思,正是在这样的条件下,我们可以使用全称引入规则,添加一个全称量词,从而由(5)推出(6)。

如果无条件地使用全称引入规则,就会导致无效的推理。请看下面这一推理。

(1)(∀x)(Fx→Gx)[前提]。

(2)Fx[假设]。

(3)Fx→Gx[x,(1)全称销去]。

(4)Gx[x,(2)(3)肯定前件]。

(5)(∀x)Gx[(4)全称引入(误用)]。

令:

Fx:x是有奉献精神的人。

Gx:x是高尚的。

那么,上述推理的前提和结论可以解读如下。

凡是有奉献精神的人都是高尚的;

某某是有奉献精神的人,

所以,一切东西都是高尚的。

显然,这不是一个有效的推理。即使两个前提都是真的,而结论却是假的。这说明推理过程中必定是推理规则的使用有误,检查上述推理过程,第3步使用全称销去规则和第4步使用肯定前件规则都是没有问题的,因此问题必定出在第5步不正确地使用了全称引入规则。我们看到在(4)的右边有一个x符号,表示(4)Gx中的x是带标记的,不能对该行施全称引入规则,也就是说,不能得全称结论。为什么(4)Gx中的x是带标记的呢?因为前提(2)Fx中的x不是全称量词销去后得到的x,Fx相当于说"某某是F",这里的"某某"不是任一的个体,而是一种假定,我们假定"某某是有奉献精神的人",对这样的x用加标的办法,其目的就是为了表示它与全称量词销去后得到的x有别。带有标记的行称作加标的行。凡是依据加标的行得到的行也是加标的行。在这一推理过程中,第2行是加标记的,而第4行是由第2行和第3行得到的,所以,第4行也必须加标记。对加标记的行的带标记的个体变项不能施全称引入规则。

(三)规则3:存在引入

带量词命题的推理,有的最后要得到特称命题(存在命题)的结论。这样由推理最后得到的公式要添加存在量词,以表明推理的结论是一存在命题。存在引入规则是说,从知道一个体有某性质,可推出至少存在一个体有某性质。这一规则也叫存在概括规则。它可形式地表示如下。

从 Aα 可推出(∃Δ)AΔ。

下面就是一个需要应用存在引入规则的推理。

【实例7-3】

如果林军是法律系学生,那么,他必修逻辑学;

林军是法律系学生,

所以,有人必修逻辑学。

解析

令:

a:林军。

Fa:a 是人。

Ga:a 是法律系学生。

Ha:a 必修逻辑学。

这个推理的推理形式为

[7-11]Fa∧Ga→Ha

Fa∧Ga

∴(∃x)(Fx∧Hx)

对于这一推理形式可以构造如下的形式证明。

(1)Fa∧Ga→Ha[前提]。

(2)Fa∧Ga[前提]。

(3)Ha[(1)(2)肯定前件]。

(4)Fa[(2)合取化简]。

(5)Fa∧Ha[(3)(4)合取引入]。

(6)(∃x)(Fx∧Hx)[(5)存在引入]。

在这一推理过程中,由(5)推出(6)的依据就是存在引入规则。这一推理的有效性是显然的。

下面这一推理也要使用存在引入规则。

【实例 7-4】

所有的计算机专家都是科技工作者;

赵爱国是知识分子,但不是科技工作者,

所以,有些知识分子不是计算机专家。

解析

令:

Fx:x 是计算机专家。

Gx:x 是科技工作者。

Hx:x 是知识分子。

a:赵爱国。

这一推理的形式证明可建立如下。

(1)(∀x)(Fx→Gx)[前提]。

(2)Ha∧¬Ga[前提]。

(3)Fa→Ga[a,(1)全称销去]。

(4)¬Ga[(2)合取化简]。

(5)¬Fa[(3)(4)否定后件]。

(6)Ha[(2)合取化简]。

(7)Ha∧¬Fa[(5)(6)合取引入]。

(8)(∃x)(Hx∧¬Fx)[(7)存在引入]。

(四)规则 4:存在销去

这是关于销去存在量词的规则,这一规则是说,从知道有事物有某种性质,可推断总有某个个体有该性质。这一规则可形式地表示如下。

从公式(∃Δ)AΔ 可推出 Aα。

其中的 α 为不确定个体的个体词。

我们知道,一个存在命题的谓词公式是说,至少有一个个体具有 A 性质,至于这一个体究竟是哪一个,我们或许并不知道,但是,总可以肯定这一个体是存在的,我们姑且用 α 来代表这一个体,它被假定是那个存在量化式所断定的那个个体,这样我们就可以从一个存在命题的谓词公式得到该命题

形式的个体 α 的替换实例(用 α 替换),这就是存在例示的含义,因此,存在销去规则,也叫存在例示规则。下面这一推理就要用到这一条规则。

【案例 7-5】

所有的相扑运动员都是大力士;

有些人是相扑运动员,

所以,有些人是大力士。

解析

令:

Fx:x 是相扑运动员。

Gx:x 是大力士。

Mx:x 是人。

这一推理的推理形式如下。

[7-12]$(\forall x)(Fx \rightarrow Gx)$

$(\exists x)(Mx \wedge Fx)$

∴$(\exists x)(Mx \wedge Gx)$

对这一推理形式可以构造如下的形式证明。

(1)$(\forall x)(Fx \rightarrow Gx)$[前提]。

(2)$(\exists x)(Mx \wedge Fx)$[前提]。

(3)$Ma \wedge Fa$[a,(2)存在销去]。

(4)$Fa \rightarrow Ga$[a,(1)全称销去]。

(5)Fa[(3)合取化简]。

(6)Ga[(4)(5)肯定前件]。

(7)Ma[(3)合取化简]。

(8)$Ma \wedge Ga$[(6)(7)合取引入]。

(9)$(\exists x)(Mx \wedge Fx)$[(8)存在引入]。

在这一推理过程中,为什么(3)先使用存在销去规则销去前提(2)中的存在量词?这样做是为了避免推理中出现不同的个体词。如果先使用全称销去规则于前提(1),那么当销去前提(2)中的存在量词时,就必须使用与前面已有的个体符号不同的个体符号,那样的话,两个前提中的个体符号不同,也就无法继续推理下去。我们看以下推理。

(1)$(\forall x)(Fx \rightarrow Gx)$[前提]。

(2)$(\exists x)(Mx \wedge Fx)$[前提]。

(3)$Fx \rightarrow Gx$[x,(1)全称销去]。

(4)$Ma \wedge Fa$[a,(2)存在销去]。

推理到(4),也就中止了,无法继续往下推理,这一实例告诉我们,正确地使用存在销去规则,必须受到这样一个限制:当我们使用存在销去规则时,所选用的个体符号不能在推导的先行步骤中出现。如果违背了这一限定,就会导致前提真而结论假的无效推理。举例如下。

(1)$(\exists x)(Fx \wedge Gx)$[前提]。

(2)$(\exists x)(Fx \wedge \neg Gx)$[前提]。

(3)$Fa \wedge Ga$[a,(1)存在销去]。

(4)$Fa \wedge \neg Ga$[a,(2)存在销去(误用)]。

(5)$\neg Ga$[(4)合取化简]。

(6)$Fa \wedge Ga \wedge \neg Ga$[a,(3)(5)合取引入]。

(7)$(\exists x)(Fx \wedge Gx \wedge \neg Gx)$[(6)存在引入]。

令：

Fx：x 是人。

Gx：x 是大学生。

前提(1)可解读为"有些人是大学生"，前提(2)可解读为"有些人不是大学生"，这两个前提无疑都是真命题，而结论解读出来，却是："有些人既是大学生又不是大学生"，这是一个假命题。可见，这一推理不是有效的。检查推理过程，(3)使用存在销去规则于前提(1)，选用的个体符号是 a，因为在此之前，没有出现过 a，因此，这一步使用存在销去规则是正确的。(4)使用存在销去规则于前提(2)时，选用的个体符号也是 a，这就违背了我们上面所述的限定，所以，这一步使用存在销去规则是不正确的。后面之所以得出了矛盾式的结论，就是因为推理过程的第 4 步错误地使用存在销去规则于前提(2)所产生的结果。

二、量词互换的规则

我们在讨论全称量词的销去规则时，曾指出："一个全称量词可以被销去，这一全称量词必须在整个量化式的最前端，否则推理是无效的。"但是，在实际的思维过程中，我们会遇到这样一种情况：作为推理前提的命题是全称命题或特称命题的否定命题，处于这种命题最前端的不是量词，而是否定词，量词则跟在否定词之后。例如，有这样一个推理。

【实例 7-6】

没有优秀的文艺作品是不受群众欢迎的；

长篇小说并非都是受群众欢迎的，

所以，有些长篇小说不是优秀的文艺作品。

解析

令：

Fx：x 是长篇小说。

Gx：x 是受群众欢迎的。

Hx：x 是优秀的文艺作品。

上述推理的前提和结论可以符号化为如下形式。

$[7\text{-}13]$ $(\forall x)(Hx \rightarrow Gx)$

$\neg(\forall x)(Fx \rightarrow Gx)$

$\therefore (\exists x)(Fx \wedge \neg Gx)$

这里的前提题"$\neg(\forall x)(Fx \rightarrow Gx)$"，否定词处于公式的最前端，全称量词跟在否定词之后，如果不能销去量词之前的否定词，使量词处于整个公式的最前端，就无法应用量词销去规则，那么，有什么办法销去量词之前的否定词呢？

让我们先看下面这个存在量化语句。

(1) $(\exists x)(x$ 是固体)。

语句(1)是说："至少有一种东西，而该东西是固体。"这等于否定"任何东西都不是固体"，因此，"$(\exists x)(x$ 是固体)"与"$\neg(\forall x)\neg(x$ 是固体)"是等值的。从这里我们可以得出以下一条规则。

[量词互换规则 1]设有某存在量化式，它的存在量词符号若由左右各加否定号的变项相同的全称量词符号所取代，则取代后的新公式与原公式等值。

让我们再看下面这个全称量化语句。

(2) $(\forall x)(x$ 是可分的)。

语句(2)是说："任何东西都是可分的。"这等于否定"至少有一种东西不是可分的"，因此，"$(\forall x)(x$ 是可分的)"与"$\neg(\exists x)\neg(x$ 是可分的)"是等值的。从这里我们又可以得出一条规则。

[量词互换规则 2]设有某全称量化式，它的全称量词符号若由左右各加否定号的变项相同的存

在量词符号所取代,则取代后的新公式等值于原公式。

根据上述两条规则,再结合使用双否律,我们不难得出如下推理。

"¬(∀x)(x是固体)"与"(∃x)¬(x是固体)"是等值的。

"¬(∃x)(x是固体)"与"(∀x)¬(x是固体)"是等值的。

在这里我们又可以得出两条规则。

[量词互换规则3]一个否定号紧跟一个全称量词符号被一个存在量词符号紧跟一个否定号所取代,取代后的公式等值于原公式。

[量词互换规则4]一个否定号紧跟一个存在量词符号被一个全称量词符号紧跟一个否定号所取代,取代后的公式等值于原公式。

上述4条量词互换规则可以综合表述如下。

设Φ为任意一个公式,α为任意一个个体变项,则由¬(∀α)¬Φ可导出(∃α)Φ;反之,由(∃α)Φ也可导出¬(∀α)¬Φ。

有了"量词互换规则",我们就可以处理量化式前面的否定词了。这样,我们就可以为前面提到的推理的有效性建立形式证明。

(1)(∀x)(Hx→Gx)[前提]。

(2)¬(∀x)(Fx→Gx)[前提]。

(3)(∃x)¬(Fx→Gx)[(2)量词互换]。

(4)¬(Fx→Gx)[x,(3)存在销去]。

(5)¬(¬Fx∨Gx)[(4)蕴析律]。

(6)¬¬Fx∧¬Gx[(5)德摩根律]。

(7)Fx∧¬Gx[(6)双否律]。

(8)Hx→Gx[x,(1)全称销去]。

(9)¬Gx[(7)合取化简]。

(10)¬Hx[(8)(9)否定后件]。

(11)Fx[(7)合取化简]。

(12)Fx∧¬Hx[(10)(11)合取引入]。

(13)(∃x)(Fx∧¬Hx)[(12)存在引入]。

三、"引进主词假设"的规则

由于谓词逻辑的特殊情况,在它的推理和论证中有时还需要用到"引进主词假设"这一条特殊规则。我们在第五章中,讨论过全称命题的主词对象的存在问题。传统逻辑在处理直言命题的直接推理和三段论有些推理形式的时候,实际上已经隐含了"引进主词假设"这条特殊规则,但是没有做出明确的规定。现代逻辑不允许有隐含的规则参与推理和论证的过程,因此,必须做出明确的规定。举例如下。

[7-14](∀x)(Sx→Px)(前提)。

Sx(x,引进主词假设)。

(∃x)(Sx∧Px)(结论)。

这一规则类似于条件证明中的引进假设,但是却有根本的区别。条件证明中的引进假设作为前提之一,仅仅是一种推理的策略而已,它并不是推理结论赖以成立的条件。而引进主词假设作为前提之一,并不是一种推理的策略,它是推理结论赖以成立的一个必要条件,因此,在得出结论时不需要也不能够销去引进的主词假设,否则推理和论证就不是有效的了。这里,我们举一个传统逻辑三段论的例子。

【实例7-7】

所有海豚都是哺乳动物;

所有哺乳动物都是温血动物；

所以，有些温血动物是海豚。

解析

这是传统逻辑三段论第四格的 AAI 式。这一推理的有效性证明就有赖于引进主词假设。

令：

Sx：x 是温血动物。

Mx：x 是哺乳动物。

Px：x 是海豚。

对于上面这一推理可以构造如下的形式证明。

(1)($\forall$x)(Px→Mx)[前提]。

(2)($\forall$x)(Mx→Sx)[前提]。

(3)Px→Mx[x,(1)全称销去]。

(4)Mx→Sx[x,(2)全称销去]。

(5)Px→Sx[(3)(4)假言连锁]。

(6)Px[x,引进主词假设]。

(7)Sx[(5)(6)肯定前件]。

(8)Sx∧Px[(6)(7)合取引入]。

(9)($\exists$x)(Sx∧Px)[(8)存在引入]。

由(8)得出(9)的推理依据是存在引入，为什么不能全称引入，得出全称命题的结论呢？这是因为第 8 行是带有标记的行，所以，不能施全称引入规则于(8)，而只能施存在引入规则，得出特称命题的结论。

这里再举一例。

【实例 7-8】

所有的乌托邦人都是空想主义者；

所以，有些乌托邦人是空想主义者。

解析

这是传统逻辑中直言命题对当关系的推理，这一推理的有效性，同样有赖于引进主词假设。

令：

Sx：x 是乌托邦人。

Px：x 是空想主义者。

上述推理的推理形式可符号化为

[7-15]($\forall$x)(Sx→Px)

∴($\exists$x)(Sx∧Px)

对于这一推理形式的有效性可以构造如下的形式证明。

(1)($\forall$x)(Sx→Px)[前提]。

(2)Sx[x,引进主词假设]。

(3)Sx→Px[x,(1)全称销去]。

(4)Px[(2)(3)肯定前件]。

(5)Sx∧Px[(2)(4)合取引入]。

(6)($\exists$x)(Sx∧Px)[(5)存在引入]。

第二节　带量词的关系命题推理

带量词的关系命题推理，在形式上有别于直言命题的推理，并且是思维中经常使用的一种重要推理形式，所以，专门设了一节来加以讨论。

由于关系命题是多元谓词的，因此，在使用量词规则时，无论是引进量词或者销去量词，都要注意代入规则的正确使用。

第一，在替代原公式中被替代的变项时，要使用相同的个体变项替代原变项的一切出现。举例如下。

[7-16]（∀x）（Fx→（∃y）（Gy∧R（x,y）））

对于公式[7-16]，在销去全称量词时，如果用α替代x，则应得

[7-17]Fα→（∃y）（Gy∧R（α,y））

而不应得

[7-18]Fα→（∃y）（Gy∧R（x,y））

或者

[7-19]Fα→（∃y）（Gy∧R（β,y））

同样，当要引入量词时，替代也应正确进行。举例如下。

[7-20]FΔ∧（∀x）（Gx→R（Δ,x））

对于公式[7-20]，在引入存在量词时，当用变项y替代Δ时，也需对Δ的一切出现都代之以y，从而得到

[7-21]（∃y）（Fy∧（∀x）（Gx→R（y,x）））

第二，在销去全称量词时，所得到的个体词不得受其他量词的约束。举例如下。

[7-22]（∀x）（∃y）R（x,y）

对于公式[7-22]，销去全称量词后不能得到

[7-23]（∃y）R（y,y）

若R表示："……和……是不相同的"，[7-22]可以解读为："任何东西总有别的东西，二者是不相同的。"这是一个真命题。而[7-23]的意思是说："存在一种东西，它同它自己是不相同的。"这不是真命题。可见，由[7-22]得到[7-23]是不正确的。问题就在于在[7-22]中，x只受全称量词"∀x"的约束，而并不受存在量词"（∃y）"的约束，销去全称量词，并用y替代x，这样原来不受存在量词约束的变项，在[7-23]中却变成受存在量词约束了。

下面的替代是允许的。

[7-24]（∃x）（∀y）R（x,y）

在销去存在量词后可以得到

[7-25]（∀y）R（α,y）

再销去全称量词后得到

[7-26]R（α,α）

再引入存在量词得到

[7-27]（∃x）R（x,x）

若个体域确定为人，R代表："……瞧不起……"[7-24]是说："有人瞧不起所有人。"[7-27]是说："有人瞧不起自己。"由[7-24]推出[7-27]是有效的。

根据关于量词的推理规则和命题逻辑的推演规则，如果能够建立起关系推理的形式证明，则可以说明这些关系推理是有效的。举例如下。

【实例7-9】

有参观者欣赏每件展品；

正厅所有的陈列品都是展品，

所以，有参观者欣赏正厅所有陈列品。

解析

令：

Ax:x 是参观者。

By:y 是展品。

Cz:z 是正厅陈列品。

R(x,y):x 欣赏 y。

对于【实例 7-9】的有效性，可以建立如下的形式证明。

(1)(∃x)(Ax∧(∀y)(By→R(x,y)))[前提]。

(2)(∀z)(Cz→Bz)[前提]。

(3)Aa∧(∀y)(By→R(a,y))[a,(1)存在销去]。

(4)Aa[a,(3)合取化简]。

(5)(∀y)[By→R(a,y)][(3)合取化简]。

(6)By→R(a,y)[a,(5)全称销去]。

(7)Cy→By[(2)全称销去]。

(8)Cy→R(a,y)[(6)(7)假言连锁]。

(9)(∀y)(Cy→R(a,y))[(8)全称引入]。

(10)Aa∧(∀y)(Cy→R(a,y))[a,(4)(9)合取引入]。

(11)(∃x)(Ax∧(∀y)(Cy→R(x,y)))[(10)存在引入]。

【实例 7-9】这一种关系推理，是一个前提是关系命题，另一个前提是直言命题。在普通逻辑中，这种关系推理称为混合关系推理，又叫关系三段论。

【实例 7-10】

没有一个人尊重不自重的人；

没有一个人信任他不尊重的人；

所以，一个不受人尊重的人不被任何人信任。

解析

令：

M:⋯⋯是人。

R:⋯⋯尊重⋯⋯

H:⋯⋯信任⋯⋯

对于[7-20]的有效性，可以建立以下的形式证明。

(1)(∀x)(Mx∧¬R(x,x)→(∀y)(My→¬R(y,x)))[前提]。

(2)(∀y)(My→(∀x)(Mx∧¬R(y,x)→¬H(y,x)))[前提]。

(3)Mx∧(∀z)(Mz→¬R(z,x))(假设)。

(4)My(假设)。

(5)(∀z)(Mz→¬R(z,x))[(3)合取化简]。

(6)Mx→¬R(x,x)[x,(5)全称销去]。

(7)Mx[(3)合取化简]。

(8)¬R(x,x)[(6)(7)肯定前件]。

(9)Mx∧¬R(x,x)[(7)(8)合取引入]。

(10)Mx∧¬R(x,x)→(∀y)[My→¬R(y,x)][x,(1)全称销去]。

(11)(∀y)(My→¬R(y,x))[(9)(10)肯定前件]。

(12)My→¬R(y,x)[y,(11)全称销去]。

(13)¬R(y,x)[(4)(12)肯定前件]。

(14)Mx∧¬R(y,x)[(7)(13)合取引入]。

(15)My→(∀x)[Mx∧¬R(y,x)→¬H(y,x)][y,(2)全称销去]。

(16)(∀x)(Mx∧¬R(y,x)→¬H(y,x))[(4)(15)肯定前件]。

(17)Mx∧¬R(y,x)→¬H(y,x)[x,(16)全称销去]。

(18)¬H(y,x)[(14)(17)肯定前件]。

(19)My→¬H(y,x)[(4)—(18)条件证明]。

(20)(∀y)(My→¬H(y,x))[(19)全称引入]。

(21)Mx∧(∀z)(Mz→¬R(z,x))→(∀y)(My→¬H(y,x))[(3)—(20)条件证明]。

(22)(∀x)(Mx∧(∀z)(Mz→¬R(z,x))→(∀y)(My→¬H(y,x)))[(21)全称引入]。

【实例7-10】这一种关系推理,它的前提和结论都是关系命题。虽然推理关系较为复杂,但推理过程的每一步都是严格地按照逻辑的规则建立的。推理的策略是把结论看作双重蕴涵式,并以蕴涵式的前件作为假设前提引入推理过程之中,从而找出推理的突破口。

在谓词逻辑中增加一些表示某种关系的逻辑常项,从而提高谓词逻辑分析某些推理的能力。这些常项包括"="">"等。举例如下。

【实例7-11】

行使诈骗的那个人当时曾在湘江公寓里。如果谁在那湘江公寓里,那么他是在富春市里。如果他当时去珠江了,那么他就不在富春市里。事实上钱靖当时确实是去珠江了,所以,行使诈骗的那个人不是钱靖。

解析

令:

a:行使诈骗的那个人。

b:钱靖。

Fx:x当时曾在湘江公寓里。

Gx:x在富春市里。

Hx:x当时去珠江了。

对于【实例7-11】的有效性可以建立如下形式证明。

(1)Fa(前提)。

(2)(∀x)(Fx→Gx)[前提]。

(3)(∀x)(Hx→¬Gx)[前提]。

(4)Hb[前提]。

(5)Hb→¬Gb[b,(3)全称销去]。

(6)¬Gb[(4)(5)肯定前件]。

(7)Fb→Gb[b,(2)全称销去]。

(8)¬Fb[(6)(7)否定后件]。

(9)a=b(假设)。

(10)¬Fa[(8)(9)等词替换]。

(11)Fa∧¬Fa[(1)(10)合取引入]。

(12)a≠b[(9)—(11)归谬推理]。

由(8)和(9)到(10)的根据是"等词替换",由于a和b指称的是同一个个体,因此,就外延而论,a和b可以互相替换。(9)a=b的否定,可以写作¬(a=b),也可以写作a≠b。

【实例7-12】

任何一条鱼都比任何一条较它小的鱼游得快;

所以,有一条最大的鱼就有一条游得最快的鱼。

解析

令：

Fx:x 是鱼。

S(x,y):x 比 y 游得快。

用符号表示【实例 7-12】的推理形式如下。

$(\forall x)(Fx\rightarrow(\forall y)(Fy\wedge x>y\rightarrow S(x,y)))$

$\therefore(\exists x)(Fx\wedge(\forall y)(Fy\wedge x>y))\rightarrow(\exists x)(Fx\wedge(\forall y)(Fy\wedge S(x,y)))$

对于它的有效性,可建立如下的形式证明。

(1) $(\forall x)(Fx\rightarrow(\forall y)(Fy\wedge x>y\rightarrow S(x,y)))$ [前提]。

(2) $(\exists x)(Fx\wedge(\forall y)(Fy\wedge x>y))$ [假设]。

(3) $(Fa\wedge(\forall y)(Fy\wedge a>y))$ [a,(2)存在销去]。

(4) Fa [(3)合取化简]。

(5) $(\forall y)(Fy\wedge a>y)$ [(3)合取化简]。

(6) $Fa\rightarrow(\forall y)(Fy\wedge a>y\rightarrow S(a,y))$ [a,(1)全称销去]。

(7) $(\forall y)(Fy\wedge a>y\rightarrow S(a,y))$ [(4)(6)肯定前件]。

(8) $Fy\wedge a>y\rightarrow S(a,y)$ [y,(7)全称销去]。

(9) $Fy\wedge a>y$ [y,(5)全称销去]。

(10) S(a,y) [(8)(9)肯定前件]。

(11) Fy [(9)合取化简]。

(12) $Fy\wedge S(a,y)$ [(10)(11)合取引入]。

(13) $(\forall y)(Fy\wedge S(a,y))$ [(12)全称引入]。

(14) $Fa\wedge(\forall y)(Fy\wedge S(a,y))$ [(4)(13)合取引入]。

(15) $(\exists x)(Fx\wedge(\forall y)(Fy\wedge S(x,y)))$ [(14)存在引入]。

(16) $(\exists x)(Fx\wedge(\forall y)(Fy\wedge x>y))\rightarrow(\exists x)(Fx\wedge(\forall y)(Fy\wedge S(x,y)))$ [(2)—(15)条件证明]。

第 13 行之所以能作全称概括,是因为个体变项 y 是不带标记的。

在关系推理中,有时还可以引进一些关系或关系的某些性质,如对称性、反对称性等,作为补充的前提。有些推理,从给予的前提本身无法得到要得的结论。但是,引进这类补充前提后,能使得形式证明得以建立。这里要注意的是,凡补充的前提都应该是众所周知的,确实为真的。请看下例。

【实例 7-13】

围棋甲队的任何人都能战胜围棋乙队的每个人;

所以,围棋乙队的所有人都不能战胜围棋甲队的任何人。

解析

令：

Ax:x 是围棋甲队的人。

Bx:x 是围棋乙队的人。

R(x,y):x 战胜 y。

建立【实例 7-13】的形式证明如下。

(1) $(\forall x)(Ax\rightarrow(\forall y)(By\rightarrow R(x,y)))$ [前提]。

(2) $(\forall x)(\forall y)(R(x,y)\rightarrow\neg R(y,x))$ [补充的前提]。

(3) By [假设]。

(4)Ax[假设]。

(5)Ax→(∀y)(By→R(x,y))[x,(1)全称销去]。

(6)(∀y)(By→R(x,y))[(4)(5)肯定前件]。

(7)By→R(x,y)[y,(6)全称销去]。

(8)R(x,y)[(3)(7)肯定前件]。

(9)(∀y)(R(x,y)→¬R(y,x))[x,(2)全称销去]。

(10)R(x,y)→¬R(y,x)[y,(9)全称销去]。

(11)¬R(y,x)[(8)(10)肯定前件]。

(12)Ax→¬R(y,x)[(4)—(11)条件证明]。

(13)(∀x)(Ax→¬R(y,x))[(12)全称引入]。

(14)By→(∀x)(Ax→¬R(y,x))[(3)—(13)条件证明]。

(15)(∀y)(By→(∀x)(Ax→¬R(y,x)))[(14)全称引入]。

在这一推理中,前提(2)是补充的前提,它对于这一推理来说,是必不可少的。"战胜"是反对称性关系,补充的前提就是鉴于"战胜"的反对称性质所做的陈述。

第三节　转换判定方法

谓词逻辑的正确推理形式是普遍有效的谓词公式。怎样来判定一个谓词公式是否为普遍有效的?用前面所述的形式证明方法可以确定一个谓词公式的普遍有效性,却无法证明一个谓词公式不是普遍有效的,因为没有建立起谓词公式普遍有效性的形式证明,可能是因为推理规则不充分或者推理技巧有欠缺。我们知道,在命题逻辑中,有一个能行的真值表方法来判定一个公式是不是重言式。但是,对于谓词逻辑中的普遍有效式来说,却找不到一个普遍适用的能行方法,即每一步都是按照事先给出的规则所明确规定的并且是有穷步内能够完成的方法。不过在某些情况下,倒还是能行的。比如说,在有穷个体域的情况下,谓词公式可以转换为命题逻辑的公式,普遍有效性问题可以划归为重言式的判定问题,因而可以用真值表方法来解决。具体的转换方法是这样的。

一、全称式转换为合取式

全称式(∀x)Fx表示:一切x都是F。设个体域为{a,b,c,…,k},在这一个体域里,(∀x)Fx等于:a是F,并且b是F,并且c是F……并且k是F。

即:$(∀x)Fx=Fa∧Fb∧Fc∧\cdots∧Fk$。

这一等式的左边是谓词逻辑全称量化式,等式的右边则是命题逻辑的合取式。判定命题逻辑的合取式是否重言式是能行的,因此,在有穷个体域的情况下,判定一个谓词逻辑的全称量化式是否普遍有效是能行的。

二、存在式转换为析取式

存在式(∃x)Fx表示:至少有一x是F。若个体域同样为{a,b,c,…,k},在这一个体域里,(∃x)Fx等于:a是F,或者b是F,或者c是F……或者k是F,即

[7-28]$(∃x)Fx=Fa∨Fb∨Fc∨\cdots∨Fk$

这一等式的左边是谓词逻辑的存在量化式,等式的右边则是命题逻辑的析取式。判定一个命题

逻辑的析取式是否重言式是能行的,因此,在有穷个体域的情况下,判定一个谓词逻辑的存在量化式是否普遍有效是能行的。

这就是转换判定的方法。下面举几个例子,以说明这种方法的应用。

[7-29]$(\forall x)Fx \rightarrow (\exists x)Fx$

可以转换为

[7-30]$Fa \wedge Fb \wedge Fc \wedge \cdots \wedge Fk \rightarrow Fa \vee Fb \vee Fc \vee \cdots \vee Fk$

[7-30]是命题逻辑的重言式,由此就可间接地判定[7-22]是普遍有效式。

[7-31]$(\forall x)Fx \rightarrow (\forall x)Gx$

可以转换为

[7-32]$Fa \wedge Fb \wedge Fc \wedge \cdots \wedge Fk \rightarrow Ga \wedge Gb \wedge Gc \wedge \cdots \wedge Gk$

若 $Fa, Fb, Fc, \cdots, Fk$ 均为真,而 Ga 或 Gb 或 Gc 或……或 Gk 为假,则[7-25]为假,可见,[7-25]不是命题逻辑的重言式,由此就间接地判定了[7-24]不是谓词逻辑的普遍有效式。

第四节　解释方法

在已确定的个体域中,用具体的个体词和谓词去分别替换谓词公式中相应的个体变项、个体常项和谓词变项符号,使公式成为有意义的或真或假的命题,这就叫作解释。举例如下。

[7-33]$(\exists x)Fx$

若确定解释的个体域为人的集合,Fx“x 是诗人”,这样,[7-33]的解释为:有人是诗人。

正确地应用解释方法,应当遵守以下的规则。

[规则1]解释要有标准格式,要清楚地表明以下3个方面。

(1)陈述解释域是哪些对象的集合。

(2)标明个体常项、个体变项、谓词变项及可能有的运算符号的解释。

(3)写出解释得到的命题,指明它的真假。

[7-34]$(\exists x)(Mx \wedge Lx) \wedge Ma \rightarrow La$

以下是公式[7-34]的解释。

(1)解释域:正整数的集合。

(2)谓词和个体词的解释如下。

①Mx:x 是正整数。

②Lx:x 是偶整数。

③a:1。

(3)公式的解释如下。

①$(\exists x)$(x 是正整数并且 x 是偶整数)T。

②1 是正整数 T。

③1 是偶整数 F。

根据算术常识,可以看出①和②是真的,而③是假的。这就证明该公式不是普遍有效式。

[规则2]个体词的解释必须指称解释域中的个体。比如,解释域确定为足球运动员的集合,那么,对个体词的解释就不能用“姚明”或者“王楠”,因为姚明是篮球运动员,他不属于足球运动员的个体域;王楠是乒乓球运动员,也不属于足球运动员的个体域。

[规则3]原公式中的约束变项在该公式的解释中必须保持不变,所有量词也保持不变。

当解释域确定之后,约束变项就是该解释域中的分子,它们已是确定的,无须另做解释,否则就改变了解释域。举例如下。

[7-35]$(\forall x)Fx \rightarrow (\exists x)Fx$

这是普遍有效式,在任何正确的解释下,它都是真的。但如果违反[规则3],就可能对公式[7-31]做出假的解释。

(1)解释域:偶数。

(2)谓词的解释如下。

Fx:x 是可被 2 整除的。

(3)公式的解释如下。

①$(\forall x)$(x 可被 2 整除)T。

②$(\exists x)$(分数可被 2 整除)F。

这一解释是不正确的,它违反了[规则3],因为它对$(\exists x)Fx$中的约束变项 x 做了另外解释,即撇开原定的解释域,而从另外的解释域,即分数的集合中取值。这就导致蕴涵式的前项与后项的约束个体变项的解释域不一致。

在解释中不能去掉原有的量词,否则也会导致不正确的解释。举例如下。

[7-36]$(\forall x)Fx \rightarrow (\exists y)Fy$

这是普遍有效式,只要所做的解释是正确的,就一定可以得到真命题。但是,如果违反[规则3],在解释时去掉量词,那么就可能做出假的解释。

(1)解释域:人的集合。

(2)谓词的解释如下。

Fx:x 是高个子。

Fy:y 是高个子。

(3)公式的解释如下。

x 是高个子→y 是高个子。

在这一解释中,x,y 均为自由变项,可由人的集合中任一个体名称替代它们,因此可有进一步的解释如下。

张三是高个子则李四是高个子。

若张三确是高个子,而李四并不是高个子,在这一情况下,这一解释就不是真的,可是原公式却是普效式,可见这一解释是不正确的,问题就出在解释中去掉了不应当去掉的量词。如果不把量词去掉,公式[7-36]的正确解释应当如下。

如果所有人都是高个子,则某某是高个子。

这是真命题。

[规则4]解释中不得包含自由变项。

这一规则是说,公式中的自由个体变项得加以替代,不能不做解释。在解释中不得包含不确定成分,即不得含有自由变项。举例如下。

[7-37]$(\forall x)(Fx \rightarrow Gx)$

[7-37]的解释如下。

(1)解释域:人的集合。

(2)谓词的解释如下。

Fx:x 是 y 的朋友。

Gx:x 是杭州人。

(3)公式的解释如下。

$(\forall x)$(x 是 y 的朋友→x 是杭州人)。

这一解释是说:凡 y 的朋友都是杭州人。这一解释语句的真假是不确定的。因为在解释中包含了一个不确定成分,即 y,只有确定 y 是谁,这一解释语句才有真假。

　　[规则5]对 n 元谓词变项的解释,一定要用相应的 n 元具体谓词去替代。例如,将 Fx 中的 F 解释为"喜欢"是不恰当的。因为 Fx 中的 F 是一元谓词,而"……喜欢……"却是二元谓词。在[7-29]中,将 Fx 解释为"x 是 y 的朋友",同样也是不符合[规则5]所要求的,因为 Fx 中的 F 是一元谓词,把它解释为"x 是 y 的朋友",这就成了二元谓词。可见,这一解释是不恰当的。

　　[规则6]公式中相同的符号不能做不同的解释,不同的符号不能做相同的解释。如 Fa∧Fb 中的谓词变项符号 F,不能既解释为"……是画家",又解释为"……是音乐家"。对于个体常项符号 a 和 b,如果 a 解释为"齐白石",那么 b 就不能也解释为"齐白石"。

　　[规则7]运算符号的解释必须使得任一用到该运算符号的项的解释都指称解释域中的一个体。换句话说,运算符号的解释要使得运算结果不超出解释域。举例如下。

　　[7-38]$(\forall x)(\forall y)(x+y=y+x)$

　　如果确定集合{1}作为解释域,并把运算符号"＋"解释为算术加法,就会违反[规则7]。因为这样一来,项"1＋1"就指称一个解释域中所没有的对象"2"。也就是说,运算的结果不能指称解释域中的个体。

　　现在我们可以给出一个严格的定义,来定义谓词逻辑公式的解释是怎么一回事。

　　命题 P 是公式 Q 相对于个体域 D 的解释,当且仅当能按以下方式从 Q 得到 P:以对个体域 D 中的个体有意义的谓词和运算符号分别替代 Q 的谓词和运算符号,并且以 D 中个体的专有名称替代 Q 的个体常项或自由变项。

　　有了"解释"这一概念,我们可以运用它来定义普遍有效性、逻辑后承或逻辑蕴涵及一致性。

　　一个公式是普遍有效的,当且仅当它在每一个体域中的每一解释都是真的。这一定义的直观想法是,普遍有效公式应在每一可能世界都是真的。如果它们的真实性仅仅以现实世界的偶然事实为转移,则它们就不是真正普遍有效的。

　　公式 Q 是公式 P 的逻辑后承,当且仅当在每一个体域中,每一使 P 为真的解释,也使 Q 为真。

　　一个与其等价的定义如下。

　　公式 Q 是公式 P 的逻辑后承,当且仅当蕴涵式 P→Q 是普遍有效的。

　　这些定义背后的第二个直观想法是,从一个公式合乎逻辑地得到另一个公式,只靠它们各自的逻辑形式。这实际上是要抽象掉一切具体内容,而只剩下它们的逻辑结构。这是建立逻辑分析的基础的必要。

　　一公式是一致的,当且仅当至少在某一个体域中具有一个真解释。

　　在讨论推理的一组前提的一致性时,我们可以构造它们的合取,得到一个单一的公式。

　　我们还可以运用"解释"概念来定义无效推理的概念。

　　一个推理是无效的,当且仅当在某一个体域中有一解释,使得该推理前提真而结论是假的。例如,有以下推理。

【实例7-14】

金属是导电体;

铜是导电体;

所以,铜是金属。

解析

　　这一推理的前提和结论,无疑都是真的,但这决不意味着推理是有效的。应用解释方法可以清楚地表明这一推理是无效的。

　　应用解释方法,先要构造推理的逻辑形式,即

　　[7-39]$(\forall x)(Fx \rightarrow Gx)$

　　　　　$(\forall x)(Hx \rightarrow Gx)$

　　　　　$\therefore (\forall x)(Hx \rightarrow Fx)$

　　对这一推理形式做解释。

（1）解释域：动物的集合。

（2）谓词的解释如下。

    Fx：x 是羊。

    Gx：x 是四足的。

    Hx：x 是犬。

（3）推理形式的解释如下。

①所有的羊都是四足的（T），

②所有的犬都是四足的（T），

③所有的犬都是羊（F）。

解释的结果表明，前提①和②为真，而结论③是假的。可见，【实例7-14】不是有效的。

练习题

一、为下列推理建立形式证明。

1.白蛇和青蛇咬人，如果它们受惊吓或发怒了；所以，任一白蛇咬人，如果它受惊吓了。

2.所有放射性物质或者寿命短或者具有医学价值，所有放射性铀的同位素不是寿命短的；所以，如果所有铀的同位素是放射性的，那么，所有铀的同位素都有医学价值。

3.青年是富于理想的，富于理想的青年是刻苦用功的；所以，青年是富于理想又刻苦用功的。

4.一切没有价值的都不是商品，空气是没有价值的，空气是有用的；所以，空气是没有价值但有用的非商品。

5.只有不守旧的人是善于创新的，有些善于创新的人不是年轻人；所以，有些不守旧的人不是年轻人。

6.所有的笛子演奏家都是音乐家，有的笛子演奏家是精通民族音乐史的，所有精通民族音乐史的笛子演奏家都是学识渊博的人；所以，有的笛子演奏家是学识渊博的音乐家。

7.所有外交官都是政府官员，有些外交官是能言善辩的，所有能言善辩的外交官是演说家；所以，有些能言善辩的政府官员是演说家。

8.所有有趣的书写得都好，所有写得好的书都是有趣的；所以，所有有趣的或写得好的书都是有趣的且写得好的。

9.凡 A 系学生都比 B 系任一学生刻苦，但并非每一个 A 系学生都比非 A 系的任一学生刻苦；所以，并非每一个人都或者是 A 系学生或者是 B 系学生［个体域确定为（人）］。

二、用转换判定方法判定下列推理不是有效的。

1.所有摩托车手都是勇敢的，张闯是勇敢的；所以，张闯是摩托车手。

2.所有蚂蚁都不是大动物，有些哺乳动物不是大动物；所以，所有蚂蚁不是哺乳动物。

3.所有诗人都是文思敏捷的，有些小说家不是文思敏捷的；所以，小说家不是诗人。

4.有些卡车是货车，所有货车是运输车，所有轿车不是货车；所以，所有轿车不是运输车。

三、应用解释方法证明下列推理无效。

1.政治家必有远见，有些政客也有远见，但不是所有的政客都有远见；所以，政客必定不是政治家。

2.可被 4 整除的整数必定是偶数，16 是偶数；所以，有可被 4 整除的整数存在。

第七章习题参考答案

第八章 ■ 模态逻辑

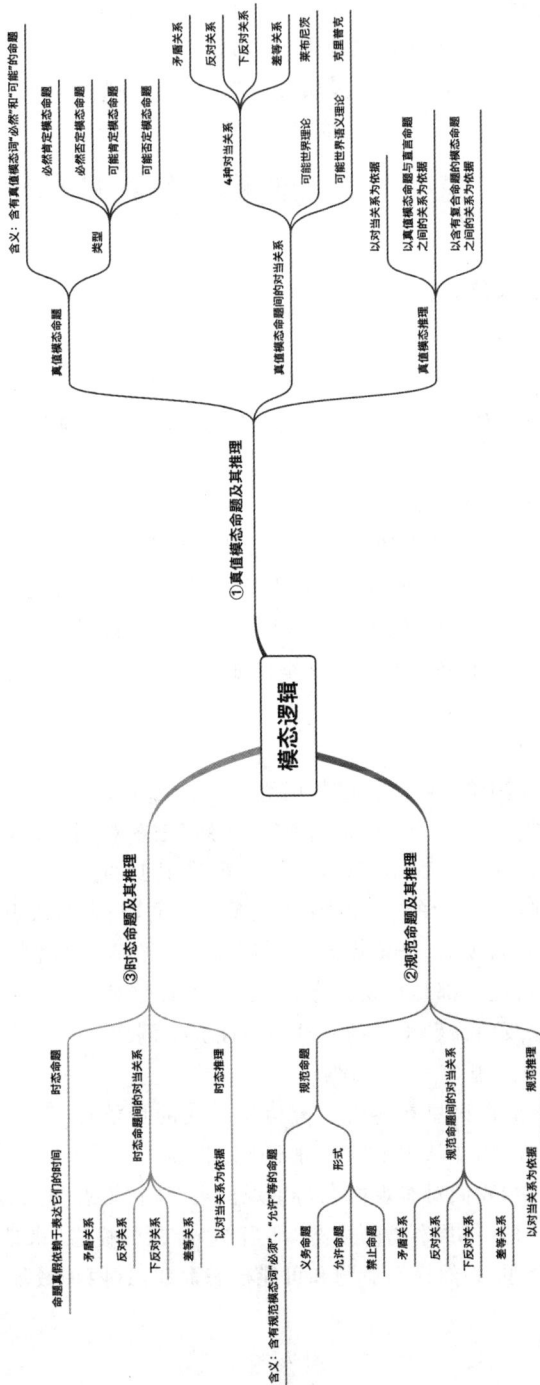

模态逻辑

①真值模态命题及其推理

真值模态命题

含义：含有真值模态词"必然"和"可能"的命题

类型
- 必然肯定模态命题
- 必然否定模态命题
- 可能肯定模态命题
- 可能否定模态命题

真值模态命题间的对当关系

4种对当关系
- 矛盾关系
- 反对关系
- 下反对关系
- 差等关系

可能世界理论
- 莱布尼茨
- 克里普克

真值模态推理

- 以对当关系为依据
- 以含真值模态命题与直言命题之间的关系为依据
- 以含复合命题的模态命题之间的关系为依据

③时态命题及其推理

时态命题

含义：命题真假依赖于表达它们的时间

时态命题间的对当关系
- 矛盾关系
- 反对关系
- 下反对关系
- 差等关系

时态推理
- 以对当关系为依据

②规范命题及其推理

规范命题

含义：含有规范模态词"必须""允许"等的命题

形式
- 义务命题
- 允许命题
- 禁止命题

规范命题间的对当关系
- 矛盾关系
- 反对关系
- 下反对关系
- 差等关系

规范推理
- 以对当关系为依据

"模态"一词是英语"modal"的音译,它同时含有模型、情态的意思,是音译和意译巧妙结合的一个语词。模态词有狭义模态词和广义模态词之分。

狭义模态词就是指反映事物或认识的必然性和可能性这类最基本的模态性的模态词。"必然"和"可能"是狭义模态词,也称真值模态词。

广义模态词是指规范模态词、时间模态词和认知模态词等。"应该""允许"等是规范模态词,"曾经""正在"等是时间模态词,"知道""相信"等是认知模态词。

含有模态词的命题就是模态命题。研究模态命题及其推理的逻辑就是模态逻辑。与模态词有狭义和广义之分相应,模态逻辑也有狭义和广义之分。狭义模态逻辑,也叫真值模态逻辑,它是模态逻辑的基础部分。规范逻辑、时态逻辑和认知逻辑等,都属于广义模态逻辑的范畴。在这一章里,我们将重点介绍真值模态逻辑,同时也涉及规范逻辑和时态逻辑的一些基本内容。

第一节 真值模态命题及其推理

一、什么是真值模态命题

(一)概念

真值模态命题就是含有真值模态词"必然"和"可能"的命题。举例如下。

[8-1]金属遇热必然膨胀。

[8-2]奔小康的目标有可能提前实现。

[8-1]中的"必然"、[8-2]中的"可能"就是真值模态词,因此,这两个命题就叫作真值模态命题。

在日常语言里,人们使用"必然"和"可能"这两个模态词时,其意义不是完全一样的。[8-1]和[8-2]中的"必然"和"可能"是指客观事物本身的一种必然性和可能性,所以,这两个模态词,也叫客观模态词。与客观模态词相对,也有主观模态词。举例如下。

[8-3]小林一定能获得跳水冠军。

[8-4]老赵可能是山东人。

[8-3]中的"一定"和[8-4]中的"可能",也都属于真值模态词。[8-3]中的"一定"与[8-1]中的"必然"相当,但二者是有区别的:上面已说过,[8-1]中的"必然"是客观模态词,是指客观事物本身的一种必然性;而[8-3]中的"一定",则是主观模态词,是指主观认识上的一种确定性。[8-4]中的"可能"与[8-2]中的"可能",也有区别:[8-4]中的"可能"属于主观模态词,是表示认识上的一种不确定性。

模态,还有从物模态与从言模态、逻辑模态与非逻辑模态之别。从物模态,也称事物的模态。上述4例中的"必然""一定""可能",都是从物模态;它是反映命题对象即事物本身的一种模态性;从言模态,也叫命题的模态,它是反映命题本身的一种模态性。举例如下。

[8-5]"火星上有生物"是可能的。

[8-5]中的"可能",并不是指火星在客观上有生物存在的可能性,而是表示人们对"火星上有生物"这一命题本身究竟是否成立,在认识上的一种不确定性。

为了简便起见,在本书中,我们对客观模态与主观模态、从物模态与从言模态、逻辑模态与非逻辑模态,不做严格的区分,并且把一切"事物的模态"都当作"命题的模态"来处理,一律把模态词加在命题的前面。以 p 代表任一命题,必然模态命题和可能模态命题,这两种最基本的模态命题形式,即

必然 p。

可能 p。

(二)类型

在模态逻辑中,通常用符号□表示"必然",用符号◇表示"可能",用字母 p、q、r······表示命题,我们还可以再加入"否定"的符号¬,这样,我们就可以得到下面 4 种真值模态命题。

1. 必然肯定模态命题

其命题形式可表示为:□p。

2. 必然否定模态命题

其命题形式可表示为:□¬p。

3. 可能肯定模态命题

其命题形式可表示为:◇p。

4. 可能否定模态命题

其命题形式可表示为:◇¬p。

(三)举例

德国的逻辑学家莱布尼茨用"可能世界"的观点来解释"必然"与"可能"。可能世界就是人们能想象到的没有逻辑矛盾的世界。现实世界是可能世界中的一个。如果一个命题在所有的可能世界中都成立,就称这个命题是"必然的"。如果一个命题至少在某一个可能世界成立,就称这个命题是"可能的"。我们可以举两个例子来说明。

[8-6]火星上必然有生命或者没有生命。

[8-7]如果李明发挥出色,那么,他获得冠军是可能的。

[8-6]中的命题"火星上有生命"用 p 表示,[8-6]的命题形式可以表示为:□(p∨¬p)。

我们列出这一命题形式的真值表(见表 8-1)。

表 8-1 [8-6]的真值表

p	¬p	p∨¬p	□(p∨¬p)
T	F	T	T
F	T	T	T

T 表示真,F 表示假。表 8-1 告诉我们:p 有真假两种可能情况,不论是真,还是假,p∨¬p 总是真的,所以,□(p∨¬p)是真的。

[8-7]中的命题"李明发挥出色"用 p 表示,"他获得冠军"用 q 表示,则[8-7]的命题形式可表示为:◇(p→q)。

它的真值表如下(见表 8-2)。

表 8-2 [8-7]的真值表

p	q	p→q	◇(p→q)
T	T	T	T
T	F	F	T
F	T	T	T
F	F	T	T

表 8-2 告诉我们:p 和 q 的真假有 4 种可能情况,即真真、真假、假真、假假。p→q 在真真、假真、假假这 3 种可能情况下是真的,所以,◇(p→q)是真的。

这里补充说明一点:我们在前面曾提到有逻辑模态与非逻辑模态之别。在□(p∨¬p)和◇(p→q)中的"必然"和"可能"就属于逻辑模态,非逻辑模态则是指物理的、生物的、哲学的模态等。举例如下。

[8-8]物体在不受外力作用时不可能改变自身的运动状态。

［8-9］一个人不可能长生不老。

［8-10］任何事物都必然是变化发展的。

［8-8］中的"不可能"是物理上的不可能，［8-9］中的"不可能"则是一种生物学上的不可能，而［8-10］中的"必然"则是哲学上的必然性。

逻辑的必然性与物理的、生物的和哲学的必然性，有着不同的性质。否定逻辑上的必然性，就会陷入自相矛盾的境地，即引起逻辑矛盾。举例如下。

［8-11］或者这矛能够戳穿这盾，或者这矛不能够戳穿这盾。

［8-11］在逻辑上是必然真的，否定它，即得到："这矛既能够戳穿这盾，又不能够戳穿这盾。"这是一个逻辑矛盾。而否定物理上、生物学上和哲学上的必然性，并不会导致逻辑矛盾。因为只要设想出现：有不受外力作用亦能改变自身运动状态的物体，有长生不老之人，有不变化发展的事物，这样也就否定了［8-8］、［8-9］、［8-10］。虽然我们相信这种情况是不会出现的，但是，毕竟这设想是可能的。我们知道，逻辑矛盾是不可设想的。比如，我们无法设想"这矛既能够戳穿这盾，又不能够戳穿这盾"将会是怎样的一种情况。

二、真值模态命题间的对当关系

如上所述，真值模态命题有 4 种不同形式，即□p、□¬p、◇p、◇¬p。

（一）4 种模态命题形式之间的对当关系

这 4 种模态命题形式之间的对当关系，即真假关系，有 4 种不同情况。

1. 矛盾关系

在□p 与◇¬p 之间、□¬p 与◇p 之间有矛盾关系，也就是二者不能同真，也不能同假的关系。

如果□p 为真，则◇¬p 为假；如果□p 为假，则◇¬p 为真；如果◇¬p 为真，则□p 为假；如果◇¬p 为假，则□p 为真。

在□¬p 与◇p 之间也有同样的真假关系。

举例如下。

（1）"中国女子排球队必然获胜"与"中国女子排球队可能不获胜"之间就有矛盾关系。如果前者为真，则后者为假；如果前者为假，则后者为真。

（2）"这项科学试验必然不会成功"与"这项科学试验可能会成功"之间也有矛盾关系。二者不会同真，也不会同假。

2. 反对关系

在□p 与□¬p 之间有反对关系，也就是二者不能同真，可能同假的关系。如果□p 为真，则□¬p 为假；如果□¬p 为真，则□p 为假。

但是，如果□p 为假，则□¬p 可真可假；如果□¬p 为假，则□p 可真可假。

举例如下。

"这项工程一定能够提前竣工"与"这项工程一定不能够提前竣工"之间具有反对关系。如果前者为真，则后者为假；如果后者为真，则前者为假。如果前者为假，则后者可真可假；同样，如果后者为假，则前者可真可假。

3. 下反对关系

在◇p 与◇¬p 之间有下反对关系，也就是二者不能同假，可能同真的关系。如果◇p 为假，则◇¬p 为真；如果◇¬p 为假，则◇p 为真。

但是，如果◇p 为真，则◇¬p 可真可假；如果◇¬p 为真，则◇p 可真可假。

举例如下。

"非典疫苗的试制任务今年可能完成"与"非典疫苗的试制任务今年可能完不成"之间具有下反对

关系。如果前者为假,则后者为真;如果后者为假,则前者为真。如果前者为真,后者可真可假;如果后者为真,前者可真可假。

4.差等关系

在□p、◇p、□¬p与◇¬p之间有差等关系,也就是二者可能同真,可能同假的关系。

如果□p为真,则◇p为真;如果◇p为假,则□p为假。但是,如果□p为假,则◇p可真可假;如果◇p为真,则□p可真可假。

在□¬p与◇¬p之间也有同样的真假关系。

举例如下。

"巴西足球队必然获得冠军"与"巴西足球队可能获得冠军"之间有差等关系。如果前者为真,则后者也为真;如果后者为假,则前者也为假。如果前者为假,则后者可真可假;如果后者为真,则前者可真可假。

(二)可能世界理论

在"必然 p"、"必然非 p"、"可能 p"与"可能非 p"这4种模态命题之间为什么存在着如上所述的对当关系? 要想深刻地理解模态命题间的真假关系,我们需要借助于莱布尼茨的可能世界理论来加以说明。

我们先来说明"必然 p"与"可能非 p"之间,"必然非 p"与"可能 p"之间为什么存在"不能同真,不能同假"的矛盾关系。对于任一可能世界,如果命题"p"在其中为真,则"非 p"在其中就不为真;如果"非 p"在其中为真,则"p"在其中就不为真。因此,如果肯定"必然 p",即肯定"p"在任一可能世界中都为真,从而"非 p"在任一可能世界中都不为真,也就是说,"非 p"不是可能的,所以,可以否定"可能非 p"。如果肯定"可能非 p",即肯定至少有一可能世界中"非 p"为真,从而在至少有一可能世界中"p"不为真,也就是说,"p"不是必然的,所以,可以否定"必然 p"。所以,"必然 p"与"可能非 p"之间是一种矛盾关系。同理,可以说明"必然非 p"与"可能 p"之间也是一种矛盾关系。

为什么在"必然 p"与"必然非 p"之间有"不能同真,可能同假"的反对关系? 因为如果同时肯定"必然 p"和"必然非 p",那么,"p"和"非 p"在任一可能世界中就同时为真,但这是不可能的。因此,我们不能同时肯定"必然 p"和"必然非 p",换句话说,"必然 p"和"必然非 p"不会同真。但是,同时否定"必然 p"和"必然非 p"是可能的。因为只要在有的可能世界中"p"不为真,"必然 p"就不为真,即可以否定"必然 p";同样,只要"非 p"在有的可能世界中不为真,"必然非 p"就不为真,即可否定"必然非 p"。所以,"必然 p"与"必然非 p"之间有反对关系。

为什么在"可能 p"与"可能非 p"之间有"不能同假,可能同真"的下反对关系? 因为如果同时否定"可能 p"和"可能非 p",换句话说,如果认为"可能 p"和"可能非 p"同假,那么,"p"和"非 p"在任一可能世界中同时为假,但这也是不可能的。因此,我们不能同时否定"可能 p"和"可能非 p",也即不能认为"可能 p"和"可能非 p"同假。但是,同时肯定"可能 p"和"可能非 p",即认为它们会同真,是可能的。所以,"可能 p"与"可能非 p"之间有下反对关系。

怎样理解"必然 p"与"可能 p"之间,"必然非 p"与"可能非 p"之间有差等关系? 我们先来说明"必然 p"与"可能 p"之间的关系。如果 p 在任一可能世界中都为真,那么,当然 p 至少在一个可能世界中为真。因此,如果肯定"必然 p",也就可以肯定"可能 p",换句话说,"必然 p"真,那么,"可能 p"也真;如果否定"可能 p",那么,也就可以否定"必然 p",换句话说,"可能 p"假,那么,"必然 p"也假。如果 p 在某些可能世界中为真,而在另外一些可能世界中为假,那么,"必然 p"为假,而"可能 p"为真,这就是说,当"必然 p"为假时,"可能 p"不一定为假,也可能为真;反之,当"可能 p"为真时,"必然 p"不一定为真,也可能为假。"必然 p"与"可能 p"之间的这样一种真假关系,就是差等关系。同理,"必然非 p"与"可能非 p"之间也有差等关系。

我们知道了上述4种模态命题之间的真假关系,就可以在语言交际中,尤其是在论辩的场合中,如果一方要否定另一方的必然肯定模态命题,那么,反驳方必须拿出必然否定模态命题或者可能否定模态命题,而可能否定模态命题比较容易成立,所以,选用可能否定模态命题去反驳对方的必然肯定模态命题,是既有力又省力的。例如,我们若要否定"一个人的行为必然都是为己着想的"这样一种观点,就只要提出这样一个命题就行了:"一个人的行为可能并不都是为己着想的。"而要证明自己的论点,只要找到一个实例就够了。比如,我们可以说,孔繁森援藏的所作所为就不能说都是出于自私的考虑。如果我们要否定可能命题,就必须并且只有拿出与之相矛盾的必然命题才行,用其他命题是否定不了的。请看下例。

[8-12]有甲乙两人。

甲说:"我们今天就到书店去一次吧,到明天我们要买的那本书可能被卖掉了。"乙说:"不,不可能被卖掉的。"

第二天,那本书事实上没有被卖掉。据此,乙就说:"看到没有,而你还说它可能会被卖掉呢!"

在这里,乙的反驳是无效的。因为"那本书事实上没有被卖掉"并不是一个必然否定模态命题,它不能否定"那本书可能被卖掉"。只有用必然否定模态命题,即"那本书必然不会被卖掉"才能否定"那本书可能被卖掉",所以,"那本书事实上没有被卖掉"并不能证明"那本书必然不会被卖掉"。

(三)可能世界语义理论

在莱布尼茨的可能世界理论的基础上,美国逻辑学家索尔·克里普克(以下简称克里普克)提出了现代模态逻辑的可能世界语义理论。克里普克在可能世界之间引进了一个相对可能关系。相对于这个世界来说的所有可能世界,并不意味着就是所有的可能世界。明确了这一点,我们在考虑一命题在某一世界中的必然性或可能性时,可以只考虑相对于这个世界来说的那些可能世界。例如有这样一件礼物,其中有一个机器人,手持一条幅,上书"万寿无疆"4 字。那么,相对于这个世界来说,机器人在逐字展示条幅时可能出现的情况,或者叫作可能世界,一共有 4 个,即 W_1 展示出一个"万"字;W_2 展示出"万寿"两个字;W_3 展示出"万寿无"3 个字;W_4 展示出"万寿无疆"4 个字。因此,我们考虑如果要将这一礼物送人是否吉利的必然性或可能性时,只要考虑 W_1、W_2、W_3 和 W_4 这 4 个可能世界就可以了。我们很容易证明送此礼物可能是吉利的,但并非必然是吉利的。如果有人将"万寿无疆"4 个字改写为不同字体的 4 个"寿"字,那么,送此礼物就必然是吉利的了。既然我们所讨论的礼物中有机器人,机器人手持条幅,并且会自动展示,我们把此世界记为 W_0,那么,对于 W_0 来说,礼物中没有机器人,或者虽有机器人,却没有手持条幅,或者虽然手持条幅,但却不会自动展示……都是不可能的世界,可以不予考虑。我们把相对于世界 W 来说,世界 W' 是可能的,简称为 W 可达 W'。可达关系的引进,使得"必然"和"可能"的解释更加精确。

必然命题的精确定义,可以表述如下。

任意命题 A 在某一世界是必然的,当且仅当,A 在 W 的所有可达世界里都是真的。

同样,我们可以得到更为精确的可能命题的定义如下。

命题 A 在某一世界里是可能的,当且仅当,该世界至少有一可达世界,在其中 A 是真的。

从克里普克的理论来看,"必然 p"、"必然非 p"、"可能 p"和"可能非 p"之间的反对关系、下反对关系和差等关系的有效性是有条件的,即必须假定任何一个世界都存在着至少有一个可达世界,换句话说,不可达任何世界的世界是没有的。但这种假定是一种局限性。因为客观上不可达任何世界的世界是存在的。例如,在物理上,存在着不可逆的物理世界。比如,一滴墨水滴入水中,我们把初始状态记为 W_0,这滴墨水在水中不断扩散,溶解于水中,直到完全溶解。我们把终极状态记为 W_K,由于这一过程是不可逆的,所以,相对于墨水的溶解而言,W_K 就是一个不可达任何世界的世界。我们把这种世界称为死点。根据定义可知,任何一个可能命题在死点一定为假;与之相矛盾的必然命题在死点一定为真,也就是说,在死点,一切都是必然的,一切也都是不可能的。因此,模态命题之间的反对关系、下反对关系和差等关系都不再有效,而继续保持有效的只有矛盾关系。

由此可见,莱布尼茨的可能世界理论只是克里普克理论的特殊情况,而克里普克理论则是莱布尼茨理论的推广。

三、真值模态推理

真值模态推理是依据真值模态命题的性质,并以真值模态命题为前提或结论的推理。举例如下。

[8-13]谎言不可能长期骗人;所以,谎言必然不能长期骗人。

[8-14]一个人如果骄傲,就必然会落后;所以,一个人骄傲而不会落后是不可能的。

[8-13]和[8-14]就是真值模态推理。

(一)以真值模态命题间的对当关系为依据的模态推理

依据矛盾关系可得如下推理形式。

$(1)\Box p \leftrightarrow \neg \Diamond \neg p$

$(2)\Diamond p \leftrightarrow \neg \Box \neg p$

$(3)\Box \neg p \leftrightarrow \neg \Diamond p$

$(4)\Diamond \neg p \leftrightarrow \neg \Box p$

依据反对关系可得如下推理形式。

$(5)\Box p \rightarrow \neg \Box \neg p$

$(6)\Box \neg p \rightarrow \neg \Box p$

依据下反对关系可得如下推理形式。

$(7)\neg \Diamond p \rightarrow \Diamond \neg p$

$(8)\neg \Diamond \neg p \rightarrow \Diamond p$

依据差等关系可得如下推理形式。

$(9)\Box p \rightarrow \Diamond p$

$(10)\Box \neg p \rightarrow \Diamond \neg p$

$(11)\neg \Diamond p \rightarrow \neg \Box p$

$(12)\neg \Diamond \neg p \rightarrow \neg \Box \neg p$

以上 12 个推理形式,是传统逻辑依据模态命题之间的对当关系得出的。(1)至(4)是 4 个互推式,即前提可推结论,结论也可反推前提。举例如下。

[8-15]骄傲必然落后。

可以推出"骄傲不可能不落后"。反之,"骄傲不可能不落后"也可以推出"骄傲必然落后"。

[8-16]一个人必然不能拉着自己的头发而离开地球。

可以推出"一个人不可能拉着自己的头发而离开地球"。反之,"一个人不可能拉着自己的头发而离开地球",也可以推出"一个人必然不能拉着自己的头发而离开地球"。

[8-17]试验可能会成功。

可以推出"试验并非必然不会成功"。反之,"试验并非必然不会成功"也可以推出"试验可能会成功"。

[8-18]遇到自然灾害可能不减产。

可以推出"遇到自然灾害并非必然减产"。反之,"遇到自然灾害并非必然减产",也可以推出"遇到自然灾害可能不减产"。

(5)至(12),这 8 个推理式,只能前提推结论,而不能结论推前提。以推理式(9)为例。

[8-19]中国女子足球队必然会获得冠军。

可以推出"中国女子足球队可能会获得冠军"。但是,"中国女子足球队可能会获得冠军",却不能推出"中国女子足球队必然会获得冠军"。

这里我们附带讨论一下"偶然"这一模态概念。"偶然"是多义的。我们对"偶然"做这样的解释:"偶然 p"等值于"可能 p,也可能非 p"。我们说:"小林偶然地犯了一个错误。"这等于是说:"小林可能犯这一错误,也可能不犯这一错误。"如果用"必然"来定义"偶然",可以这样定义:"偶然 p"等值于"并非必然 p,也并非必然非 p"。我们说："李大妈偶然地得了一个头奖。"这等于是说："李大妈并非必然地得头奖,也并非必然地不得头奖。"由此,可以看出:"偶然"既不同于"必然",也不同于"可能"。

(二)以真值模态命题与直言命题之间的关系为依据的模态推理

在必然肯定命题与直言肯定命题、直言肯定命题与可能肯定命题之间有差等关系;同样,在必然否定命题与直言否定命题、直言否定命题与可能否定命题之间也有差等关系。据此,可得如下推理式。

(1)□p→p

(2)□¬p→¬p

(3)p→◇p

(4)¬p→◇¬p

举例如下。

[8-20]事物之间必然有联系。

可以推出"事物之间有联系"。

[8-21]社会主义现代化建设是会成功的。

可以推出"社会主义现代化建设可能是会成功的"。

[8-22]认识必然不会停滞在一个水平上。

可以推出"认识不会停滞在一个水平上"。

[8-23]甲队没有获得冠军。

可以推出"甲队可能没有获得冠军"。

由上面 4 个推理式,我们可以看出:由必然命题可以推出实然命题,由实然命题可以推出可能命题。但是,由可能命题不能推出实然命题,由实然命题不能推出必然命题。例如,由"杭州百货大楼可能有新款式的康佳彩电出售",推不出"杭州百货大楼有新款式的康佳彩电出售"。由"竺红取得 100 米决赛的冠军",推不出"竺红必然取得 100 米决赛的冠军"。

对于上述这 4 个推理式,我们还可以做这样的语义解释。

(1)可以解释为:"凡是具有必然性的都具有现实性。"(2)可以解释为:"凡具有现实性的都具有可能性。"

(三)以含有复合命题的模态命题之间的关系为依据的模态推理

含有复合命题的模态命题之间,有的具有等值关系,有的具有蕴涵关系。比如,"必然(如果 p 那么 q)"与"不可能(p 并且非 q)"、"必然(p 并且 q)"与"必然 p 并且必然 q"、"可能(p 或者 q)"与"可能 p 或者可能 q"之间存在着等值关系;"必然 p 或者必然 q"与"必然(p 或者 q)"、"可能(p 并且 q)"与"可能 p 并且可能 q"、"必然(p 并且 q)"与"必然 p"、"必然 p 并且必然 q"与"必然 p"、"可能(p 并且 q)"与"可能 p"、"可能 p 并且可能 q"与"可能 p"之间存在着蕴涵关系。据此,可以得到如下推理式。

(1)□(p→q)↔¬◇(p∧¬q)

(2)□(p∧q)↔□p∧□q

(3)◇(p∨q)↔◇p∨◇q

(4)□p∨□q→□(p∨q)

(5)◇(p∧q)→◇p∧◇q

(6)□(p∧q)→□p

(7)□p∧□q→□p

(8)◇(p∧q)→◇p

(9)◇p∧◇q→◇p

公式(1)(2)(3)是 3 个互推式,前提可推结论,结论也可反推前提。举例如下。

[8-24]如果要实现现代化,就要大力发展教育事业,就是必然的。

可以推出"要实现现代化,而不大力发展教育事业,这是不可能的"。反之,"要实现现代化,而不大力发展教育事业,这是不可能的",可以推出"如果要实现现代化,就要大力发展教育事业,就是必然的"。

[8-25]世界是物质的并且是运动的,这是必然的。

可以推出"世界必然是物质的并且必然是运动的"。反之,"世界必然是物质的并且必然是运动的",可以推出"世界是物质的并且是运动的,这是必然的"。

[8-26]有的科学家是诗人或者是画家,这是可能的。

可以推出"有的科学家可能是诗人或者有的科学家可能是画家"。反之,"有的科学家可能是诗人或者有的科学家可能是画家",可能推出"有的科学家是诗人或者是画家,这是可能的"。

公式(4)到(9),这6个推理式,只能前提推结论,但不能结论推前提。以(4)、(5)为例。

[8-27]有些星球必然是行星或者有些星球必然不是行星。

可以推出"有些星球是行星或者有些星球不是行星,这是必然的"。但是,"有些星球是行星或者有些星球不是行星,这是必然的",却推不出"有些星球必然是行星或者有些星球必然不是行星"。

[8-28]既要治理整顿,又要开放搞活,这是可能的。

可以推出"要治理整顿是可能的,要开放搞活也是可能的"。但是,"要治理整顿是可能的,要开放搞活也是可能的",却推不出"既要治理整顿,又要开放搞活,这是可能的"。

第二节 规范命题及其推理

一、什么是规范命题

模态词"必须""允许"等,叫作规范模态词。含有规范模态词的命题叫作规范命题。举例如下。

[8-29]领导干部必须以身作则。

[8-30]允许开办私营企业。

[8-29]和[8-30]就是规范命题。规范命题总是表达着人们一定的行为规范,如道德规范或法律规范等,并以规范的形式控制或影响人们的行为,正因为此,被称为规范命题。也有人称规范命题为道义命题。规范命题有3种基本的形式。

(一)义务命题

义务命题陈述根据某种道德的或法律的规范必须履行或实现的行动或事件状态。在自然语言中,"必须""应该""一定要""有……的义务"等常表达义务概念,因此,含有这些语词的命题大都是义务命题。例如:

[8-31]公民必须遵纪守法。

[8-32]教师应当为人师表。

[8-33]学生一定要认真学习科学文化知识。

[8-34]夫妻双方有计划生育的义务。

[8-31]到[8-34]都是义务命题。凡是伦理学和法律中有关义务的规定,都可以表达为义务命题。用大写字母O表示"义务模态词",义务命题的命题形式可表示为Op。

(二)允许命题

允许命题陈述依据某种道德的或法律的规范可以履行或实现的行动或事件状态。在自然语言中,"可以""允许""准予""有权"等常表达允许概念,因此含有这些语词的命题大都是允许命题。举例如下。

[8-35]老年人丧偶可以再婚。

[8-36]允许公民信教自由。

[8-37]被告人有权获得辩护。

[8-38]如夫妻感情已破裂,准予离婚。

[8-35]到[8-38]都是允许命题。凡是由法律条文明确规定的权利都是被允许的,因此,表达权利的命题都是允许命题。用大写字母 P 表示"允许模态词",允许命题的命题形式可表示为 Pp。

(三)禁止命题

禁止命题陈述依据某种道德的或法律的规范禁止履行或实现的行动或事件状态。在自然语言中,"禁止""不准""不得""不许""无权"等常表达禁止概念。因此含有这些语词的命题大都是禁止命题。举例如下。

[8-39]禁止随地吐痰。

[8-40]公共场所,不准吸烟。

[8-41]对被告的上诉权,不得以任何形式加以剥夺。

[8-42]不许打人和骂人。

[8-39]到[8-42]都是禁止命题。凡是违反道德的或者法律的规范的行为,都是禁止的,因此经常用禁止命题来限制这些行为。用大写字母 F 表示"禁止模态词",禁止命题的命题形式可表示为 Fp。

二、规范命题间的对当关系

规范命题间的真假关系,同真值模态命题间的关系一样,也存在着对当关系。

(一)矛盾关系

在"Op"与"P¬p"、"Fp"与"Pp"之间有矛盾关系,即不能同真,也不能同假的关系。举例如下。

"必须保护公民权益"真,则"允许不保护公民权益"为假;"允许随地吐痰"假,则"禁止随地吐痰"为真。

(二)反对关系

在"Op"与"Fp"之间有反对关系,即不能同真,但可能同假的关系。举例如下。

"必须为政清廉"真,则"禁止为政清廉"为假;"公共场所,禁止吸烟"真,则"公共场所,必须吸烟"为假。"必须人人穿唐装"假,"禁止人人穿唐装"也假。

(三)下反对关系

在"Pp"与"P¬p"之间有下反对关系,即不能同假,但可能同真。举例如下。

"允许随地大小便"假,则"允许不随地大小便"为真。"允许不履行合同"假,则"允许履行合同"为真。"允许喝咖啡"真,"允许不喝咖啡"也真。

(四)差等关系

在"Op"与"Pp"、"Fp"与"P¬p"之间有差等关系,即可能同真,可能同假的关系。举例如下。

"必须关心下一代的成长"真,则"允许关心下一代的成长"为真;"允许不实事求是"假,则"禁止实事求是"为假。

三、规范推理

规范推理是根据规范模态词的逻辑性质,并以规范命题为前提或结论的推理。根据规范命题间的对当关系,就可以进行规范推理。

依据矛盾关系可得如下推理形式。

(1) Op ↔ P ¬ p

(2) Fp ↔ Pp

(3) Pp ↔ ¬ Fp

(4) P ¬ p ↔ ¬ Op

依据反对关系可得如下推理形式。

(5) Op → ¬ Fp

(6) Fp → ¬ Op

依据下反对关系可得如下推理形式。

(7) ¬ Pp → P ¬ p

(8) ¬ P ¬ p → Pp

依据差等关系可得如下推理形式。

(9) Op → Pp

(10) Fp → P ¬ p

(11) ¬ Pp → ¬ Op

(12) ¬ P ¬ p → ¬ Fp

公式(1)到(4),这四个是互推理式,即前提可以推结论,结论也可以推前提。举例如下。

[8-43]应该尊敬老人。

可以推出"不允许不尊敬老人"。反之,"不允许不尊敬老人"也可以推出"应该尊敬老人"。

[8-44]禁止虐待老人。

可以推出"不允许虐待老人"。反之,"不允许虐待老人"也可以推出"禁止虐待老人"。

[8-45]允许寡妇改嫁。

可以推出"不禁止寡妇改嫁"。反之,"不禁止寡妇改嫁"也可以推出"允许寡妇改嫁"。

[8-46]允许不信教。

可以推出"并非必须信教"。反之,"并非必须信教"也可以推出"允许不信教"。

公式(5)到(12),这8个推理式,只能前提推结论,不能结论推前提。以(9)(10)为例。

[8-47]公民都有保护国家财产的义务。

可以推出"允许公民保护国家财产"。但是,"每个当事人都有权上诉"推不出"每个当事人都必须上诉"。

[8-48]不准在阅览室内大声喧哗。

可以推出"允许在阅览室内不大声喧哗"。但是,"允许公民不信教",推不出"禁止公民信教"。

第三节　时态命题及其推理

一、时态命题

20世纪60年代以来,西方的一些逻辑学家从英语等语言的动词时态形式出发,研究含有时态词的命题及其推理,从而建立了时态逻辑。汉语动词没有时态形式。汉语是用特定的语汇来表示动作的各种不同的时间关系的,如用时间词、时间副词和时间助词等。因此,在汉语中也就有相应的时态语句和含这种语句的推理。

我们先来考察下列4个语句。

[8-49]一切有理数都是实数。

[8-50]真理是客观的。

[8-51]中华人民共和国成立于1949年10月1日。

[8-52]杭州昨天下了雷阵雨。

[8-49]和[8-50]不包含时间因素,这些命题的真假与说出它们的时间无关。如果它们是真命题,那么,不论在什么时间,是过去、现在还是将来说出它们,它们总是真的。这类命题不传达关于表达者和所描述的事件之间的时间关系的任何信息,我们把这类命题称作非时间性命题。与[8-49]和[8-50]不同,[8-51]和[8-52]都含有标示时间的词项,如[8-51]中的"1949年10月1日"、[8-52]中的"昨天",但是,二者是有区别的。像[8-51]这类命题,虽然包含时间词项,但是它们的真假与表达它们的时间无关,因此可以看作时间确定的。而像[8-52]这类命题所包含的时间词项"昨天",它所指称的时间是不确定的,这类命题的真假是依赖于表达它们的时间的,因此它们是时间不确定的命题,我们把这类命题称作时态命题。

说出时态命题的时间称为原点,或者说基本参考点。只有确定了基本参考点,才能确定时态命题的真假。举例如下。

[8-53]明天杭州市区最高气温仍在38～39℃(本气象信息由杭州市气象台2004年7月22日16时提供)。

[8-53]中的"2004年7月22日16时"就是提出"明天杭州市区最高气温仍在38～39℃"这一时态命题的基本参考点,只有确定了这一基本参考点,才能确定这一时态命题的真假。否则这一气象预报就无所谓准还是不准的。

在日常语言中有三种基本时态,即过去时态、现在时态和将来时态。举例如下。

[8-54]李明曾经在杭州大学读过书。

[8-55]杭州湾大桥正在进行建设。

[8-56]"嫦娥一号"绕月卫星将发射升空。

[8-54]说的是过去发生的事情,[8-55]说的是现在正在发生的事情,[8-56]说的是将来要发生的事情。我们用符号"P""T""F",分别表示"过去""现在""将来"这3个时态词项,那么,[8-54]、[8-55]、[8-56]这3个命题的形式可分别表示为:Pp、Tq、Fr。

时间,还有时点与时段的区别。请比较下面这两个语句。

[8-57]王强曾经在北京工作了一年。

[8-58]林敏过去一直住在宁波。

[8-57]和[8-58]都是过去时态,但是,二者的意思却有明显的区别。[8-57]说的是过去的一个"时点"所发生的事情;而[8-58]说的是过去这一"时段"所发生的事情。

同样,将来时态语句也有时点与时段的区别。举例如下。

[8-59]小金将于2005年去英国留学。

[8-60]小钱将永远定居英国。

[8-59]说的是将来的一个"时点"所要发生的事情;[8-60]说的是将来这一"时段"所要发生的事情。

我们用符号"H"表示"过去时点",用符号"A"表示"过去时段",用符号"F"表示"将来时点",用符号"G"表示"将来时段",用符号"T"表示"现在"。因为"过去""将来"都是相对于"现在"而言的,所以,在时态逻辑中,常常把"现在"时态的符号"T"省略。有了这些符号,我们就可以刻画上面[8-57]到[8-60]这几个时态命题。

[8-57]可用符号表示为Hp。

p代表一个简单命题(下同),上面这一命题形式的意思是说,p在现在时点t之前的一个时点是真的。

[8-58]可用符号表示为Ap。

意思是说,p在现在时点t之前的时段里总是真的。

[8-59]可用符号表示为Fp。

意思是说,p 在现在时点 t 之后的一个时点是真的。

[8-60]可用符号表示为 Gp。

意思是说,p 在现在时点 t 之后的时段里总是真的。

二、时态命题间的对当关系

（一）Ap、A¬p、Hp 和 H¬p 之间存在的对当关系

1. 矛盾关系

在 Ap 与 H¬p,A¬p 与 Hp 之间有矛盾关系,即不能同真、不能同假的关系。

2. 反对关系

在 Ap 与 A¬p 之间有反对关系,即不能同真、可能同假的关系。

3. 下反对关系

在 Hp 与 H¬p 之间有下反对关系,即不能同假、可能同真的关系。

4. 差等关系

在 Ap 与 Hp,A¬p 与 H¬p 之间有差等关系,即可能同真、可能同假的关系。

（二）Gp、G¬p、Fp 和 F¬p 之间也存在的对当关系

1. 矛盾关系

在 Gp 与 F¬p,G¬p 与 Fp 之间有矛盾关系,即不能同真、不能同假的关系。

2. 反对关系

在 Gp 与 G¬p 之间有反对关系,即不能同真、可能同假的关系。

3. 下反对关系

在 Fp 与 F¬p 之间有下反对关系,即不能同假、可能同真的关系。

4. 差等关系

在 Gp 与 Fp,G¬p 与 F¬p 之间有差等关系,即可能同真、可能同假的关系。

三、时态推理

时态推理就是根据时态的逻辑性质,并以时态命题为前提或结论的推理。

（一）根据时态命题 Ap、A¬p、Hp 和 H¬p 间的对当关系可得推理式

根据矛盾关系可得如下推理式。

(1)Ap↔¬H¬p

(2)A¬p↔¬Hp

(3)Hp↔¬A¬p

(4)H¬p↔¬Ap

根据反对关系可得如下推理式。

(5)Ap→¬A¬p

(6)A¬p→¬Ap

根据下反对关系可得如下推理式。

(7)¬Hp→H¬p

(8)¬H¬p→Hp

根据差等关系可得如下推理式。

(9)Ap→Hp

(10)A¬p→H¬p

(11)¬Hp→¬Ap

(12)¬H¬p→¬A¬p

(1)到(4),是4个互推式,即前提可推结论,反之,结论可推前提。举例如下。

[8-61]老李过去身体一直很好。

可以推出"并非老李过去身体某个时候不是很好"。反之,"并非老李过去身体某个时候不是很好",可以推出"老李过去身体一直很好"。

[8-62]王大妈过去一直没有获得过大奖。

可以推出"并非王大妈过去某个时候获得过大奖"。反之,"并非王大妈过去某个时候获得过大奖",可以推出"王大妈过去一直没有获得过大奖"。

[8-63]小林过去某个时候受过骗。

可以推出"并非小林过去一直没有受过骗"。反之,"并非小林过去一直没有受过骗",可以推出"小林过去某个时候受过骗"。

[8-64]老赵过去某个时候没有在宁波工作。

可以推出"并非老赵过去一直在宁波工作"。反之,"并非老赵过去一直在宁波工作",可以推出"老赵过去某个时候没有在宁波工作"。

(5)到(12),这8个推理式,只能前提推结论,不能结论推前提。以(5)和(9)这两个推理式为例。

[8-65]老陈过去一直认真工作。

可以推出"并非老陈过去一直不认真工作"。但是,"并非老陈过去一直不认真工作",推不出"老陈过去一直认真工作"。

[8-66]李大爷过去一直在农场干活。

可以推出"李大爷过去某个时候在农场干活"。但是,"李大爷过去某个时候在农场干活",推不出"李大爷过去一直在农场干活"。

(二)根据 Gp、G¬p、Fp 和 F¬p 之间的对当关系可得的推理式

根据矛盾关系可得如下推理式。

(1)Gp↔¬F¬p

(2)G¬p↔¬Fp

(3)Fp↔¬G¬p

(4)F¬p↔¬Gp

根据反对关系可得如下推理式。

(5)Gp→¬G¬p

(6)G¬p→¬Gp

根据下反对关系可得如下推理式。

(7)¬Fp→F¬p

(8)¬F¬p→Fp

根据差等关系可得如下推理式。

(9)Gp→Fp

(10)G¬p→F¬p

(11)¬Fp→¬Gp

(12)¬F¬p→¬G¬p

(1)到(4),这4个是互推式,即前提可推结论,反之,结论可推前提。举例如下。

[8-67]我国将永远不称霸。

可以推出"并非我国将在某个时候称霸"。反之,"并非我国将在某个时候称霸",可以推出"我国

将永远不称霸"。

[8-68]中国男子足球队将捧得冠军奖杯。

可以推出"并非中国男子足球队将永远得不到冠军奖杯"。反之,"并非中国男子足球队将永远得不到冠军奖杯"可以推出"中国男子足球队将捧得冠军奖杯"。

(5)到(12),这 8 个推理式,只能前提推结论,不能结论推前提。以(9)为例。

[8-69]中国将永远坚持独立自主的外交政策。

可以推出"中国将坚持独立自主的外交政策"。但是,"中国将坚持独立自主的外交政策"推不出"中国将永远坚持独立自主的外交政策"。

✏ 练习题

一、从下列各题的 5 个备选项中选择 1 个正确的答案,并做出简要的分析。

1. 不可能所有的花都结果。

以下哪项断定的含义,与上述断定最为接近?

A. 可能所有的花都不结果。

B. 可能有的花不结果。

C. 可能有的花结果。

D. 必然所有的花都不结果。

E. 必然有的花不结果。

2. 美国前总统林肯说过:"最高明的骗子,可能在某个时刻欺骗所有的人,也可能在所有的时刻欺骗某些人,但不可能在所有的时刻欺骗所有的人。"

如果林肯的上述话是真的,那么下述哪项断定必定是假的?

A. 林肯可能在某一时刻受骗。

B. 林肯可能在某一时刻不受骗。

C. 不存在某一时刻所有的人必然不受骗。

D. 不存在某一时刻有人可能不受骗。

E. 骗人的人也可能在某一时刻受骗。

3. 已知以下 4 个命题。

(1)或者甲考上大学,或者乙考上大学。

(2)并非甲必然考上大学。

(3)乙考上了大学。

(4)并非甲可能没考上大学。

如果这 4 个命题,有两个是真的,有两个是假的,那么下面哪一个选项可以从上述条件推出?

A. 甲和乙都考上了大学。

B. 甲考上了大学,乙却没考上。

C. 甲和乙都没考上。

D. 乙考上了,甲却没考上。

E. 无法确定。

4. 一份犯罪调研报告揭示:某市近 3 年的严重刑事犯罪案件 60％皆为已记录在案的 350 名惯犯所为。报告同时揭示:严重刑事案件的半数以上作案者同时是吸毒者。

如果上述陈述都是真的,并且考虑到事实上一个惯犯可能多起作案,那么,下述哪项断定是真的?

A. 350 名惯犯中一定有吸毒者。

B. 350 名惯犯中可能没有吸毒者。

C. 吸毒者多数在 350 名惯犯中。

D. 350 名惯犯多数是吸毒者。

E. 吸毒是造成严重刑事犯罪的主要原因。

二、用符号表示下列命题的命题形式。

1. 人活到 150 岁是可能的(p 表示"人活到 150 岁")。

2. 一个正确的演绎推理不可能前提真而结论假(p 表示"一个正确的演绎推理的前提是真的",q 表示"一个正确的演绎推理的结论是假的")。

3. 允许私营企业合法经营以谋取合理的利润,但不准有价格欺诈行为(p 表示"私营企业合法经营以谋取合理的利润",q 表示"有价格欺诈行为")。

4. 如果生物存在需要氧气是必然的,那么,无氧气的地方就不可能有生物(p 表示"生物存在需要氧气",q 表示"无氧气的地方有生物")。

5. 不允许虐待老人、妇女和儿童(p 表示"虐待老人",q 表示"虐待妇女",r 表示"虐待儿童")。

6. 踢足球允许合理冲撞,但是看电影禁止冲撞(p 表示"踢足球合理冲撞",q 表示"看电影冲撞")。

7. 中国人民永远爱好和平(p 表示"中国人民爱好和平")。

8. 中国现在不会,将来也不会做任何威胁别国的事情(p 表示"中国不会做任何威胁别国的事情")。

三、根据模态命题间的对当关系,以"并非必然晴转多云"为前提,能否必然地推出下列结论?为什么?

1. 必然晴转多云。

2. 必然不是晴转多云。

3. 可能晴转多云。

4. 可能不是晴转多云。

5. 不可能不是晴转多云。

四、在模态方阵成立的假定下,回答下列问题。

1. 设"行星的轨道必然是椭圆的"为真,则"行星的轨道必然不是椭圆的""行星的轨道可能是椭圆的""行星的轨道可能不是椭圆的"这 3 个命题的真假如何?如果"行星的轨道必然是椭圆的"为假,则后 3 个命题的真假如何?

2. 否定"明天可能下雨",是否可以推出"明天可能不下雨"?肯定"明天可能下雨",是否可以推出"明天可能不下雨"?

五、根据规范命题间的对当关系,以"任何单位和个人有权向人民政府及有关部门报告突发事件隐患"为前提,能否必然地推出下列结论?为什么?

1. 任何单位和个人可以向人民政府及有关部门报告突发事件隐患。

2. 任何单位和个人可以不向人民政府及有关部门报告突发事件隐患。

3. 任何单位和个人必须不向人民政府及有关部门报告突发事件隐患。

4. 任何单位和个人必须向人民政府及有关部门报告突发事件隐患。

5. 并非任何单位和个人可以不向人民政府及有关部门报告突发事件隐患。

六、根据时态命题间的对当关系,分析下列时态推理是否正确?

1. "并非小林过去一直在杭州工作",推出"小林过去没有在杭州工作过"。

2. "并非小王将去美国留学",推出"小王将永远不去美国留学"。

第八章习题参考答案

第九章 归纳逻辑

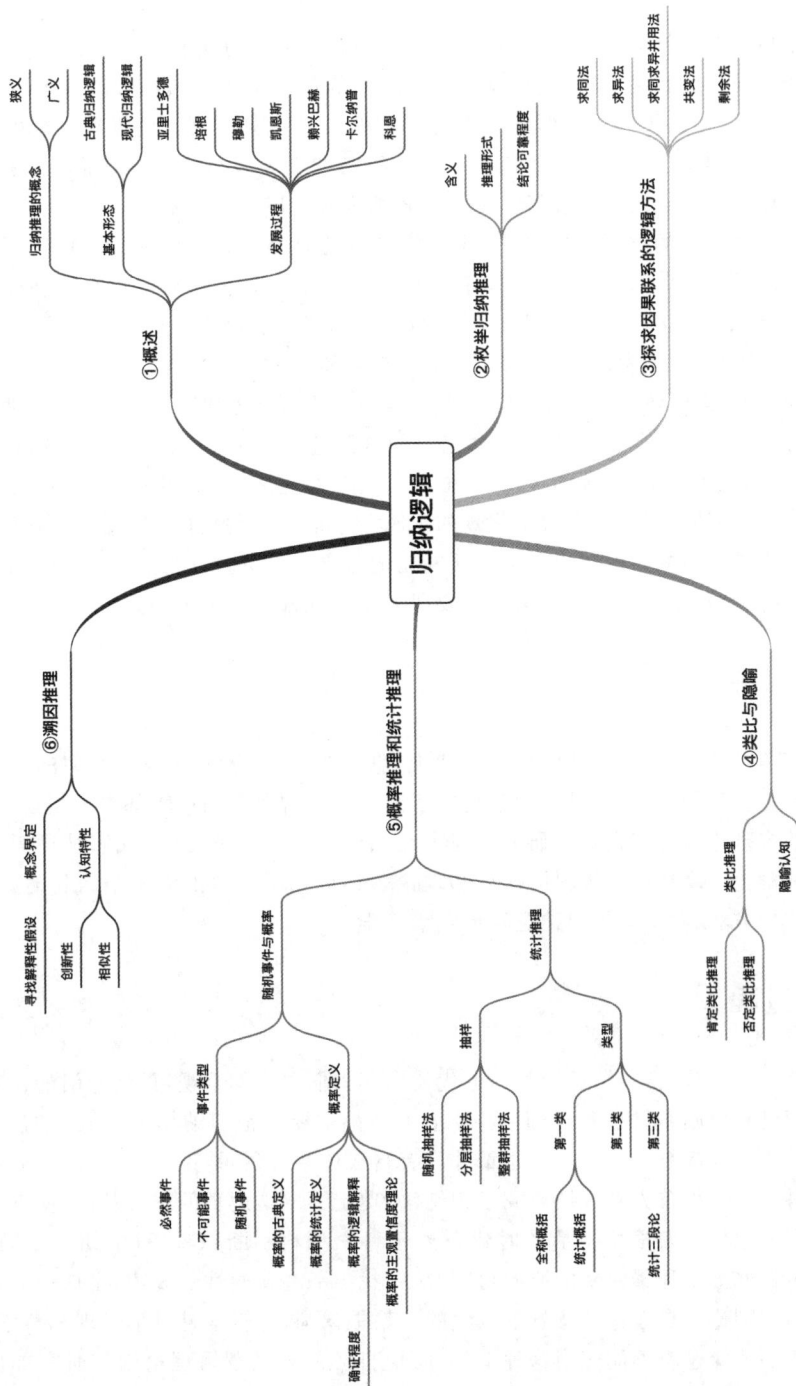

归纳逻辑

①概述
- 归纳推理的概念
  - 狭义
  - 广义
- 基本形态
  - 古典归纳逻辑
  - 现代归纳逻辑
- 发展过程
  - 亚里士多德
  - 培根
  - 穆勒
  - 凯恩斯
  - 赖兴巴赫
  - 卡尔纳普
  - 科恩

②枚举归纳推理
- 含义
- 推理形式
- 结论可靠程度

③探求因果联系的逻辑方法
- 求同法
- 求异法
- 求同求异并用法
- 共变法
- 剩余法

④类比与隐喻
- 类比推理
  - 肯定类比推理
  - 否定类比推理
- 隐喻认知

⑤概率推理和统计推理
- 随机事件与概率
  - 事件类型
    - 必然事件
    - 不可能事件
    - 随机事件
  - 概率定义
    - 概率的古典定义
    - 概率的统计定义
    - 概率的逻辑解释
    - 概率的主观置信度理论
      - 确证程度
- 统计推理
  - 抽样
    - 随机抽样法
    - 分层抽样法
    - 整群抽样法
  - 类型
    - 第一类
      - 全称概括
    - 第二类
      - 统计概括
    - 第三类
      - 统计三段论

⑥溯因推理
- 寻找解释性假设
- 概念界定
- 认知特性
  - 创新性
  - 相似性

161

前面几章,我们比较系统地介绍了演绎逻辑的基本知识。本章主要介绍传统归纳逻辑与现代归纳逻辑的基本知识。

第一节　归纳逻辑概述

一、含义

归纳逻辑是研究归纳推理的。对于归纳推理,人们有着不同的理解。一种是狭义的理解,一种是广义的理解。所谓狭义的归纳推理,是从反映个别现象的命题推出反映一般或普遍现象的命题的推理,简称从个别推出一般的推理。所谓广义的归纳推理,是指一切扩展性的推理。这种类型的推理的结论所断定的内容超出了前提所断定的范围。广义的归纳推理包括枚举归纳推理、探求因果联系的方法、类比推理、概率推理和统计推理等。本书对归纳推理做广义的理解。

归纳推理是科学认识的重要工具之一。科学认识总是从认识个别事物、个别实例开始,从中归纳和总结出事物之间的因果联系和一般规律,即从个别认识一般,这一过程就是归纳过程。人类获得的关于现实世界的认识绝大多数都是应用归纳推理得到的,离开了归纳推理,科学认识将成为不可能。

归纳推理又是科学探索和发现的重要工具。科学探索和发现的一个重要方面是认识未知领域或不确定因素,但是,人们很难对此做出精确的预测,而科学探索又不可能等到每一现象都清楚明确之后才继续下一步。因此,就必须根据现有的知识,对这些未知的东西进行推测,以指导下一步的认识和实践活动。归纳推理最重要的方法论意义之一就是它们的推测性。显然,通过推测得出的这些知识已经超出了原有知识的范围。离开了归纳推理,科学探索和发现的步伐将变得十分缓慢,有些发现甚至是不可能的。

归纳推理因为结论所断定的超出了前提所断定的范围,所以前提的真不能保证结论的真,也就是说,归纳推理是或然性推理。归纳逻辑就是主要研究或然性推理的逻辑理论。

二、基本形态

归纳逻辑有两种基本形态:古典归纳逻辑和现代归纳逻辑。区分这两种类型的归纳逻辑的标准主要不是它们各自产生的时间,而是它们各自的研究方法。古典归纳逻辑基本上是运用自然语言,对各种不同的归纳推理进行分门别类的研究。与古典归纳逻辑不同的是,现代归纳逻辑建立在数理逻辑和概率论的基础上。现代归纳逻辑的研究和理论表述应用了大量的人工语言符号,其中相当一部分还应用了形式化方法,并建立了归纳逻辑形式语义学。

三、发展过程

作为逻辑学的一个分支,归纳逻辑直到近代才引起人们更多的重视,得到专门的研究。尽管古希腊的亚里士多德已经对归纳做过考察,但是,亚里士多德主要是把归纳作为三段论的一种特殊形式,依附并随同演绎逻辑一起被研究。归纳逻辑并没有自成体系,严格地说,它还不能称为逻辑。

英国自然科学家培根首先系统地研究了归纳法,奠定了归纳逻辑的理论基础,使它取得了在逻辑科学体系中应有的地位。培根所生活的时代正处于科学材料不断积累、科学知识不断进步的阶段。如何整理和分析这些大量积累起来的原始材料,从中找出一些普遍性的规律,是这一时期面临的主要任务。培根的归纳理论正是在这一背景下诞生的。培根认为,逻辑学是科学发现和科学研究的工具,但是亚里士多德的演绎逻辑不能充当这种工具,而他自己的归纳逻辑理论则是研究如何分析和综合通过观察和实验获得的材料,一步一步得出较低公理、中间公理及最普遍的公理。他反对亚里士多德的《工具论》和经院逻辑，而把他自己的逻辑理论称为《新工具》。培根的归纳理论尽管还存在明显的局限性，但他的工作至少引起了人们对归纳逻辑的重视。

　　培根开创的古典归纳逻辑，经过 J. F. 赫舍尔和威廉·惠威尔等人的发展，在英国著名逻辑学家穆勒那里达到了新的理论高度。穆勒继承并发展了培根以后的归纳学说，提出探求现象间因果联系的 5 种逻辑方法，即"穆勒五法"。这 5 种方法至今在实际的科学研究和日常推理中仍具有相对的有效性和较强的可操作性。此外，穆勒还第一次明确地把归纳逻辑纳入传统逻辑体系，确立了归纳逻辑在逻辑科学中的重要地位。

　　概率论和数理逻辑的产生和发展奠定了现代归纳逻辑的基础。人们认识到，归纳逻辑的结论具有或然性，而且，仅从"质"的方面刻画这种或然性是不够的，还要从"量"的方面去研究前提对结论的支持度，这就很自然地想到了概率论。另一方面，数理逻辑为归纳逻辑的形式化提供了必要的工具。1922年，英国逻辑学家凯恩斯将概率理论与归纳逻辑正式结合起来，建立了第一个概率逻辑系统。这标志着现代归纳逻辑的正式产生。此后，现代归纳逻辑的研究几乎都是结合概率论进行的。但是，由于对"概率"的理解不同，学者们发展出了各自不同的归纳逻辑理论。现代归纳逻辑的发展并不是沿着一条统一的路线进行的。在各种不同归纳逻辑理论体系中，赖兴巴赫和卡尔纳普的理论最具代表性。赖兴巴赫是 20 世纪 30 年代概率逻辑最重要的代表人物。他把概率解释为频率的极限，并把概率蕴涵符号引入带等词的一阶谓词演算，建立了概率演算系统。作为逻辑贝叶斯学派的代表人物，卡尔纳普批判了赖兴巴赫的概率理论。他按经典数理逻辑公理化、形式化的方法建立了更为完善的现代归纳逻辑理论。

　　20 世纪 70 年代以后，归纳逻辑又有了长足的发展。以劳伦斯·乔纳森·科恩为代表的逻辑学家把主观经验等带有哲学性质的背景性知识纳入归纳逻辑之中，建立了模态归纳逻辑等新型的归纳逻辑理论。科恩还提出了非帕斯卡概率的概念。科恩的归纳逻辑学说在科学实践中更具有应用价值。

　　当代归纳逻辑正紧密地结合其他学科，朝着多个方向发展，呈现出多元化的趋势。例如，归纳逻辑在人工智能领域的应用正受到越来越多的人的重视，人工智能已经成为推动现代归纳逻辑发展的重要动力之一。此外，在经济、军事等领域，归纳逻辑也显得日益重要。

　　不像演绎逻辑那样，归纳逻辑没有一个相对稳定的学科体系。针对各种不同的具体问题，产生了许多不同的归纳逻辑理论。而且可以预见，在未来相当长的时期内，归纳逻辑还将处于百家争鸣、各种理论和系统并存的状态。

第二节　枚举归纳推理

一、枚举归纳推理的含义

枚举归纳推理又叫简单枚举法，它是各种归纳推理中最基本最常用的形式。

二、枚举归纳推理的形式

　　枚举归纳推理是从一类事物的部分个体对象具有某种性质推出该类事物都具有这种性质的归纳推理。它在日常生活和科学研究中被广泛地运用。举例如下。

　　[9-1]1742 年，德国数学家哥德巴赫写信给著名的数学家欧拉，提出了以下两个猜想。

　　第一个是：任何一个大于 2 的偶数，都是两个素数之和。简而言之可以用 1+1 来表示。

　　第二个是：每一个大于 5 的奇数，都是 3 个素数之和。欧拉相信哥德巴赫提出的猜想是对的，但是，他自己无法证明。

　　人们常说：数论是数学上的皇冠，而哥德巴赫猜想则是皇冠上的明珠。多年来，这颗"明珠"一直吸引着世界上很多著名的数学家。我国数学家陈景润在前人的基础上,证明了"1+2"的问题,取得了到目前为止世界上研究哥德巴赫猜想的最好成果。然而,"1+1"的证明,则仍然是一个悬而未决的问题。

哥德巴赫猜想正是通过全称归纳推理的方法提出来的。就第一个猜想(即论题)来说,其推理形式可以做如下的表达。

4＝1＋3(两素数之和)

6＝3＋3(两素数之和)

8＝3＋5(两素数之和)

10＝5＋5(两素数之和)

12＝5＋7(两素数之和)

……

所以,任何大于 2 的偶数都可以分为两个素数之和。

人们应用归纳推理,可以从一个一个的具体事例中摸索出一般的规律来。然而,这还是个"猜想"。"猜想"正确与否,仍须进一步的验证。原来的"猜想"可能被证实,也可能被证伪。

枚举归纳推理的推理形式如下。

S_1 具有性质 P,

S_2 具有性质 P,

S_3 具有性质 P,

……

S_k 具有性质 P,

$S_1,S_2,S_3,\cdots,S_k$ 是 S 类中的部分个体,

所以,所有 S 都具有性质 P。

枚举归纳推理得出结论的依据是前提中考察的某类中的若干个体的性质,而不是该类中全部个体的性质。如果结论的得出是依据前提中考察的某类中全部个体的性质,就不是枚举归纳推理,而是完全归纳推理。完全归纳推理可用公式表示如下。

S_1 具有性质 P,

S_2 具有性质 P,

S_3 具有性质 P,

……

S_n 具有性质 P,

$S_1,S_2,S_3,\cdots,S_n$ 是 S 类中的全部个体,

所以,所有 S 都具有性质 P。

显然,完全归纳推理结论所断定的范围恰好等于而没有超出前提所断定的范围,只要前提是真实的,结论就是真实可靠的。因此,完全归纳推理不具有归纳推理结论或然性的一般性质,也不具有归纳推理的方法论意义。它实质上是演绎推理,只不过在形式上采用归纳推理的表述方式,因而,人们从习惯上称之为完全归纳推理。本书不打算对这种推理做进一步的介绍。

三、枚举归纳推理的有效性

枚举归纳推理和一般归纳推理一样,结论所断定的范围超出了前提所断定的范围,这使得其结论的真假不是前提所能保证的,结论具有或然性,可能真,也可能假。因此,当应用枚举归纳推理时,提高结论的可靠性程度,避免"随意枚举""以偏概全"就成为关键。一般来说,应做到以下几点。

第一,尽量多地考察类中的个体对象。枚举归纳推理前提所考察的类往往具有数目庞大或者无限多的个体,这就要求在枚举时,不能只是根据类中少数几个个体的性质,而应最大限度地考察更多

的对象。因为考察的对象越多,出现反例的可能性也就越大。枚举时尽量考察那些最有可能是反例的个体。当考察了相当多的对象之后仍没有出现反例,这时结论就具有很大的可靠性了。

第二,尽量大范围地考察某类中的个体对象。应用枚举归纳推理最应避免的是仅仅在某个狭小的范围内考察对象,因为同一范围的个体对象往往具有相同或相似的性质。更不能为了获得某一结论,有意仅考察那些支持结论的个体对象,否则,就会犯"以偏概全"的错误,从而使枚举归纳推理失去其意义;而在较广的范围之内,出现反例的可能性就大。例如,人们曾长期以为所有的鱼都只用鳃呼吸,这个结论就是应用枚举归纳推理从大量的事实中得出的,但最近人们在南美洲发现了一种肺鱼,平时用鳃呼吸,但在干涸的环境中能用鳔呼吸。这一个反例就足以推翻鱼都只用鳃呼吸的论断。另一个著名的例子是人们在澳洲发现了一种黑色的天鹅,从而否定了"所有天鹅都是白色的"这个曾经认为是理所当然的论断。

没有出现反例是枚举归纳推理最重要的依据。即使有很多正事例,也都无法保证枚举归纳推理结论就必然真实可靠,一旦出现一个反例就可以推翻其结论。无论是增加考察对象的数目,还是扩大考察对象的范围,都是为了增加反例出现的可能性。当在各种条件和环境下,考察了相当多的个体仍未出现反例,就说明结论的可靠性已相当大了。

虽然枚举归纳推理的结论具有或然性,但它在日常生活和科学发现中仍具有十分重要的作用。生活中许多谚语,如"失败是成功之母""学如逆水行舟,不进则退";农业生产中许多农谚,如"瑞雪兆丰年"等都是根据生活和农业生产中无数的事例归纳出来的。这些谚语往往对人们的生活和生产有着很大的启发和帮助。

在科学发现和科学认识中也经常会用到枚举归纳推理。例如物理学中关于气体压强、体积和温度之间关系的波义耳定律,化学中关于一切化合物都有固定的组成元素的定组成定律等,都是首先从所考察的无数事例中归纳出一般性的结论,再通过理论证明而获得的。实际上,这正是人们认识的最一般过程:先认识个别事实,逐步积累知识,再从中概括出一般性的结论,最后上升到理论知识。而枚举归纳推理的推理过程正好是这一认识的一般过程的反映。

应用不完全归纳推理的,其结论是或然的。但是在语言表达中如果运用得当,同样是富有说服力的。

这种从个别推出一般的归纳推理,在论证和反驳中是经常使用的。其结论虽然不具有必然性,但"事实胜于雄辩",前提中列举的一系列事实,同样使听众或者读者相信其结论是可信可靠的,因而是有很强说服力的。

第三节　探求因果联系的逻辑方法

科学研究的重要目的之一就是探求现象之间的因果联系。求因果联系是一个非常复杂的过程,除了要应用各种具体的科学方法、手段和工具外,还需要运用逻辑推理。探求因果联系经常要运用的5种方法,一般称为"穆勒五法",它们分别是:求同法、求异法、求同求异并用法、共变法、剩余法。这5种方法都是根据某一研究现象与出现在该现象之前或之后的若干情况(称为先行或后行情况)之间具有某种关系,推出该研究现象与其相关的先行或后行情况之间具有因果联系的结论。

一、求同法

求同法又叫契合法,它的内容可以表述为:在被研究现象出现的几个场合中,有且只有一个情况是共同的,由此推出这个唯一的共同情况与被研究的现象之间具有因果联系。

求同法的公式可表示如下。

```
          先行或后行情况        被研究现象
(1)S    A    B          P
(2)S    C    D          P
(3)S    E    F          P
          ……
```
所以,S 与 P 之间具有因果联系。

[9-2]18 世纪俄国科学家罗蒙诺索夫写的一篇论文《关于热和冷的原因之探索》,其中有这样一段论述:人们摩擦冻僵了的双手,手便暖和起来;人们敲击冰冷的石块,石块能发出火光;人们用锤子不断地击打铁块,铁块也可以热到发红。由此可以推出:物体的运动能够产生热。

罗蒙诺索夫的上述推理正是运用了求同法,虽然上面描述的物体运动形式各不相同,但是运动却是唯一的共同情况,因此,这一共同情况便是物体生热的原因。

求同法在前提中只考察了被研究现象与其若干个先行或后行情况之间的关系,而结论却断定这种关系具有普遍性。因此,结论所断定的范围超过了前提所断定的范围,结论和所有其他归纳推理一样具有或然性。为提高结论可靠性的程度,应注意以下几点。

第一,各不同先行或后行情况中,除了已知的共同现象外,是否还隐含着其他相同的因素;而这一隐含的相同因素有时可能是被研究现象的真正原因或结果。

第二,所考察的先行或后行情况越多,结论越可靠。因为如果仅考察了几个不同情况,则各不同情况中出现相同现象的可能性就大,而这些相同的现象可能带有一定的偶然性。如果增加所考察的先行或后行情况,则出现反例的可能性也就愈大。若这种反例一直没有出现,那么结论就是比较可靠的。

二、求异法

求异法又叫差异法,它的内容可表述为:如果被研究的现象在一种场合下出现,在另一种场合下不出现。但在这两种场合里,其他各种情况都相同,只有一种情况不相同(即在被研究现象出现的场合里有某一情况,而在被研究现象不出现的场合里,则没有该情况),那么,这个唯一的不同的情况,就是被研究现象的原因。由此推出这个唯一不同的情况与被研究现象之间具有因果联系。

求异法的公式可表示如下。

```
          先行或后行情况        被研究现象
(1)S    A    B          P
(2)—    A    B          —
```
所以,S 与 P 之间有因果联系。

求异法在科学实验中具有广泛的应用性。人们经常应用求异法去考察某一现象是否与被研究现象之间存在着因果联系。例如,美国加利福尼亚大学南部实验站,1980 年和 1981 年两次把中国杂交水稻种与美国水稻良种进行对比试种。试种的气温、肥料、水、土壤、管理方法都相同,唯一不同的是种子。试种的结果:1980 年中国杂交水稻的收获量平均每亩 737.00 千克,美国良种水稻的收获量平均每亩 279.25 千克;1981 年中国杂交水稻的收获量平均每亩 783.15 千克,美国良种水稻的收获量平均每亩 279.35 千克。从对比试种的过程中可以发现,使用中国杂交水稻种是水稻高产的原因。

求异法的结论同样具有或然性。在运用过程中,应特别注意如下两点。

第一,两个场合中还有没有其他不同的现象。

第二,两个场合中唯一的不同现象是被研究现象的整个原因还是部分原因。

三、求同求异并用法

求同求异并用法又叫契合差异并用法,它是综合应用求同法和求异法而形成的一种独立的探求因果联系的逻辑方法。它的前提是考察被研究现象的两组先行或后行情况,在其中一组情况(称正情况组)中,共同存在唯一相同的现象,而此时被研究现象也同时出现;在另一组情况(称负情况组)中,上述正情况组中唯一相同的现象都不存在,而此时被研究现象也不出现。因此,正情况组中唯一相同的现象与被研究现象之间存在着因果联系。

求同求异并用法的公式如下。

		先行或后行情况		被研究现象
正情况组	(1)S	A	B	P
	(2)S	C	D	P
	(3)S	E	F	P
		……		
负情况组	(1′)—	A	C	—
	(2′)—	D	E	—
	(3′)—	B	F	—
		……		

所以,S 与 P 之间存在着因果联系。

求同求异并用法也是探求因果联系的常用方法之一。例如,人们在考察经常从事体育锻炼与肺活量大小的关系时,首先考察一组年龄、性别、职业各不相同但都经常从事体育锻炼的人群,然后再考察另一组年龄、性别、职业也各不相同但都很少从事体育锻炼的人群;比较这两组人群的肺活量大小,发现那些经常从事体育锻炼者的肺活量明显比很少从事体育锻炼者要大。于是,得出结论,经常从事体育锻炼可使肺活量增大。

应用求同求异并用法,应注意如下两点。

第一,前提的正负情况组中,所考察的情况越多,结论也就越可靠。因为考察的情况越多,出现反例的可能性就越大,就越容易排除考察过程中的偶然现象。

第二,选择负情况组时,除有无 S 这一差别外,尽量让负情况组中其他因素与正情况组相同或相似。因为没有 S 的负情况是无穷多的,这些情况中的多数对所研究的问题并无多大意义,即与正情况组没有可比性。只有考察那些与正情况组相近的负情况,才能得出较可靠的结论。

四、共变法

共变法的内容可表述为:在被研究现象发生变化的若干先行或后行情况中,只有一个现象发生变化,其他现象都保持不变,由此推出这个唯一变化的现象与被研究现象之间存在着因果联系。

例如,某年,在英国伦敦举行过一次学术讨论会,内容是讨论船舶遇难而落水的人,在水中最多能坚持多长时间的问题。研究者通过试验发现:当水温在 0℃时,普通人可以在水中坚持 15 分钟;当水温在 2.5℃时,普通人可以坚持 30 分钟;当水温在 5℃时,普通人可以耐受 1 小时;当水温为 10℃时,普通人在水中可以耐受 3 小时;而当水温为 25℃时,普通人可以在水中活一昼夜以上。这些数据是重要的,它为研究、改进各种保温游泳衣,从而使人们在冷水中可以逗留更长的时间提供了数量上的依据。由此，我们就可以确定水温变化与人在水中坚持的时间的变化有因果联系。

共变法的推理形式可表示如下。

先行或后行情况			被研究现象
(1)S_1	A	B	P_1
(2)S_2	A	B	P_2
(3)S_3	A	B	P_3
⋯⋯			

所以，S 与 P 之间存在着因果联系。

许多仪表的发明都是共变法的应用。例如，利用气温的变化与水银柱高度的变化之间的因果联系发明了温度计，利用大气压强与水银柱高度的变化之间的因果联系发明了气压表。

运用共变法，应注意以下几点。

第一，各情况中发生变化的现象是唯一的还是另有其他变化的现象。如果发生变化的现象是唯一的，则结论就是比较可靠的；如果还有其他发生变化的现象，则已知的变化着的现象可能是被研究现象的全部原因，也可能是部分原因，也可能根本不是被研究现象的原因。这样一来，结论可靠性的程度就会大大降低。

例如，在其他条件不变的情况下，温度的高低与气体体积的大小之间存在着必然联系，但如果气体所受到的压强也随着温度的上升而增加，那么，就有可能显示不出温度的变化与气体体积的变化之间的这种必然联系。如果据此否认这种联系，则所得出的结论就是错误的。

再如，人们曾长期以为闪电是雷鸣的原因，因为总是先有闪电，后有雷鸣，而且电闪越强，雷鸣越大。但实际上，雷鸣的真正原因并不是闪电，而是由闪电的真正原因——自然放电——所引起的结果。

第二，各情况中唯一变化的现象与被研究现象之间的因果联系是单向的，还是互逆的。例如，在研究音叉的振动与空气的振动之间的关系时，把一只振动的音叉放入空匣子里，音叉的振动必然引起匣内空气的振动，而匣内空气的振动又加强了音叉的振动。因此，这两者之间的因果联系是互逆的，音叉振动是空气振动的原因，音叉振动的加强又是空气振动的结果。

第三，现象之间的共变关系一般是在一定的限度之内，超过了这个限度，共变关系就会消失，甚至发生反向共变。例如，在 4～100℃ 之间，水是热胀冷缩，但在 0～4℃ 之间则是热缩冷胀。在一定的限度内，密植可增加水稻的产量，但过分密植则不仅不会增产，反而会减产。

五、剩余法

剩余法涉及的是一个复合现象，前提中所考察的先行或后行情况也是一个由多个情况组成的复合情况，其推理过程可用公式表示如下。

由 S、A、B、C 组成的复合的先行或后行情况与由 P、X、Y、Z 组成的复合的被研究现象之间存在着因果联系；

A 与 X 之间存在着因果联系；

B 与 Y 之间存在着因果联系；

C 与 Z 之间存在着因果联系；

所以，S 与 P 之间存在着因果联系。

剩余法在科学发现中有着极其重要的作用。1846 年海王星的发现，一直被认为是应用剩余法的一个典型事例。根据牛顿的万有引力定律,科学家能计算出当时已知的各个天体对天王星的影响,从而计算出天王星的运行轨道。但是,根据天文观察,天王星的实际运行轨道与理论计算的轨道有明显的偏离,这不可能归于观察的错误。由此,科学家推断,一定有一个当时未发现的天体的引力作用导致了天王星的偏离。科学家们计算出了这个可能存在的天体的位置,后来果然在这个位置上找到了这个新星,即海王星。

在运用剩余法时,应注意这样几点。

第一,必须确认由 P、X、Y、Z 共同构成的复合现象是由 S、A、B、C 共同构成的复合情况引起的,而 X、Y、Z 是由 A、B、C 引起的,并且 P 不是由 A、B、C 引起的。如果 A、B、C 是 P 的原因或者部分原因,则结论的可靠性就要大大降低。

第二,引起现象 P 的原因 S 不一定是单一的情况,可能是一个由多个情况构成的复合情况。例如,居里夫人的研究显示,造成沥青铀矿石的放射性远远大于纯铀的放射性的原因并不仅仅是钋,因为即使把沥青铀矿石中所含的铀和钋的放射强度加起来,也还是小于该矿石的放射强度。这说明,矿石中还含有另外一种放射性元素。经过反复提炼,居里夫人终于找到了这种东西——比钋的放射性还要强的化学元素镭。

以上介绍了探求现象间因果联系的 5 种方法。在实际过程中,人们往往同时应用其中的几种推理方法,以提高结论的可靠性程度。

第四节　类比与隐喻

一、类比推理

类比推理通常是在两个(或者两类)对象之间进行的,在推理的方向上表现为从特殊到特殊的过渡。类比推理的前提大多是为结论提供线索,但并未严格地规定或者限制它的指向,结论的范围超出了前提所断定的范围,因而类比的结论也是或然的。类比推理的常见模式有肯定类比和否定类比两种形式。

(一)肯定类比推理

肯定类比推理是根据两个或两类对象在某些属性上的相同或相似推出它们在其他属性上也相同或相似的推理。

一般地,肯定类比的推理形式可表示如下。

A 对象具有 a,b,c,d 属性;
B 对象具有 a,b,c 属性;
所以 B 对象也具有 d 属性。

其中 a,b,c 称为相同或相似属性,d 称为推演属性。

例如,在诊断胸腔病情时,医生普遍运用手指敲叩患者胸部和背部的方法,这种方法在医学上称之为"叩诊"。

那么,"叩诊"是怎样发明的呢? 18 世纪中叶,奥地利的医生 J. L. 奥恩布鲁格(以下简称奥恩布鲁格),有一次在给他的病人看病,但一时查不出有什么疾病。病人很快就离开了人世。死后进行尸体解剖时,发现病人胸腔已经化脓,积满了脓水。奥恩布鲁格想:要是今后再碰上类似的病人该怎么办呢? 他左思右想。

一天,他忽然想起了他经营酒业的父亲在估量桶内的酒量时,常常用手指关节敲叩木制酒桶,凭着叩声的不同,他的父亲就能估计出桶内到底还有多少酒。奥恩布鲁格由此而引起了新的思考:人们的胸腔是否也一样可以根据手指敲叩病人胸部发出的音响的不同而做出诊断呢? 循着这条思路,奥恩布鲁格开始观察病例和进行病理解剖,探索胸部疾病和叩击声音变化之间的关系。经过大量的试验和研究,最后写出了《用叩诊人体胸部发现胸腔内部疾病的新方法》的医学论文。通过不断的医学实践,叩诊终于成了现代临床医疗常用的诊断方法之一。叩诊的发明,正是运用了肯定类比的方法。

(二)否定类比推理

否定类比推理是根据两个或两类对象在某些属性上的差异,推出它们在其他属性上也存在着差异的推理。

否定类比推理可用公式表示如下。

> A 对象具有 a,b,c,d 属性;
> B 对象不具有 a,b,c 属性;
> 所以,B 对象也不具有 d 属性。
> 其中 a,b,c 称为相异属性,d 称为推演属性。

例如,科学家们在对月球进行观察分析,并与地球进行类比之后,早在人类登上月球之前,就得出结论:月球不可能像地球一样存在着自然的生命。科学家们做了如下推理。

[9-3]地球上有空气、水,温度适中并且昼夜温差不大,因而地球上存在着自然的生命;

月球上没有空气、水,昼夜温差很大;

所以,月球不可能像地球一样存在着自然的生命。

这就是运用了否定类比推理。

无论是肯定类比推理还是否定类比推理,其结论所断定的范围都超过了前提所断定的范围。因为前提所断定的是某个或某类对象的属性,而结论却把这一属性推广到另一个或另一类对象中去,这样的结论显然具有或然性。因此,对类比推理来说,提高结论的可靠性程度就显得非常重要。那么,如何提高结论的可靠性呢?

第一,前提中类比对象间相同或相似属性(对肯定类比推理),或者相异属性(对否定类比推理)越多,结论越可靠。医学上检验某一药物的效果时,一般是选择与人类的生命组织和生理构造较为接近的高等动物如狗、白鼠等作为实验对象。因为高等动物与人类的相同或相似属性比低等动物多,高等动物对某种药物的反应更有可能也是人类所具有的。

第二,前提中类比对象间相同或相似属性(对肯定类比推理),或者相异属性(对否定类比推理)与推演属性之间的联系越密切,结论的可靠性程度越高。例如,人们比较声和光,发现声能直线传播、反射和折射传播,特别是有干涉现象,其原因在于声有波动性,而光也能直线传播、反射和折射传播,特别是也有干涉现象。由此推出光也有波动性。这个结论的可靠性应是比较高的,因为类比对象间相同或相似属性(干涉现象)与推演属性(波动性)之间存在着因果联系。科学家得出月球上不存在自然生命的结论的可靠性程度也是比较高的,因为前提中相异的属性(空气、水、昼夜温差等)与推演属性(自然的生命)之间也存在着因果联系。

类比推理在日常表达过程中也是一种常用的方法。举例如下。

[9-4]H 大学经过改革能上一个新的台阶。因为 F 大学是老校,师资力量雄厚,学校风气好,经过改革上了一个新的台阶;而 H 大学也是一个老校,师资力量雄厚,学校风气也很好,两个学校的基本情况相同。

这是一个类比推理。为了确定"H 大学经过改革能上一个新的台阶"这一论题的真实性,把两校的基本情况进行类比,并作为立论的根据。

类比推理在中国古代早有应用。《墨子·公输》中记载的"止楚攻宋"的故事,就很严谨地体现了类比推理。

[9-5]子墨子见王,曰:"今有人与此,舍其文轩,邻有敝舆而欲窃之;舍其锦绣,邻有短褐而欲窃之;舍其粱肉,邻有糠糟而欲窃之——此为何人?"王曰:"必有窃疾矣。"子墨子曰:"荆之地方五千里,

宋之地方五百里，此犹文轩之与敝舆也。荆有云梦，犀兕麋鹿满之，江汉之鱼鳖鼋鼍为天下富；宋所谓无雉兔鲋鱼者也，此犹梁肉之与糠糟也。荆有长松文梓楩楠豫章，宋无长木，此犹锦绣之与短褐也。臣以王吏之攻宋也，为与此同类。"

墨子所打的偷窃成性的比方，恰好与楚国、宋国情况的对比相符。这一结论的推论，即楚王假如坚持攻楚国那就等于犯了偷窃病，就是墨子想要论证的论题。如果证明了这个论题，楚王就会感到理亏，因而就可能达到"止楚攻宋"的目的。果然，楚王被说服了。

在日常语言表达过程中，类比推理的应用屡见不鲜。有的学者由"愚人吃盐"而推理出"任何美好的东西，并不是在任何情况下都是越多越好的"这一论题，正是运用了类比推理。

二、隐喻认知

隐喻认知是一种与类比推理密切相关的认知现象，在人类的语言与认知活动中扮演着十分重要的角色。隐喻性的表达，如"人生是一场旅行""时间就是金钱""地球是人类的母亲""丑闻缠上了大明星""汽车喝饱了油""桌腿""山脚"等，随处可见。这些表达源于我们以隐喻的方式所建构的概念系统。正如乔治·莱考夫所说，隐喻不仅仅是语言的事情，也就是说，不但是词语的事。相反，我们认为人类的思维过程在很大程度上是隐喻性的。[①] 正是这种对隐喻认知价值的重新审视，构成了当代认知科学的三大重要发现之一。

随着现代认知科学和人工智能的发展，隐喻理解的逻辑研究开始受到学者们的高度重视。如 J. H. 马丁提出了基于知识的隐喻解释、描述和获取系统 MIDAS[②]；E. C. 斯坦哈特（以下简称斯坦哈特）利用扩展的谓词逻辑，给出了一个基于可能世界语义学的隐喻结构理论及其计算模型 NETMET[③]；J. 巴登结合隐喻与信念推理关系的研究，建立了一套基于规则的隐喻推理系统 ATT-Meta[④]；A. 内海等采用一种语义空间模型对隐喻的理解过程进行了计算模拟[⑤]。随着近年来深度学习技术的蓬勃发展，Y. 比佐尼等利用词向量强大有效的表征能力结合基础神经网络架构来处理隐喻，在名词性隐喻和形容词性隐喻的识别任务上取得了较好的效果[⑥]；M. 雷等通过有监督的语义相似网络进行隐喻识别，以在网络中添加门控机制的方式完成了语义特征的提取[⑦]。

究其动因，其一，是由于现代逻辑学的发展为隐喻理解的逻辑研究创造了必要的条件。20 世纪逻辑学的发展从一定意义上可以说是心理学的退场和重新进入。心理学的退场是弗雷格所建立的排斥心理因素的数学逻辑所导致的结果，弗雷格之后，逻辑学便与人的心理因素绝了缘；而心理学的重新进入指的是 20 世纪中叶以后各种非弗雷格逻辑的发展，这些逻辑理论重新接纳人，重新考虑人的心理的因素[⑧]。对隐喻研究而言，隐喻信息加工的过程要能激活与字面义不同的信息，必须反映关联

---

① 乔治·莱考夫，马克·约翰逊. 我们赖以生存的隐喻[M]. 何文忠，译. 杭州：浙江大学出版社，2015：3.

② 参见 J. H. Martin. *A Computational Model of Metaphor Interpretation*[M]. San Diego：Academic Press，1990.

③ 参见 E. C. Steinhart. *The Logic of Metaphor：Analogous Parts of Possible Worlds*[M]. Dordrecht：Kluwer Academic Publisher，2001.

④ 参见 J. Barnden. Belief in Metaphor：Taking Commonsense Psychology Seriously[J]. *Computational Intelligence*，1992，8(3)：520-552.

⑤ 参见 A. Utsumi，M. Sakamoto. Indirect Categorization as a Process of Predicative Metaphor Comprehension[J]. *Metaphor and Symbol*，2011，26(4)：299-313；A. Utsumi. Computational Exploration of Metaphor Comprehention Process Using a Semantic Space Model[J]. *Cognitive Science*，2011，35(2)：251-296.

⑥ 参见 Y. Bizzoni，S. Chatzikyriakidis，M. Ghanimifard. Deep Learning：Detecting Metaphoricity in Adjective-Noun Pairs[R]. Proceedings of the Workshop on Stylistic Variation，2017：43-52.

⑦ 参见 M. Rei，L. Bulat，D. Kiela，et al. Grasping the Finer Point：A Supervised Similarity Network for Metaphor Detection[R]. Proceedings of the 2017 Conference on Empirical Methods in Natural Language Processing，2017：1537-1546.

⑧ 蔡曙山. 逻辑、心理与认知：论后弗雷格时代逻辑学的发展[J]. 浙江大学学报(社科版)，2006(3)：5-6.

性、发散性、整体性和独特性 4 个相互作用的属性[①]，这种转变中所发展起来的逻辑分析方法和工具，充分考虑到了人类思维中最能体现能动性的不确定性推理，对于隐喻的逻辑研究颇有助益。

其二，是计算机自然语言理解所面临的困境增强了隐喻理解逻辑研究的迫切性。语篇理解和机器翻译效果的提高，都离不开对隐喻问题的有效处理。如果隐喻理解能够得到形式化表征，那么在语篇理解中，语句所包含的意义就能够得到充分的体现，全面、系统的机器翻译就有可能成为现实。

20 世纪 70 年代开始，学者们虽然从逻辑角度提出了多个旨在描述隐喻认知过程的形式化方案，但是从整体上看，隐喻理解的逻辑研究目前仍处于起步阶段。隐喻理解的逻辑表征需要解决如下 3 个关键问题。

首先，是本体词和喻体词的内涵表征。

从隐喻理解的角度看，隐喻词项（本体词和喻体词）内涵的逻辑表征是隐喻语句理解的基础。因此，隐喻词项内涵的逻辑表征也就成了隐喻逻辑研究的一个关键问题。

为了更好地从逻辑角度表征词项内涵，斯坦哈特提出了扩展的谓词演算（extended predicate calculus，XPC）。该理论主要在两个方面拓展了传统谓词逻辑的做法[②]：一是在命题中增加论元角色（thematic roles）。这里所说的论元角色类似于格语法中的"格"，如施事格（AGENT）、受事格（PATIENT）、对象格（OBJECT）、工具格（INSTRUMENT）、来源格（SOURCE）等。例如，"张三打李四"可用标准谓词逻辑转写为：打（张三，李四）。虽然可以通过主目的顺序来体现论元角色，但这种体现既不清楚，也不充分。而 XPC 可以弥补这种不足，例句可转写为：打（AGENT：张三，PATIENT：李四）。二是在命题中引入指索词（indexes），增加对事件的表征能力。如果用指索词"e"代表事件，那么例句"张三打李四"就可以改写为：$(\exists e)(ACTION(e, 打) \& AGENT(e, 张三) \& PATIENT(e, 李四))$。意思是，存在一个事件 e，其动作是打，施动者是张三，受动者是李四。有了指索词"e"，我们就可对带嵌套结构的句子进行表征。例如，"王五看见张三打李四"就可以改写为：$(\exists e)(\exists f)(ACTION(e, 看见) \& AGENT(e, 王五) \& OBJECT(e, f) \& ACTION(f, 打) \& AGENT(f, 张三) \& PATIENT(e, 李四))$。可以看出，斯坦哈特提出的上述理论，为词项内涵提供了一个比较细致的表征。但是，对人工知识网络建构的过分依赖，使其很难适应计算机自动处理的要求。

张威和周昌乐为了克服经典的命题逻辑和一阶谓词逻辑在表达能力上的局限性，他们参考局部框架理论，用池空间概念来替代可能世界，通过引入理解算子 U_p、关系符 $\prec$ 和格式塔规则，构建了汉语隐喻的逻辑系统[③]。在该逻辑系统中，词项内涵是以池空间的方式得以表征的。所谓的池空间，就是由某些属性或命题组成的集合。例如，"律师是狐狸"中，词项"律师"和词项"狐狸"可用理解算子 U_p 表示为

$$U_{(法院,罪犯,案件,狡猾)} 律师$$
$$U_{(森林,狡猾,多疑,兔子)} 狐狸$$

公式的意思是，主体在池空间 p（p＝{法院，罪犯，案件，狡猾}）下，理解"律师"；主体在池空间 p（p＝{森林，狡猾，多疑，兔子}）下，理解"狐狸"。用这种方法表征词项内涵，优点是可以利用在语料统计基础上形成的相关语义网络来不断地丰富池空间。随着语料库语言学的发展，利用统计方法来建构词项内涵的方法越来越受到关注，通过引入这些基于统计的方法，在一定程度上可以有效提高基于逻辑规则的知识库构建方法的表征能力。但现有的池空间表征方法也存在着明显的不足之处：它过于侧重属性，而对概念与概念之间关系的表征比较弱。

① 黄华新.认知科学视域中隐喻的表达与理解[J].中国社会科学，2020(5)：48-64.

② E. C. Steinhart. *The Logic of Metaphor：Analogous Parts of Possible Worlds*[M]. Dordrecht：Kluwer Academic Publisher，2001：36-39.

③ 张威，周昌乐.汉语隐喻理解的逻辑描述初探[J].中文信息学报，2004(5)：23-28.

语言的使用具有主体性和民族性。从内涵的角度研究隐喻的逻辑表征,能够更好地体现词项内涵建构的主体性、主体间性、主客体间性等认知语境的特征,也能更好地体现语言符号使用主体的民族性。这对理解特定民族语言中的隐喻现象尤为重要。

其次,是源域与目标域之间的跨域映射。

从认知角度看,隐喻理解涉及两个认知域之间的互动关系。在当代隐喻研究中,G. 莱考夫将这种互动关系称为"概念系统中的跨域映射"[①]。因此,除词项内涵的逻辑表征之外,隐喻的逻辑研究还需要对两个认知域(源域和目标域)之间的相互作用关系进行表征。

所谓映射,就是两个概念域之间的对应关系。它所涉及的内容包括[②]:①源域中的空槽(slot)被映射到目标域的空槽上。其中,有些空槽独立于映射而存在,而另一些则是通过映射创造的。例如,在"人生是旅行"中,旅行者这一空槽被映射到生活中的人身上。②源域中的关系映射到目标域的关系上。例如,一个旅行者到达一个目的地,可以映射到一个人在生活中实现了某个目标。因此,源域中"旅行者"和"目的地"之间的"到达"关系被映射到目标域后,成了"人"和"目标"之间的"实现"关系。③源域的特征被映射到目标域的特征上。例如,一个旅行者的强项和弱项可能影响他旅行的方式等等。这些特征可以映射为一个人对待生活、处理人生问题的优点和缺点。④源域的知识被映射到目标域中。关于一个认知域的知识可以使我们对其进行推理。当某个认知域作为隐喻映射的源域时,该领域内的推理模式也被映射到了目标域。例如,旅行者走进了一个死胡同,无法沿着原来的方向前进,那么他就得另寻出路。如果一个人在人生旅途中走进了作为隐喻的死胡同,那么他就要选择其他的行动方式。上述映射可用图 9-1 简单表示如下。

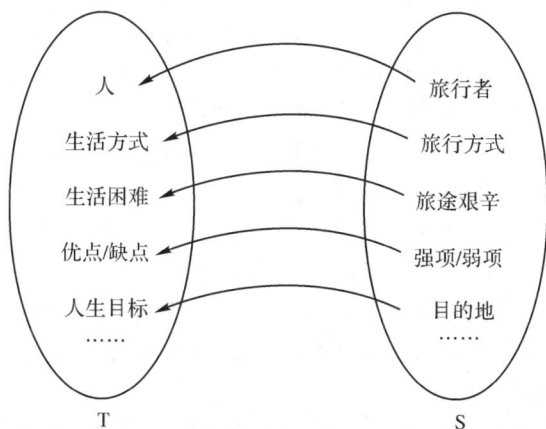

图 9-1 跨域映射图

在图 9-1 中,T、S 都是认知域,T 被称为目标域,S 被称为源域。T、S 之间建立的关系如曲线所示,就是映射关系(mapping)。若将 T、S 看作两个情境集合,那么,两者之间的映射关系就是一个函项(或函数)。集合论对映射是这样定义的:在给定两个集合 T、S 中,如果有一一对应关系存在,对于任意 $b \in S$,有唯一的 $a \in T$ 与之对应,我们就说其对应是一个由 S 到 T 的映射,用 f 表示映射,记为:$f:S \rightarrow T$。对于任意 $b \in S$,经映射后变为 $a \in T$,则记为:$a = f(b)$。为了区别于其他的映射关系,我们将在隐喻基础上建立的映射,记为:$f_M:S \rightarrow T$。那么,图 9-2 可以改写如下。

---

① G. Lakoff. The Contemporary Theory of Metaphor[M]// A. Ortony (ed.). *Metaphor and Thought*. Cambridge, Mass: Cambridge University Press, 1993:203.

② G. Lakoff, M. Turner. *More Than Cool Reason: A Field Guide to Poetic Metaphor*[M]. Chicago: Chicago University Press, 1989:63-64.

$$f_M: 旅程 \longrightarrow 人生$$

旅行者 →人

旅行方式 →生活方式

旅途艰辛 →生活困难

强项/弱项 →优点/缺点

目的地 →人生目标

在类比映射的基础上,认知主体要继续进行下一步操作,即类比迁移。类比迁移实际上是基于源域和目标域中的已知命题而推出目标域中的未知命题的思维过程,可表示如下。

$$F_1(x), \cdots, F_{k-1}(x), F_k(x), \cdots, F_n(x)$$
$$F_1(y), \cdots, F_{k-1}(y),$$
$$\therefore F_k(y), \cdots, F_n(y)$$

隐喻推理的过程,就是不断通过隐喻映射函数和集合 S 的值,计算集合 T 的值。映射的内容,既可以是集合内部的元素,也可以是元素与元素之间的关系。为了能够实现这种知识的类比过程,隐喻逻辑研究的关键还在于给出一种能够进行类比推理的逻辑演绎系统。

最后,是或然性推理的歧义消解。

隐喻类比推理本身的或然性,决定了通过映射 f_M 建立起来的关系也必然是一种或然性的假设。不管是日常语言交际,还是计算机自然语言理解,过多的不确定性必然会导致理解的失败。那么,如何从隐喻映射结果的或然性走向隐喻语言理解的确定性呢?

心理学家 B.凯泽在实验研究中发现隐喻理解的过程存在抑制机制。他指出,隐喻理解时,必须对字面意义和隐喻意义进行同时加工。如果两个解释同时被激活,而且只有一个解释是说者或作者意图要表达的,那么我们就需要一种对不合适的解释进行抑制的机制[1]。对某一话语所进行的有关字面意义或隐喻意义的选择基于话语发生的语境。有些语境因素会使某种解释更具可能性。我们有理由相信,隐喻理解中语境除了能够抑制不恰当的字面意义外,同样也能够排除不恰当性的隐喻投射。因此,隐喻理解的逻辑表征如果想要取得理想效果,就必须更多地关注语用因素,并通过溯因推理减少隐喻理解结果的不确定性。

在逻辑上,溯因推理常被看作是一种具有理论发现价值的推理而引起学者们的关注。其基本的推理模式是:某个现象 E 被观察到;如果 H 为真,那么 E 被解释为当然的事;所以,我们有理由相信 H 是真的。随着语用推理形式化的发展,溯因推理的确证功能重新被发现,并得到了高度重视。J.霍布斯等人认为:"溯因推理是一种寻求最佳解释的推理。话语中句子的理解过程可以被看作是为句子为何为真提供最佳解释的过程。"[2]

斯坦哈特认为现有的基本溯因推理模式是一种简单溯因,主要存在两方面问题:其一是未能考虑到规则[如果 H 那么 E]的多种可能性,其二是未能考虑 E 可能获得较好解释这一事实。因此,他对其做出了改进:(1)E 有不同程度的可能性;(2)规则[如果 H 那么 E]是被单独证实的;(3)规则[如果 H 那么 E]比形式[如果 K 那么 E]的所有所知规则都更具可能性;(4)由此(溯因推理得出)H 的可能性与 E 的可能性成正比[3]。斯坦哈特在此基础上进一步提出了溯因推理的复杂模式。该模式的独特之处在于,要考虑这

① B. Keysar. Discourse Context Effects: Metaphorical and Literal Interpretations[J]. *Discourse Processes*, 1994(18):247-269.

② J. Hobbs, M. Stickel, D. Appelt, & P. Martin. Interpretation as Abduction[J]. *Artificial Intelligence*, 1993(63):95.

③ E. C. Steinhart. *The Logic of Metaphor: Analogous Parts of Possible Worlds*[M]. Dordrecht: Kluwer Academic Publisher, 2001:190.

样一种情况:前提 H 没有直接蕴涵 E,只有通过引入其他规则陈述{R₁,……Rₙ},才能联合推出 E。

隐喻理解就是通过类比推理形成诸多假设,然后在语境基础上通过溯因推理证实假设。该过程就是寻求最佳解释的过程。斯坦哈特结合复杂溯因推理,给出了隐喻命题的溯因推理证实过程[①],具体如下。

> L₁,……Lₘ 全是可能的字面命题;
>
> R₁,……Rₙ 全部得到单独支持或者是分析性的;
>
> 对于 R₁,……Rₙ 中的每个规则 R,要么 R 在 T 中,要么 R 在给定的类比(S,T,fₘ)中,通过归纳得到支持;
>
> {L₁,……Lₘ}中的 Lᵢ 不可能被{R₁,……Rₙ}单独衍推;
>
> {M}∪{R₁,……Rₙ}最佳衍推{L₁,……Lₘ};
>
> ∴M 是一个较为可能的隐喻命题。

其中,M 是类比迁移 A(S,T,fₘ)产生的隐喻性命题,字面衍推{L₁,……Lₘ}就是论证陈述{E₁,……Eₘ};规则{R₁,……Rₙ}是本来属于目标域或者其本身是通过类比迁移添加过来的。语境因素就可以通过规则 Rᵢ 来引入。因此,在隐喻理解的形式化中,需要增强对语境因素的系统表征,通过溯因推理来消解隐喻推理中跨域映射所带来的不确定性。

在现代逻辑与人工智能相互融合和渗透的大趋势下,如何提高词项内涵的形式化表征能力和自动化程度,如何构建体现动态跨域映射的类比演绎系统,如何利用语境信息解决隐喻推理的不确定性等问题,还有待于更多学者的共同关注和推进。

第五节　概率推理和统计推理

一、随机事件与概率

(一)事件类型

现实世界中的所有事件,按其性质的不同,可以划分为 3 类,分别是必然事件、不可能事件和随机事件。在一定条件下必然会发生的事件是必然事件。例如,从一个装有 3 个黑球的袋子里任取一个球,"恰好取出一个黑球"就是必然事件。在平面上任作一个三角形,"此三角形的内角和是 180°"也是必然事件。在一定条件下绝不可能发生的事件是不可能事件。例如,从 1 个装有 3 个黑球和 1 个红球的袋子中任取两球,"恰好取出两个红球"就是不可能事件。

在一定条件下可能发生,也可能不发生的事件是随机事件。仍以从袋中取球为例。"从袋中取出的球恰好为一黑一红"就是随机事件。现实世界中存在大量的随机事件,其他的例子如:某地每年出现台风的时间和最大风力,某城市每月流动人口的数量,陨石落到地面击中人(尽管该事件发生的可能性极小)等。

表面看来,随机事件具有不确定性,个别事件是杂乱无章的、偶然的,但是,当我们考察过大量的同类型的随机事件后,就会发现,在表面的偶然性背后隐藏着某种确定性和规律性。恩格斯说:"在表面上是偶然性在起作用的地方,这种偶然性始终是受内部隐藏着的规律支配的,而问题只是在于发现这些规律。"这种规律就是统计规律。

19 世纪时人们就已经认识到,无论在自然科学领域,还是在社会科学领域,同时存在着两种性质不同的规律,一种是因果性规律,另一种是统计规律。但是,此时的因果决定论的地位仍然是不可挑战的。

---

① E. C. Steinhart. *The Logic of Metaphor:Analogous Parts of Possible Worlds*[M]. Dordrecht:Kluwer Academic Publisher,2001:192.

诞生于 20 世纪的量子物理学在更深刻的背景和更大的规模上,向传统因果决定论观点的独尊地位发起了挑战。爱因斯坦有句名言:"上帝不掷骰子。"现在,我们不仅要承认"上帝确实掷骰子",而且还要研究"上帝怎样掷骰子"。研究这个问题的理论就是概率论和数理统计,它们在科学家中已经深入人心。

(二)概率的定义

在逻辑领域,人们也在寻找合适的逻辑工具来处理现实世界中的随机事件,通过推理和运算找出某个事件发生的概率,进而预测和把握未来。这种逻辑工具就是概率推理。对归纳问题的现代研究,大多是结合概率论进行的。

人们一般在与归纳有关的意义上使用"概率"这个词,这种意义上的概率,是指对于一个事件出现的可能性的程度或可能性的大小做出数量方面的估计,它与在证据基础上相信结论的合理度是相同的,概率是一个相对的问题,只有在相对于某些证据这一点上,谈论一个推测的概率才是有意义的。一个推测,无论是真是假,相对于证据的一部分,可能有一个高的概率;而相对于证据的另一部分,则可能有一个低的概率。

有代表性的概率定义有如下几种。

1. 概率的古典定义

通过试验,人们对随机事件出现的可能性大小给出一个确定的度量。用来计量随机事件出现的可能性大小的数就是事件的概率。事件 A 的概率通常表示为 P(A)。例如,如果从一副标准 52 张桥牌中任取一张,由于每张牌被抽取的可能性是相等的,则抽到某张牌的概率可表示为:P(A)=1/52。

概率的古典定义为:假设某随机试验总共有 n 个两两互斥的同等可能结果,使事件 A 成功的结果有 m 个,则 A 成功的概率 P(A)是:P(A)=m/n。

不难看出,概率的古典定义仅仅适用于具有有限个结果的随机试验,并且要求所有的结果具有同等可能性。

2. 概率的统计定义

在条件不变的情况下,如果我们重复地进行同一个试验 n 次,若随机事件 A 在这 n 次试验中出现了 m 次,则称比值 m/n 为这 n 次试验中事件 A 出现的频率。如果随着试验次数 n 的增大,事件 A 出现的频率 m/n 总是在某个常数 P 附近摆动,并且随着次数的增大,摆动幅度越来越小,这时,我们称 P 为事件 A 的概率,可表示为:P(A)=P。

例如,倘若投掷一枚硬币的次数较少,则正面向上的频率并非是十分稳定的。然而随着抛掷硬币的次数增多,频率会越来越明显地呈现出稳定性,并且越来越接近 0.5。

同概率的古典定义相比,概率的统计定义是普遍适用的,适用于一切随机现象。

3. 概率的逻辑解释

概率的逻辑解释首先由凯恩斯提出,卡尔纳普在他的归纳理论中接受并发展了这一观点。他认为,概率被看作是命题之间的逻辑关系,它的一个基本概念是"确证程度"。确证程度用"C"表示,C(h,e)=r 表示证据 e 对假说 h 的确证程度为 r。确证程度仅仅表示假说 h 与证明 e 的某种逻辑关系。为确定 h 相对于 e 的确证程度,无须知道 h 和 e 是真还是假,只需要分析 e 和 h 两句话的意义,便可计算出确证度 r。例如,e 代表语句"芝加哥的人口数为 300 万,200 万人是黑头发的,b 是芝加哥的一个居民",h 代表语句"b 是黑头发的",我们只需要分析 e 和 h 两句话的意义,便可计算出 h 相对于 e 的确证度为 2/3。卡尔纳普还提出,演绎推理与归纳推理的区别在于前者陈述了一种"完全逻辑蕴涵关系",而后者陈述了一种"部分逻辑蕴涵关系"。

概率的频率解释和逻辑解释之间的一个重要区别,就是前者认为概率语句是对随机事件性质的一种刻画,每一个直言概率陈述语句都是一个统计假说,它可以根据观察加以确证或否证,概率函数的自变量是事件。而后者则把概率看作假说和证据之间的一种逻辑关系,按照这种观点,概率陈述和逻辑陈述一样是分析的,一个真的概率陈述永远是一个逻辑真理,概率函数的自变量是陈述。

4.概率的主观置信度理论

概率的主观置信度理论把概率解释为个人的主观置信度,即在给定证据 e 时,某个体 S 对于假说 h 的合理性的相信程度,记为 CS(h,e)。因为任何一个陈述都不是孤立的,它存在于我们的全部知识之中,因而一个陈述的主观置信度完全取决于我们的相关知识是什么,这样,一个陈述的置信度因人而异,并且因时间而变化。举例如下。

[9-6](1)小王是一名大学生;

(2)绝大多数大学生懂英语;

(3)所以小王懂英语。

从这个推理的前提所构成的知识储备来看,这个陈述的主观置信度相当高,但如果再增加下面这一点新知识:虽然小王是一名大学生,而且绝大多数大学生懂英语,但是小王在学校学的是俄语,那么"小王懂英语"这个陈述的主观概率就会大大降低。假定推理者又有了新知识:小王是某英语俱乐部的成员,那么"小王懂英语"的主观置信度便又变得很高了。

主观置信度非常重要,它是我们做出决策的基础。我们从自己现有的知识出发,应用归纳逻辑,得到向某个陈述相关联的主观概率,再根据这个主观概率采取相应的行动。现在,主观置信度理论已经成为贝叶斯决策理论的基础。

二、统计推理

(一)抽样

数理统计是以概率论为基础,从部分去推断整体的理论。它可以帮助我们收集原始数据信息,并对这些信息进行整理和分析,以获得有价值的认识。当我们翻开报纸、打开电视机时,几乎随时都可以看到一些数据或编译数字。在现代科学中,统计方法越来越重要。

在统计中,被考察的全体对象称作总体(母样),从总体中选取的部分个体称作样本(子样)。常见的抽样方法很多,其中有随机抽样法、分层抽样法、整群抽样法等。

1.随机抽样法

所谓随机抽样法就是完全以随机的方式进行抽样,总体中每个个体都有被抽取的均等机会。随机抽样得到的样本称为随机样本。随机抽样的方法有很多种,最简单的方法是抽签法。

2.分层抽样法

所谓分层抽样法就是按照所研究对象的性质、特点和要求,全体对象划分为性质比较接近的各组(称为层),再从各层中随机抽取一部分个体作为样本来加以考察。例如,某组织要调查该国国民对总统的支持率。他们首先将国民划分为不同的阶层,分别是大资产阶级、中产阶级和工人阶级,这 3 个阶层分别占总人口的 1%、40%和 59%。然后,从这 3 个阶层中随机抽取 100、4000 和 5900 人,组成一个样本,该样本对总统的支持率为 50%。那么,由此可以推断,该国国民对总统的支持率为 50%。

3.整群抽样法

所谓整群抽样法是指将全体对象划分为若干群,随机抽取若干群作为样本群,然后对样本群进行统计分析。例如,某厂为掌握本季度新开发产品一级品的比率,确定抽 10%的产品,即在全季度连续生产的时间段内,按每隔 10 小时抽取 1 小时的全部产品,加以质检。假如经过统计分析,样本群的一级品率是 90%,人们便可以推算出该厂全季度产品的一级品比率。

整群抽样与分层抽样的不同在于分层抽样的分层是以相近类为基础,尽量减少层内各个体之间的差异,以每个层都有样本单位,从各层内随机抽取的办法来体现代表性,整群抽样法则希望群内各个体对象的差异尽量大些,并以此体现代表性。在整群抽样法中,未抽到群内的所有单位都不会进入样本,而抽到群内的单位全部进入样本。

(二)统计推理的类型

统计推理是由部分到全体的推理,它的结论所断定的范围超出了前提所断定的范围,推理的前提与结论之间只有或然性的联系,因此,统计推理也是一种归纳推理。

统计推理大致有 3 类。第一类是由某个样本具有某种属性推出全体对象都具有该属性。这又可细分为两种。一种是该样本中的个体全有或全无某种属性,这样得到的结论是全称命题,叫作全称概括。另一种是该样本中的部分个体具有某种属性,这样得到的结论叫作统计概括。例如,我们从一批产品中取出若干件作为样本,可做如下的推理。

所考察的样本中 90% 的产品是一级品;

所以,该批产品中 90% 的产品是一级品。

这类推理,无论是两种中的哪一种,都可以看成是枚举归纳推理或其变种。

第二类是由某个样本具有某种属性推出另一个(用相同的或不同的方式取出的)样本也具有该属性。这类推理与类比法有相似之处。在极端的情况下,当我们取总体作为另一个样本时,第二类推理就变成了第一类统计推理。

第三类统计推理就是所谓的统计三段论。它的典型形式如下。

[9-7]百分之 Z 的 F 是 G;

  X 是 F;

  所以,X 是 G。

仍以产品质检为例子。

[9-8]该批产品的一级品率为 90%;

  本产品是此批产品中的一件;

  所以,本产品是一级品。

这类推理具有类似直言三段论的形式,但其大前提是统计概括,因而显然是归纳推理。统计三段论中的 Z 必须大于 50,而且 Z 的数值愈大,结论的可靠性就愈大,或者说前提给予结论的支持就愈大。

第六节   溯因推理

一、概念界定

溯因推理(abductive reasoning)简单地说,就是形成解释性假设的过程。这是一种在日常生活和科学研究中都十分普遍的思维形式。美国实用主义哲学的先驱查尔斯·桑德斯·皮尔士(以下简称皮尔士)最早提出了这一概念。他说:"如果我们认为,当事实与预期不符时,我们就需要做出解释的话,那么这个解释就必须是一个能够在特定环境下预测所观察事实(或必然的,抑或非常可能的结果)的命题。一个自身具有可能性,并且使(观察到的)事实具有可能性的假设就需要被采纳。这个由事实驱动的采纳假设的过程,就是我所说的溯因推理。"[①]

二、认知特性

20 世纪 50 年代,美国科学哲学家 N. R. 汉森在《发现的模式》一书中,以开普勒发现行星椭圆形

---

①   Charles Sanders Peirce. *Collected Papers of Charles Sanders Peirce*:Vol. Ⅶ & Vol. Ⅷ [M]. Cambridge，Mass：Harvard University Press. 1958：121-122.

运动轨道的推理过程为案例,全面翔实地展示了皮尔士所说的溯因推理过程,溯因推理在新观念的产生和科学发现中的价值才开始被越来越多的学者所认识。汉森对皮尔士的"溯因推理"思想进行了概括,提出了一个比较简洁明晰的模式,可用如下公式表示。

$$\frac{\begin{array}{l}C\\H\rightarrow C\end{array}}{H}$$

此公式的含义是:①一个令人惊讶的事实 C 被观察到;②如果假设 H 为真,那么事实 C 就不言而喻;③因此,有理由相信假设 H 为真。其中,符号"→"表示 H 与 C 之间存在某种认知上的关联。

可见,溯因推理是一个我们形成关于某个现象或事实的特定假设的过程,该过程具有两个重要的认知特征:创新性和相似性。[①] 关于创新性,皮尔士将推理分为演绎推理、归纳推理和溯因推理。他认为,演绎推理论证的是必然性的事实,归纳推理解决的是实际上是什么的问题,而溯因推理仅仅暗示了某种事实是可能的。皮尔士并不赞同那种认为新理论、新观念来源于归纳的传统观点,他认为只有溯因推理能为我们带来新的观念。因为归纳推理只能用来确定某个值,而演绎推理产生的只是某个纯粹假设的必然结果。哲学家洛伦佐·玛格纳尼也认为"溯因推理"这个概念为我们研究人的创造能力提供了最好的哲学上和智力上的工具。

关于相似性,皮尔士在谈到事实与假设的关系时指出:"在溯因推理中,事实是通过类似之处来暗示一种假设的。这种类似之处就是事实与假设的推论之间的相似性。"[②]考古学中有一个被频繁引用的案例,那就是化石发掘者是如何识别出一块局部暴露的骨骼碎片就是原始人头盖骨的一部分。首先,这块碎片是轻度弯曲的,这表明它是脑比较大的动物的头盖骨的一部分;其次,脑在内层表面上留下的印痕也非常模糊,这也能说明这块头盖骨是原始人类的。根据皮尔士的观点,碎片的性质和形状就是观察到的令人惊奇的事实,规则是发掘者已有的知识和经验。溯因推理所要做出的假设是:这块碎片是原始人头盖骨的一部分。皮尔士曾将溯因推理表示为:$Any\ M\ is,\ for\ instance,\ P'P''P''',\ etc.$;$S\ is\ P'P''P''',\ etc.$;$\therefore\ S\ is\ probably\ M$。[③] 这个公式清晰地说明,我们之所以会得出假设性的结论"$S\ is\ probably\ M$",是因为 S 和 M 之间都具有相似的属性,如"$P'P''P'''$"等。

在溯因推理的过程中,人们往往会形成多个不同的假设。这就涉及了假设的评价和选择问题。因此,J. R. 约瑟夫森等人对皮尔士和汉森的溯因推理模式进行了补充:①D 是一个事实集合;②H 能够解释 D;③没有其他的解释能够像 H 那样很好地解释 D;④因此,H 可能是真的。[④] 约瑟夫森等人所提到的③实际上就揭示了不同假设之间的竞争关系,这种竞争关系催生了溯因推理的动态性:随着新信息的加入或已知事实的增多,原有的假设可能会被更优的假设所取代。我们可以用图 9-2 表示出这个过程。

图 9-2 中,为了解释已观察到的事实 1,认知主体形成了假设 1。如果假设 1 为真,那么我们可以通过演绎推理得到推论 1,但当推论 1 与新发现的事实 2 不符时,假设 1 就可能被证伪。为了解释事实 1 和事实 2,认知主体就会有压力和动力去寻找新的假设 2。同样,当新的事实 3 与假设 2 的推论 2 不符时,假设 2 就有可能被证伪,如此反复,不断演进,以求接近"事实的真相"。

在当前的认知科学研究中,越来越多的学者开始认识到,溯因推理不仅仅是科学家经常用到的推

① 徐慈华,李恒威. 溯因推理与科学隐喻[J]. 哲学研究,2009,(7):94-95.

② Charles Sanders Peirce. *Collected Papers of Charles Sanders Peirce*:*Vol. Ⅶ & Vol. Ⅷ*[M]. Cambridge, Mass:Harvard University Press. 1958:137.

③ Charles Sanders Peirce. *Collected Papers of Charles Sanders Peirce*:*Vol. Ⅱ*[M]. Cambridge, Mass: Harvard University Press. 1932:310.

④ John R. Josephson,Susan G. Josephson. *Abductive Inference Computation*, *Philosophy*, *Technology*[M]. Cambridge,Mass:Cambridge University Press,2009:14.

理模式,而且在我们的日常生活中也普遍存在,且十分重要。正如玛格纳尼所说,"溯因认知在人类(和动物)的生活中是如此的普遍而重要,我们简直无法想象我们如果没有它,应该如何生存和发展"。[①] 正是基于这种认识,"溯因推理"已经成为逻辑学、教育学、人工智能、神经科学、生物学等多学科研究中共同关注的热点问题之一。

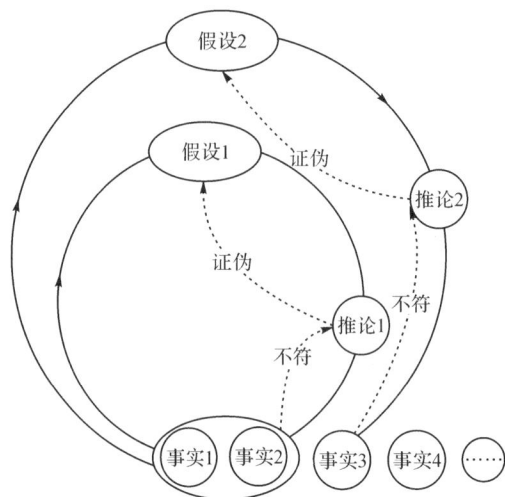

图 9-2　溯因推理的动态性示意

练习题

一、从下列各题的 4 个备选项中选择 1 个正确的答案,并做出简要的分析。

1. 光线的照射,有助于缓解冬季忧郁症。研究人员曾对 9 名患者进行研究,他们均因冬季白天变短而患上了冬季忧郁症。研究人员让患者在清早和傍晚各接受 3 小时伴有花香的强光照射。一周之内,7 名患者完全摆脱了抑郁,另外两人也表现出了显著的好转。由于光照会诱使身体误以为夏季已经来临,这样便治好了冬季忧郁症。

以下哪项如果为真,最能削弱上述论证的结论?

A. 研究人员在强光照射时有意使用花香伴随,对于改善患上冬季忧郁症的患者的适应证有不小的作用。

B. 9 名患者中最先痊愈的 3 位均为女性,而对男性患者治疗效果较为迟缓。

C. 强光照射对于皮肤的损害已经得到专门研究的证实,其中夏季比起冬季的危害性更大。

D. 每天 6 个小时的非工作状态,改变了患者原来的生活环境,改善了他们的心态,这是对抑郁患者的一种主要的影响。

2. 京东大学的 30 名学生近日答应参加一项旨在提高约会技巧的计划。在参加这项计划前一个月,他们平均已经有过一次约会。30 名学生被分成两组:第一组与 6 名不同的志愿者进行 6 次"实习性"约会,并从约会对象得到对其外表和行为的看法的反馈;第二组仅为对照组。在进行实习性约会前,每一组都要分别填写社交忧惧调查表,并对其社交的技巧评定分数。进行实习性约会后,第一组需要再次填写调查表。结果表明:第一组较之对照组表现出更少社交忧惧,在社交场合更多自信,以及更易进行约会。显然,实际进行约会,能够提高我们社会交际的水平。

① L. Magnani. *Abductive Cognition:The Epistemological and Eco-cognitive Dimensions of Hypothetical Reasoning* [M]. Berlin:Springer Press,2009:458.

以下哪项如果为真,最可能质疑上述推断?

A.这种训练计划能否普遍开展,专家们对此有不同的看法。

B.参加这项训练计划的学生并非随机抽取的,但是所有报名的学生并不知道实验计划将要包括的内容。

C.对照组在事后一直抱怨他们并不知道计划已经开始,因此,他们所填写的调查表因对未来有期待而填得比较忧惧。

D.填写社交忧惧调查表时,学生需要对约会的情况进行一定的回忆,男学生普遍对约会对象评价较为客观,而女生则显得比较感性。

3.人们早已知道,某些生物的活动是按时间的变化(昼夜交替或四季变更)来进行的,具有时间上的周期性节律,如鸡叫三遍天亮,青蛙冬眠春晓,大雁春来秋往,牵牛花破晓开放等。人们由此做出概括:凡生物的活动都受生物钟支配,具有时间上的周期性节律。

以下哪项的论证手法与上面所使用的方法不同?

A.麻雀会飞,乌鸦会飞,大雁会飞,天鹅、秃鹜、喜鹊、海鸥等也会飞,所以,所有的鸟都会飞。

B.我们摩擦冻僵的双手,手便暖和起来;我们敲击石块,石块会发出火花;我们用锤子不断地捶击铁块,铁块也能热到发红;古人还通过钻木取火。所以,任何两个物体的摩擦都能生热。

C.在我们班上,我不会讲德语,你不会讲德语,李霞不会讲德语,杨阳也不会讲德语,所以,我们班没有人会讲德语。

D.外科医生在给病人做手术时可以看X光片,律师在为被告辩护时可以查看辩护书,建筑师在盖房子时可以对照设计图,教师备课可以看各种参考书,为什么独独不允许学生在考试时看教科书及其相关的材料?

4.某市繁茂商厦服装部在前一阵疲软的服装市场中打了一个反季节销售的胜仗。据统计,繁茂商厦皮服的销售额在6、7、8三个月连续成倍数增长,6月527件,7月1269件,8月3218件。市有关主管部门希望在今年冬天向全市各大商场推广这种反季节销售的策略,力争今年11、12月和明年1月全市的夏衣销售能有一个大突破。

以下哪项如果为真,能够最好地说明该市有关主管部门的这种希望可能会遇到麻烦?

A.皮衣的价格可以在夏天一降再降,是因为厂家可以在皮衣淡季的时候购买原材料,其价格可以降低30%。

B.皮衣的生产企业为了使生产销售可以正常循环,宁愿自己保本或者微利,把利润压缩了55%。

C.今年夏天繁茂商厦的冬衣反季节销售并没有使该商厦夏衣的销售获益,反而略有下降。

D.根据最近进行的消费者心理调查的结果,买夏衣重流行、买冬衣重实惠是消费者的极为普遍的心理。

二、指出下列推论或研究运用了何种推理,并写出其推理形式。

1.金是导电的,

银是导电的,

铁是导电的,

铜是导电的,

铝是导电的,

……

金、银、铁、铜和铝等都是金属,迄今为止还没有发现一种金属是不导电的。所以,任何金属都是导电的。

2.水星沿着椭圆轨道绕太阳运行,金星沿着椭圆轨道绕太阳运行,地球沿着椭圆轨道绕太阳运行,火星、木星、土星、天王星、海王星、冥王星等都是沿着椭圆轨道绕太阳运行;水星、金星、地球、火星、木星、土星、天王星、海王星和冥王星是太阳系的全部大行星。因此,太阳系所有大行星都沿着椭圆轨道绕太阳运行。

3.气象工作者经过长期观察发现,如果清晨有露水,这天就是晴天。为什么有露水时就是晴天?他们研究了露水形成与天气之间的关系:在晴朗少云的夜间,地面热量散失很快,田野上的气温迅速下降。气温一降低,空气含水汽的能力也减小了,大气低层的水汽就纷纷附在草上、树叶上,凝成小水珠,形成露水。因此,露水的形成需要一定的天气条件,那就是大气比较稳定,风小,天空晴朗少云。如果夜间满天是云,云层就像暖房的顶盖,具有保温作用,离地高的地方气温不容易下降,露水很难出现。如果夜间风大,空气的流动就增加了近地面空气的温度,使水汽扩散,露水也难以形成。在这种认识的基础上,气象工作者得出结论:清晨有露水,这天必是晴天。

4.某县化肥公司为了更好地为农业服务,需要掌握该县农户户均每年所需化肥的数量,以便确定所需的总量,做好供应准备。但要全面普查将涉及数以10万计的农户,这是人力、物力和时间所不允许的。可是他们从该县的农户中抽出具有代表性的400户,经调查,这400户户均每亩需化肥80千克。由此推出结论,该县平均每户每亩需要化肥80千克。有了这一数字就不难算出全县所需化肥的总量。

5.哥白尼认为,地球绕太阳转动,并且绕地轴自转。托勒密派天文学家反对这种观点。他们认为,如果地球每天绕轴自转一周,那么地球表面上任何一点在很短暂的时间内都将运动很大一段距离。这时,如果有块石头从地球表面的一座塔顶上落下来,那么在下降过程中,由于地球自转的缘故,塔已经离开了原来的位置。因此,下落的石头应该落在距塔基相当远的地面上。但是,人们看到的情况并非如此,石头总是落在塔基边缘。这就是所谓"塔的证据"。伽利略指出,从运动着的地球表面的一座塔顶上落下来的石头,掉在塔基附近而不是掉在离塔基远处的事实,不能说明地球不是运动的,这正如一条匀速航行的船,从桅杆顶上落下一件重物,总是落在桅杆脚下而不是落在船尾一样。在17世纪40年代,法国人伽桑狄进行了一次"桅顶落石"的试验,结果与伽利略的回答预期相同。试分析伽利略使用了什么推理为哥白尼的"地动说"进行辩护。

6.国外文献报道,长期用1‰阿托品滴眼,每天一次,可防止近视发展。上海某个眼防所在这方面做了大量研究工作。他们用1‰阿托品滴一只眼并和另一只不滴阿托品的眼做对照,经7个月观察,滴药的眼睛近视数平均降低0.88度,不滴药的眼睛视力无进步。但是这个疗法的缺点是患者畏光。后来他们将阿托品减低浓度(一般不小于0.01‰)治疗近视的学生,疗效和副作用也随阿托品浓度降低而减弱。

7.长期生活在又咸又苦的海水中的鱼,它的肉却不是咸的,这是为什么?科学家们考察了一些生活在海水中的鱼,发现它们虽然在体形、大小、种类等方面不同,但它们鳃片上都有一种能排盐分的特殊构造,叫"氯化物分泌细胞"组织。科学家们又考察了一些生活在淡水中的鱼,发现它们虽然也在体形、大小、种类等方面不同,但它们鳃片上都没有这种"氯化物分泌细胞"组织。由此可见,具有"氯化物分泌细胞"组织是海鱼在海水中长期生活而肉不具有咸味的原因。

8.种植马铃薯是选用大个的薯块作种好,还是选用小的好?有一个农业试验站曾做过这样的实验:用10克、20克、40克、80克、160克重的马铃薯分别播在同一块田里,施同样的肥料。结果,10克重的产量是245克,20克重的产量是430克,40克重的产量是565克,80克重的产量是940克,160克重的产量竟达1090克。这说明选用大个的薯块作种,可以提高产量。

9.19世纪期间,人们发现从各种化合物中分离出来的氮,其密度总是相同,可是大气中的氮,却比从化合物中得到的氮,多出0.5%的重量,于是人们分析,这多出来的重量,一定有它另外的原因。经过对大气的反复测定,终于证明空气中的氮气加重的原因,是因为存在着氩气的缘故。

10.棉花能保温,积雪也能保持地面温度。据测定,新降落的雪有40%~50%的空气间隙,棉花是植物纤维,雪是水的结晶,很不相同,但两者都是疏松多孔的。由此可见,疏松多孔的东西能够保温。

第九章习题参考答案

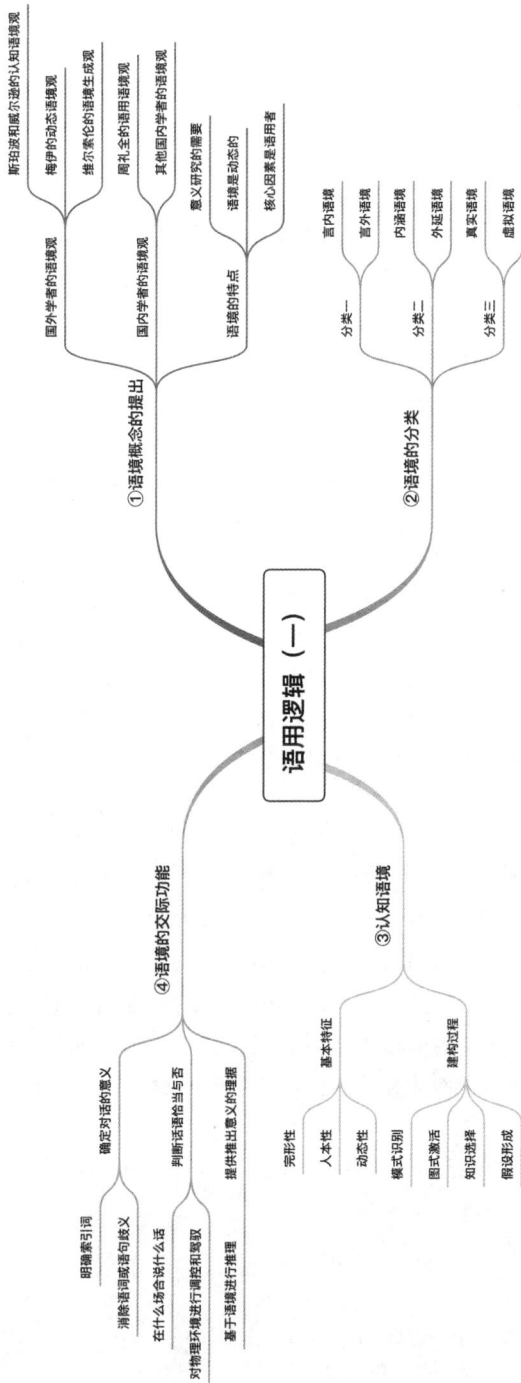

语用逻辑（一）

①语境概念的提出
- 国外学者的语境观
  - 斯珀波和威尔逊的认知语境观
  - 梅伊的动态语境观
  - 维尔素伦的语用语境生成观
- 国内学者的语境观
  - 周礼全的语用语境观
  - 其他国内学者的语境观
- 语境的特点
  - 意义研究的需要
  - 语境是动态的
  - 核心因素是语用者

②语境的分类
- 分类一
  - 言内语境
  - 言外语境
- 分类二
  - 内涵语境
  - 外延语境
- 分类三
  - 真实语境
  - 虚拟语境

④语境的交际功能
- 明确索引词
- 确定对话的意义
- 消除语词或语句的歧义
- 在什么场合说什么话
- 判断话语恰当与否
- 对物理环境进行调整和吸取
- 基于语境进行推理
- 提供推出意义的理据

③认知语境
- 基本特征
  - 完形性
  - 人本性
  - 动态性
- 建构过程
  - 模式识别
  - 图式激活
  - 知识选择
  - 假设形成

语境是语用逻辑中的一个重要概念。本章就来介绍有关语境的一些基本知识。

第一节　语境概念的提出

在阐述语境这个概念之前,我们先看下面的一个例子。

[10-1]电视连续剧《射雕英雄传》中有这样一个镜头:6 岁的郭靖在蒙古大漠看见铁木真和他的部下追赶哲别的场面之后,回家告诉母亲。

郭　靖:对了,娘,我想学射箭。那个大叔的箭法准极了。

郭靖娘:你说什么呢?

郭　靖:有好多个大叔去打一个大叔,那个大叔就用箭瞄准,射中一个有胡子的大叔,那个有胡子的大叔呢,就跟着那些大叔去捉那个大叔了。

郭靖娘:我都不知道你说什么,什么大叔小叔的!

"那个大叔"是指谁,"那个有胡子的大叔"是指谁?"那些大叔"又是指哪些人?尽管郭靖自己心知肚明,知道"那个大叔""那个有胡子的大叔"及"那些大叔"的所指,但由于郭靖的母亲当时没看见那个场面,也没有与该场面相关的知识,因此,根本不理解"那个"和"那些"的所指,自然也就不知道郭靖所要表达的意思了。无疑,这次交流是失败的。

我们把包含"那个""那些"等指示代词的句子称为索引句(indexical sentence),而理解这类词所需要的相关知识和背景就是"语境"。

语境这个概念的提出并非偶然,它是人们对意义研究的必然产物。人们对意义的关注远远早于语境的研究,譬如古希腊苏格拉底在探索伦理问题时就专注于分析道德语词的意义问题;柏拉图在《克拉底鲁篇》中详细地讨论了名称的意义问题。① 而亚里士多德在《论辩篇》里就已经尝试着根据词语出现的不同语境来解释词义:"一个名词具有许多特殊意义或只有一种意义,这可以用下述方法加以考察。首先,察看它的相反者是否具有许多意义,它们之间的差别是属于种类的还是属于用语的。因为在若干情形下,即使从用语方面亦可以立即察觉。例如,如果是讲声音,'尖锐的'相反者是'平淡的',如果是讲坚韧,其相反者是'笨钝的'……"② 在亚里士多德之后,西方和中国的许多逻辑学家也都不同程度地涉及语境问题。然而,直到 19 世纪,学者们才真正将语境当作一个逻辑问题或语言学问题加以研究。

19 世纪初,美国哲学家和逻辑学家查尔斯・桑德斯・皮尔士(以下简称皮尔士)第一次明确阐述了"索引语词"的概念,正式拉开了语境研究的帷幕。皮尔士认为,像"我""你""他"等人称代词,"过去""现在""将来"等时间词,"这""那"等指示代词,这些语词一旦离开具体的语境,就无法确定其所指。例如,在"我明天来这里找你"这句话中,索引词"我""你"的所指是谁;"明天"具体指谓什么时间;"这里"又是哪里? 这一系列索引词的意义取决于说者、听者,说话时的具体时间和地点等相关的语境因素。这些索引词如果缺少相关的语境因素,话语就无从理解,因此,包含这种索引词的语句(即索引句)便无真假,在逻辑上只是句子而非命题,这样的句子也就失去了存在的价值。举例如下。

[10-2]有一个"明天免费就餐"③的故事。

有家新开张的饭店,为了招揽广大顾客,特地在店门口张贴了一张告示:

"凡在本店吃饭的顾客,明天免费就餐。"

吃饭免费,这是多有诱惑力的广告啊!

---

① 徐友渔,周国平,陈嘉映,等.语言与哲学[M].上海:生活・读书・新知三联书店,1996:7.

② 亚里士多德.工具论[M].李匡武,译.广州:广东人民出版社,1984:280.

③ 参见 http://www.chinaschool.cnxspdxspd-czrx/czrx_czzl_20010411_1.htm.

一时,饭店顾客盈门,座无虚席,还有许多人排着长队等吃饭。可是,第二天,当顾客再去饭店吃饭时却照样付钱,一分也不能少。

原来,没有"今天"的具体所指,"明天"则永远是明天,免费吃饭的明天是永远不会到来的。

皮尔士之后,许多语言学家与逻辑学家相继对"语境"进行了研究。有代表性的是美国著名的语言哲学家、符号学家查尔斯·威廉·莫里斯、理查德·蒙塔古及巴尔一希勒尔,波兰人类语言学家马林诺夫斯基,英国语言学家韩礼德、约翰·鲁珀特·弗斯及著名的社会语言学家约书亚·费什曼,波兰著名哲学家 A. 沙夫也对语境有过深入研究。其中马林诺夫斯基于 1923 年最早使用 context(语境)这个术语①。有关上述学者的语境概念在大多数著作中都有比较详细的论述,他们对语境的研究虽然也考虑到了一些动态的因素,但总体来说,他们及 20 世纪 80 年代之前其他学者的研究主要还是对语境做静态的考察。下面我们将介绍 20 世纪 80 年代之后,国内外学者中比较有代表性的语境观。

一、国外学者的语境观

国外学者中比较有代表性的语境观,主要有以下几类。

1. 斯珀波和威尔逊的认知语境观

20 世纪 80 年代中期,从事语言学和哲学的法国学者丹·斯珀波(以下简称斯珀波)和英国学者迪埃珏·威尔逊(以下简称威尔逊)在其著作《关联性:交际与认知》(Relevance: Communication & Cognition)中明确提出:"语境是一个心理建构体(psychological construct),是听者关于世界假设的子集。正是这些假设,而非实际的客观世界,制约了话语的解释。"②他们从认知的角度来研究语境,并且定义了"认知环境"(cognitive environment)的概念:"一个人总的认知环境是他所明白的一系列能感知并推断的事实构成的集合:这所有的事实对于他来说是显明的。一个人的总认知环境是由他的认知能力和其所处的物理环境所决定的。"③他们突破了传统的语境概念,提出了一个新的语境观,虽然他们在著作中并没有十分明确地提出认知语境的概念,但从这里可以看出,他们所说的认知环境和语境,在一定意义上来说,就是我们今天所认同的认知语境。关于"认知语境"我们将在第三节中具体介绍。

2. 梅伊的动态语境观

20 世纪 90 年代初,丹麦语言学家 J.L. 梅伊(以下简称梅伊)立足于交际的事实提出了语境的动态性。在其著作《语用学引论》(Pragmatics:An Introduction)第三章中单列一小节以"动态的语境"为题,他说:"语境是动态的,它不是静态的概念,从最广泛的意义上说,它是言语交际时不断变动着的环境。交际者在这样的环境里进行言语交际,并且从这样的环境中获得对交际言语的理解。"④这是一种以"语言使用者为指向"(user-oriented)的语境观。由于以语言使用者为指向,语境就会随着不同的使用者、不同的使用群体、不同的语言而不同。

3. 维索尔伦的语境生成观

20 世纪 90 年代末,比利时语用学家 J. 维索尔伦(J. Verschueren,以下简称维索尔伦)在其专著《语用学新解》(Understanding Pragmatics)第三章专列一节谈语境的生成,他认为语境是生成的,甚

① B. Malinowski. The Problem If Meaning in Primitive Languages[M]// Verschueren. J. *Understanding Pragmatics*. Beijing: Foreign Language Teaching and Research Press,2000:75.

② Dan Sperber, Deirdre Wilson. *Relevance: Communication and Cognition*[M]. 2nd edition. Beijing: Foreign Language Teaching and Research Press, 2001:15.

③ Dan Sperber, Deirdre Wilson. *Relevance: Communication and Cognition*[M]. 2nd edition. Beijing: Foreign Language Teaching and Research Press, 2001:39.

④ J. L. Mey. *Pragmatics:An Introduction*[M]. 2nd edition. Beijing: Foreign Language Teaching and Research Press, 2001:39.

至是被积极地建构起来的。他说："实际上，语境是在语言使用的过程中生成的，因而也在不同方面受到限制……在几乎无限的种种可能性中，语境是在动态的交际过程中被创造出来的——是发生在表达者和解释者之间的、与'客观外在'（或被认为是客观外在）的现实相联系的动态交际过程中被创造出来的。""我们的任务是要在具体的语言使用中找到相关的语境界线，而不是根据某一预先设定的语境理论模型来框定语境的范围①。"维索尔伦为我们建构了一个新型的语境框架②，他把语言的使用者：表达者和解释者置于语境关系框架的中心，其语境框架如图 10-2 所示。

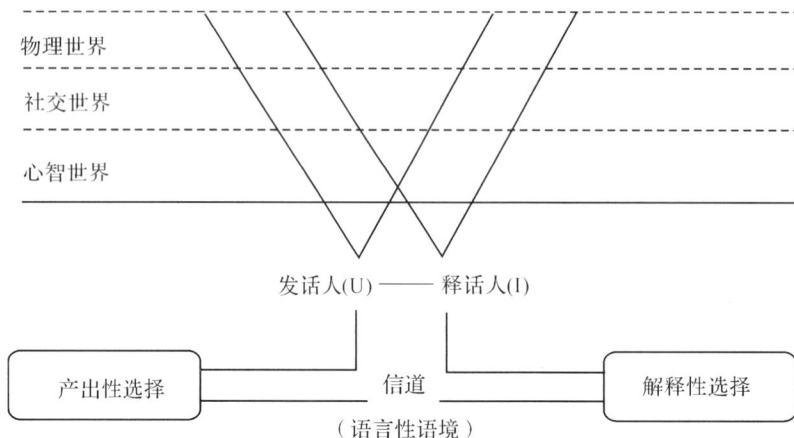

图 10-2　维索尔伦的语境框架

二、国内学者的语境观

在国外的新理论、新观点层出不穷的同时，我们国内的学者对语境的研究也颇具成果，主要有如下几类。

(一)周礼全的语用语境观

1994 年，周礼全在《逻辑——正确思维与有效交际的理论》一书中建构了一个包括意义、语境、隐涵、预设等概念的语言逻辑体系，其中，语境是该体系的一个重要概念。他从命题集合的角度为我们细致区分了 4 种语境：C_0、C_S、C_H、C_{SH}，正是这 4 种语境构成了他的语用语境观。C_0 是指谓当前情境、上下文、话语 U(FA) 涉及的事物和事态、说话者的情况和听话者的情况这 5 种因素的命题集合；C_S 是说者所知道、相信或接受的关于 C_0 中因素的命题集合；C_H 是听者所知道、相信或接受的关于 C_0 中因素的命题集合；C_{SH} 是说者和听者所共同知道、相信或接受的关于 C_0 中因素的命题集合。他把语境定位于话语交际中，他说："语境 C_0、C_S、C_H 和 C_{SH} 总是不断地发生变化的。随着谈话时间的延长、谈话内容的增多和谈话者的思想感情的变化，语境就会跟着不断变化。"③其实，早在 1978 年，周礼全就看到了语境在语言使用过程中的变化。他在《形式逻辑和自然语言》的讲话中说"命题是语境的函数"，语境作为一个自变项，其变化必然会给命题带来相应的变化。可以认为，这是我国学者早期对语境研究所做的一大贡献。

(二)国内其他学者的语境观

1983 年，陈宗明发表《逻辑与语境》一文，从指谓性和交际性两方面来研究自然语言中的语境与逻辑之间的关系，把语境定义为"语词指号的情境"。作者指出："说话者应用一种语词指号把思想感

---

① J. Verschueren. *Understanding Pragmatics*[M]. Beijing：Foreign Language Teaching and Research Press，2000：109.
② J. Verschueren. *Understanding Pragmatics*[M]. Beijing：Foreign Language Teaching and Research Press，2000：76.
③ 周礼全. 逻辑：正确思维与有效交际的理论[M]. 北京：人民出版社，1994：391.

情传达给听话者，听话者接收这些指号，并同说话者一样地理解这些指号，这个交际的过程就是实际的语境。"[1]此外，何兆熊、王建华等在其著作中也论及了语境的动态研究。何兆熊等曾经将交际过程中的动态语境定义为"在言语交际过程中，对某一言语活动有影响的共有知识的统一体"，他把语境置于发展变化的言语交际过程中进行研究，认为"交际过程也是语境的建构过程"。[2]王建华等在《现代汉语语境研究》中也明确提到了动态性是语境的重要性质之一，在论述语境的分类原则之一"层次性"原则时，他们认为"从言内语境经过言伴语境到言外语境，语境活动的形态由稳定性逐渐向动态性过渡……语境显示的功能也由制约性向生成性递增"。[3]熊学亮则是国内较早涉足认知语境研究的学者之一。他说："语境主要指的是认知语境，即语用者系统化了的语用知识。""认知语境是人对语言使用的有关知识，是与语言使用有关的、已经概念化或图式化了的知识结构状态。"[4]

三、语境的特点

从语境概念的提出到现有的研究成果，我们需注意以下几点。

第一，语境的研究是适应意义研究的需要发展起来的。较为严格意义的语境是指确定语句含义及真假的相关事物情况的集合。这里说的"相关事物情况"可以是前言后语（上下文），也可以是社会环境，还可以是说者和听者已有的关于当前客观环境的知识和经验。

第二，语境是动态的，它是在自然语言的某一特定的交际活动中生成的。语境之所以为语境，是因为它是交际的语境，是话语的语境，是言语行为的语境，它是人们表达和理解的具体条件。因此，考察语境必须立足于语言使用的事实，着眼于言语交际的全过程。我们不能撇开具体的语言使用，割断具体的表达与理解的过程去抽象地谈自然环境、社会环境等，而只能具体地说"某某话语的语境"或"某某表达式的语境"。

第三，语境的核心因素是语用者。从以上有关学者的语境观点来看，语用者在语境的研究中被提到了一个应有的高度，没有语用者，也就无所谓语境。语境是语用者从当前的客观环境和自己已有的知识经验中经过选择而建构起来的，它是主体对客体的主观建构。这种建构既没有淹没主体性，也没有消解客观性，而是主客体的融合与统一。以往的语境研究也看到了"人"的因素，但只是把人视为主观因素，与客观因素对立出现。

第二节　语境的分类

人们可以从不同的角度，根据不同的标准对语境进行不同的分类。就自然语言的表达和理解来说，比较典型的语境分类有言内语境与言外语境、内涵语境与外延语境、真实语境与虚拟语境。

一、言内语境与言外语境

言内语境指的是言语交际过程中自然语言符号表达某种意义时所依赖的各种言辞上下文（或前言后语）。就语言表达式 A—B—C 而言，A、B 相对于 C，A、C 相对于 B，B、C 相对于 A，都是语境。这是对语境的狭义理解。它们都不同程度地表现为一种言辞方面的前后制约关系，这样一种言内语境主要是针对自然语言的逻辑语义分析，揭示语言符号与其所指对象之间的逻辑关系。举例如下。

---

① 陈宗明.逻辑与语境[C]//中国社会科学院哲学研究所逻辑研究室.逻辑学论丛.北京:中国社会科学出版社,1983:87.
② 何兆熊.新编语用学概要[M].上海:上海外语教育出版社,2000:22.
③ 王建华,周明强,盛爱萍.现代汉语语境研究[M].杭州:浙江大学出版社,2002:78.
④ 熊学亮.认知语用学[M].上海:上海外语教育出版社,2001:115.

[10-3]"你是日本人吧?"

"不,我是中国人。"

答语"我是中国人"是针对问话"你是日本人吧"而言的,如果单就其狭义的言内上下文语境而言,它只是对问者所猜测的一种否定性回答,旨在告诉对方自己的国籍,表明了"我"是属于"中国人"这个大类而已。掌握言内语境是理解话语意义的基础。要理解日常生活中的话语,通常要考虑到其上下文的制约。当你回答"你吃苹果还是西瓜"时,简单的一句"苹果"表示"我吃苹果";而当你回答"你喝苹果汁还是西瓜汁"时,简单的一句"苹果"则表示"我喝苹果汁"。同样一句"苹果",由于其上下文制约不同,因而其所指也不同。

然而,语言交流是一种社会现象,具有特定知识背景的传受双方总是处于特定的具体环境之中,所说的话语都离不开特定的具体环境。因此,自然语言表达和理解过程中所依赖的各种时间、地点、场合、话题,交际者自身的身份、地位、心理背景,交际者所处的时代背景、文化背景,交际者的交际目的、交际方式,交际内容所涉及的对象及各种与语言表达式同时出现的非语词指号(如表情、体姿)等因素,作为一种知识或经验被语用者识别或提取,从而形成超出言内上下文之外的言外语境。简而言之,言外语境指的是言语交际过程中自然语言表达某种特定意义时所依赖的各种主客观环境因素的统一体。这样一种言外语境主要是针对自然语言的逻辑语用分析,进一步揭示语言的使用者、语言符号和意义之间的三维逻辑关系,它是自然语言中逻辑语用分析的中心范畴。例如前面的问与答:

"你是日本人吧?"

"不,我是中国人。"

当考虑到问答双方的身份、地位、心理背景、时代背景、交际目的等言外语境因素时,"我是中国人"就不仅仅是一句简单地告诉对方"我"的国籍而已了。据说有一次,吉鸿昌在美国纽约,突然有人拦住他故意问道:"你是日本人吧?!"吉鸿昌叫翻译回答说:"不,我是中国人!"又一次,他到纽约的一家邮局寄送东西,那里的工作人员又明知故问地说:"你是哪国人?"吉鸿昌大声说道:"我是中国人!"后来吉鸿昌就用草板纸自制了一个约半尺长的长方形牌子,用毛笔写着"我是中国人"几个大字,并在下边注上英文。外出时他就带上这块牌子。[①] 由于言外语境因素的影响,吉鸿昌所说的"我是中国人"并非仅仅告诉别人或向别人表明他的国籍,更是向世人昭示一个国家的尊严感与民族的自豪感。因此,当考虑到语用者等言外语境因素的影响时,对句子的意义分析就已突破了语义的限制,进入了语用分析的层面了。

二、内涵语境与外延语境

逻辑学根据对语言表达式意义的不同处理,分成外延逻辑和内涵逻辑。与此相应,可以有外延语境与内涵语境的区分。传统逻辑对语言表达式的研究基本上停留在表达式的外延上,认为表达式的外延亦即表达式的所指或真值便是其全部意义。外延逻辑的一个最大特点就是在该理论框架内等值转换规则与同一置换规则均成立。由于外延逻辑考虑表达式的意义时只涉及外延,这就使得有些问题难以解决,以至产生了悖论。鉴于此,一些逻辑学家认为,分析自然语言符号还必须考虑语言表达式的含义或内容。在自然语言符号的表达和理解中既考虑其外延又探究其内涵的逻辑便是内涵逻辑。瑞典学者詹斯·奥尔伍德等 3 人合著的《语言学中的逻辑》[②]认为自然语言中大部分语句都是在这种或那种方式下依赖语境的(context-dependent),为了真正了解一个语句,我们必须知道一些关于这个语句陈述时的语境。

《语言学中的逻辑》的作者把语境分为内涵语境和外延语境,并举出以下两个句子作为例证。

① 参见 http://www.zpebtdc.com/ebooksjwzzhwzzgrw004.htm。

② 詹斯·奥尔伍德,等.语言学中的逻辑[M].王维贤,等,译.石家庄:河北人民出版社,1984:138-163.

[10-4]Bill is thinking of his future wife.

(比尔正在想象他未来的妻子。)

[10-5]Bill is kissing his future wife.

(比尔正在吻他未来的妻子。)

《语言学中的逻辑》的作者认为[10-4]有两种可能的读法：一是，其中的"想象"可以看作个体之间的一种关系，按这种读法[10-4]是真的，当且仅当比尔和他未来的妻子在个体的对偶之中可以找到，这些个体的对偶组成"想象"的外延。按另一种读法，即使在我们这个世界没有真是比尔未来的妻子的个体，这个语句也还可以是真的。比尔可能想到他希望作为他未来妻子的那种类型的女人，而这种解释完全不能用于[10-5]。在[10-5]中，如果这个句子是真的，那么当且仅当比尔未来的妻子存在于我们这个现实世界之中。

《语言学中的逻辑》认为，[10-4]的第二种读法为我们明确提供了一种这一类的语境，即内涵语境(intentional context)，这意味着"想象"这个词既可以提供一个外延语境(如[10-4]的第一种读法)，又可以提供一个内涵语境(如[10-4]的第二种读法)；而句[10-5]中的"吻"则只能提供一个外延语境。

内涵语境误解为外延语境可能形成歧义，从而在推理中导出谬误。这样的例子在实际思维中屡见不鲜。下面是一个形式有效的三段论推理："人是动物，李四是人，所以，李四是动物。"然而，推理的结论对于李四来说是不能接受的。因为结论是句骂人的话。从交际的角度看，这类问题的产生，原因就在于：李四会从内涵上去理解的问题，推理者只是从外延的角度上予以考虑。仅从外延的眼光看，大前提中的"人"是指作为生物的人，也可以作为社会的人。李四之所以不愿意接受这一推理，正是从"社会的人"这个意义上来理解的。可见，在语言交流中，"人"这一语词有了歧义。用现代逻辑的术语来说，大前提与小前提中的"人"分别属于不同的可能世界，具有不同的内涵。

三、真实语境与虚拟语境

语境按照存在于真实世界还是可能世界，可以分为真实语境和虚拟语境①。

真实语境是指存在于真实世界的语境。所谓"真实世界"就是不依赖于人们的思想感情而存在着的真真切切的客观世界。存在于这个世界中的语境便是真实语境。真实语境中的命题总是与真实世界相一致的。举例如下。

[10-6]长江是中国最长的河流。

这是个真命题，因为它同真实世界相一致。如果说"长江是世界上最长的河流"，这就是个假命题，因为它同真实世界不相一致。这里的真和假，都是就真实语境而言的。

虚拟语境是指存在于可能世界而非真实世界的语境。举例如下。

[10-7]东风不与周郎便，铜雀春深锁二乔。

这是杜牧《赤壁》诗的后两句。赤壁之战在事实上是孙、刘联军击败了曹军，但诗人却从反面落笔：假如东风不给周瑜以方便，胜败双方就会易位。这个假设只是一个可能世界，而不是真实世界，所以属于虚拟语境。

在日常言语交流中，人们常常使用虚拟语境。一本小说，一出戏剧，一部科幻作品，它们构造的话语所依赖的语境很多就属于可能世界的范畴。看了小说《红楼梦》，人们谈论贾宝玉和林黛玉的爱情，谈论贾府里复杂的人际关系，谈话双方的表达和理解更多地依赖于《红楼梦》的语境，而《红楼梦》的语境则是小说家曹雪芹虚构的，它只是一个可能世界。然而，诸如此类的可能世界只要不出现逻辑矛盾，我们就可以把它们同现实世界一样进行逻辑分析。

---

① 王维贤，李先焜，陈宗明.语言逻辑引论[M].武汉：湖北教育出版社，1989：136-137.

第三节　语境的实质——认知语境

一、认知语境的基本特征

认知语境具有如下三方面的明显特征[①]。

(一)完形性特征

"完形"一词,是德文"gestalt"的中文意译,中文音译为"格式塔",指"一种特殊的、具体的、存在的、组织起来的实体,它具有一种固定的形状或形式"。[②] 在完形心理学中它被赋予了"通过整合使之完形"的意蕴。完形心理学(格式塔心理学)认为客观世界的任何事物,经过人的知觉活动进行积极的组织或建构,而成为经验中的整体,这就是形。类似地,认知语境作为一个完形概念,也突显了其整体性。它不再像传统语境那样是 $c_1 + c_2 + c_3 + \cdots\cdots$ 的简单集合,而是各要素相互交融的集合体,一个整体。它是一个人所有的概念、知识、经验、理性、情感全部内化后的开放性整体,是一个不断发展变化的知识集。人们可以不断地去选择它、建构它、发展它,但绝不可以像以往那样把它进行原子解构。在交际过程中,表面上看,似乎是某一语境要素,如时间、地点或人物在参与人们的交际,实际上,这些语境要素已经内化在认知主体中,主体已具备了认知某一时间、地点或人物的知识与经验,这些知识与经验作为认知语境这一整体形象贯穿并参与到人们的整个话语交际过程中。

(二)人本性特征

完形的过程离不开"人"这一认知主体,这里所谓认知主体即为语言符号的使用者,它包括说者和听者。认知语境使人们的目光聚集在符号的使用者身上,关注自身,关注符号的使用者,这体现了多年来我们一直提倡的"以人为本"的思想,人在认知语境中被提到了一个应有的高度。人具有认知的潜能,环境最终帮助人使自己的潜能现实化,而实现了潜能现实化的主体又是一个拥有内化客体的主体,这个内化了的客体则又成为主体再次内化的经验与依据。认知发生在主体与客体之间,没有独立于主体的认知,也没有游离于客体的认知。经验源于主体与客体之间的互动,因而,认知语境实现了主客体的统一。

(三)动态性特征

传统语境是预先给定的,被视为一个客观存在的、静态的既定集合体和被适应对象;而认知语境是一个随交际的需要不断被选取的变动体,是一个随交际的展开不断被发展与创造的动态系统。它在交际过程中不断被主体激活与创造,它不再是一个被适应的对象,它时时处在交际主体的不断选取中,它完全可以被建构。交际的过程是一个根据已有信息推断出未知信息,得到已知信息的过程。已有信息作为语境假设是推理的前提,未知信息被推断出来后则为已知信息,已知信息即语境效果是推理的结论,它有可能作为下一轮的语境假设(前提)的一部分和主体的已有信息参与推理,又一个未知信息被推断出来成为已知信息,从而得到进一步的语境效果,这个语境效果又继续参与下一轮的交际,只要交际不停止,这一过程就无极限。语境假设和语境效果之间不断被吸收、转化、消解,从而造成了认知语境结构整体趋向变换的内在矛盾和张力,这些矛盾和张力,会在交际过程中不断地生长、溶解、再生长、再溶解⋯⋯以此创造着语境的动态平衡(见图10-3)。

---

①　胡霞.略论认知语境的基本特征[J].语言文字应用,2004(3):91-97.

②　弗农·J.诺贝尔,卡尔文·S.霍尔.心理学家及其概念指南[M].李廷揆,译.北京:商务印书馆,1998:62.

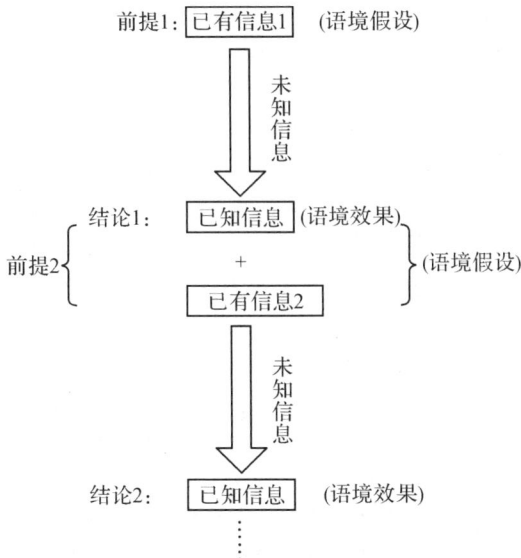

图 10-3　语境的动态平衡示意

二、认知语境的建构过程

认知语境的建构过程是指认知主体通过自己的认知能力,根据对当前物理环境的模式识别,运用已有图式结构中的知识形成语境假设的过程,它包括模式识别、图式激活、知识选择、假设形成 4 个阶段。对于认知语境的建构过程,我们可以用图 10-4 来表示。

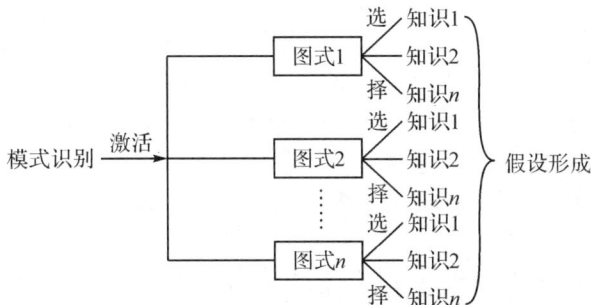

图 10-4　认识语境的建构过程

模式识别激活了 n 个图式之后,有可能不会马上进行知识选择,而是由这 n 个图式又激活 n' 个图式再进行知识选择。因此,从认知语境的建构过程来看,日常交际中的每一次简单对话似乎都需要涉及许多认知运作程序,而事实上,交际双方对这些复杂的过程却没有直接的知觉,认知语境实际上是一种"缺省语境"[①],这种缺省是人们通常情况下的默认与规约。"当有人叫我们思考一个句子,其语境未受到具体说明时,我们将会自动地在我们经常遇到的这种语境中听这个句子。"[②]这是一种自觉的无意识的行为。

心理学上曾经有这样一个生动的故事[③]。

[10-8]在一个冬日的傍晚,于风雪交加之中,有一男子骑马来到一家客栈。他在铺天盖地的大雪中奔驰了数小时,大雪覆盖了一切道路和路标,由于找到这样一个安身之处而使他格外高兴。店主诧

---

① 黄华新,胡霞. 缺省推理:认知语境的功能实现[M]. 信阳师范学院学报(哲学社会科学版),2004,24(2):1-4.

② 引自 Varol Akman. Rethinking Context As a Social Construct[J]. *Journal of Pragmatics*,2000(32):746.

③ 参见 http://office.teda.com.cn/newhomepage/tushu/bookdirkepugeshitaxinlixue/Gestalt000.htm.

异地到门口迎接这位陌生人,并问客从何处来。男子直指客栈外面的方向,店主用一种惊恐的语调说:"你是否知道你已经骑马穿过了康斯坦斯湖?"闻及此事,男子当即倒毙在店主脚下。

康斯坦斯湖是一个客观存在的物理环境,当男子在经过这个大湖泊的时候,他并没有识别出那是个大湖泊,康斯坦斯湖被他错误地识别为冰天雪地的平原,他认为自己是在骑马过平原。因此,即使他当时具备相关的康斯坦斯湖的知识,这些知识也无法被激活。在识别了店主的语音模式"你是否知道你已经骑马穿过了康斯坦斯湖"之后,男子即刻对他刚才的行为有了进一步的识别,原来他不是骑马过平原,而是骑马过湖!由此激活了他大脑中的"骑马"图式和"康斯坦斯湖"图式,在关于"骑马"和"康斯坦斯湖"的一系列知识命题中,他做出相关选择之后形成了一个关于"骑马过康斯坦斯湖是一件极其危险甚至危及生命的事"这样一个认知语境,由此导致他的心理不能承受而即刻死去。

第四节　语境的交际功能

在语境中确定话语的意义是语言逻辑研究的重要问题之一。日常交际中,人们通过语境进行语用推理,最终获得话语的意义,从而实现语境的功能。

语境的功能主要表现在以下几个方面。

一、确定话语的意义

在交际过程中,A 将信息传递给 B,B 接受了这个信息,并发出某种信息表示对 A 的信息的接受与理解。如果 B 对 A 所发出的信息的理解是正确的,那么这个交流便是一个成功的交流;反之,则是不成功的交流。传者如何才能使受者正确地理解自己的信息? 而受者如何才能正确地理解传者发送过来的信息? 换句话说,A、B 的语言交流如何得以实现? 在这里,语境起着重要的作用。

语境在确定具体语义或所指方面的作用首先表现在解决索引语词的所指谓问题。一句话中如果含有这样或那样的索引语词,它的所指谓是什么,只有结合语境才能确定。举例如下。

[10-9]"他经常靠在椅背上,用富有表现力的手势来增强谈话效果,当要扩大谈话范围,或是从中得出一般性结论时,他经常用手在面前一挥;在搁浅的争论有了结论时,他又会把两手放在一起,十指相对。在正式会议中,他对一些俏皮话暗自发笑,在闲聊时,他又变得轻松自如,有时对善意的玩笑还发出朗朗的笑声。"①

这是尼克松先生在他的回忆录中描写周恩来总理交谈姿势的一段话,根据语境,其中的"他"是指周总理。

语境在确定具体语义或所指方面的作用还表现在它具有消除语词或语句歧义的功能。在语言交流中所使用的自然语言,有时会出现歧义现象。只有同语境联系起来,才能消除歧义,而达到确定的理解。举例如下。

[10-10]A、B 两人对话:

A:"你去哪儿?"

B:"我去上课。"

A 要正确理解 B 的回答,就离不开语境。因为"上课"一词既可表示教师去给学生授课,也可以表示学生去听老师讲课,因而"我去上课",既可表示"我去给学生授课",也可表示"我去听老师讲课"。如何才能正确理解 B 的确定含义,有赖于 B 是学生还是教师,如果 B 是学生但同时在做教师兼职,或 B 是教师但同时兼做某个进修班或培训班的学生,这种情况则更复杂一点,那还要考虑到说话的时间

---

①　家庭生活百科编辑委员会.口才通[M].延吉:延边大学出版社,2001:29.

是在教师的工作之余还是学生的学习之余，它取决于 A 对 B 的语境认知。举例如下。

[10-11]"他，连我都不认识。"

这一自然语句，也是有歧义的，既可解释为：他不认识我；又可解释为：我不认识他。究竟哪一种解释符合实际情况，只要同语境联系起来就清楚了。

二、判断话语恰当与否

人们对认知语境的构成因素做过大量的分析，这些构成因素就是认知语境的建构基础。我们认为认知语境建构的基础是交际话语的物理环境、交际者的经验知识及个人的认知能力。交际话语的物理环境包括当前输入的客观存在的信息，诸如时空因素、个人身份等，它具有一定的客观性。一般来说，符合当前物理环境的交际话语是恰当的，不符合则是不恰当的，它要求人们在什么场合说什么话。据说，英国女王维多利亚与其丈夫阿尔伯特之间曾经有一个精彩的三问三答①。有一天，女王办完公事，深夜回到卧房，见房门紧闭，就敲起门。他们的对话如下。

[10-12]阿尔伯特：谁？

女　　王：我是女王。（门未开，再敲）

阿尔伯特：谁？

女　　王：维多利亚。（门未开，再敲）

阿尔伯特：谁？

女　　王：你的妻子。

（门开了，维多利亚走了进去。）

卧房门口不是王宫大厅，也不是日常交际场合，它是妻子与丈夫的休息空间。"女王"是在日常公务活动中面对部下的称呼，"维多利亚"则是日常交往中面对普通朋友的称呼，而只有"你的妻子"是完全属于丈夫阿尔伯特的专有称呼。幸亏维多利亚醒悟及时，才不至于将"闭门羹"吃得太久。

一方面，我们强调语境具有判断话语是否恰当的功能，但并不是说不符合的就一定不是恰当的，有时不符合的话语反而起到出其不意的效果。因为，交际话语的物理环境毕竟是客观的，人具有认知的潜能，交际者在已有知识经验的基础上，通过自己的认知能力，对当前的物理环境进行一定的调控和驾驭，则能起到化腐朽为神奇的功效。例如，1988 年，作家王蒙率领中国作家代表团访问美国。在一次记者招待会上，一位美国记者对王蒙在 20 世纪 50 年代被错划成"右派"和"文革"时期被"发配"新疆的事很感兴趣，便借机打听。下面是他们的精彩对话②。

[10-13]美国记者：请问 50 年代的王蒙和 80 年代的王蒙有什么相同与不同？

王　　蒙：50 年代我叫王蒙，80 年代我也叫王蒙，这是相同之处；不同的是，50 年代的王蒙 20 多岁，而 80 年代的王蒙 50 多岁。

从字面上看，这样一个答非所问的回答似乎是不恰当的。当美国记者把王蒙预设在 20 世纪 50 年代和 80 年代不同的政治环境里时，王蒙并没有被框定在这样的环境里，而是在判断出对方不怀好意之后，根据自己的知识经验，把自己作为一个自然人放到了一个极为自然的环境里。表面上看似根本没有回答对方的问题，这种回答是不恰当的，实际上这是一种更高层次上的恰当回答，从另一角度来看，这种回答是非常恰当的。

---

① 胡卫红.精彩对话赏评（西方卷）[M].北京：中国戏剧出版社,2002:319.

② 胡卫红.精彩对话赏评（东方卷）[M].北京：中国戏剧出版社,2002:233.

三、提供推出意义的理据

通常人们在日常生活中所做出的决策都不是在完全确定的条件下进行的，即使在最简单的情况下，也很难掌握完全的信息。言语交际亦是如此，大多是在信息不完备的情况下进行的。交际过程中，"在具体场合不明确的情况下，语言使用者可以自觉或不自觉地运用知识进行推导，而这种知识所依赖的主要是认知语境"。① 认知语境为我们提供了推出意义的理据，在整个推理过程中，它充当了推理的前提，通过推理，语境最终实现了它的功能。举例如下。

[10-14]在南朝宋刘义庆的《世说新语·言语第二》中记载了这样一个有名的故事：孔文举（孔融）十岁时，随父到洛阳，一日去拜访河南尹李膺，在待人处物上表现进退有度，谈吐不凡，一时称奇。但当时的太中大夫陈韪到后，听说此事，却不以为然。

韪曰："小时了了，大未必佳。"

文举曰："想君小时，必当了了。"

韪大踧踖。

从陈韪的话里我们可以做出如下推理。

(1)p→¬□q	(1)如果小时了了，大未必佳；
(2)¬□q↔◇¬q	(2)大未必佳等值于大可能不佳；
(3)p	(3)小时了了；
∴(4)◇¬q②	∴(4)大可能不佳。

陈韪省略了前提(1)(2)，然后通过肯定前件(3)p"小时了了"，从而得出后件(4)◇¬q"大可能不佳"。而孔融却在当时显性信息并不完备的基础上做出了另一番推理，我们大致刻画如下。

(1)p→¬□q	(1)如果小时了了，大未必佳；
(2)¬□q↔◇¬q	(2)大未必佳等值于大可能不佳；
(3)◇¬q	(3)大可能不佳；
∴(4)T(a,p)	∴我认为你小时必当了了。

孔融省略了前提(1)(2)(3)，只说出了结论(4)，而他的结论是在以肯定陈韪◇¬q(大可能不佳)的前提下推理得出的。尽管孔融的推理不一定完全正确，且具有诡辩色彩，但他和陈韪所做的推理都是在显性信息不完备的情况下，利用认知语境作为推理的隐性前提得出结论的。我们把这样基于认知语境所做的推理叫作缺省推理，缺省推理使得认知语境最终实现了其功能。在日常会话中我们经常通过认知语境来做大量的缺省推理。举例如下。

[10-15]A:你吃辣吗？

B:我是湖南人。

众所周知，湖南人以吃辣椒为名，由B的话中，我们可以推理出B的话语意义是B吃辣，推理过程如下。

(∀x)(Sx→Px)	对于所有x来说，如果x是湖南人，那么x吃辣；
Sa	我是湖南人；
∴Pa	我吃辣。

整个公式写成

---

① 熊学亮.认知语用学[M].上海：上海外语教育出版社，2001：115.
② p:小时了了；¬□q:大未必佳；◇¬q:大可能不佳。

$(\forall x)(Sx \rightarrow Px) \wedge Sa \rightarrow Pa$

由此可以看出,正是在认知语境的基础上所做的缺省推理赋予了话语"我是湖南人"以"我吃辣"的意义。

练习题

一、试为下列话语设置不同的语境。

1.下雨了!

2.警察来了!

3.几点了?

4.吃饭了吗?

5.我女儿是儿子,我儿子是女儿。

6.今年二十,明年十八。

二、结合自己的常识经验,分析下列对话中的认知语境。

1.A:几年没见,提了吧?

B:呵呵,还是张老师噢!

2.A:昨晚的球赛怎么样?

B:我家停电了。

3.A:小伙子,找对象了吗?

B:孩子都上幼儿园了!

三、阅读下面一段话,然后根据语境,写出批评家与歌德对话的推理过程。

诗人歌德的作品受到了某批评家的尖刻指责。一次他在魏玛公园一条只能通过一个人的小径上散步,迎面来了那位批评家。

批评家:(蛮横地)我向来没有给傻瓜让路的习惯!

歌　德:(连忙让到一旁,笑容可掬地)我恰好相反。

四、相传有几位不同身份的人在开封相国寺分别写下了几首不同的"酒、色、财、气"诗,以下是其中的两首。第一首为宋朝佛印和尚所作,第二首为宋朝宰相王安石所作,请结合相关的认知语境分析诗句的意义及诗人当时的心理状态。

1.酒色财气四堵墙,人人都往墙里藏。若能跳出墙垛外,不活百岁寿也长。

2.世上无酒不成礼,人间无色路人稀。民为富财才发奋,国有朝气方生机。

第十章习题参考答案

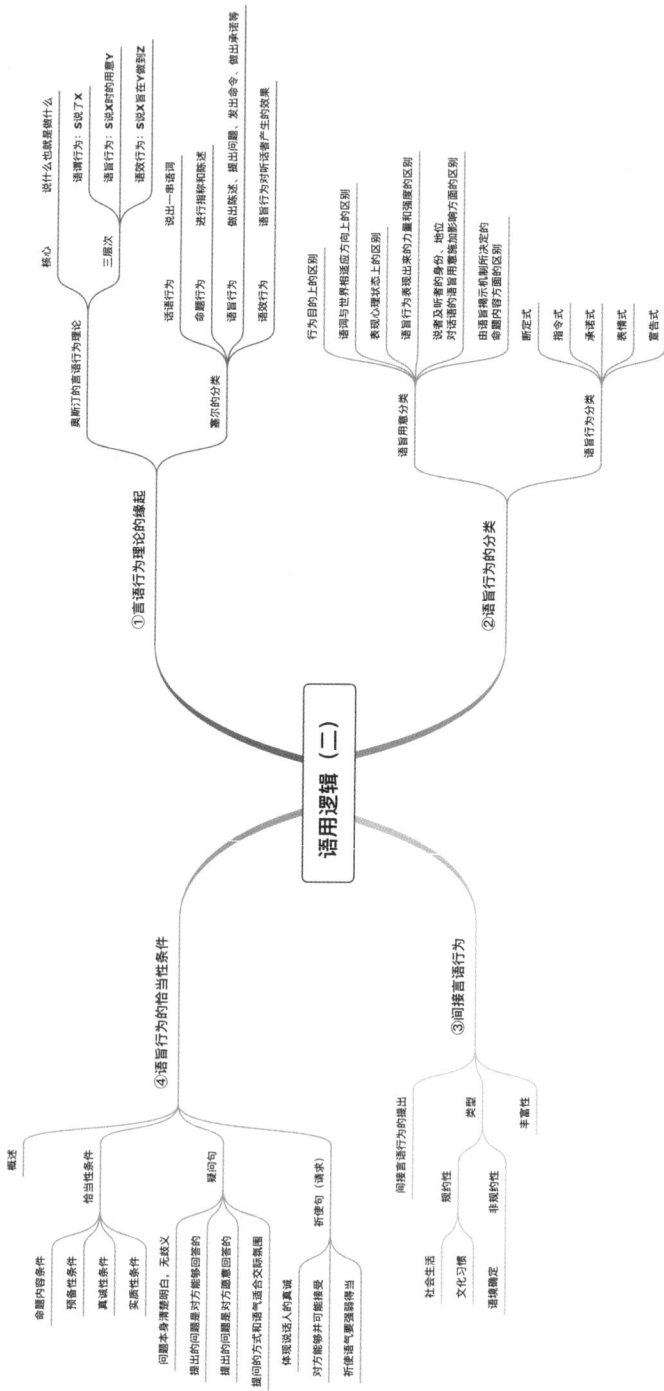

语用逻辑（二）

① 言语行为理论的缘起

奥斯汀的言语行为理论
- 核心
  - 讲什么也就是做什么
  - 语调行为：S说了X
  - 语旨行为：S说X时的用意Y
  - 语效行为：S说X旨在Y造到Z
- 三层次
  - 说出一串语词
  - 进行指称和陈述
  - 做出陈述、提出问题、发出命令、做出承诺等
  - 语旨行为对听话者产生的效果

塞尔的分类
- 话语行为
- 命题行为
- 语旨行为
- 语效行为

② 语旨行为的分类

语旨用意分类
- 行为目的上的区别
- 语词与世界相适应方向上的区别
- 表现心理状态上的区别
- 语旨行为表现出来的力量和强度的区别
- 说者及听者的身份、地位
- 对话语的语旨慎重加影响方面的区别
- 由语旨揭示机制所决定的命题内容方面的区别

语旨行为分类
- 断定式
- 指令式
- 承诺式
- 表情式
- 宣告式

③ 间接言语行为

间接言语行为的提出
- 规约性
  - 社会生活
  - 文化习惯
  - 语词规定
- 类型
- 非规约性
- 丰富性

④ 语旨行为的恰当性条件

- 概述
- 恰当性条件
  - 命题内容条件
  - 预备性条件
  - 真诚性条件
  - 实质性条件
- 疑问句
  - 问题本身需明白、无歧义
  - 提出的问题是对方能够回答的
  - 提出的问题是对方愿意回答的
  - 提问的方式和语气适合交际氛围
- 祈使句（请求）
  - 体现说话人的真诚
  - 对方能够并可能接受
  - 祈使语气要强语措得当

196

第一节 言语行为理论的缘起

一、奥斯汀的言语行为理论

20世纪50年代英国日常语言哲学学派的代表人物约翰·朗肖·奥斯汀(以下简称奥斯汀)最先提出了言语行为(speech acts)理论。这种理论起初只是一种把话语看作行为的语言哲学理论,后来经过美国语言哲学家J. R.塞尔(以下简称塞尔)和其他学者的继承和发展,成为一门涉及哲学、逻辑学和语言学诸方面内容的理论体系。该理论认为,当人们说出一串话语时,他就在完成一种行为,人的言语本身就是一种行为。按照奥斯汀自己的说法,即为"说什么也就是做什么"("to say something is to do something"),用公式表示为:在说 x 的时候我在做 y(in saying x I was doing y)。

奥斯汀的这个观点可谓简单,但十分深刻,它真正抓住了人类语言活动的本质特征,为人们从语用逻辑的角度研究语言交际奠定了理论基础,也为人们深入具体地理解自然语言提供了全新视角。沃尔夫冈·施太格缪勒(以下简称施太格缪勒)对语言哲学家们的尖刻嘲讽,也从另一个角度折射出奥斯汀"发现"的重要性。施太格缪勒说:"说起来这真的是荒唐,而且对于过去2500年间所有那些比任何一种方式研究语言的人类来说这也是一件令他们感到羞耻的荒唐事,即他们竟然没有远在奥斯汀之前就做出了这样一种本质上可以用一句很简单的话来表示的发现:我们借助于语言表达可以完成各种各样的行为。特别值得注意的是,到有一位哲学家发现存在着像语言行为这样的东西时,甚至可能已经是现代哲学中'语言学转向'几十年以后的事了。"[①]

言语行为论者认为,在每一个话语 U 中,S 完成一个行为,诸如陈述一个事实或意见,断定或否定某件事,做出一个预言或提出一个请求,发出一个命令或宣布一个决定,给予一个祝福或表示一下感激等。可以将任何话语 U 都看作是一个言语行为。例如:S 在 H 生日的时候对 H 说:"祝你生日快乐!"H 马上对 S 说:"谢谢!"那么话语 U"祝你生日快乐!"和"谢谢!"分别完成了一个表示祝福和感谢的言语行为。我们每天都在通过话语来完成大量的行为。

在奥斯汀那里,一个完整的言语行为包含三个层次,即语谓行为、语旨行为和语效行为(这是周礼全先生的译法,它们的英文名分别为 locutionary act,illocutionary act,perlocutionary act;许国璋先生把它们分别翻译为"以言表意行为"、"以言行事行为"和"以言取效行为")。首先,S 说出一串话语,奥斯汀称之为"语谓行为";其次,S 在实施语谓行为的同时,或者陈述一个事实,或者确认某一事件,或者进行一次询问,或者发出一个指令,或者提出一个请求,或者做出一个预言,或者给予一个劝告,或者向听话者表示祝贺,奥斯汀称之为"语旨行为";第三,S 通过语旨行为在听话者 H 身上产生某种效果,奥斯汀称之为"语效行为"。这三种行为从理论上分析,相互之间存在着明显的区别,但在实际话语中,它们又是一个紧密联系的有机整体。

奥斯汀曾举出实例来说明这三种言语行为的区别。如他对我说:"你不能做那件事。"这就是语谓行为。这句话同时表明"他抗议我做那件事"。这就是语旨行为。通过这个话语,"他使我清醒过来,不让我任性下去","他恢复了我的理智,把我劝阻了",或者,"他使我烦恼"。这些就是语效行为。

具体一点说,所谓语谓行为,就是"说什么"这一行为本身,就是发出一串有意义的声音。单纯发出声音,如果不与意义结合,如"鹦鹉学舌",就不能算是语谓行为。说出话语,必须发出声音(或书写一串文字),这是全部言语行为的物质基础,是其得以产生的必要条件。因此,人们的言语行为首先是语谓行为。

---

① 施太格缪勒.当代主流哲学:下卷[M].北京:商务印书馆,1992:66.

所谓语旨行为,就是在完成"说什么"这一语谓行为的同时,还表达了说者说出这个话语的"用意",如陈述一个事实,询问一个问题,发出一个命令等。假定有人对我说:"你不能在这里钓鱼!"他说这句话的同时,就实施了一个对我"警告"的语旨行为。

所谓语效行为,按奥斯汀的想法,就是说者通过语谓行为表达自己的语旨用意之后,在听者身上(也可能是说者自己,如自言自语)产生了一定的影响,出现了一定的效果。如他说了"你不能在这里钓鱼"以后,我就不钓鱼了。其实,语效行为是说者说出一个话语的同时在实施一种行为,并不是说者说出话语以后听者实际达到的效果。例如,当你对朋友说出"我最近手头有点紧"时,你通过语谓行为表达自己的语旨用意之后,希望能在听者(你的朋友)身上产生一定的效果,即希望朋友有借钱给你这样一个行为,那你也就完成了一个语效行为,但最后你的朋友是否会借给你钱,能否产生你所希望的语效行为,则不一定。也就是说,说者是希望语效行为等于听者实际完成的结果的,但事实上这二者之间不一定能达到完全相等。我们常说的"锣鼓听声,说话听音",就是希望这二者之间能够对等,但事实上生活中还是会出现"对牛弹琴"和"话不投机半句多"的局面。

语效行为是语谓行为与语旨行为的结果。语谓、语旨、语效是言语行为的 3 个不同层次,彼此密切相关。语谓行为是指发话人说了 X,语旨行为是指发话人说 X 时的用意 Y,语效行为是指发话人所取得的语言效果。语效行为用公式可表示为

$$S 说 X 旨在 Y 做到 Z$$

不难看出,语谓行为只涉及表达式,而语旨行为和语效行为涉及语境因素。近年来语境的研究成果使得言语行为的研究更加丰富。有学者甚至认为"语境是一种行为"[①]。丹麦语用学家梅伊在其专著中转引了一个生动的例子:

It's a long time since we visited your mother.

梅伊说,这样一句话,当晚饭后在一个已婚夫妇家客厅的咖啡桌旁说和一个丈夫在动物园里站在河马圈前对他妻子说是完全不同的。正是后者的语境使单纯的话语变成了对岳母的攻击行为。因此,如何把握语境中的相关因素,是人们对自然语言做逻辑分析时所面临的一项重要任务。

二、塞尔的分类

奥斯汀的言语行为三分法,对哲学界和语言学界产生了重大的影响。后来,奥斯汀的弟子塞尔对言语行为三分法做了一些修正。他将言语行为分为 4 类:话语行为、命题行为、语旨行为和语效行为。说出一串语词(语素、语句)就是实施话语行为;进行指称和陈述就是实施命题行为;做出陈述、提出问题、发出命令、做出承诺等,就是实施语旨行为;而这种语旨行为对听话者在行动上、思想上、信念上所产生的某种效果,就是语效行为。

按塞尔的观点,应该将命题与断定、陈述等严格区别开来,断定和陈述属于语旨行为,而命题本身不是一种言语行为。命题是在断定行为中所断定的东西,在陈述行为中所陈述的东西,只有对命题的表达才算是命题行为。

塞尔对语旨行为刻画出一个一般形式,即

$$F(p)$$

---

① J. L. Mey. *Pragmatics: An Introduction*[M]. 2nd edition. Beijing: Foreign Language Teaching and Research Press, 2001:41.

这里变项 F 表示一种语旨用意,它以"陈述""确认""询问""指令""劝告""祝贺"等为值,"p"表示命题的表达式。例如,孩子一放学就想出去玩,这时母亲说:"你的作业还没做完呢!"

在这里,母亲发出这句话的一串语音就是在实施话语行为,她发出这串语音实际上在陈述这样一个事实"你没有做完作业",因此母亲在实施话语行为的同时也实施了一个命题行为,母亲实施这样一个命题行为其实是在发出命令:"不准出去玩!"或"做作业!",即母亲在实施一个语旨行为,而母亲实施语旨行为的目的还是希望孩子能在行动上产生某种效果,因此,实施语旨行为的同时也就包含了母亲在实施语效行为。而母亲实施语效行为和语效行为实施后的结果是不同的。孩子果真没有出去玩或马上做作业,这就是母亲实施语效行为之后的结果。有时这二者是相等的,而有时则是大相径庭的。这里的 p 为"你没有做完作业",F 为"不准出去玩!"或"做作业!"。

第二节　语旨行为的分类

一、语旨用意分类

语旨行为是整个言语行为理论的核心。对语旨行为的分类是言语行为理论的重要工作。如前所述,表达语旨行为的话语由语旨用意(F)和命题内容(p)两个部分组成,对语旨行为的分类,实质上是对 F 的分类。塞尔首先提出了如下 6 条分类的标准。

(一)行为目的上的区别

如"命令"这种行为的目的是试图使听话者去做某件事,"描述"的目的是去说明某件事是怎样的,"许诺"的目的是使说者承诺去做某件事的义务。

(二)语词与世界相适应方向上的区别

有些语旨行为是要使语词(更严格地说,是它们的命题内容)去适应外部世界,另一些则是要使外部世界去适应语词。如"断定"就是要使命题内容适应外部世界,而"请求"则是要使外部世界适应命题内容。可以用箭头朝下(↓)的符号表示使语词适应外部世界的方面;用箭头朝上(↑)的符号表示使外部世界适应语词的方向。

(三)表现心理状态上的区别

当一个人做出陈述、解释、断定或主张 p 时,就表示他相信 p;当一个人做出许诺、宣誓、威胁或保证去做 p 时,就表示他具有去做 p 的意向;当一个人发出命令、号令,要求 H 去做 p 时,就表示他有要 H 去做 p 的愿望(需要、需求);当一个人为做了 p 而向 H 表示歉意时,就表示他在做了 p 之后有悔恨之意;等等。总之,说者在实施一个语旨行为时,他对语旨行为的命题内容,一般都具有某种确定的心理状态。

(四)语旨行为表现出来的力量和强度的区别

如"命令"显然要比"建议""请求"等的语旨力量强;"警告"要比"劝告"的语旨力量强。

(五)说者及听者的身份、地位对话语的语旨用意施加影响方面的区别

例如,一位将军要他的士兵去做一件什么事,可以看作是命令,而一位士兵向他的将军提出做某件事的要求时,就只能看作是一个建议或请求,而不能看作是命令。

(六)由语旨揭示机制所决定的命题内容方面的区别

如,"报告"和"预告"对其所附的命题内容就有不同的影响。"报告"是关于过去或现在的事件,如"厂长报告本年度生产的情况";"预告"是关于未来的事件,如"天文台预告 2062 年将再次出现哈雷彗星"。

二、语旨行为分类

根据上述分类标准(主要是前面 3 条),塞尔把语旨行为分为如下 5 类。

(一)断定式(assertives)

断定式这一类语旨行为的目的在于使说者承认某个事物情况,肯定所表达的命题是真的。所有断定式语句,都可以做或真或假的评价。断定式语旨行为,可以用符号表示为

$$\vdash \downarrow B(p)$$

⊦表示断定;↓表示它的适应方向是从语词到世界,B 代表"相信"(belief)这种心理状态;p 代表命题内容。

表达这类行为的动词有:"断定""肯定""否定""陈述""通知""通告""提醒""反对""预告""报告"等。举例如下。

[11-1]周先生肯定会参加全国逻辑讨论会。

[11-2]东风厂领导提醒全厂职工要注意安全生产。

[11-3]我通知你明早 8 点开会。

[11-4]我反对你的意见。

[11-1]中的"肯定"、[11-2]中的"提醒"、[11-3]中的"通知"、[11-4]中的"反对"都属于断定式语旨行为动词。

(二)指令式(directives)

指令式这一类语旨行为是指说者试图按照自己的意愿让听者去做或者不做某件事。其公式为

$$! \uparrow W(H 做 A)$$

! 表示这类语旨行为的目的,↑ 表示其适应方向是从世界到语词,W 表示需要(want)或希望(wish)等。

表达这一类行为的动词有:"命令""询问""恳求""要求""诉求""哀求""祈祷""吩咐""嘱咐""责成""邀请""劝告""促使""禁止"等。举例如下。

[11-5]我命令你们三营夺取 518 高地。

[11-6]我恳求你们帮助一下这位大娘。

[11-7]我邀请你参加我的婚礼。

[11-8]公共场合禁止吸烟!

[11-5]中的"命令"、[11-6]中的"恳求"、[11-7]中的"邀请"、[11-8]中的"禁止"都是指令式语旨行为动词。

(三)承诺式(commissives)

承诺式这一类语旨行为,其目的是让说者承担去做未来的某个事情的责任。其公式为

$$C \uparrow I(S 做 A)$$

C 表示这一类语旨行为的用途,↑ 表示其适应方向是从世界到语词,I 表示"意图"(intention)。命题内容是说者 S 去做未来的某个事件 A。

表达这一类行为的动词有:"允许""承诺""答应""保证""担保""确保""采纳"等。举例如下。

[11-9]我保证明天一定完成任务。

[11-10]我确保商品质量绝对没问题。

[11-11]我答应解决你们的饮水问题。

[11-12]我采纳你们的合理化建议。

[11-9]中的"保证"、[11-10]中的"确保"、[11-11]中的"答应"、[11-12]中的"采纳"都是承诺式语旨行为动词。

(四)表情式(expressives)

表情式这一类语旨行为是指在相应的命题内容中,其真诚性条件所表明的心理状态。其公式为

$$E\Phi(p)(S/H+性质)$$

E表示对所有表情式都是共同的语旨用途和目的;Φ表示没有适应方向;p是一个变项,它的变程就是在完成这类语旨行为中所表达的各种可能的心理状态;而命题内容则把某特性(并不必须是一种语旨行为)归于说者(S)或者听者(H)。

表示表情式这一类语旨行为的动词有:"祝贺""道歉""慰问""感谢""哀悼""欢迎""问候""称赞""抱怨""悲叹""抗议""痛惜"等。举例如下。

[11-13]欢迎校长的光临!

[11-14]我祝贺你在科研中获得了重大成果!

[11-15]抗议美军虐待伊拉克战俘。

[11-16]老百姓称赞政府做了一件大好事。

[11-13]中的"欢迎"、[11-14]中的"祝贺"、[11-15]中的"抗议"、[11-16]中的"称赞"都是表情式语旨行为动词。

值得注意的是,一个表情式的语旨行为,它的命题内容所涉及的性质必须与说话者或听话者有关。如果不相关,则这种表情式语旨行为就不能满足恰当性条件。例如,中国的普通老百姓是不会因美国总统的竞选获胜而举杯祝贺的,因为由谁来当美国总统,同中国的普通老百姓是不相关的。

(五)宣告式(declarations)

宣告式这一类语旨行为是指:一旦实施这一行为,就会相应地造成某种社会事实。例如:"我宣布辞职",如果真的实施了这一行为,"我"就辞职了。又如"你被除名了",这一语旨行为如果得以实施,"你"被除名就成了一种事实。

实施宣告式这一语旨行为,要求有一定的超语言的社会规范,说话者应当是有权做出这种宣告的。例如,你是足球裁判,你才有使用黄牌警告或者红牌罚下的权力。宣告式还有一个特点,就是它的适应方向既包括从语词到世界,即语词要符合现实,又包括从世界到语词,即现实随着宣告式行为的完成而产生直接的变化。宣告式的公式可以表示为

$$D\updownarrow\Phi(p)$$

D表示宣告的语旨目的;↕表示其适应方向既可以是从语词到世界,也可以是从世界到语词。它没有真诚性条件,所以在真诚性条件的位置上填上表示无适应方向的"Φ",此外还有一般命题变项"p"。

表示宣告式这一类语旨行为的动词有:"命名""解雇""开除""宣战""辞职""任命""否决""批准""放弃(权利要求)"等。举例如下。

[11-17]董事会任命张三为总经理。

[11-18]议会否决了第30号决议。

[11-19]公司解雇了严重违反纪律的员工。

[11-20]上级批准了他们的出国考察方案。

[11-17]中的"任命"、[11-18]中的"否决"、[11-19]中的"解雇"、[11-20]中的"批准"都是表情式语旨行为动词。

第三节　间接言语行为

一、间接言语行为的提出

以上的分类并不能涵盖一切语旨行为,塞尔发现有些言语行为无法归入上述5类。他认为在暗示、反语和隐喻中,说者的话语意义和句子意义是分离的,说者说出一个句子,不但意味着他所说出的,而且意味着比说出的更多①。例如当说者说出"你能拿盐过来吗"这句话时,它不仅仅只是一个问题,而且是向对方提出递盐的请求。针对这样一种言语行为现象,塞尔提出了间接言语行为理论。他认为间接言语行为实际上是"通过实施另一种言语行为来间接地实施某一种言语行为"②。例如当说出"你能拿盐过来吗"这句话时,实质上是通过询问这一言语行为来实施请求这一言语行为。塞尔提出间接言语行为理论,旨在解决说者如何通过话语的直接"字面语力"来表达话语的非直接"间接语力",或者听者如何由话语的"字面语力"推理出话语的"间接语力",即听者是如何理解一种言语行为间接地实施了另一种言语行为的。说者和听者在表达和理解间接言语行为中的间接部分时,需要依据言语行为理论、会话合作的一般原则、说者和听者双方共知的背景信息和听者的推理能力。③

二、间接言语行为的类型

塞尔把间接言语行为分为规约性(conventional)间接言语行为和非规约性(non-conventional)间接言语行为。

(一)规约性间接言语行为

所谓规约性间接言语行为是指由于社会生活和文化习惯的规约与影响,某些常见的言语行为已固化为另一种言语行为,通常情况下,人们都将默认并遵守这一规约。例如对于话语"你能拿盐过来吗"并非询问对方是否具有这个能力。事实上,由于人们在社会生活中日益形成的习惯与规约,这种询问的言语行为已经固化为请求的言语行为了,因此,交际双方都能识别并遵守这一规约。这一类话语的请求行为,已经成为一种惯常使用的标准格式,有比较明显的语言形式上的特征,我们可以根据语言形式来判断这类间接言语行为。塞尔从英语的角度列举了6种普遍性的形式④,诸如"Can you...""I hope you'll...""Would you mind..."等,一般来说,具有英语能力的人听到这类话语都能根据其形式上的"字面语力"习惯性地推导出"间接语力"。在汉语中也有类似的语言

---

① J. Searle. *Expression and Meaning : Studies in the Theory of Speech Acts*[M]. Cambridge,Mass：Cambridge University Press,2001：30.

② J. Searle. *Expression and Meaning : Studies in the Theory of Speech Acts*[M]. Cambridge,Mass：Cambridge University Press,2001：31.

③ J. Searle. *Expression and Meaning : Studies in the Theory of Speech Acts*[M]. Cambridge,Mass：Cambridge University Press,2001：32.

④ J. Searle. *Expression and Meaning : Studies in the Theory of Speech Acts*[M]. Cambridge,Mass：Cambridge University Press,2001：36-39.

形式,举例如下。

> 你能……吗?
>
> 你可以……吗?
>
> 我希望你……
>
> 为什么不……呢?
>
> 你最好……
>
> 你愿意……

在日常生活中,这些语言形式都可以看作是一种请求,它是人们在日常生活中固化形成的,并且是与我们的日常生活息息相关的。除了"请求"以外,拒绝也是我们日常生活中常见的一种言语行为,在日常生活中它也有一些常用的标准格式,举例如下。

> 对不起……
>
> 很抱歉……
>
> 真遗憾……
>
> 不好意思……

具有一般语言能力的听者只要听到了这类言语形式,即使后面的话没有说完,也可以习惯性地判断出其"间接语力"是表示拒绝。

除了日常生活中的规约以外,文化上的影响也导致了一些规约的间接言语行为。例如,中国人多年以来使用的见面问候语:"吃饭了吗?""去哪儿啊?"就是以"询问"这一言语行为来间接实施"问候"言语行为的,这些规约的言语行为都已具有固化形式,中国人只要听到这样的询问就会很自然地理解为问候。而早期西方人遇到这种情况,由于缺少相应的中国文化上的规约习惯,只能把它视为一种简单的询问,进而认为中国人实施了询问别人隐私的言语行为,因此造成误解。当然,随着对外交流的日益频繁,大多数西方人受中国文化的影响,也默认并遵守了这一规约,接受了中国人通过"询问"来间接实施"问候"这一言语行为。

(二)非规约性言语行为

当然,从语言形式上我们可以判断是否为规约的言语行为,但这并不是绝对的唯一的标准。首先,具有同一语言形式的话语并非都是规约的言语行为。例如当说出"你能给我们当翻译吗?"这句话语时,就需要考虑许多因素。如果说者知道对方的外语水平足以做翻译或者知道对方就是一个翻译,那么这个询问的言语行为间接实施了一个请求的言语行为。但是,如果说者和对方并不熟悉,仅仅是以此来探问一下对方的外语水平而已,那么这就是一个简单的询问行为。其次,还有一些话语根本没有什么固定的言语形式,无法从形式上来做出判断。这类话语没有固化为另一种言语行为,听者无法从语言形式上来推断说者意欲间接实施的言语行为。塞尔认为这一类言语行为就是非规约的言语行为,它需要借助于语境才能确定,由于语境本身是一个动态的、变化的因素,因此,非规约的言语行为比规约性间接言语行为更为复杂、更具有不确定性。例如,我们引用 S. C. 莱文森(S. C. Levinson)的一个著名例子[1]——John's a machine。

当 John 头脑不太灵活,且说者对他的愚笨表示嘲笑,那么这句话语就实施了一个讥讽或蔑视的行为;当 John 是一个冷漠的人,且说者对他的冷漠持否定意见,那么这句话语就实施了一个不满或厌恶的行为;当 John 是一个很能干的人,且说者对他的能干表示欣赏,那么这句话语就实施了一个赞许的行为。当然这种不确定性还有很多。前面我们谈到说者和听者在表达和理解间接言语行为时,需要依据言语行为理论、会话合作的一般原则、说者和听者双方共知的背景信息和听者的推理能力,对非规约言语行为的表达和理解而言,这些因素尤为重要。对间接言语的研究绝不能离开对语境因素

---

① S. C. Levinson. *Pragmatics*[M]. Beijing:Foreign Language and Research Press,2001:118.

的考虑①,塞尔本人也多次提到语境在言语行为理解中的作用,梅伊也谈到了语境在言语行为中的重要性,他认为言语行为和言语行为动词只有在合适的语境中才具有意义②。我们试根据语境对"John's a machine"所表达的讥讽或蔑视行为做出如下推导。

(1)John 是人,不是机器。

(2)陈述 John 是机器必然表示有超出字面意义之外的行为。

(3)John 不会思考,比较愚笨。

(4)机器没有思想,不会思考。

(5)John 与机器一样不会思考。

(6)陈述 John 是机器就等于间接地嘲笑 John 愚笨。

因此,陈述 John 是机器很可能就是讥讽或蔑视的行为。

三、间接言语行为的丰富性

间接言语行为在日常生活中使用广泛,特别是有关请求、拒绝、批评等行为常用间接言语来表述。这是因为采用间接方式,表达会更恰当、得体、礼貌,从而取得理想的语效。例如,面对一位你不喜欢的男士向你发出看电影的邀请,你可能会通过以下几种间接的方式来拒绝。

对不起,今晚我约了男朋友了。

啊,明天我还要上早班呢。

呵呵,这个电影我看过了,不浪费你的电影票了。

真不好意思,我一直就不太喜欢看电影。

真遗憾,我晚上要加班。

今天我身体不太舒服,可能去不了。

这种间接拒绝的方式或许还有更多,这样比直接拒绝更礼貌,效果会更好。一个行为可能有几个不同的句子来完成,周礼全在论述间接言语行为时也列举了关于说者要求听者关门时 12 种可能的表达方式③。这种语言的间接性是由语言的形式和功能之间的不一致所造成的。同样,由于语境的不同,一个句子也可以用来完成几个不同的行为。例如:"你真聪明!"

如果这是母亲看到孩子取得优异的考试成绩时说的话,那么它可以表示赞扬的行为;如果孩子的成绩一直以来都不太理想,经过努力取得了一点进步,那么母亲说此话时还可以表示一种鼓励的行为;当然,如果是孩子把好事办成了坏事,那么母亲说这句话时还可以表示一种讥讽的行为。除此之外,它还可以表示其他的行为,这就要取决于语境。

第四节 语旨行为的恰当性条件

一、概述

语用逻辑不仅要探究语言表达式的真假性和有效性,还要分析其在具体语境中的恰当性。言语行为理论对恰当性条件的分析,为人们更好地探讨陈述句与非陈述句的表达与理解问题提供了新的

---

① 何兆熊.新编语用学概要[M].上海:上海外语教育出版社,2000:130.

② J. L. Mey. *Pragmatics*: *An Introduction*[M]. 2nd edition. Beijing: Foreign Language Teaching and Research Press, 2001:110.

③ 周礼全.逻辑:正确思维与有效交际的理论[M].北京:人民出版社,1994:419.

思路。

言语行为论者认为,基本的语义概念不是真假性,而是"恰当性"(felicity)。在日常交际中,人们首先要问的是在某一个特定的语境中说出某一个话语是否恰当,这个话语是否正确地实施了语谓、语旨和语效。

二、语旨行为的恰当性条件

塞尔等人提出的语旨行为的恰当性条件是一个包含着多方面条件的复合整体,其中包括如下内容。

(一)命题内容条件

不同的语旨行为对其所附的命题内容有不同的影响,而不同的命题内容适合不同的语旨行为。例如,"相信"和"知道"对其所附的命题内容就有不同的影响。

(1)x 相信 p[也表示为 B(x,p)]通常有如下两种解释。

①x 倾向于公开接受 p,意思是指,如果适当地问及 x(并且认为 x 是诚实的),他将表示同意命题 p。

②x 承诺接受 p,通过他同意这个命题加以表示,哪怕他自己可能并没有认识到这种隐含的承诺,甚至可能拒绝它。

(2)x 知道 p[也可表示为 K(x,p)]通常也有两种理解。

①可以理解为意识到某些事情是真的,符号表示为

$$K(x,p) \rightarrow p$$

意思是说,如果 x 知道 p,那么 p 是真的。

②意味着可靠地知道或理性地知道。符号表示为

$$(K(x,p) \wedge K(x,p \rightarrow q)) \rightarrow K(x,q)$$

意思是说,如果 x 知道 p,并且 x 知道 p→q,那么 x 知道 q。

同样,"报告"与"预告"、"接待"和"接见"、"询问"和"质问"对其所附的命题内容是不同的。有时,人们说"厂长正在接待外宾"是合适的、恰当的,改用"接见"就不妥了。这就是恰当性条件中的命题内容条件。

(二)预备性条件

语旨行为的预备性条件,涉及语旨行为发生的必要性与可能性的分析,以"请求"为例,张三请求李四做某事,应当是如果张三不提出请求,李四是不会自发地做某事的,不然的话,请求就是多余的了。另外,张三应当相信李四可以做某事,如果张三请求李四做某事,而又不相信李四可以做某事,在这种情况下,张三的请求也是不恰当的。"询问"也类似,张三询问李四一个问题,应该是张三不知道其解答,否则询问是没有必要的;另外,张三应当相信李四能够提供解答。如果张三向李四询问一个问题,而张三又不相信李四有可能解答这个问题,在这种情况下,张三的询问都不符合询问的预备性条件,因而是不恰当的。

实际上,我们可以把预备性条件分析看作是对言语行为发生之前的一种语境分析。它不仅包括对当前客观物理环境的认知分析,还包括对说者和听者的身份、地位及二者之间的关系等的认知分析。如果一位校长要他的学生去做一件什么事,可以看作是命令,而如果一位学生向他的校长提出做某事的要求,那么就只能看作是一个建议或请求,而不能看作是命令。如果一个学生用命令的语旨行为向校长提出要求做某件事,显然是不恰当的。由于在交际过程中,语境呈现出动态性特征,因而

对言语行为的预备性条件分析也不是一劳永逸的,它需要说者随时注意观察一切有可能临时产生变化的语境因素。在曹禺的《雷雨》中有这样一句有名的台词。

[11-21]鲁侍萍:(大哭)这真是一群强盗!(走至周萍面前)你是萍……凭,凭什么打我的儿子?

我们来看最后一句话。当鲁侍萍说出"你是萍"时,她是基于自己与周萍、鲁大海三者之间的关系这样一种预备性条件分析:鲁侍萍是周萍与鲁大海的亲生母亲,周萍是鲁大海的亲哥哥。因此,鲁侍萍通过发出"nǐ shì píng"的声音完成语谓行为,其语旨目的在于告诉周萍:你是我的亲儿子,大海的亲哥哥;她希望通过这样的语旨行为来达到与周萍相认,并规劝其不能殴打自己的同胞兄弟这样一个语效行为。但这时鲁侍萍很快意识到,这是在一个资本家的家里,站在她面前的周萍是一个资本家的儿子,他的地位不容许他承认这样地位低下的母亲,这些都是鲁侍萍在说出"你是萍"时没有认知到的预备性条件。因此,当鲁侍萍对当前的双方关系和地位有了重新的分析之后,立即通过改变语谓行为来重新实施语旨行为和语效行为,原本打算进行规劝儿子的行为也就变成了指责大少爷的行为。

(三)真诚性条件

如前所述,当某人做出陈述、解释、断定或主张p时,就表示他相信p;当某人做出许诺、宣誓或保证去做p时,就表示他具有去做p的意向;当某人发出命令、号令,要求别人去做p时,就表示他有要别人去做p的愿望(需要、需求)。人们不允许说话者断定p却不相信p,答应p却不愿实现p。如果说话者真的出现了这种情况或其他类似情况,那么说话者此时的心理状态是极不真诚的。要求话语恰当,就要求说话者具有真诚的心理状态,这一条件就叫作"真诚性条件"。当某人做出"学高为师,身正为范"的断定时,就表示他相信这个理念;当某人做出"穷则独善其身,达则兼济天下"的承诺时,就表示他具有去实现这个理想的意图。表达恰当,实际上就是希望说话者有真实诚恳的心理状态和行为模式。

事实上,在日常的言语行为中,要真正满足真诚性的条件并不是一件容易的事情,我们每个人都曾经说过"善意的谎言",都有过"言不由衷"的经历。尽管这些时候从表层看是不真诚的,但就其言语的深层来说,是为了满足更高一级的恰当性条件——实质性条件。

(四)实质性条件

语旨行为的实质性条件,主要涉及语旨行为是否符合语旨目的、语旨用意这个问题。在通常情况下,不同的语旨行为有不同的语旨用意。如"询问"的目的是要从听者那里获取某种信息,"命令"的目的是试图让听者去做某件事,"描述"的目的是想说明某件事的情形等。"采办务真,修制务精"(杭州胡庆余堂的理念)作为"劝告"行为的意图是想使听者努力做到中草药生产的"真"和"精"。"善待老人就是善待自己的明天"作为"描述"行为的目的是想说明为人的道理是怎样的。"一切为了孩子,为了一切孩子"作为"承诺"行为的意图是使言者真正承担起办学应尽的义务。

日常的言语行为是一个非常复杂的过程,需要我们用辩证的眼光来看问题。例如,面对一个身患绝症的人说:"你的病会好起来的。"我们是在断定p却不相信p,看似不符合真诚性条件,但这一语旨行为却达到了我们安慰病人并希望病人有一个好心情的语旨目的。如果你说"你的病很严重"或"你的病很难治"就与我们的语旨目的相背离了。

人们的语言表达总是同说话人的具体目的、意图相联系,这种意图体现在话语层面,就使之不仅表达一定的意思,而且完成了说话人的一种行为,并产生种种不同的效果。陈述句如此,非陈述句也一样。因此,分析与探讨言语行为理论,对实现非陈述句的有效表达目标具有重要的意义。

三、疑问句的语旨行为

疑问句的语旨行为是提出疑问,它本身没有真假,但有一个恰当与否的问题。在日常交际中,提问的恰当性条件至少包括如下几条。

第一,问题本身应当清楚明白,具体实在,不能模糊、歧义、含混,尤其需要避免复杂问语,在理论研究和学术讨论中这是很值得注意的。理论研究的每一步都充满了艰辛,学术讨论中几乎一刻也离不开论辩与争鸣。但有时探讨中遇到的困难,并非出自课题本身的难度,而是由于提出问题的方式不当,使理论思维陷于困境。例如,在关于商品经济和道德进步的关系的讨论中,有时被迫应付这样的问题,究竟是以道德沦丧为代价换取商品经济的发展,还是为道德的进步而限制乃至放弃商品经济? 这种问题所造成的困难是:它逼迫人们在很可能并不存在的、绝对不相容的两难境地中做非此即彼的抉择。其实,这个问句本身就是一种包含着虚假预设的复杂问语。正如一位英国学者所指出的,这些问题所产生的困难,不是由于任何一种无知而导致不能回答,而是"由于歪曲了问题本身的性质而引起的。这就如同一个人在提出问题时,不是问'什么是螺丝起子',而是问'螺丝起子是哪一种凿子'"。

第二,提出的问题应当是对方能够回答的。例如,向一年级的小学生提问:"什么是认知语境? 什么是言语行为理论?"因为问题超出了对方的知识水平和理解能力,导致对方无法回答。

第三,提出的问题应当是对方愿意回答的。例如,向国外女性询问:"你多大了,成家了没有?"这就是不恰当的问题。

第四,提问的方式(直问或曲问,明问或隐问)和语气应当适合特定的交际氛围。例如,在大庭广众之下质问企业老板:"这个月为什么扣我的钱?"这个问题过于直截了当,语气也过于生冷强硬,通常难以取得预期的语效。

只有满足以上4个条件,提出的问题才有可能是恰当的,倘若违反其中的一点或几点,就是不恰当的。在言语交际中,利用提问的恰当性条件会有助于人们取得满意的效果。有人曾提出"涉外交际五不问"(即不问年龄、婚否、经历、收入和住址),正是从提问的恰当性条件来考虑的。

四、祈使句的语旨行为

祈使句用来表示请求、命令、提醒、劝说等语旨行为,它们本身没有真假,但也有一个恰当与否的问题。比如,在语言交流中,请求的语旨行为至少必须满足如下3条,才有可能是恰当的。

第一,既然是请求,则首先应当体现出说话人的真心和诚意。

第二,提出的请求应当是对方能够接受并可能接受的。

第三,请求所使用的祈使语气要强弱得当,恰如其分。

如果某人明知道他的朋友并不是一个大款,却对他这么说:"恳请你借给我100万元!"话虽然说得很有礼貌,但并不恰当,因为明知道他拿不出100万,却还要提出这一要求,这不符合第一条,也不符合第二条。而如果当你说成:"你必须借给我100万!"则又违反了第三条,所使用的祈使语气太强,该用"请求"的语气却用了"命令"的语气。

学习和掌握言语行为的理论,特别是语旨行为的分类知识及各种语旨行为的恰当性条件,对分析话语是很有帮助的。有些话语虽然从语法上分析没有毛病,但并不符合语旨行为的恰当性条件,因此也就没有达到说话者所要求的语旨行为的目的。鲁迅在《野草》一书中提供了一个很有趣的实例。

[11-22]有一个人家生了一个男孩,满月时亲友都来祝贺。其中有一位客人在祝贺时却说:"这孩子将来是要死的。"于是挨了一顿痛打。

鲁迅先生写这篇文章的原意如何,我们这里不来讨论。现在我们从语旨行为的恰当性条件的要求来分析这句话,可以看出它显然是不恰当的。因为客人是为"祝贺"孩子满月而来,他们就应该实施"祝贺"的语旨行为,而依据"祝贺"的恰当性条件来分析,这个客人说的话语所表达的命题内容虽然与听者H有关,但它不是一个"祝贺"的命题,这个话语所表达的未来事态E,即"这孩子将来是要死的",并不符合听者H(孩子的父母)的利益,而说者S自己也不会相信E符合H的利益。这样,这个话语就不符合"祝贺"的预备性条件,也不符合真诚性条件。另外,说者来"祝贺"却说出使听者H不愉快的话,也不符合实质性条件的要求,因此,是不恰当的。

练习题

一、完成下列对话,并根据言语行为的有关知识分析对话的语谓、语旨和语效。

1. A:尝尝这种新式的巧克力吧!

　　B:＿＿＿＿＿＿＿＿＿。

2. A:把电视机关了!

　　B:＿＿＿＿＿＿＿＿＿。

3. A:抽烟对身体不好,别抽了!

　　B:＿＿＿＿＿＿＿＿＿。

二、以言语行为理论为依据,分析说明下列标有横线的话语所实施的语旨行为属于哪一种语旨行为,并分析说明其是否恰当。

1.《红楼梦》中贾宝玉的丫头"袭人",其本名是"珍珠"。宝玉因知她本姓花,又曾见古人诗句上有"花气袭人"之句,遂回明贾母,将她更名为"袭人"。

2. 湖南某公司总裁、高级工程师 A 先生在长沙举行的会议上,向全世界发布中国人发明了"引力能发动机"。

50 多年前,世界著名科学家爱因斯坦曾有一个设想:要建立一个统一宇宙理论,即能将电场、磁场、引力场、强核力场和弱核力场都统一起来,使之具有一种数学美和内容的基本简明性的统一理论。A 先生向记者宣布:引力能发动机实现了这一设想,成为人类"开天辟地的伟大壮举"。该装置只要在地球引力强场内引力作用不消灭,引力发动机就可以永久不断地制造电子流。

3. A 厂长主持全厂中层干部大会并宣布本厂的《生产奖惩条例》已经厂部扩大会议和厂职工代表大会讨论通过,从今天起公布实施。A 厂长宣布后,有几位与会者发表了对《生产奖惩条例》的看法和意见,这时,有一位与会者说:"大家还有什么意见?"

4. 两个歌迷小 A 和小 B 在兴致勃勃地谈论他们崇拜的歌星。他们喜欢音乐,但对体育运动却丝毫没有兴趣。正当他们谈论某一位歌星的时候,从广播中传出一条新闻:"上海申花足球队获得今年甲 A 联赛冠军。"这时,小 A 对小 B 说:"让我们举杯祝贺申花获得冠军!"

5. 有一企业家,在全国颇有一点知名度。一次,他代表工厂与另一家工厂的厂长洽谈业务,约定的时间过了以后,他才姗姗来迟,一见面就一本正经地说:"我忙得不得了,只能用很少的时间接见。"

三、20 世纪 50 年代,国外有记者问周恩来总理:"中国人民银行有多少钱?"面对这一棘手问题,周总理回答:"18 元 8 角 8 分。中国人民银行发行面额值为 10 元、5 元、2 元、1 元、5 角、2 角、1 角、5 分、2 分、1 分的 10 种主辅人民币,合计为 18 元 8 角 8 分。"据报载,当时会场欢声雷动。请结合语境知识和语旨行为的恰当性条件分析这一对话。

第十一章习题参考答案

语用逻辑（三）

①预设

内涵：双方都可理解、可接受的背景知识

特征：
- 话语信息=预设+断言
- "无争议信息"
- "隐前提"
- 语句形式不同，但预设相同

②衍推、断言与预设

预设和衍推的区别：
- 预设经得起后否定的测试，衍推却经受不起
- S衍推S'，S真则S'真，S假则S'可真可假
- S预设S'，S真则S'真，S假则S'也真

预设和断言的区别：
- 预设的意义成分属于不连续、断言的意义成分不连续，已知信息
- 预设是隐前提，断言是显前提：新信息
- S预设S'，S真则S'真，S假则S'也真
- S断言S'，S真则S'真，S假则S'假

⑤预设的合适性与共识性

合适性：与语境相协调、配合
- 说话人要考虑
- 听话人要理解

共识性：共同接受的背景知识
- 交际双方已知的常识
- 通过说话人揭示，得到听话人理解
- 有时局限在交际双方

交际功能：
- 理解把握话语具体意义
- 清楚表达思想感情

④从预设规则到预设定义

- 预设规则
- 预设定义

③预设的种类

分类一：
- 存在预设
- 事实预设
- 种类预设

分类二：
- 事实预设
- 理论预设

第一节 预设的特征

一、预设的内涵

预设这一概念是由德国哲学家、逻辑学家弗雷格于 1892 年首次提出来的。自 20 世纪 70 年代以来，它日益成为逻辑学家和语言学家共同关注的话题。在语言学界预设通常又被称为"前提"，而在逻辑学界，为了与推理中的前提（premise）相区别，人们一般都把它叫预设（presupposition）。预设是指暗含在语句中的一种预先设定的信息，在交际中通常表现为双方都可理解、都可接受的那种背景知识。

二、预设的特征

预设究竟是什么？ 它有哪些重要特征呢？

第一，从语言信息的传递特点来看，话语的信息通常可分为预设和断言两部分。就其在话语中的表现来说，预设是没有明确、直接地表达出来的信息，它通常蕴藏在现存的话语断言之中。请看下面的几个例句。

[12-1]请帮我把门打开。

[12-2]小王把那些衣服洗了。

[12-3]您喜欢红色的那件衣服，还是蓝色的那件？

通过分析，我们发现，上面 3 个句子至少分别包含了如下的预设。

[12-4]门是关着的。

[12-5]那些衣服是脏的。

[12-6]顾客已有意向购买衣服。

很显然，从听话人的角度来看，预设并不是话语[12-1]、[12-2]、[12-3]直接表达的意思，而是人们透过这些话语的表层并根据逻辑语义分析出来的信息。

第二，就成功的交际来说，预设总是表现为一种"无争议信息"。

这种"无争议信息"（non-controversial information）也就是交际双方都可理解、都可接受的背景知识。我们认为，这一点正是预设最本质的特征。在日常交际中，可能有如下的父子对话。

[12-7]孩子："爸爸，今天天晴了！"

爸爸："那你准备一下，我们马上去动物园。"

这里，发生在一对父子间的语言交流之所以能够实现，就是因为双方具有共同的背景知识，即双方都有如下共识：如果天晴，爸爸就带儿子去动物园。如果没有相应的共识，就难以成功地实现上述对话。

在日常交流中，理想的表达和有效的理解往往需要双方有共同的预设。倘若交际的一方不能理解或接受对方的预设，那么对方就得对预设做出分析和解释，从而把预设这种"隐性的前提信息"转化为"显性的断言信息"。比如，有一个发生在母亲和孩子之间的对话。

[12-8]母亲："孩子们，今天的早餐我们吃三明治好吗？"

玛丽："好的，我非常喜欢。"

约翰："妈妈，三明治？ 那是什么东西？"

母亲："它是一种非常好的食品，主要由两片面包组成，中间夹上些肉等东西。"

约翰："好的，那我也喜欢。"

在这个对话中，由于刚开始母亲认为她的孩子都知道三明治为何物，所以直接表达了出来，然而实际上只有玛丽能理解,约翰不理解。于是母亲不得不先把预设的命题解释清楚,即把预设的信息转化为断言部分的信息以便让约翰也能理解。这也就要求我们在交际中,常常得看对象说话,要因人而异,该讲的就讲,该多讲的就多讲,不该讲的就不讲,不该多讲的就不多讲。

第三,如果把句子直接表达于外的命题称为"显前提"的话,预设就是蕴藏于内的"隐前提"。从逻辑命题的真假方面考虑,预设为真是确保"显前提"具有逻辑真值(truth value)的必要条件,也是保证语句获得真结论的必要条件。具体来说,如果预设为假,则"显前提"没有逻辑真值,即这个"显前提"既不能取真值,也不能取假值,而只能取"无意义"(可用符号表示为"♯")的值。举例如下。

[12-9]老张已经戒酒了。

[12-10]老张还没有戒酒。

[12-11]老张原来是喝酒的。

这里,[12-11]既是[12-9]的预设,也是[12-10]的预设。假如事实上老张并不喝酒,那么[12-11]这个预设就是虚假的。这样,[12-9]和[12-10]就缺乏逻辑的真值,即它们既不是真命题,也不是假命题,而是"♯"命题。

英国逻辑学家彼得·弗雷德里克·斯特劳森曾经讨论过类似的问题,他认为"法国现在的国王是英明的"就是一个没有真假的命题,因为现今法国已经没有国王,根本谈不上英明不英明,因此,"法国现在有国王"就成了判断"法国现在的国王是英明的"这一命题是真还是假的一个前提条件。

预设逻辑与一般命题逻辑的明显区别在于:前者是三值逻辑,它取"真""假""无意义"3个值;[①]后者则是二值逻辑,它只取"真"和"假"两个值,一个命题非真即假。预设逻辑"否定"的真值表如下(见表12-1)。

表 12-1　预设逻辑"否定"的真值表

p	¬p
1	0
0	1
♯	♯

同样在自然语言的推论中,如果预设为假,那就不能保证获得真实的结论。因为获得真结论需要两个条件:前提真实和形式有效。预设在推论中常常表现为省略的前提,假如省略前提虚假,那么结论自然不可能保证是真实的。

第四,从预设与它所依附的语句这两者之间的相互关系上看,由于在语言交流过程中预设总是表现为传受双方共同的知识背景,因而在正常情况下,交流双方所使用的语句尽管形式上很不相同,但它们预设的语句往往是相同的。举例如下。

[12-12]《双城记》是肖琳读过的唯一的一部外国文学名著。

[12-13]《双城记》不是肖琳读过的唯一的一部外国文学名著。

[12-14]肖琳读过《双城记》。

倘若说话的一方使用[12-12]这个肯定句,另一方则使用[12-13]这个否定句,[12-12]与[12-13]虽然是不同形式的语句,但在特定的语境中它们都预设了[12-14]。

有的逻辑学家提出了预设可以用"否定检验法"加以测试,他们认为,语句 s′是语句 s 的预设,当且仅当它可由 s 和非 s 共同推出。请看下面的例句。

[12-15]小王忘了去上课。

[12-16]小王没有忘记去上课。

---

① J. D. 麦考莱. 语言的逻辑分析:语言学家关注的问题[M]. 王维贤,徐颂列,黄华新,等译. 杭州:浙江大学出版社,2011:289.

[12-17]小王本来应该去上课或打算去上课。

这里,[12-17]是[12-15]和[12-16]的预设,因为根据"忘记"这个预设触发语,我们可以由[12-15]和[12-16]这两个互相否定的语句共同推出[12-17]。

在日常语言交流中,我们常常遇到这样的语句:"小钱今天又醉了","老张后悔说了过激的话"。这两个句子分别预设"小钱曾经醉过""老张说了过激的话"。其中语词"又""后悔"是预设的触发因素。这说明预设往往同某些特定的词语相联系,人们因此把产生预设的特定词语称为预设触发语(presupposition-triggers)①。

某些形式不同的语句虽然不能使用"否定检验法",但它们仍然可以有共同的预设。举例如下。

[12-18]李老师为什么能那么快就评上教授?

[12-19]李老师之所以能那么快就评上教授,是因为他的科研成果比较多。

[12-20]李老师已经评上教授了。

这里,[12-18]是问句,[12-19]是答句,语句形式不同,但它们有共同的预设:[12-20]。

第二节　衍推、断言与预设

前面已经谈到,如果把句子直接表达于外的命题称为"显前提"的话,预设就是蕴藏于内的"隐前提"。这个"显前提"通常可看作是话语中的断言。另一方面,在交际中,说话人所要传递的信息实质上可分为"预设+断言"两个部分,因此,信息传递的过程通常又可看作是"已知信息—新信息"的结构模式。从这个意义上讲,预设和断言的关系比较容易理解。

一、预设和衍推的区别

而衍推和预设是两个既有区别又有联系的概念。下面先来看一个什么叫衍推的例子。

[12-21]妈妈发烧了。→妈妈生病了。

人们通常把从断言信息"妈妈发烧了"导出"妈妈生病了"的过程叫作衍推。预设与衍推具有一定的共同点,都是对语句的意义做进一步的分析。请看下面的句子。

[12-22]那个戴帽子的女孩是大学生。

[12-23]那个戴帽子的女孩是个学生。

[12-24]那个女孩戴着帽子。

[12-22]既可以推出[12-23],又可以推出[12-24]。[12-22]的否定式如下。

[12-25]那个戴帽子的女孩不是个大学生。

从[12-25]也能推出[12-24],但是不能推出[12-23]。这就是[12-23]和[12-24]的区别:[12-23]是[12-22]的衍推;[12-24]是[12-22]的预设。

可见,预设是语句S和S的否定式都能够推导出来的语句。也可以说,预设是交际双方共有的背景命题,无论双方观点如何对立,它总是能够为双方共同接受。举例如下。

[12-26]甲:小王洗了衣服。

乙:小王没洗衣服。

尽管甲的话和乙的话互相否定,不能同真,但是双方都承认:衣服原来是脏的。

这就是甲和乙话语的预设。预设能够经得起否定的测试,而衍推却经受不起,根据前面所述,我们从甲可以衍推:有人洗了衣服。但从乙却推不出来。

---

① S. C. Levinson. *Pragmatics*[M]. Cambridge, Mass: Cambridge University Press. 1983:179.

基于上述简要的分析,我们把预设和衍推的区别概括如下。

S 衍推 S′,S 真则 S′真,S 假则 S′可真可假。

S 预设 S′,S 真则 S′真,S 假则 S′也真。

二、预设和断言的区别

任何语句都有预设,也都有断言。预设和断言一样,都是对语句的分析,都是句子意义的组成部分。请看下面的句子。

[12-27]老方不再信奉地心说。

[12-28]老方曾经信奉地心说。

[12-29]老方现在不信奉地心说。

[12-27]可以推出[12-28],也可以推出[12-29]。但是[12-28]不同于[12-29];[12-28]是[12-27]的预设,[12-29]是[12-27]的断言。预设同断言的区别,可以表示如下。

S 预设 S′,S 真则 S′真,S 假则 S′也真。

S 断言 S′,S 真则 S′真,S 假则 S′假。

预设和断言是一个语句有机联系、不可分割的两个组成部分。举例如下。

[12-30]陈老师的哥哥是个单身汉。

[12-30]可以分析为两个组成部分,一部分是:××是陈老师的哥哥,这就是[12-30]的预设。它经得起否定的测试,在否定式"陈老师的哥哥不是单身汉"中,仍然存在一个××是陈老师的哥哥。语句[12-30]的另一部分为:××是个单身汉,它是断言。断言经不起否定的测试,在[12-30]的否定式中,上述断言为假。

预设和断言虽然都是句子的意义成分,但以预设形式出现的意义成分,它们是"语境"的一部分,而作为断言的意义成分,它们不属于语境。从这个角度,也能把预设同断言区别开来。

语句的预设是一些已知信息,它通常是交际双方共同接受的东西,而断言却是新信息。例如[12-30]"陈老师有哥哥"是已知信息,说话人只是作为背景知识同对方交谈;而陈老师的哥哥"是个单身汉"才是说话人着意告诉对方的新信息。

"预设—断言""已知信息—新信息",这是最常见的信息结构模式。人们的语言交流,不能没有断言,没有新信息;如果没有新信息,那么谈话就是多余的。但是也不能没有预设,如果没有双方共同拥有的已知信息,话将无从说起,即使说了,对方也不知所云。所以人们的思想交流,总是以已知信息为起点,以新信息为归宿。当新信息为对方接受时,已知信息逐渐膨胀起来;又由于新信息不断加入,人们所掌握的信息量也就不断地增长。

第三节　预设的种类

一、存在预设、事实预设与种类预设

预设从不同的角度可以有不同的分类。瑞典逻辑学家詹斯·奥尔伍德、拉斯·冈纳尔·安德森和奥斯坦·达尔在《语言学中的逻辑》一书中把预设分为存在预设、事实预设和种类预设 3 个基本类型。[①]

在日常交际中,存在预设最为常见。当人们谈论某个对象具有或不具有某种性质的时候,通常都预设所谈论的对象的存在。举例如下。

① 奥尔伍德,等.语言学中的逻辑[M].王维贤,等译.石家庄:河北人民出版社,1984:176.

[12-31]老方家的车是最新款的。

预设如下。

[12-32]老方家有车。

如果所指称的对象实际上并不存在,比如老方家压根儿就没有车,那么[12-31]就是一个无意义的语句。

有的语句预设着主语所指称的有关的事实情形,这便是事实预设,包含事实预设的话语,一般带有"吃惊""遗憾""纳闷"等逻辑谓词,举例如下。

[12-33]小李强词夺理让老板感到非常吃惊。

预设如下。

[12-34]小李强词夺理。

如果预设的事实不存在,比如说小李并没有强词夺理,那么[12-33]是无意义的。

有的预设被称为种类预设,它是指这样一种情形:有的语句预设了主语所指称的对象或事实是在谓词的辖域之内。举例如下。

[12-35]这个人口若悬河。

预设如下。

[12-36]这个人有说话能力。

意思是说,主语所指称的对象属于具有说话能力的类。如果主语所指称的对象不在谓词的辖域之内,举例如下。

[12-37]埃菲尔铁塔是聪明的。

由于埃菲尔铁塔不属于"聪明"的类,[12-37]是无意义的。

二、事实预设与理论预设

在概括预设的特征时,我们曾经把预设规定为"交际双方都可理解、都可接受的那种背景知识",基于此,我们根据交际双方在特定语境中所共有的背景知识的不同而把预设分为事实预设和理论预设。

事实预设指传受双方在语言交流过程中预先肯定或承认的是某种事实情形,它的表现形式是一个或一组表征个别的具体事实的经验命题。例如,在日常交际中,人们可能运用下面的语句。

[12-38]王经理不辞而别使大家感到非常惊讶。

[12-39]王经理不辞而别并没有使大家感到非常惊讶。

[12-40]王经理不辞而别。

[12-40]是[12-38]和[12-39]的预设,该预设所描述的是个别性的经验事实,因而我们把它称之为事实预设。

事实预设在日常交际中屡见不鲜。举例如下。

[12-41]明天的演出放在杭州的哪个地方?

[12-42]明天的演出放在杭州大剧院。

[12-43]明天的演出放在杭州的某个地方。

这里,问语[12-41]和答句[12-42]都包含了[12-43]这个事实预设。

詹斯·奥尔伍德等人把预设区分为存在预设、事实预设和种类预设3种主要类型。其实,存在预设和种类预设不过是事实预设的两种具体情形,因为无论是存在预设还是种类预设,交际者在特定语境中所预先设定的都是某些个别具体的事实情形。比如,詹斯·奥尔伍德等人在讲到存在预设时,举出了下面的例子。

[12-44]法弗尼尔的汽车是红色的。

预设如下。

[12-45]法弗尼尔有一部汽车。[①]

按照我们刚才的分析，"法弗尼尔有一部汽车"正是一个事实预设。

理论预设是指传受双方在语言交流过程中预先肯定或承认的是某种理论背景，它的具体形式则是一个或一组概括普遍性或必然性的理论命题（或公式）。下面我们陈述的是牛顿的万有引力定律。

[12-46]任何两个物体之间由于其质量（m1和m2）而产生相互吸引；其引力（F）的大小与两个物体的质量乘积成正比，与两者的质心距离（r）的平方成反比，引力的方向在他们的连线上。

现在假设有两位大学物理系教师在一起谈论有关行星的运动问题，对于行星运动问题的解释可能涉及牛顿的万有引力定律，但这时，交谈的一方不必把牛顿的这条定律再复述一遍，因为那是交际双方所共有的理论知识，这种交流双方所共有的理论背景知识，就是我们所谓的理论预设。

当然，理论预设的具体表现是多样的，在我们看来，凡是人们交流过程中所需要但又没有明确陈述出来的那些共有的逻辑知识、语法知识和其他科学知识都可归属于理论预设。

人们的日常表达往往采取省略的形式，但这并不妨碍人们正常的交际，原因就在于交际总是特定的人在特定的语言环境中进行的，而交际的双方总会有共同的背景知识，这些共同的背景知识某些构成交际过程的事实预设，某些则构成了交际过程的理论预设。下面是甲、乙关于谁当选总统的一段对话。

[12-47]甲：A不会当选总统。

乙：那B会当选总统。

假如我们对这段对话进行逻辑的整理和加工，则可以认为它构成了如下的选言推理关系。

[12-48]当选总统的或者是A，或者是B；

A不会当选总统；

所以，B会当选总统。

其推理模式可表示为：p或者q，非p，所以，q。

在上述选言推理中，第一个选言前提所表述的是双方所共知的事实情形，因而它构成了事实预设；这一推理赖以进行的那个选言推理模式则是交际双方共有的理论背景逻辑知识，它便是理论预设。

事实上，就具体的语言交际过程来说，往往需要事实预设与理论预设的同时作用，任何一种预设的缺乏，都会不同程度地影响交际的正常进行。

第四节　从预设规则到预设定义

由于预设概念在自然语言理解过程中有着举足轻重的地位，国内外学者对这个问题的研究表现出了高度的热情和广泛的兴趣。我国也有不少学者探讨这个课题，并提出了一些新的思路。其中周礼全先生的从预设规则到预设定义的见解尤具深度和特色。周礼全认为，预设是语用现象，因而通常所说的预设是指语用预设而不是语义预设。他以意义四层次（①抽象语句的意义——命题，②语句的意义——命题态度，③话语的意义——意谓，④交际语境中的话语的意义——意思）理论为基础，来建立自己独具特色的预设理论。[②] 作者首先给出了预设的规则，然后应用相应的预设规则来定义预设。

一、预设规则

作者给出的预设规则如下。

① 奥尔伍德，等．语言学中的逻辑［M］．王维贤，等译．石家庄：河北人民出版社，1984：176.

② 周礼全．逻辑：正确思维和有效交际的理论［M］．北京：人民出版社，1994：457.

在交际语境 C 中，说话者 S 对听话者 H 说出一句话语"U(FA)"时，在以下情况下，S 相信语词、短语或子句"B"所指的事物或事态存在并且相信 H 也相信"B"所指谓的事物或事态存在。

［规则Ⅰ］①"B"是直陈话语"U(1－A)"中的专名、摹状词、量化名词(或名词短语)，或非重音部分(即非重音的语词、短语或子句)；或②"B"是由直陈话语"U(1－A)"推出的话语中的专名、摹状词、量化名词(或名词短语)或非重音部分；或③"B"是疑问话语或命令话语加上真诚准则推出的语句中的抽象语句。

［规则Ⅱ］S 相信"B"所指谓的事物或事态存在并且相信 H 也相信"B"所指谓的事物或事态存在，不同 S 说出的话语"U(FA)"、S 遵守合作准则或 S 相信的交际语境 C 中的因素 $C_1, C_2 \cdots \cdots C_n$ 相矛盾。

预设规则是人们在交际语境中说出一句话语时普遍遵守的语用规则。其中［规则Ⅰ］是预设规则的引发条件，［规则Ⅱ］是预设规则的排除条件。

二、预设定义

应用预设规则，作者给出下面的预设定义。

在交际语境 C 中，当且仅当以下情况时，说话者 S 对听话者 H 说出一句话语"U(FA)"时，S 预设语词、短语或子句"B"所指谓的事物或事态存在。

［条件Ⅰ］根据预设规则，S 相信"B"所指谓的事物或事态存在并且相信 H 也相信"B"所指谓的事物或事态存在。

［条件Ⅱ］S 相信 H 知道Ⅰ。

在上面所说的预设规则和预设定义中，都应用了相信语词、短语或子句"B"所指谓的事物或事态存在和预设语词、短语或子句"B"所指谓的事物或事态存在这样的词句，为了简便，也可以把它们分别简化为相信语词、短语或子句"B"为真和预设语词、短语或子句"B"为真。

例如，在一个交际语境 C 中，说话者 a 对听话者 b 说出一句直陈简单话语"凯卜勒死于贫困"时，a 预设"凯卜勒"为真。其理由如下。

(1)"凯卜勒"是直陈话语"凯卜勒死于贫困"中的专名。

(2)a 相信"凯卜勒"为真并且相信 b 也相信"凯卜勒"为真，不同 a 说出直陈话语"凯卜勒死于贫困"和 a 遵守合作准则相矛盾。

(3)a 相信"凯卜勒"为真并且相信 b 也相信"凯卜勒"为真，也不同 a 所相信的交际语境因素 C_1，$C_2 \cdots \cdots C_n$ 相矛盾。

(4)以上(1)满足了预设规则的引发［规则Ⅰ］①。(2)和(3)满足预设规则的排除［条件Ⅱ］。因此就可以得出：根据预设规则，a 相信"凯卜勒"为真并且相信 b 也相信"凯卜勒"为真。这就是说，由(1)、(2)和(3)就可以得出："凯卜勒"为真满足了预设定义的［条件Ⅰ］。

(5)在交际语境 C 中，a 对 b 说"凯卜勒死于贫困"时，a 必相信 b 知道 a 所用的语言及其语形、语义和语用规则(特别是预设规则)。因此，a 必相信 b 知道：根据预设规则，a 相信"凯卜勒"为真满足了预设定义的［条件Ⅱ］。

(6)由上面的(1)—(5)，就可以根据预设定义得出，a 预设"凯卜勒"为真。

在通常情况下，"凯卜勒死于贫困"的重音总是在谓语"死于贫困"上。如果"死于贫困"是非重音部分，则 a 不仅预设"凯卜勒"为真，而且也预设"死于贫困"为真。

预设和会话含义一样，都是向听话者传达某个意思，不少语言逻辑学家认为，预设也是一种会话含义。但预设和会话含义毕竟有许多不同之处。其中最明显的区别是：会话含义传达的是"言外之意"，而预设则是"话中有话"。这自然只是一种通俗的说法。

周礼全的预设理论，看似有点烦琐、复杂，其实不然。真正把握以上的规则和定义，我们就能触类旁通，较好地解释其他多种多样的预设现象。

第五节　预设的合适性与共识性

S.C.莱文逊认为,语用预设的表述尽管不同,但都使用两个基本概念:合适性和共有知识。其定义方式如下:"如果一句子 A 仅当命题 B 是交谈双方共有知识的时候,才是合适的,则 A 在语用上预设 B。"①也有学者认为,"共同知识"的条件过于严格,预设只要跟语境假设的命题一致就够了。R. C.斯托内克尔把语用预设看成是交际双方都接受的"共同背景"(common ground)。② 撇开学术上的争论,从语用逻辑的角度看,预设恰当性的分析大体上可以从两个方面展开:一是合适性,二是共识性。

一、预设的合适性

预设的合适性是指,话语的预设要与一定的语境相配合相一致,它是达到有效交际的先决条件。值得注意的是预设的合适性需要从两个方面来理解:它既指说话人说话时要考虑到合适的语境,也要求听话人在理解话语时需要符合当前的语境。请看下面的对话。

[12-49]甲:"大爷,您今年高寿?"

乙:"今年 90 了。"

丙:"小侄儿,你今年几岁?"

丁:"叔叔,我今年 3 岁。"

从这两组对话中可以看出,无论是从提问话语还是从回答的话语上看,其对语境的预设都是恰当的。对几个不同年龄层次的人,提问的内容虽然相同,但提问的表达方式却有差异。只有注意到预设的合适性,才能更好地实现交际目的。可见预设的合适性的一个重要依据是与语境相协调。具体地说,为了使预设能被交际者所理解,必须满足一定的语境条件,如参与者个人的身份、性别、年龄,他们之间的亲缘、地位关系,涉及者的状况及其他客观背景等。一旦满足了这些条件,就能够指望一定语境中的话语是适当的。举例如下。

[12-50]你再这样下去,我就炒你的鱿鱼!

这句话预设说话人是上司,他是在对属下的员工说话,员工的工作干得不好,等等。

反之,说出的话如果和自己预设的情景不一致,则往往被认为是不恰当的。例如,有人某一天在大街上突然听见一个中国人和一位美国人这样打招呼。

[12-51]美国人:"你好!"

中国人:"Hello!"

话后双方都笑了,因为那位美国人和中国人都相互预设对方不懂自己的母语,因而用了对方的语言来打招呼,结果他们都预设错了,因此不免会心一笑。

二、预设的共识性

预设的共识性指预设是交际双方都可以理解、都可以接受的那些背景知识。具体而言,有如下几种情况。

第一,预设成为交际双方已知的常识,它与语境紧密结合。请看下面的对话。

[12-52]甲:"终于下雨了。"

---

① S. C. Levinson. *Pragmatics*[M]. Cambridge, Mass: Cambridge University Press. 1983:205.

② R. C. Stalnaker. *Assertion, In Syntax and Semantics 9: Pragmatics*[M]. Salt Lake City: Academic Press, 1987:321.

乙:"是啊,天气应该凉快些了。"

在这个对话中,双方有如下共同的知识:目前是夏天或天气很热,下雨可以降温。这是他们各自话语的前提。换句话说,A、B双方的思想交流之所以能实现,就是因为双方有着共同的背景知识。如果个别人对一般人皆知的常识在理解上有偏差,那就会出错或导致不合适的行为。例如,有这样一个笑话。

[12-53]甲:"在昨天的舞会上,我真是出了大洋相。"

乙:"怎么了?"

甲:"请柬上明明写着:'只能系黑领带。'可是到了那里我才发现每个人还穿着衬衫!"

在这个笑话中,"只能系黑领带"这句话,结合一定的语境,一般人的理解是在这个舞会上"不能系其他颜色的领带,只能系黑领带"。但假设这个听话人是个不会思考的傻瓜,他没有这样的常识,那就可能把这句话理解为:参加晚会时,像衬衫等衣服就不必穿了,只能系黑领带。

第二,预设的共识性要通过说话人的话语揭示出来,并得到听话人的理解。举例如下。

[12-54]明天下午我有课,张老师出差了请我帮他上一次。

听话人原先并不知道说话人是帮人家上课,而是通过话语后半部分的预设了解到这一情况,并成为共识。

第三,预设的共识性有时只局限在交际的双方,其他人虽然能理解谈话双方的表面意义,但是因为缺乏对预设的把握,所以往往无法理解谈话的真正含义。例如在一家商店里,顾客甲和售货员乙的一段对话。

[12-55]甲:"来了没有?"

乙:"还没有呢? 我也等得急死了。"

甲:"快两个月了,会不会出什么事了?"

乙:"不会,不会,以前也有过这种情况。"

甲:"但愿如此。"

甲、乙之间在谈论什么呢? 仅从字面上看是很难推断的。假如甲、乙之间纯粹是主、顾关系,他们可能谈论甲订的货到了没有;假如他们是朋友关系,那么他们眼下或许正在谈论他们的一位共同朋友是否已来到。由于预设的作用,虽然甲、乙心里都清楚,但旁人却不得而知。看来,预设有时只有参与语言交流的双方才可以理解。

三、预设的交际功能

预设具有重要的交际功能。一方面分析和利用预设不仅可以帮助人们更好地理解和把握话语的具体意义,另一方面也可以帮助人们清楚、明白地表达思想感情,从而实现有效的交际。

成功的表达和理解都离不开对预设的分析和利用。假如交际的一方不能理解或接受对方的预设,那么对方就得对预设做出说明和解释,从而使预设由隐转显。举例如下。

[12-56]达尔文提出的"自然选择"理论,解释了生物进化现象。

S至少预设了如下情况。

(1)有达尔文和"自然选择"理论的存在。

(2)有生物进化现象。

假如听话的一方对这些预设并不理解或者不能接受,即他不具有(1)和(2)这些背景知识,那么说话人首先得把这个预设的命题解释清楚。

如前所述,说话人的预设是通过他的话语揭示出来的,这时候说话人如不注意精心组织自己的话语,往往会泄漏一些信息。比如一位校长在一次会议中随口说了这样的话。

[12-57]我们学校宁可不要回扣,也要让学生喝到合格的牛奶。

如果运用预设的理论来分析,校长的话可能透露了"学校以前收受过回扣""学校很想得到回扣"

"学校收受回扣是正常的""当前社会收受回扣很盛行"等本来并不想让人知道的信息。

总之,充分认识预设的性质和功能,对我们的正确思维和有效交际都有重要的意义。

练习题

一、从下列各题的 5 个备选项中选出 1 个正确的答案,并做出简要的分析。

1.作为本公司的法人代表,我郑重声明:王也飞签署的任何合同都无效。王也飞不是本公司的法人代表。如果他是法人代表,那么别人包括我就不可能是法人代表了。

以下哪项是上述论证所预设的前提?

Ⅰ 不是法人代表没有资格签署合同。

Ⅱ 本公司只能有一个法人代表。

Ⅲ 王也飞不具备担任本公司法人代表的条件。

A. 仅Ⅰ。

B. 仅Ⅱ。

C. 仅Ⅲ。

D. 仅Ⅰ和Ⅱ。

E. Ⅰ、Ⅱ、Ⅲ。

2.对基础研究投入大量经费似乎作用不大,因为直接对生产起作用的是应用型技术。但是,应用技术发展需要基础理论研究做后盾。今天,纯理论研究可能暂时看不出有什么用处。但不能肯定它将来也不会带来巨大效益。

上述论证所预设的前提如下。

A. 发展应用型新技术比纯理论研究见效快、效益高。

B. 纯理论研究耗时耗资,看不出有什么用处。

C. 纯理论研究会造福后代,而不会利于当代。

D. 发现一种新的现象与开发出它的实际用途之间存在时滞。

E. 发展应用型新技术容易,搞纯理论研究难。

3.甲乙两人有以下对话。

甲:张琳莉是爱丽丝祛斑霜上海经销部的总经理。

乙:这怎么可能呢? 张琳莉脸上长满了黄褐斑。

如果乙的话是不包含讽刺的正面断定,则它预设了以下哪项?

Ⅰ 爱丽丝祛斑霜对黄褐斑具有良好的祛斑效果。

Ⅱ 爱丽丝祛斑霜上海经销部的总经理应该使用本品牌的产品。

Ⅲ 爱丽丝祛斑霜在上海的经销领先于其他品牌。

A. 仅Ⅰ。

B. 仅Ⅱ。

C. 仅Ⅲ。

D. 仅Ⅰ和Ⅱ。

E. Ⅰ、Ⅱ和Ⅲ。

4."赵科长又戒烟了。"

除了以下哪项,其他各项都是这句话的预设。

A. 赵科长是一个烟民,且烟瘾可能很大。

B. 赵科长过去戒过烟,次数可能不止一次。

C. 赵科长过去的戒烟都没有成功。

D. 赵科长这次戒烟很难成功。

E. 赵科长这次戒烟一定会成功。

二、分析指出下列语句的预设。

1. 那幢新盖的楼房是海州市政协的办公大楼。

2. 假若当年诸葛亮不派马谡去守街亭,那么街亭就不会被司马懿所占。

3. 或者是肖明荣去桂林,或者是凌平军去桂林。

4. 为什么第一次产业革命发生在英国?

5. 请将那台空调打开!

三、举出 **10** 个实例,并分析说明预设的应用。

第十二章习题参考答案

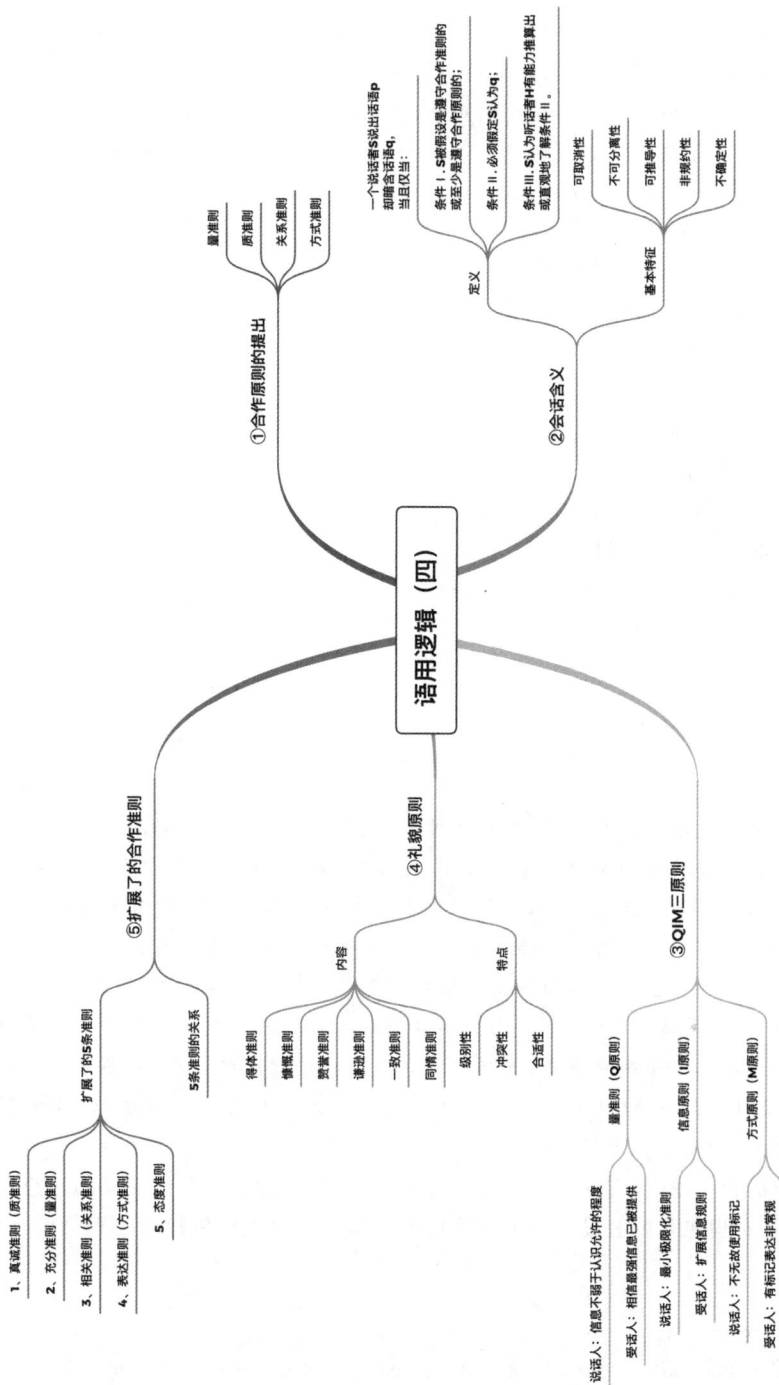

语用逻辑（四）

①合作原则的提出
- 量准则
- 质准则
- 关系准则
- 方式准则

②会话含义
- 定义
  - 一个说话者S说出话语p却暗含着话语q，当且仅当：
  - 条件 I. S被假设是遵守合作准则的或者至少是遵守合作原则的；
  - 条件 II. 必须假定S认为q为：
  - 条件 III. S认为听话者H有能力推算出或直直觉地了解条件 II。
- 基本特征
  - 可取消性
  - 不可分离性
  - 可推导性
  - 非规约性
  - 不确定性

③QIM三原则
- 量准则（Q原则）
  - 说话人：信息不弱于认识允许的程度
  - 受话人：相信最强信息已被提供
- 信息原则（I原则）
  - 说话人：最小极限化信息提供
  - 受话人：扩充信息规则
- 方式原则（M原则）
  - 说话人：无充故使用标记
  - 受话人：有标记表达非常规

④礼貌原则
- 内容
  - 得体准则
  - 慷慨准则
  - 赞誉准则
  - 谦逊准则
  - 一致准则
  - 同情准则
- 特点
  - 级别性
  - 冲突性
  - 合适性

⑤扩展了的合作准则
- 扩展了的条件准则
- 5条准则的关系
  1. 真诚准则（质准则）
  2. 充分准则（量准则）
  3. 相关准则（关系准则）
  4. 表达准则（方式准则）
  5. 态度准则

221

第一节 合作原则的提出

合作原则是美国语言哲学家、逻辑学家 H. P. 格赖斯(以下简称格赖斯)在《逻辑与会话》一文中提出的重要会话原则,它是人们在语言交流过程中相互协调、共求成功的言语行为规范。

格赖斯认为,为了实现成功的交际,人们总是有意或无意地遵守着一条基本原则,即"在参与交谈时,根据你所参与交谈的目的或方向的改变而提供适切的话语"[①]。人们在谈话中总有一个共同接受的谈话目的。在谈话的各个阶段,也可以有各个阶段的谈话目的。在每一次谈话及其各个阶段中,交流双方都应当根据谈话的目的和要求做出各自的努力。

那么,合作原则有哪些具体内容呢?格赖斯仿效德国哲学家康德划分量、质、关系和方式 4 个范畴的方法,相应地提出了体现合作原则的 4 条准则,即量准则、质准则、关系准则和方式准则。

[准则Ⅰ]量准则(the maxim of quantity)

量准则应遵循以下原则。

(1)尽可能多地提供谈话目的所要求的信息。

(2)不要提供多于谈话目的所要求的信息。

[准则Ⅱ]质准则(the maxim of quality)

质准则应遵循以下原则。

(1)不要说自知为虚假的话语。

(2)不要说缺乏充分根据的话语。

[准则Ⅲ]关系准则(the maxim of relevance)

所说的话语必须是与谈话目的有关的。

[准则Ⅳ]方式准则(the maxim of manner)

方式准则应遵循以下原则。

(1)避免晦涩。

(2)避免歧义。

(3)应简练。

(4)应有条理。

方式准则是关于说出话语的方式,其总体要求是:话语应是清晰明确的。

为了对合作原则及其准则做出清楚的说明,格赖斯用类比方法进行了形象的阐述。

如果你正协助我修理一辆自行车,我希望你的贡献比所需要的既不多又不少;例如,在特定的时刻,如果我需要 4 个螺丝钉,我希望你递给我的恰好是四个而不是两个或六个。

我希望你的贡献是名副其实的而不是假装的。如果你正协助我做蛋糕,我需要用糖来做配料,我不希望你递给我盐;如果我需要一个勺子,我不希望拿到一把橡胶做的假勺子。我希望合作者的贡献在交往的每个阶段都合乎即刻的需要;如果我正在为制作蛋糕调制配料,我不希望你递给我一本有趣的书,或甚至递给我一块灶布(尽管这在以后的阶段可能是一种合适的贡献)。我希望合作者清楚他正在做出什么样的贡献,并且用适当的速度完成他的行为。[②]

格赖斯提出的合作原则,实际上是交际双方希望对方相互配合、良性互动的理想规范。他设想的交际情景,也是一种理想化的假设。而人们实际的语言交流过程比格赖斯的理论设想更为复杂。

---

① S. C. Levinson. *Pragmatics*[M]. Cambridge,Mass;Cambrige University Press,1983;101.

② 格赖斯. 逻辑与会话[M]//A. P. 马蒂尼奇.语言哲学.北京:商务印书馆,1998;303.

第二节　会话含义的定义与特征

一、会话含义的定义

在区分自然意义与非自然意义的基础上，格赖斯深入地探讨了会话含义的性质和特征。他给会话含义下了这样一个定义。

一个说话者 S 说出话语 p 却暗含话语 q，当且仅当存在以下条件。

[条件 I]S 被假设是遵守合作准则的或至少是遵守合作原则的。

[条件 II]要使 S 说的话语 p 不和[条件 I]矛盾，就要求假定 S 认为 q。

[条件 III]S 认为听话者 H 有能力推算出或者直观地了解[条件 II]。

合作原则及其准则是得出会话含义的重要依据。

下面的几个例子可以说明这一点。

[13-1]宝宝在找他没吃完的半条鱼，着急地问："妈妈，我的鱼呢？"

妈妈指着桌下的猫咪说："你看，它多开心。"

宝宝和妈妈谈话的目的是：想找到剩下的半条鱼。根据妈妈说的话语，又根据关系准则，宝宝认为，妈妈这句话语必是和鱼有关，于是得出妈妈说这句话语的会话含义是：鱼一定是被猫咪偷吃了。

[13-2]一位游客礼貌地问："请问，灵隐寺在哪里？"

路人想了想，应付地说："西湖边吧。"

游客想知道的是灵隐寺的具体位置，而不是大体方位，路人却提供了一个很不充分的信息。路人违反了量准则，表达了这样的会话含义：我也不太清楚。

[13-3]儿子很粗心，数学考试时把 10 看成了 100，把"＋"看成了"×"，以至于考试不及格。爸爸看了哭笑不得，说："你真细心！"

显然，爸爸这句话说的不是实情，儿子一听就知道爸爸是故意违反质准则说了反话，委婉地表达了这样的会话含义：你怎么那么粗心。

[13-4]在班会上，同学 a 炫耀地说："今天，我爸爸是开着宝马送我来的。"同学 b 是同学 a 的好朋友，他马上小声对 a 说："你等会儿要去图书馆吗？"

a 在大庭广众之下炫耀自己家庭条件，b 认为不是很合适，但是如果直接指出的话，会使 a 没面子，出于好朋友的良苦用心，他只好有意说出一句无关的话语，以便将话题引开。因此，b 的会话含义是：a 的话语是不合适的。

[13-5]妻子："I want to see a film，do you ？"

丈夫："OK. Wait me for a minute. "

妻子用英语表达了想去看电影的愿望，丈夫也用英语表示同意。他们违反了方式准则"避免晦涩"，表达了这样的会话含义：不要让孩子听出来，我们可以单独行动。

二、会话含义的基本特征

格赖斯认为，会话含义具有如下五大基本特征。

（一）可取消性（cancellability）

它是指如果在原来的话语前或后附加一些条件，原话语的会话含义便会被取消。举例如下。

[13-6]小李家有一辆高级轿车。

A：小李家只有一辆高级轿车。

223

B：小李家有一辆高级轿车，如果不多说的话。

根据量准则，[13-6]具有含义 A；但如果我们在[13-6]后面附加一个如果从句而成为 B 的话，这个含义就会被取消。

（二）不可分离性（non-detachability）

会话含义源于话语的语义而非语形，故用同义词替换话语中的某些词汇，不会改变原来的会话含义（除方式准则外）。举例如下。

[13-7]李明是个天才。

A：李明是个特别聪明的人。

B：李明是个充满智慧的人。

C：李明是个智囊。

D：李明是个智商特别高的人。

我们用 ABCD 这 4 种说法可以很好地代替[13-7]，产生基本相同的会话含义。

（三）可推导性（calculability）

听话人根据话语的字面意思和合作原则及说话时的情景，可以推导出说话者的会话含义。莱文森将其总结如下。

说话人 S 说了话语 P 具有"会话含义"Q，当且仅当存在以下条件。

[条件Ⅰ]S 说了 P。

[条件Ⅱ]没有理由认为 S 不遵守准则，或至少 S 会遵守合作原则。

[条件Ⅲ]S 说 P 而且又要遵守总原则或某准则，因此 S 必定另想表达 Q。

[条件Ⅳ]S 知道而且双方皆明白：如果 S 是合作的，那么一定假设 Q。

[条件Ⅴ]S 没有采取任何行为阻止听话者做 Q 的理解。

[条件Ⅵ]因此，S 是想要听话者做 Q 的理解，即 S 说话语 P 的意图是传达含义 Q。

举例如下。

[13-8]A："一起吃饭好吗？"

B："对不起，我身体不舒服。"

[条件Ⅰ]B 说："对不起，我身体不舒服。"

[条件Ⅱ]虽然 A 问的是"能否一起吃饭"，但 B 却回答"身体如何"，违反了相关准则，但没有理由认定 B 是不遵守合作原则的。

[条件Ⅲ]B 这样说了而且又是遵守合作原则的，因此 B 一定另有他意。

[条件Ⅳ]B 知道而且 A 也知道：如果 B 身体不舒服，就需要休息，也就不能应约。

[条件Ⅴ]B 没有阻止 A 做这样的理由。

[条件Ⅵ]因此，B 说"对不起，我身体不舒服"的会话含义是："我需要休息，所以不能应约。"

（四）非规约性（non-conventionality）

主要表现为两点。

(1)会话含义不是字面意义，是产生于字面意义之后，是随语境不同而变化的。

(2)会话含义的真假值不受话语命题的真假影响。举例如下。

[13-9]妈妈打了儿子。

根据量准则，我们自然把它的含义理解为：妈妈打了儿子，但是没有打死他。此时原命题真，含义也真。假如妈妈打死了儿子，而说话人违反量准则，隐瞒了信息，仍然说"妈妈打了儿子"这样的话，这时，原命题为假，但是含义仍为真。因为含义是从话语的字面意义上推导出来的。

（五）不确定性（indeterminacy）

具有单一意义的词语在不同的语境中可以产生不同的含义。举例如下。

［13-10］天气真好。

［13-10］既可以表达"我们出去玩吧"的意思，也可表达"可以晒被子、洗衣服了"的意思，更可以是交际双方无话可说时的一句寒暄，没有具体意思，仅仅是随意言谈。

第三节　QIM 三原则

在格赖斯合作原则理论提出之后，许多学者都对之进行了完善，做出了卓有成效的工作。其中，莱文森的 QIM(Q，即 quality，量；I，即 information，信息；M，即 manner，方式)三原则就是"新格赖斯会话含义理论"的核心内容。

一、量准则（Q 原则）

说话人准则：不要让你的陈述在信息上弱于你认识允许的程度，除非较强的陈述同信息原则抵触。

受话人推论：相信说话人提供的已经是他所知道的最强信息，原因如下。

(1)说话人说 A(W)，而<s,w>形成"霍恩等级关系"，即括号内词语的信息强度按先 S(强)后 W(弱)次序排列，A(s)⊦A(w)，则可推导出 K～[A(s)]，即说话人知道，较强信息是不能成立的。举例如下。

［13-11］A："你爱小红吗？请告诉我。"

B："我喜欢她。"

这里的〈爱，喜欢〉构成霍恩等级关系，B 回答了较弱的信息，所以暗示了较强信息"我爱她"不成立，因而，B 利用了 Q 原则婉言说出了实情。

［13-12］A："足球运动员全部上场了。"

B："一些足球运动员上场了。"

这里的〈全部〉蕴涵了〈一些〉，因此，如果说话人说了 B，表明他知道说 A 不符合事实。

(2)说话人说出 A(w)，而 A(w)并不蕴涵内嵌句 Q 的内容，但 Q 的内容却为信息较强的 A(s)所蕴涵，且〈s,w〉形成一个对比集，则可以推出～K(Q)，即说话人不知道 Q 是否可以成立。举例如下。

［13-13］A："我相信你是大学生。"

B："我知道你是大学生。"

说话人说 A，并不蕴涵从句"你是大学生"，可是 B 是可以蕴涵"你是大学生"的，因为〈知道，相信〉构成霍恩等级关系，也就是说，说话人说 A 时其实并不知道"你是大学生"是否成立。

二、信息原则（I 原则）

(一)说话人准则

说话人准则遵循最小极限化准则。"说得尽量少"，只说最小极限的话，只要能达到交际目的即可。

(二)受话人推论

受话人推论遵循扩展信息规则。通过找出特定的理解来扩展说话人话语的信息内容，直至认定为说话人的语义意图为止。需特别注意以下情况。

(1)设定句中所谈的对象和时间之间所形成的关系是常规关系，除非 A:是与已经确认的概况不符；B:说话人违反了最小极限化准则，用了冗长的表达形式。

(2)如果某种存在或实情正好同已确认的情况相符，就设定这正是句子所要说的。信息原则其实是指说话人力求用"说得尽量少"，听话人努力"扩展信息"，直至充分掌握话语意图为止。举例如下。

[13-14]小马打开食品箱,啤酒还是暖的。

啤酒是食品箱里食品的一部分。

[13-15]张三买了一辆新车,车门却关不上。

张三的新车是有门的。(联系型推导)

[13-16]躺在床上的婴儿哭了,母亲把她抱起来。

母亲是婴儿的母亲。(隶属归类型推导)

[13-17]小王给护士送花。

小王给一位女性送花。(常理型推导)

三、方式原则(M 原则)

(一)说话人准则

不要无故用冗长的、隐晦的或有标记的表达形式。

(二)受话人推论

说话人用冗长的有标记的表达形式,他的意思就同他本来可以用无标记所表示的意思不一样,尤其是他要尽力避免常规的联想或用信息原则推导含义。

方式原则是指,如果说话人表达的是常规意义,那么常常是用无标记的表达方式,如果表达的是非常规内容,则会使用有标记形式。举例如下。

[13-18]A:"今晚的电影票你有吗?"

B:"我买到了两张。"

C:"我搞到了两张。"

C 和 B 意思一样,都是"有两张票"的意思,只不过 B 是常规回答,C 用"搞"而没直接说"买",言下之意是"票子来得不容易,颇费周折"等。

第四节 礼貌原则

一、礼貌原则的内容

格赖斯的会话含义学说,将研究视角从句法语义层转入了实际交际中的语用意义,是语用学界的一大突破,意义重大。然而,有些问题仍然悬而未决,如人们为何一定要舍简趋烦,舍易求难,不用直接明了的语言而偏偏要用曲折含蓄的表达?人们在交际中当然是存在合作的态度的,可又为何要故意违反它?为了解决这些问题,英国著名学者利奇(Leech)提出了礼貌原则(politeness principle)。[①]

[准则Ⅰ]得体准则(tact maxim)

得体准则应减少表达有损于他人的观点。

得体准则一般遵循以下条件。

(1)尽量少让别人吃亏。

(2)尽量多使别人得益。

[准则Ⅱ]慷慨准则(generosity maxim)

---

① G. Leech. *Principle of Pragmatics*[M]. London:Longman,1983:79.

慷慨准则应减少表达利于自己的观点。

慷慨准则一般遵循以下条件。

(1)尽量少使自己得益。

(2)尽量多让自己吃亏。

［准则Ⅲ］赞誉准则(approbation maxim)

赞誉准则应减少贬损他人。

赞誉准则一般遵循以下条件。

(1)尽量少贬低别人。

(2)尽量多赞誉别人。

［准则Ⅳ］谦逊准则(modesty maxim)

谦逊准则应减少表扬自己。

谦逊准则一般遵循以下条件。

(1)尽量少赞誉自己。

(2)尽量多贬低自己。

［准则Ⅴ］一致准则(agreement maxim)

一致准则应减少与他人的观点不一致。

一致准则一般遵循以下条件。

(1)尽量减少双方分歧。

(2)尽量增加双方一致。

［准则Ⅵ］同情准则(sympathy maxim)

同情准则应减少与他人情感对立。

同情准则一般遵循以下条件。

(1)尽量减少双方反感。

(2)尽量增加双方的同情。

现实生活中,人们常常故意违反合作准则来曲折地表达意思,目的是为了尊重他人,让他人得益,这样一来,他就遵守了礼貌原则。举例如下。

［13-19］A:"你觉得你的领导能力怎样?"

B:"他很帅!"

A问的是对领导的综合评价,B答非所问,意思是:不想谈论领导,但又不便直接回绝;这里B是违反了合作原则中的相关准则,但是却遵守了礼貌原则中的得体准则"减少表达有损于他人的观点"。这样的例子很多,举例如下。

［13-20］A:"他聪明吗?"

B:"他可聪明了。"

B在此说的是反语,其实是恪守礼貌原则而违反了质准则。

二、礼貌原则的特点

礼貌原则具有以下三大特点。

(一)级别性

级别性(gradations)是指交际中的礼貌语言是有级别的,使用中要注意两种情况:一是语言本身的礼貌级别,一是恪守原则时的礼貌种类。举例如下。

［13-21］A:"把门打开!"

B:"请把门打开!"

C:"可以把门打开吗?"

D:"可以麻烦您把门打开吗?"

E:"有点热,是吗?"

这些句子其实都传达了一个意思"开门",可是一个较一个婉转含蓄,礼貌级别逐渐提高。

(二)冲突性

冲突性(conflicts)是指各准则或次准则会发生冲突。举例如下。

[13-22]A:"再坐一会儿吧!"

B:"好的,谢谢!"

B:"谢谢,不早了!"

如果此时 A 有急事需要处理,A 此时的话其实是客气话而已,并非真的留客,这时违背了合作原则中的"质"准则"要说真话",维护了礼貌原则中的"得体"准则"尽量少让他人吃亏",同时也就遵循了"慷慨"准则"尽量多让自己吃亏"。

(三)合适性

合适性(appropriateness)是指交际中要根据语境(对象、内容、场合等)来选择礼貌手段,确定礼貌级别。这其实是在说明礼貌原则并不是一成不变的,而是随语言变化而千变万化的。

如上文关于"开门"一例,父子之间选用礼貌级别较低的话语 A,学生与老师就会选用礼貌级别高的话语,即使对同一个人,礼貌程度也会因场合不同而有所差别。

第五节 扩展了的合作准则

一、扩展了的 5 条准则

周礼全先生在评述了格赖斯的会话含义理论之后,提出了一组修改和扩充过的合作准则,具体如下。

(一)[准则Ⅰ]真诚准则

它相当于格赖斯的质准则,具体包括三方面的内容。

(1)在一个交际语境 C 中,说话者 S 对听话者 H 说一句直陈话语时,S 必须相信其所表达的事态是存在的。

(2)在一个交际语境 C 中,说话者 S 对听话者 H 说出一句命令话语时,S 必须相信其所要求的行动是 H 能完成的或能实现的。

(3)在一个交际语境 C 中,说话者 S 对听话者 H 说出一句疑问话语时,S 必须相信其所提出的问题是 H 能回答的。

(二)[准则Ⅱ]充分准则

它相当于格赖斯的量准则,具体包括如下 3 条。

(1)在一个交际语境 C 中,说话者 S 对听话者 H 说出一句直陈话语时,S 必须相信其所断定的事态是 S 所能提供的最大量事态。

(2)在一个交际语境 C 中,说话者 S 对听话者 H 说出一句命令话语时,其所要求的行动必须是 S 要求 H 做出的最大程度的行动。

(3)在一个交际语境 C 中,说话者 S 对听话者 H 说出一句疑问话语时,其所要求的回答必须是 S 要求 H 做出的最大程度的回答。

周先生对[准则Ⅱ](2)和(3)做了如下说明。

关于[准则Ⅱ](2),如果 H 做出了超出命令话语的要求的行动就不是命令话语所要求的行动,这就不是执行命令而是违反命令。例如,a 对 b 说:"你去批评 c 一顿!"假如后来 b 去痛骂了 c 一顿,或者在批评 c 一顿之后还要 c 写出公开的书面检查。这就是 b 违反了 a 的命令或至少是没有按要求执行 a 的命令。

关于[准则Ⅱ](3),如果 H 做出了超出疑问话语所要求的回答,这就不是疑问话语所要求的回答,而是答非所问。例如,a 问 b:"小李是逻辑专业的研究生吗?"a 要求 b 做出的回答(也是最大程度的回答)是,"小李是逻辑专业的研究生"或者"小李不是逻辑专业的研究生"。假如 b 回答说,"小李是一位漂亮的姑娘"或者"小李是最美丽的逻辑专业的研究生"。这些回答就超出了疑问话语所要求的回答范围,这是答非所问,至少是部分地答非所问。

(三)[准则Ⅲ]相关准则

它也就是格赖斯的关系准则。

在一个交际语境 C 中,说话者说出的话语必须有助于实现谈话的目的,也就是说,说话者说出的话语必须是和谈话目的相关的。

(四)[准则Ⅳ]表达准则

它也就是格赖斯的方式准则,具体包括如下 4 条。

(1)在一个交际语境 C 中,说话者说出的话语必须是不含混的。

(2)在一个交际语境 C 中,说话者说出的话语必须是无歧义的。

(3)在一个交际语境 C 中,说话者说出的话语必须是不冗长的。

(4)在一个交际语境 C 中,说话者说出的话语必须是有秩序的。

(五)[准则Ⅴ]态度准则

这一条是格赖斯的合作准则中所没有的。

周先生认为,在一个交际语境 C 中,说话者说出的话语必须是有礼貌的。

态度准则是合作谈话必须遵守的。有礼貌的话语有助于谈话的顺利进行,有助于达到谈话的目的。不礼貌的话语则会妨碍谈话的顺利进行,甚至导致谈话的中断。即使在两种敌对政治势力的政治谈判中或两个敌国的外交谈判中,说话者说出的话语,也应是尽量有礼貌的,当然,在不同的场合中表现礼貌的方式可以不同。

上述 5 条谈话的合作准则,涉及谈话的两个不同的方面。一方面涉及话语所表达和传达的内容;另一方面涉及话语的表达方式。真诚准则、充分准则和相关准则,都是关于话语的表达和传达的内容的准则。表达准则是关于话语的表达方式的。态度准则既涉及话语的表达方式,也涉及话语的内容。举例如下。

[13-23]a 上班迟到了,正好被经理 b 撞见。

b 气呼呼地责怪:"你怎么又迟到了? 你就不能早点起床吗?"

b 的这句话在词句方面是不礼貌的。

[13-24]在一次采访中,记者问一位卓有成就的女科学家:"请问,您将要开始的是第几次婚姻?"

这句话语在言词方面是颇有礼貌的,但这句疑问话语所提出问题的内容却涉及个人隐私,因而是失礼的。

二、5 条准则的关系

5 条准则是互相联系的。但是,在某些具体情况下,一句话语却难以同时遵守这 5 条准则。在这样的情况下,就有选择遵守哪条合作准则的问题。

5 条准则之间有强弱的分别。大致说来,相关准则和真诚准则最强。当相关准则或真诚准则同其他准则冲突时,说话者通常应遵守前者而不遵守后者。

在交际语境 C 中,S 说话语时的含义是由话语加上合作准则或再加语境 C 才能推出的意义。这是会话含义的根本性质。

如果在交际语境 C 中，S 说话语 p 时有会话含义 q，那么就有一个推理，其前提 p 所表达的意义加上合作准则或再加语境 C，其结论是 q。由于会话含义是应用了合作准则和语境 C 推出来的结论，人们通常把会话含义叫作语用推理。

在交际语境 C 中，S 说话语 p 时有会话含义 q，实际上 S 并不一定有一个一步一步地推出 q 的思维过程。S 可以直观地一下就得出 q。但是，如果进一步分析，则 S 得出 q 必须根据一个语用推理。

[13-25]甲问乙："今天是几号？"

乙回答说："离'教师节'还有两天。"

这里的话题是时间。根据相关准则，乙说的这句话语应与时间相关。再根据交际语境 c 中的因素 C1，即"教师节"是每年的 9 月 10 日，就能推出：今天是 9 月 8 日。

[13-26]在一次公关活动中，李小姐打扮得花枝招展、很不得体。甲用一种特殊的表情和声调悄悄地对乙说："李小姐真会打扮！"

这里谈话的目的是评论李小姐的服饰。根据交际语境中的因素 C1（即李小姐打扮得花枝招展、很不得体），就可推出：甲的话语，就其本身所表达的意义来说，显然是假的。再根据真诚准则，甲不会说一句显然的假话，因而甲的那句话语必有其他的意思。再根据交际语境中的因素 C2（即甲说话时的那种特殊表情），就可进一步推出：甲说的那句话语是反话，即甲说的那句话语的意思是：李小姐真不会打扮。

会话含义广泛存在于人们的交际活动中，它不但可以使我们的语言表达和传达精炼化，而且还可以表达和传达许多不便明说或直说的意思。

与格赖斯的四准则相比，周礼全的五准则具有明显的长处，首先，"格赖斯的合作原则只限于直陈话语，而周礼全的理论则明确地包含了命令话语和疑问话语的合作准则及它们的会话含义"；其次，"格赖斯认为，由美学的、社会的或道德的原则得出的含义是非会话含义，而这种区别在格赖斯的理论中是混淆不清的。周礼全取消了这种区别，并明确地把礼貌的内容增添至合作准则中"[①]。周礼全在意义四层次理论的基础上，从语言逻辑的角度对格赖斯传统合作原则理论进行了有益的扩展，这对会话含义的深入研究具有重要的意义。

练习题

一、在下列各题的 5 个备选项中选出 1 个正确的答案，并做简要的分析说明。

1. 甲和乙是一对好朋友。甲对乙说："你不能再抽烟了。抽烟确实对你的健康非常不利。"乙说："你错了。我这样抽烟已经整整 15 年了，但并没有患肺癌，上个月我才做的体检。"

有关上述对话，以下哪项最可能是甲所说的话的含义？

A. 抽烟增加了家庭的经济负担，容易造成家庭矛盾，甚至导致家庭破裂。

B. 抽烟不仅污染环境，影响卫生，还会造成家人或同事们被动吸烟。

C. 对健康的危害不仅指患肺癌或其他明显疾病，还包括潜在的影响。

D. 如果不断抽烟，那么烟瘾将越来越大，以后就更难戒除了。

E. 与名牌的优质烟相比，冒牌劣质烟对健康的危害更甚。

2. 虽然有许多没有大学学历的人也能成为世界著名的企业家，比如微软公司的创始人之一比尔·盖茨就没有正式得到大学毕业文凭，但大多数优秀的管理人才还是接受过大学教育，特别是 MBA 教育。虽然得到 MBA 学位并不意味着成功，但还是可以说 MBA 教育是培植现代企业管理人才的摇篮。

① 黄华新，金立.会话含义理论述评[J].信阳师范学院学报（哲学社会科学版），2003(4)：18-22.

以下论断除了哪项外,都可能是以上题干的文中之义?

A.有些人在大学里是学习哲学的,搞起经营管理来却不比学 MBA 的差。

B.有些天才人物,不经历 MBA 教育阶段也可以学到 MBA 教育传授的知识和才能。

C.由于 MBA 教育离实际的管理还有一定距离,得到 MBA 学位的人还需要在实践中不断积累管理经验。

D.得到 MBA 学位的学生毕业后,大多数人成为优秀的管理人才,有些人成为世界知名企业高级主管。

E.一些得到 MBA 学位的人也并不一定能管理企业,把企业搞到破产地步的也不少见。

3.有人说:"人们在购买一种名牌产品时,实际上花钱买的是身份。他们希望拉大旗作虎皮,抬高自己。所以,名牌产品的销售不应采用薄利多销的策略。"

以下哪项最可能是他们所说的隐涵意义?

A.如今出手阔绰的购买者越来越少。

B.保持销售额靠的是保持名牌产品"独一无二"的魅力。

C.名牌产品的购买者对产品的质量和价格同样关心。

D.扩大市场范围有助于提高盈利。

E.生产名牌产品并不一定比生产同类普通产品成本高。

4.在 MBA 的财务管理课期末考试后,班长想从老师那里打听成绩。班长说:"老师,这次考试不太难,我估计我们全班同学的成绩都在 70 分以上吧。"老师说:"你的前半句话不错,后半句话不对。"

下列哪项最可能是老师所说的会话含义?

A.多数同学的成绩在 70 分以上,有少数同学的成绩在 60 分以下。

B.有些同学的成绩在 70 分以上,有些同学的成绩在 70 分以下。

C.有些同学的成绩在 70 分以下,也可能全班同学的成绩都在 70 分以下。

D.这次考试太难,多数同学的考试成绩不理想。

E.这次考试太容易,全班同学的考试成绩都在 80 分以上。

二、假定 A 和 B 都是遵守会话的合作原则和准则的,请分析说明 B 的会话含义是什么。

1.楚庄王即位三年,不理国事,还下令"敢谏者死"。一天,大臣伍举(A)在朝廷上对楚庄王说:"有一只鸟栖在土山上,三年不飞不鸣,这是怎么回事?"楚王(B)回答说:"此鸟不飞则已,一飞冲天,不鸣则已,一鸣惊人。"

2.王玲(A)问李军:"陈老师去不去北京参加符号学学术讨论会?"

李军(B)回答说:"陈老师已向大会秘书处提交了论文,但最近身体有点不适。"

3.一天,几个小朋友在一起玩耍。几个老师在一旁聊天。这时,林老师(A)对大家说:"你们看!那是马老师的小孙子!"罗老师(B)说:"这棵小树长得多好!"

4.在一个上流社会的茶会上,郑先生(A)对上官先生说:"莫太太是一个老家伙。"经过一阵沉默之后,上官先生(B)说:"今年暑天气候很好。"

第十三章习题参考答案

第十四章 非形式逻辑（一）

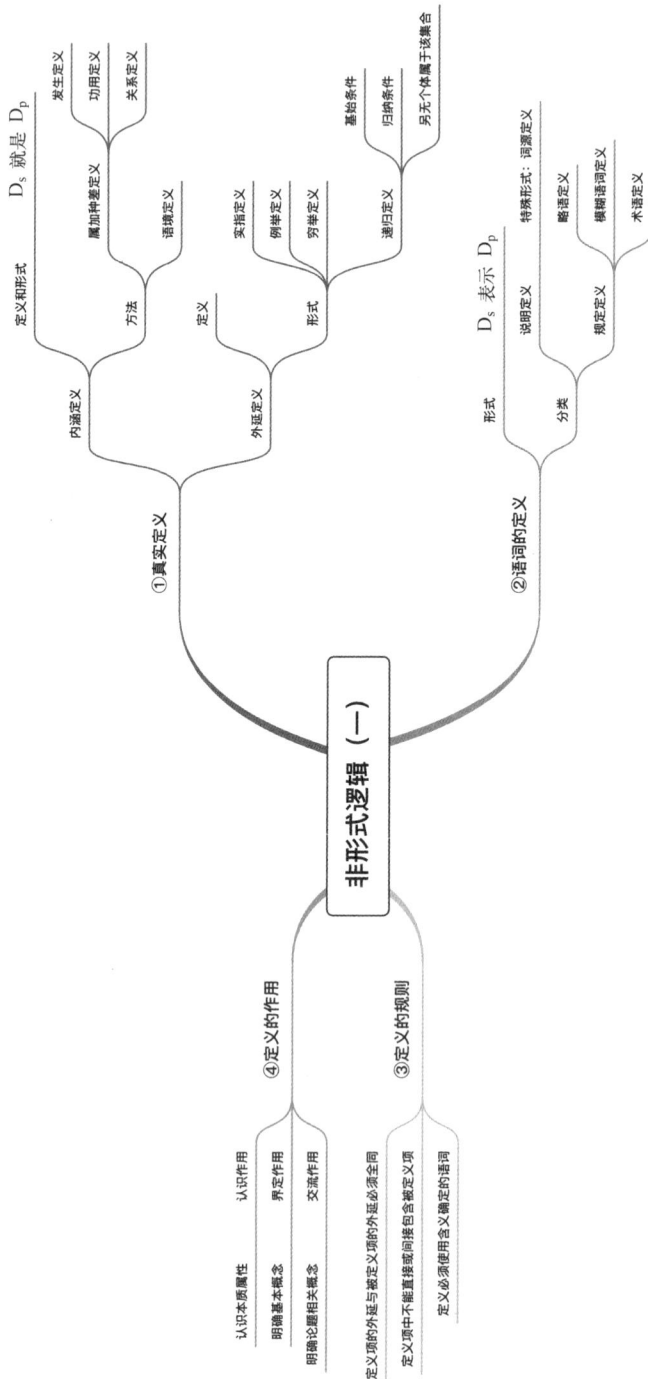

非形式逻辑（一）

①真实定义

内涵定义
- 定义和形式
  - D_s 就是 D_p
    - 属加种差定义
    - 发生定义
    - 功用定义
    - 关系定义
- 方法
  - 语境定义
- 定义
  - 实指定义

外延定义
- 形式
  - 例举定义
  - 穷举定义
  - 递归定义
    - 基始条件
    - 归纳条件
    - 另无个体属于该集合

②语词的定义

形式
- D_s 表示 D_p

分类
- 说明定义
  - 特殊形式：词源定义
  - 略语定义
- 规定定义
  - 缩略语词定义
  - 术语定义

④定义的作用
- 认识作用
  - 认识本质属性
  - 认识作用
- 界定作用
  - 明确基本概念
- 交流作用
  - 明确论题相关概念

③定义的规则
- 定义项的外延与被定义项的外延必须全同
- 定义项不能直接或间接包含被定义项
- 定义必须使用含义确定的语词

232

定义有真实定义和语词定义两大类。人们要想明确地表达自己的思想,要使彼此间的交流富有成效,往往需要对自己所使用的概念或者对双方所共同使用的概念下定义,以便明确概念的内涵和外延。这类定义通常被称为真实定义。有时,还需要对所用的语词进行说明或者规定其意义,这叫作语词定义。下面就分别来介绍这两种定义。

第一节　真实定义

如前所述,概念有内涵和外延两个方面,要明确概念,就要既明确概念的内涵,又明确概念的外延,并把二者很好地结合起来。为此,就有了内涵定义和外延定义。

一、内涵定义

(一)内涵定义的定义

什么是内涵定义? 所谓内涵定义就是揭示被定义概念的内涵的一种定义。内涵就是反映在概念中的事物的本质属性或特有属性,所以,内涵定义,也叫事物定义。因为这类定义都有一个真实性的问题,所以,人们称这类定义为真实定义。举例如下。

[14-1]商品就是用来交换的劳动产品。

[14-2]蛋白质就是由氨基酸构成的高分子有机化合物。

[14-1]和[14-2]都是内涵定义。[14-1]揭示了商品这类劳动产品所具有的本质属性,[14-2]揭示了蛋白质这类有机化合物的本质属性。

上面这两个定义都采用了"×××就是×××"的形式,我们用"D_S 就是 D_P"来代表它。"D_S"叫作被定义项,[14-1]中的"商品"和[14-2]中的"蛋白质"就是被定义项,是我们需要加以明确的概念;"D_P"叫作定义项,[14-1]和[14-2]中的"就是"后面的一部分,就是定义项,是被定义概念的内涵。"就是"是用来联结被定义项和定义项的词项,它叫作定义联项。

任何定义都少不了被定义项、定义项和定义联项这 3 个部分,但具体的语言表达形式则是多种多样的。请看下面几例。

[14-3]所谓法律规范就是由国家制定或认可的,体现统治阶级意志的,以国家强制力保证实施的行为规范。

[14-4]人们在物质资料生产过程中所结成的社会关系,叫作生产关系。

[14-5]梦,卧而以为然也。

[14-3]到[14-5]和[14-1]、[14-2]一样,也都是内涵定义,而具体的语言表达形式则有所不同。[14-3]的被定义项的前面多了"所谓"二字;[14-4]中的"叫作"是定义联项,"叫作"之前的部分是定义项,被定义项"生产关系"则被置后了;[14-5]是《墨经》中对"梦"所下的定义,定义联项被省略了。

(二)下内涵定义的方法

下内涵定义的方法有很多。最常用的方法是用种差加邻近的属概念,用这种方法所下的定义就叫"属加种差定义"。

1.属加种差定义

下属加种差定义的步骤是这样的。

第一步,首先找出被定义概念的邻近的属概念。例如,我们要给"抢夺罪"下定义,首先就要找出它的邻近的属概念,即"非法据有公私财物的行为"。

第二步,也是最关键的一步,就是要在已找出的属概念的范围内,进一步找出被定义对象与其他对象的区别,这就是种差,也就是被定义对象所具有的特有的本质属性。我们继续以"抢夺罪"为例来加以说明。在"非法据有公私财物的行为"的范围内,除了抢夺罪,还有盗窃罪、诈骗罪、抢劫罪等,抢夺罪与盗窃罪、诈骗罪、抢劫罪的区别何在?我们知道,盗窃是秘密窃取,诈骗是制造虚假事实或隐瞒事实真相骗取,抢劫是采取暴力或胁迫等方式强取,而抢夺则是乘人不备公开夺取,这就是抢夺区别于盗窃、诈骗、抢劫的地方,也就是所谓种差。

第三步,就是按照定义形式,用联结词把定义项和被定义项联结起来。属加种差定义的一般形式为

被定义概念＝种差＋邻近的属概念

例如,抢夺罪就可以这样来定义:抢夺罪就是乘人不备,公开夺取公私财物据为己有的行为。用同样的方法,我们还可以给盗窃罪、诈骗罪、抢劫罪给出相应的定义。

事物的属性有许多方面,因此,在下属加种差定义时,也就可以从不同的角度找到不同的种差,从而也就有不同类型的属加种差定义。如发生定义、功用定义和关系定义等。

（1）发生定义

把只属于被定义事物,而不属于其他事物的发生或形成的特有属性作为种差的定义,就叫作发生定义。举例如下。

[14-6]虹就是天空中的小水珠经日光照射发生折射和反射作用而形成的弧形彩带。

这就是一个发生定义,它揭示了虹这种现象的发生或形成过程的特有情况。

（2）功用定义

以事物的特有功用作为种差的定义,就叫作功用定义。举例如下。

[14-7]避雷针就是把雷击引向一个或多个固定的地点,以保护附近的建筑物或人畜的生命安全的一种装置。

这就是一个功用定义,它揭示了避雷针的特有功用。

（3）关系定义

以事物间的特有关系为种差的定义,就叫作关系定义。举例如下。

[14-8]概念间的同一关系就是外延完全重合的两个不同概念间的关系。

这就是一个关系定义,它揭示了概念间的同一关系区别于其他关系所具有的特有关系。

以上种种,都是属加种差定义。属加种差定义在科学思维或日常思维中是一种常用的定义形式。但是,这种定义形式也有其局限性。比如,对于外延最大的概念,就无法应用属加种差定义。因为外延最大的概念根本就没有属概念。如哲学上的"物质"与"意识"等,它们是外延最大的概念,被称为哲学范畴,就不能对它们下属加种差定义了。列宁认为,像物质这样的普遍概念,只能从真和意识的关系方面下定义。他说,物质这个概念,在认识上指的是不依赖于人的意识并且为人的意识所反映的客观实在。列宁还说,对于认识论的物质和意识这两个根本概念,除了指出它们之中哪一个是第一性的,"实际上不可能下别的定义"。这里所谓的"别的定义"指的就是属加种差定义。我们认为,属加种差定义只是定义的一种形式而已。定义还有其他的形式。

2.语境定义

在一个语言环境里揭示被定义概念的内涵,这种定义形式就叫作语境定义。一般来说,如果要给相对概念下定义,就需要应用语境定义。例如,原因与结果,是一对相对概念。相对概念的特点是,了解了一个概念,也就了解了另一个概念。但是,我们不能用其中一个概念去给另一个概念下定义。比如,我们不能说:"原因就是引起结果的现象;结果就是由原因引起的现象。"这样的定义显然是不正确的。因果是相对概念,所以用语境定义较为合适。下语境定义,要首先设置语境。比如,我们可以这样定义因果:设 X 是原因,Y 是结果,当且仅当,X 必然引起 Y。

这就是一个语境定义。它揭示了因果所特有的一种关系。

语境定义和属加种差定义一样，同属于内涵定义，但有着不同的定义形式。

二、外延定义

（一）外延定义的定义

外延定义也是一种真实定义，它也有一个真实性的问题。如前所述，概念的外延就是指具有概念所反映的特有属性或本质属性的事物。揭示概念外延的定义，就叫作外延定义。举例如下。

[14-9]文学就是诗歌、戏剧、小说和散文。

这就是一个外延定义。它揭示了"文学"这一概念的外延。

外延定义也有多种形式，如实指定义、例举定义和穷举定义、递归定义等。

（二）外延定义的形式

1. 实指定义

实指定义是通过指出现实对象来揭示被定义项所指谓的事物的定义。实指定义的被定义项是个概念，定义项则是实物。当对方缺乏有关对象的感性认识的时候，用实指定义是比较有效的。比如，一个从来没有见过牛的小朋友问："什么是牛？"如果你给牛下定义说："牛就是草食反刍的哺乳动物。"这虽是一个相当规范的属加种差定义，但他还是会不清楚什么是牛，并且可能比原来更不清楚了，因为他不清楚"反刍"是什么意思。这时，倒不如具体指着一头牛给他看，并且说："牛就是这个。"

这就是一个实指定义。有人说，实指定义是儿童学习母语最基本、最有效的手段。当然，实指定义的局限性也是明显的。比如，抽象概念，如"必然""可能"等，就无法用实指定义。即使是具体概念，实指定义也有它的不确定性。就拿"牛"这个实指定义来说，如果你的手指所指的部位恰好落在牛的弯角上，他就可能误以为"牛就是弯弯的角"；如果你的手指所指的部位恰好落在牛的粗腿上，他就可能误以为"牛就是粗粗的腿"。

2. 例举定义

通过举出部分事物来明确概念外延的定义，叫作例举定义。举例如下。

[14-10]什么是轻工业产品？纺织工业产品、造纸工业产品、陶瓷工业产品等就是轻工业产品。

这就是一个例举定义。例举定义应用起来比较方便，不足之处是只能明确概念的部分外延。要明确概念的全部外延，就要用穷举定义。

3. 穷举定义

通过举出事物类的每一个分子来明确概念外延的定义，叫作穷举定义。举例如下。

[14-11]地球上的洲是指亚洲、欧洲、非洲、美洲、大洋洲和南极洲。

[14-12]太阳系的行星有水星、金星、地球、火星、木星、土星、天王星和海王星。

[14-11]和[14-12]都是穷举定义。[14-11]揭示了"地球上的洲"这一概念的全部外延，[14-12]揭示了"太阳系的行星"这一概念的全部外延。当然，穷举定义也有其局限性。数量无穷多的对象根本无法用穷举定义，数量很大的对象也难以使用穷举定义。

4. 递归定义

递归定义，亦称归纳定义，它由3个部分组成：①基始条件：首先列出一些个体属于一个给定的集合；②归纳条件：当在条件①中列出的个体属于给定集合时，哪些个体也属于该集合；③此外没有个体属于该集合。这样来定义一个集合的形式，就是递归定义。通过递归定义可以十分清楚地知道哪些个体属于该集合，哪些个体不属于该集合。所以，递归定义也是一种外延定义，并且是一种十分精确的外延定义。举例如下。

[14-13]命题逻辑的合式公式的定义为：

(1)一个表示命题变项的初始符号 π 是合式公式；

(2)如果符号序列 A 是合式公式,那么￢A 是合式公式;

(3)如果符号序列 A 和 B 是合式公式,那么(A∨B)是合式公式;

(4)只有符合上面三条的符号序列是合式公式。

这就是一个递归定义。它十分明确地揭示了"命题逻辑的合式公式"这一概念的外延,明确了什么样的公式是合式公式,什么样的公式不是合式公式。

人们常常将概念的内涵定义和外延定义结合起来应用,这样就可以既揭示一个概念的内涵,同时又揭示它的全部外延或部分外延。举例如下。

[14-14]小说就是通过人物的塑造、故事的叙述和环境的描写来概括地表现社会生活矛盾的文学,它包括长篇小说、中篇小说和短篇小说。

[14-15]艺术家就是从事艺术创作或表演而有突出成就的人,如音乐家、美术家、雕塑家和戏剧家等。

[14-14]和[14-15]都是内涵定义和外延定义的结合。[14-14]揭示了"小说"的内涵和全部外延;[14-15]则揭示了"艺术家"的内涵和部分外延。

第二节　语词的定义

一、语词定义的定义和形式

前面说过,概念与语词有着十分密切的联系,有时我们不仅需要给概念下定义,还要给语词下定义。举例如下。

[14-16]修辞是依据题旨情境,运用各种语文材料、各种表现手法,恰当地表现说写者所要表达的内容的一种活动。

[14-17]"修辞"表示修饰文辞的意思。

[14-16]是概念的内涵定义,[14-17]是语词的定义。这里有一点,值得我们注意:[14-16]和[14-17]中都有"修辞"二字,但二者却有根本的区别。

人们在说话或者写文章的时候,不是直接把有关的事或人放进话里或者文内来表达我们的思想。比如,我们说:"李白是我国唐代的大诗人。"我们不是也不可能请李白进入我们所说的话中,而是把他的名字——语词——放在这句话里。这叫作语词的使用。而当我们说"'李白'是两个汉字"的时候,这时的"李白"不是指称那位唐代的大诗人,而是指"李白"这两个汉字。这叫作语词的提述,也就是语词本身。为了表明二者的区别,人们通常给后者加上引号。回到上面所讨论的例子,[14-16]中的"修辞"是语词的使用,也就是指称修辞这种文学活动;而[14-17]中的"修辞"则是语词的提述,也就是"修辞"这一语词本身。

语词定义就是用来说明或者规定语词意义的定义。语词定义的一般形式是

$$\text{"}D_S\text{"}\ 表示\ D_P$$

"D_S"表示被定义项,是其意义需要加以说明或者规定的语词;D_P 表示定义项,用来说明或者规定被定义语词的意义;"表示"是语词定义的联项。

二、语词定义的分类

语词定义分说明定义和规定定义两大类。

(一)说明定义

说明定义是对语词已经确立的意义的一种说明。它有多方面的应用。举例如下。

[14-18]"囹圄"就是监狱的意思。

[14-19]宁波话的"阿拉"就是"我"的意思。

[14-20]"按揭"是指抵押贷款。

[14-21]"恩格尔系数"是指购买食物的人均支出在消费总支出中的比重,是判断国民生活水平的国际指标。

[14-18]中的"囹圄"是古人的说法,现代人未必明白,因此,需做说明。[14-19]中的"阿拉"是一个方言语词,北方人不一定懂得它的意思,所以,也需要做一个说明。[14-20]中的"按揭"是一个音译语词,由香港传入内地,是香港同胞用粤语音译英文 mortgage。对内地人而言,很有说明的必要。[14-21]中的"恩格尔系数"则是一个专业术语,一般非专业人员可能不知道它究竟是什么意思,所以,需要说明一下。

词源定义是说明定义的一种特殊形式。它是通过叙述某一语词的来源、演变来说明该语词的意义。举例如下。

[14-22]"小康"一词,最早出自《诗经·大雅·民劳》:"民亦劳止,汔可小康。"至西汉,经学家戴圣编纂的《礼记·礼运》一书,描述了作为一种社会模式的"小康"状态,称:"今大道既隐,天下为家,各亲其亲,各子其子,货力为己。大人世及以为礼,城郭沟池以为固,礼义以为纪,以正君臣,以笃父子,以睦兄弟,以和夫妇,以设制度,以立田里,以贤勇知,以功为己……是为'小康'。"在这里,"小康"是与"大同"相对的一种社会状态或理想。大同,是财产公有、政治民主、社会文明、保障健全、秩序稳定的理想社会状态。而小康,则要低一个层次,是财产私有、生活宽裕、上下有序、家庭和睦、讲究礼仪的社会状态。

[14-22]就是一个词源定义,它说明了"小康"这一语词的来源和它的意义。

说明定义因为是对某个语词已经确立的意义的说明,所做的说明可能符合原意,也可能不符合原意,所以,说明定义有一个真假的问题。在应用说明定义时,要注意切忌望文生义。有一个故事讲的是,从前有一位私塾老先生,学问浅薄,但乡里仍有不少孩子前来向他求学。那时候人们白天一般都不睡觉,那位私塾老先生却特别爱在白天睡觉。有一天,他刚想睡午觉,有个学生拿着《论语》来问他"宰予昼寝"是什么意思。先生伸伸懒腰,解释说:"'宰'就是杀;'予'就是我;'昼'就是午昼、白天;'寝'就是睡觉。'宰予昼寝'的意思就是,即使杀了我,也要在白天睡一觉。"说完就钻进被窝里去了。老先生闹了一个大笑话,他犯了望文生义的错误。其实,"宰予"是人名,是孔子的弟子。"宰予昼寝"是孔子批评弟子宰予白天睡觉的意思。

(二)规定定义

对某个语词确立某种意义的语词定义,就叫作规定定义。规定定义也有多种具体形式。

1.略语定义

为了提高思维和语言表达的效率,我们需要给冗长的语言表达式,创造一个缩略语词。这时就需要用到略语定义。举例如下。

[14-23]"三个代表"重要思想的具体内容为:中国共产党始终代表中国先进生产力的发展要求,始终代表中国先进文化的前进方向,始终代表中国最广大人民的根本利益。

2.模糊语词定义

模糊语词的特点是没有明确的适用范围,当人们需要明确它的适用范围时,就需要对其进行规定。举例如下。

[14-24]"成年人"指的是年满18周岁的人。

"成年人"是一个模糊语词,究竟多大岁数才算成年人? 在法律上是含糊不得的,必须明确规定它的适用范围。

3. 术语定义

有些专门用语必须规定它的严格意义。举例如下。

[14-25]明知自己的行为会发生危害的结果,但希望或者放任这种结果的发生,叫"故意"。

在法律上,"故意"一词的意义,必须做严格的规定。因为对"故意"一词的理解涉及是否追究法律责任的问题。

规定定义是人为地赋予某个语词以一定的意义,因此,作为规定定义本身是没有真假的,但是,如何规定还是有一个合理不合理、恰当不恰当的问题,所以,规定定义也不能滥用。请看下面一例。

[14-26]有人日前上街,见一家颇有名气的商店门前的小黑板上写着:"特优价处理'男牛',欲购从速。"此人看了颇感诧异,不知"男牛"系何物,走进店里一问,才知是在处理清仓物资。"男牛"乃男式牛皮鞋是也。

虽说缩略语词的创造是人为的,有其一定的任意性,但是,必须考虑所创造的略语能否为社会所接受。不能为社会所接受的略语就是不恰当的略语。比如,例[14-26]中的"男牛"就是一个不恰当的略语。对于不恰当的略语,自然不应用略语定义将它固定下来。

上文中,我们分别介绍了真实定义和语词定义,但在实际思维和语言表达中,二者往往是综合运用的。请看下面这个例子。

[14-27]什么是普通话?最早提出"普通话"这个名词的是清朝末年"切音字运动"的积极分子朱文熊。他在1906年写了一本《江苏新字母》,把汉语分成三类,其中之一就是普通话。他还注明:普通话是"各省通用之话"。从元明清以来,北京一直是全国政治、经济、文化中心,各地赴京应考、做官、经商的人很多,他们学会了普通话。开始这种话只在官场上使用,所以,称"官话"。后来会说官话的人越来越多,再称官话就不合适了,所以,民国初年又叫"国语"。中华人民共和国成立后,经过专家的反复论证,使"普通话"成了有严格定义的学术名词。普通话,即以北京语音为标准音,以北方话为基础方言,以典范的现代白话文著作为语法规范的现代汉民族共同语。

上面这段文字,先是给"普通话"下了一个词源定义,说明"普通话"这个名词的来源和演变,继而给普通话这个概念下了一个严格的内涵定义,使人们通过这两个定义,获得了有关普通话的完整、准确的认识。

第三节 定义的规则

要做出一个正确的定义,就必须具备相关的具体科学知识。但是,有了相关的具体科学知识,有时也不一定能做出正确的定义。逻辑学是在已有具体科学知识的基础上,提供下定义时所要普遍遵守的规则。定义规则也是我们分析一个定义是否正确的逻辑依据。

[规则1]定义项的外延与被定义项的外延必须是全同的。也就是说,定义项所指谓的事物都是被定义项所指谓的事物,并且被定义项所指谓的事物也都是定义项所指谓的事物。如果定义项的外延大于被定义项的外延,就会犯"定义过宽"的错误。举例如下。

[14-28]单身汉就是没有结婚的男子。

这个定义显然过宽。因为它把男孩及有女朋友但未结婚的男子也包括进去了。如果定义项的外延小于被定义项的外延,则会犯"定义过窄"的错误。举例如下。

[14-29]笔就是用来写字的工具。

这个定义显得过窄。因为还有用来绘画的笔,而这个定义就包括不了。

[规则2]定义项中不能直接或者间接包含被定义项。因为定义的目的就在于使被定义的概念或者语词具有确定的意义,如果定义项中直接或者间接地包含被定义项,那么,原来不确定的意义还是

不能确定下来。如果定义项直接地包含被定义项,就会犯"同语反复"的错误。举例如下。

[14-30]企业管理就是企业的管理。

在这个定义中,定义项只是把被定义项重复了一遍,说了等于没有说。如果定义项间接地包含了被定义项,则会犯"循环定义"的错误。举例如下。

[14-31]生命就是有机体的新陈代谢。

从表面上看,在这个定义中,定义项似乎没有包含被定义项;可是什么是有机体呢?"有机体是具有生命的一切个体。"这就又回到原来的被定义项那里了。

[规则3]定义必须使用含义确定的语词。如果所使用的语词没有确定的意义,那么,用它来表述定义就会犯"定义含混"的错误。举例如下。

[14-32]什么是列宁主义?"作为革命行动体系的列宁主义,就是由思维和经验养成的革命嗅觉,这种社会领域里的嗅觉,就如同体力劳动中肌肉的感觉一样。"

这个定义就犯了"定义含混"的错误。什么是"由思维和经验养成的革命嗅觉"?什么又是"体力劳动中肌肉的感觉"?实在莫名其妙!

第四节 定义的作用

在思维和语言表达的过程中,定义起着多方面的作用。

第一,人们对于事物的本质属性的认识成果,可以通过定义固定下来。这是定义的认识作用。任何一门科学都是该门科学的基本概念的体系。我们要掌握或者讲述一门科学,首先就要准确地理解、阐述有关概念的定义。比如,我们想要掌握或者讲述法学这一门科学,就要掌握或者讲述有关法学的一系列概念和术语。其中,法,是一个最基本的概念。掌握或者讲述法学,自然首先要弄明白什么是法?这就需要给法下一个定义。法是体现统治阶级意志,由国家制定或认可,由国家强制力保证执行的行为规则的总和。凡法律、法令、条例等都属于法的范畴。法和国家一样,是阶级斗争的产物,是上层建筑的重要组成部分,由经济基础决定,为经济基础服务。通过这一定义,我们就可以掌握或者讲清法这一概念的内涵和部分外延。

第二,在制定政策、法规,以及其他类似的文件时,对其中的基本概念必须给以明确的定义。否则,就可能产生不同的理解,执行起来就有困难。这是定义的界定作用。2003年5月,国务院公布《突发公共卫生事件应急条例》。究竟什么样的事件属于突发公共卫生事件?这是首先必须加以明确规定的一个基本概念。所以,《突发公共卫生事件应急条例》的第一章总则第二条就做了这样的规定:"本条例所称突发公共卫生事件,是指突然发生,造成或者可能造成社会公众健康严重损害的重大传染病疫情、群体性不明原因疾病、重大食物和职业中毒及其他严重影响公众健康的事件。"这是一个概念的外延定义,它明确规定了什么样的事件属于突发公共卫生事件的范围。设想一下,如果没有这一明确规定,那么,全国各地就可能各有各的理解,执行起来就会发生混乱。

第三,在讨论问题时,为了明确论题,对于与论题有关的主要概念也必须下定义,否则就难免会发生无谓的争论。这是定义的交流作用。比如,学术界曾经争论过真理有没有阶级性的问题,一方认为有,另一方认为没有。双方的意见似乎针锋相对。后来,通过仔细分析双方的意见后发现:认为真理有阶级性的一方所理解的"真理"其实是指"具有真理性的思想",那么,那些直接反映阶级利益的"思想",如马克思的剩余价值思想,无疑是有阶级性的。而认为真理没有阶级性的一方所理解的"真理"则是指真理的客观标准,主观符合客观的是真理,否则就不是真理,这是不依阶级的意志为转移的,这一点自然无阶级性可言。这是一场无谓之争,因为双方对于与论题有关的主要概念"真理"并没有一个统一的理解,所以各说各的。为了避免这种无谓之争,双方应当首先明确规定"真理"究竟指的是什么。

练习题

一、从下列各题的 5 个备选项中选择 1 个正确的答案，并做出简要的分析。

1. 平反就是对处理错误的案件进行纠正。

以下哪项能最为确切地说明上述定义的不严格？

A. 对案件处理是否错误，应该有明确的标准，否则不能说明什么是平反。

B. 应该说明平反的操作程序。

C. 应该说明平反的主体，平反的主体应该具备足够的权威性。

D. 对平反的客体应该具体分析，平反了，不等于没错误。

E. 处理错误的案件包括 3 种：重罪轻判，轻罪重判和无罪而判。

2. 甲：什么是原因？

乙：原因是引起结果的现象。

甲：那么，什么是结果？

乙：结果就是被原因引起的现象。

以下哪项与上述的对话最为类似？

A. 甲：什么是真理？

乙：真理是符合实际的认识。

甲：那么，什么是认识？

乙：认识是人脑对外界的反映。

B. 甲：什么是逻辑学？

乙：逻辑学是研究思维形式结构规律的科学。

甲：什么是思维形式结构规律？

乙：思维形式结构规律就是逻辑规律。

C. 甲：什么是命题？

乙：命题就是用语句表达的判断。

甲：什么是判断？

乙：判断就是对事物有所断定的思维形式。

D. 甲：什么是家庭？

乙：家庭是以婚姻、血缘或收养关系为基础的一种社会群体。

甲：什么是社会群体？

乙：社会群体是在一定社会关系基础上建立起来的社会单位。

E. 甲：什么是人？

乙：人是有思想的动物。

甲：什么动物？

乙：动物是生物的一部分。

二、分析下文中，包含有一个还是几个定义，并指出它们属于何种定义？

1. 太一，中国古代哲学术语。"太"是至高至极，"一"是绝对唯一的意思。《庄子·天下》称老子之学"主之以太一"。"太一"是老子《道德经》中所说的"道"的别称。

2. "因特网"，英语词 Internet 的音译，指通过软件程序把世界各地的计算机连接起来，以便于信息资源的共享。Internet 的出现，与计算机的问世一样，最初都是源于军事需求，用于军事目的。自第二次世界大战结束以来，世界逐渐形成了以苏、美两个超级大国为首的东、西方两大阵营对垒的"冷战"格局。美国国防部高级研究计划局 ARPA 网罗一批科技精英,成立研究组,于 1962 年 10 月开始了研制大型网络的计划,这个网络被命名为 ARPANET,1969 年 12 月初步建成这个试验性网络。ARPANET 网一开始就支持资源共享,1983 年起,为了保证军事机密的安全,ARPANET 分裂成为公用性的和纯军用性的两个网络。由这两个网络互联构成的网际网络则被称为 DARPA Internet,后又简称为 Internet,这就是 Internet 最早的起源。

3."985 工程"是什么意思? 江泽民同志 1998 年 5 月在北京大学百年校庆讲话中指出:"为了实现现代化,我国要有若干所具有世界先进水平的一流大学。"据此精神,党中央、国务院决定启动实施"985 工程",即经过 21 世纪头几十年的重点建设,把我国若干所高校建设成为世界一流大学和高水平大学。

4.在已经完成的工作上,做多余的加工,反而造成失败,就叫"画蛇添足"。楚国有个人家祭祀祖先。祭过之后,主人就把祭过祖先的一壶酒,赏给办事的人们去喝。但是人多酒少,不够分,怎么办呢? 大家商量了一下,想出一个画蛇比赛的办法,谁先画成一条蛇,谁就喝那壶酒。于是,大家一同开始画蛇。其中有一个人画得很快,不一会就画成了。他看看别人都还在慢慢地画,就一面把酒壶拿了过来,一面笑道:"瞧,你们画得多慢,我给它加上几只脚都来得及哩!"说着,就在画成了的蛇身上添脚。这时,有第二个人画好了,就把酒壶抢过去说:"蛇哪里有什么脚呢? 你画的不是蛇,这壶酒应归我喝!"别人都表示同意,那个本来首先画成的人,因为"画蛇添足",反而没有喝到那壶酒。

这个故事,原载《战国策·齐策》:楚怀王时,派昭阳为将,领兵伐魏,连破八城,大胜。接着,他又要进攻齐国,齐王十分着急。恰巧陈轸充当秦国的使者,这时正访问齐国。陈轸便替齐王去见昭阳,对昭阳讲了上述故事。劝他在伐魏胜利之后,应当知道大功已经告成。如果再攻齐国,无异于"画蛇添足",万一不胜,反而要前功尽弃。昭阳听从了陈轸的话,于是退兵。

5.新闻学有广义新闻学和狭义新闻学之分。狭义新闻学即理论新闻学,就是研究新闻传播活动及其规律的科学,通常意义上的新闻学,就是指狭义新闻学。

6.知识产权法是调整国家机关、公民、社会组织之间在智力劳动成果的创造、使用、转让,以及权利确认、保护等过程中产生的各种社会关系的法律规范的总和。我国现行的知识产权方面的法律有:《中华人民共和国商标法》(1982 年 8 月颁布,2019 年 4 月第四次修正)、《中华人民共和国专利法》(1984 年 3 月颁布,2020 年 10 月第四次修正)、《中华人民共和国著作权法》(1990 年 9 月颁布,2020 年 11 月第三次修正)、《中华人民共和国反不正当竞争法》(1993 年 9 月颁布,2019 年 4 月第二次修正)。

7."高尔夫"的英语是"golf",意为在"充满清新氧气的草地上的运动"。

三、讨论下述定义,指出它们是否正确;如果不正确,则请进一步指出违反了什么规则,犯有什么逻辑错误?

1.何谓健康? 有人说:"健康就是感觉良好。"还有人说:"健康就是身无病缠。"

2.明朝末代皇帝崇祯皇帝和礼部尚书兼东阁大学士周道登有一次对话。崇祯问:"近来诸臣奏内,多有情面二字,何谓情面?"周道登对曰:"情面者,面情之谓也。"

3.甲问:"什么是现代汉语中的副词?"乙答:"副词就是只能修饰谓词的词。"甲又问:"那么,什么是谓词呢?"乙答:"谓词就是能够为副词所修饰的词。"

4.有人说:"新闻就是关于多数人感兴趣而带有刺激性的事件,如战争、犯罪的报道。"另有人说:"新闻就是关于东南西北所发生事情的报道。"

5.怪僻是一种非常特殊的脾气。

6.太阳是白昼发光的恒星。

7.企业就是从事现代化生产的经济活动部门。

8.以下是关于人的定义。

亚里士多德说:"人是政治动物。"

西塞罗说:"人是社会动物。"

富兰克林说:"人是会制造工具的动物。"

黑格尔说:"人之所以为人,是因为人有理性思维。"

恩斯特·卡西尔说:"人是进行符号活动的动物。"

第十四章习题参考答案

第十五章　非形式逻辑(二)

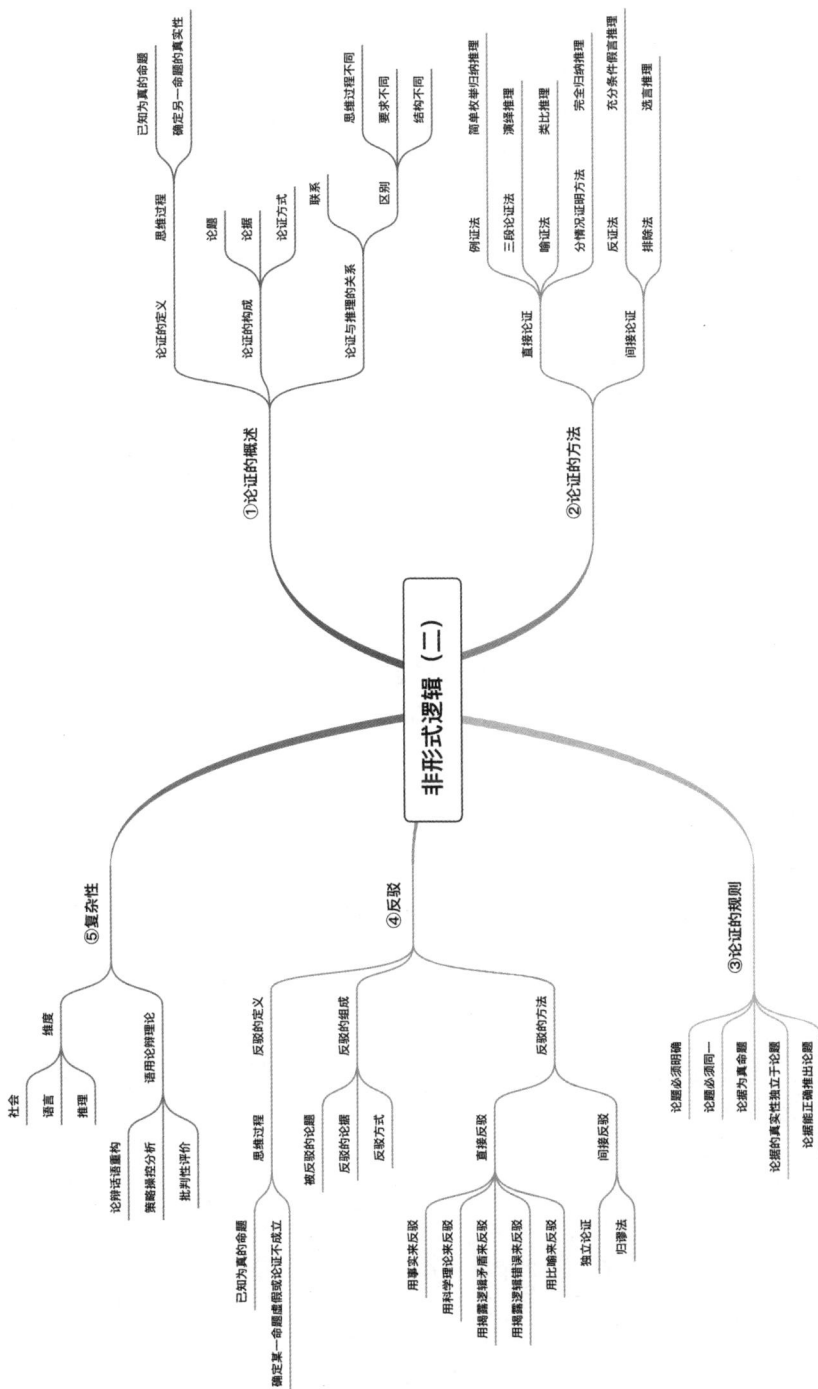

非形式逻辑 (二)

①论证的概述

- 论证的定义
  - 思维过程
    - 已知为真的命题
    - 确定另一命题的真实性
- 论证的构成
  - 论题
  - 论据
  - 论证方式
  - 联系
- 论证与推理的关系
  - 区别
    - 思维过程不同
    - 要求不同
    - 结构不同

②论证的方法

- 直接论证
  - 例证法
  - 三段论证法 —— 演绎推理
  - 简单枚举归纳推理
  - 喻证法 —— 类比推理
- 间接论证
  - 分情况证明方法 —— 完全归纳推理
  - 反证法 —— 充分条件假言推理
  - 排除法 —— 选言推理

③论证的规则

- 论题必须明确
- 论题必须同一 —— 论据为真命题
- 论据的真实性独立于论题
- 论据能正确推出论题

④反驳

- 反驳的定义
  - 思维过程
    - 已知为真的命题
    - 确定某一命题虚假或论证不成立
- 反驳的组成
  - 被反驳的论题
  - 反驳的论据
  - 反驳方式
- 反驳的方法
  - 直接反驳
    - 用事实来反驳
    - 用科学定律来反驳
    - 用揭露逻辑矛盾来反驳
    - 用揭露逻辑错误来反驳
    - 用比喻来反驳
  - 间接反驳
    - 独立论证
    - 归谬法

⑤复杂性

- 维度
  - 社会
  - 语言
  - 推理
- 论辩话语重构
- 策略操控分析
- 语用论辩理论
- 批判性评价

第一节 论证的概述

一、论证的定义

在日常生活中,反映某些简单事实的命题的真实性,只要根据人们的感觉经验或拿出实物就可以直接地得到证明。例如,只要用耳朵听一听、用眼睛看一看,就可以证明"外面正在下雷阵雨"这一命题的真实性;要证明"在某家商店购买过某件商品",只要拿出这家商店开具的发票就行了。但是有许多反映复杂事实或思想的命题的真实性,就需要从理性上用逻辑的方法来加以论证。

论证无处不在。通过论证,我们可以在一定程度上克服个人和团队的认知偏差,理性地判断信息的真伪和解决方案的优劣,减少内部认知资源有限性和外部环境不确定性所带来的诸多困扰,从而提高决策和行动的质量。随着信息时代的到来和知识社会的兴起,论证的重要性也更为突出。

首先,移动互联网和社交媒介的快速发展让信息进入了爆炸式增长状态。随之而来的是,信息质量的快速下降,真假难分,并且高度碎片化。因此,我们的信息获取模式需要从"海绵式"切换到"淘金式",提高对纷繁复杂的信息进行深度理解和加工的能力,通过有效的论证来筛选出可靠而重要的信息,把握不同信息之间的内在联系,从而合理地更新我们的知识和信念体系。

其次,在知识经济快速崛起的大趋势下,越来越多的人口将成为知识工作者,从事知识的加工、创造和传播。在知识生成型的对话中,论证必不可少。我们要为某些知识产品或主张进行辩护,我们要为某些理论体系的建构开展批判性讨论,我们要评价某些观点或理论的可靠性、合理性和有效性,我们要抵制或反对某些不合理的看法或知识结构。这些都需要高水平的论证能力。

最后,未来社会的发展越来越需要通过团队协作来解决某些特定的问题。在团队协作中,如何发挥出团队最大的集体智慧和协同效应,如何让团队成员理性地接受某项动议,如何引导舆论抵制一些错误的行动方案,如何避免负面舆论对团队或组织造成伤害。这些也同样需要发挥论证的作用。

综上所述,论证能力将成为未来社会的基本生存技能,我们需要综合运用前几章所学的有关知识,掌握论证的基本方法,提升个人和团队的论证能力。

那么,什么是论证? 用一个或几个已确定为真的命题去确定另一个命题的真实性的思维过程,就是论证。举例如下。

[15-1]在阶级社会里,语言是不是有阶级性呢? 如果语言有阶级性,那么,语言的产生,语言的发展,语言的死亡和语言的结构就要受阶级的制约,而不是受全民社会的制约。然而,历史告诉我们,任何时代、任何地方的语言都要随着全民社会单位的形成而形成,随着全民社会单位的发展而发展,随着全民社会的死亡而死亡,随着全民社会而有统一的语言结构,从来也不随着阶级的兴亡而兴亡,随着阶级的不同而有不同的语言结构。①

这段议论就是一个论证,它用几个真实性无异疑的命题为根据,从而确定"在阶级社会里,语言是没有阶级性的"这一命题的真实性。

二、论证的构成

一个论证由论题、论据和论证方式 3 个部分构成。

---

① 高名凯.语言论[M].商务印书馆,1995:55.

(一)论题

论题,在文章中通常称为论点。论题就是做逻辑论证的人所要论证的对象,也就是通过论证,其真实性要加以确定的命题。它所回答的是"论证什么"的问题。[15-1]中的"在阶级社会里,语言是没有阶级性的",就是论题。

在论证中,论题一般有两类:一类是前人已经证明了的命题,论证这种命题,其目的在于使后人接受它、信服它。例如,教师向学生传授某一门科学,就往往要论证这门科学中的某些基本原理,虽然这些基本原理前人早已做过论证,教师在讲课时也还要做一番论证,其目的就在于使学生能够信服地接受它。一个理论工作者向群众宣传马克思主义的基本原理,为了使群众更深刻地理解它,信服地接受它,也往往要进行论证,尽管这些原理已千百次地经历过实践的检验。另一类是真实性正待确定的命题。例如,科学假说,它是一种对于未知的事实或规律性所做的假定性的解释命题,其真实性是有待证明的。

(二)论据

论据,也叫理由、根据。在论证中,论据是用来确定论题真实性的命题,也就是已知为真实的那些命题。它所回答的是"用什么来论证"的问题。[15-1]中的"如果语言有阶级性,那么,语言的产生,语言的发展,语言的死亡和语言的结构就要受阶级的制约,而不是受全民社会的制约";"任何时代,任何地方的语言都要随着全民社会单位的形成而形成,随着全民社会单位的发展而发展,随着全民社会的死亡而死亡,随着全民社会而有统一的语言结构,从来也不随着阶级的兴亡而兴亡,随着阶级的不同而有不同的语言结构",这几个命题都是论据。

在论证中,作为论据的命题也有两类:一类是已被确认的关于事实的命题。这类论据称为事实论据。所谓"事实胜于雄辩",说的就是事实论据在论证中的重要作用。有时要使人信服地接受某种意见,就要摆出事实论据。举例如下。

[15-2]而事实上,转基因作物可以增产、可以减少农药使用的说法,已经遭到多种来源的否定。这里只提供一个较新的例证。

新西兰坎特伯雷大学的杰克·海勒曼教授等 5 人,2013 年在《农业可持续性国际期刊》上发表了一篇广受关注的论文,比较了北美(美国、加拿大)和西欧(法国、德国、荷兰、奥地利、比利时、卢森堡、瑞士)过去 50 年间的大豆、玉米和油菜籽的种植,提供了详细的数据,这些数据表明:

北美从 1996 年起大规模种植上述 3 种作物的转基因品种,而上述西欧各国则依赖常规育种和加强农田管理等综合性措施,结果是非常耐人寻味的:北美和西欧的产量总体都在逐渐上升,但西欧的升幅更大;北美和西欧的农药使用都在逐渐下降,但西欧的下降幅度明显大于北美。[①]

例[15-2]中,作者以新西兰坎特伯雷大学的杰克·海勒曼教授等人的实验数据为事实依据,论证了"转基因作物可以(更好地)增产"和"转基因作物可以(更好地)减少农药使用"这两个论点不能成立。

另一类是一般性的命题,如科学原理、公理、定义、法律、法规等,这一类论据可以统称为事理论据,也叫理论论据。举例如下。

[15-3]热力学第二定律表明:一切可以实现的热机,都是从发热器(高温热源)中取得热量,其中一部分热量变成了有用的功,另一部分热量必须传递给冷却器(低温热源)。因此,第二类永动机是没有的。

这里,用来论证"第二类永动机是没有的"这一论题的论据就是理论论据,即热力学第二定律。

平时所说,"摆事实,讲道理",前者就是提出事实论据,后者就是提出事理论据。把事实论据和事理论据结合起来应用,会有更强的说服力。

(三)论证方式

论证方式就是论据与论题之间的联系方式,也就是论证者在用论据支持论题时使用了什么样的推理形式。它所回答的是"怎样论证"的问题。和论题、论据不同,论证方式并不表现为一个或若干个命题,它

---

① 江晓源.被严重误导的转基因主粮争议[J].新发现,2014(3):104-106.

所体现的是论据与论题之间的逻辑联系。论证方式的正确性,取决于论证中所使用的每一推理形式的正确性。如果说在一篇文章中,我们可以比较容易地找出论题和论据的话,那么,要找出它的论证方式就比较困难了。人们必须运用逻辑分析的方法,才能找出论证中所使用的推理形式,并做出正确的说明。

三、论证与推理的关系

论证与推理是密切联系的,推理是论证的工具,论证是推理的应用。推理中的前提、结论、推理形式与论证中的论据、论题、论证方式之间有着对应的关系。论据相当于推理的前提,论题相当于推理的结论,论证方式相当于推理的形式。

但是,论证与推理又有所区别。首先,二者的思维过程是不同的。论证是先有论题,后找论据,再用论据对论题进行论证;而推理则是先有前提,后得结论。其次,二者的要求是不同的。论证是由一个或几个真实性已确定的命题去推导出另一个命题的真实性。因此,论证要求的重点是论题与论据的真实性,特别是关注论据的真实性。而推理只是关注前提与结论之间的逻辑联系,即推理形式的有效性问题,至于前提的真实性问题并不是推理本身所关注的对象。第三,二者的结构也有所不同。论证的结构通常要比推理复杂,因为在一般情况下,一个论证往往包含着若干个推理。

第二节 论证的方法

根据不同的分类标准,可以对论证做不同的分类。比如,根据论证中所用的推理形式的不同,论证可以分为演绎论证和归纳论证;根据论证的方法的不同,论证又可以分为直接论证和间接论证。我们在这里想给读者介绍一些常用的论证方法,所以,就将论证分为直接论证和间接论证两种。

一、直接论证

直接论证就是用论据正面论证论题为真的一种论证。下面介绍几种常用的直接论证方法。

(一)例证法

例证法是一种直接论证的方法。这种论证方法的特点是以实例作为论据,论证过程所用的推理形式是简单枚举归纳推理。因为论证过程中所用的是归纳推理,所以,这种论证也叫归纳论证。举例如下。

[15-4]例如,有人主张"我们在科学技术发展中,要充分发挥年轻人的作用"。理由是:很多重要的发明创造都是年轻人完成的。为了进一步论证该理由的可靠性,我们可以举如下实例。

达尔文进行环球航行时是 22 岁,后来写出了著名的《物种起源》;爱因斯坦提出狭义相对论时才 26 岁,提出广义相对论时是 36 岁;李政道、杨振宁提出弱相互作用下宇称不守恒定律时,分别是 30 岁、34 岁;贝尔发明电话时是 29 岁。

"事实胜于雄辩",以事实为论据的例证法,如果应用恰当,会有很强的说服力。

(二)三段论证法

三段论证法是一种常用的直接论证方法,它的特点是以一般性的命题作为论据,论证过程所用的推理形式就是三段论,通常是三段论的第一格。因为论证过程中所用的属于演绎推理的三段论,所以,这种论证也叫演绎论证。举例如下。

[15-5]喜马拉雅山脉在过去的地质年代里曾经是海洋地区。因为地质普查探明,喜马拉雅山脉的地层中遍布珊瑚、苔藓、海藻、鱼龙、海百合等化石。而地质学已经证明,凡是有水生生物化石的地层,都是地质史上的海洋地区。因此,可以得知,喜马拉雅山脉在过去的地质年代里曾经被海洋淹没过。

[15-5]的论证所用的方法就是三段论证法。论据有两个,一个就是地质学已经证明的一般性的

科学命题:"凡是有水生生物化石的地层,都是地质史上的海洋地区";另一个就是地质普查探明的事实:"喜马拉雅山脉的地层中遍布珊瑚、苔藓、海藻、鱼龙、海百合等化石"。

[15-6]什么是恒星? 简单地说,质量很大,而且自身能够发光的星球就是恒星。太阳自己能够发出巨大的光和热,它的质量很大,是地球质量的 33 倍。对整个太阳系来说,太阳质量占整个太阳系质量的 99.86％,它以压倒优势成为太阳系的中心天体。因此,我们说太阳是一颗恒星。

[15-6]所用的论证方法也是三段论证法。论据也有两个,一个是关于恒星的定义:"质量很大,而且自身能够发光的星球就是恒星";一个是有关太阳的实际情况的陈述:"太阳自己能够发出巨大的光和热,它的质量很大,是地球质量的 33 倍。对整个太阳系来说,太阳质量占整个太阳系质量的 99.86％,它以压倒优势成为太阳系的中心天体"。

(三)喻证法

喻证法也是一种直接论证的方法。它的特点是以比喻者之理作为论据,去论证被比喻者(论题)之理。比喻者与被比喻者之间,类相异,理相同。二者之间有一个由此及彼的推理过程。这里的推理形式也就是类比推理。喻证法具有形象、生动、以浅喻深、以显喻奥的优点,在论证中具有很强的说服力。恰当地应用喻证法,可以收到很好的效果。举例如下。

[15-7]"若说:何以对付敌人的庞大机构呢? 那就有孙行者对付铁扇公主为例。铁扇公主虽然是一个厉害的妖精,孙行者却化为一个小虫钻进铁扇公主的心脏里去把她战败了。柳宗元曾经描写过的'黔驴之技',也是一个很好的教训。一个庞然大物的驴子跑进贵州去了,贵州的小老虎见了很有些害怕。但到后来,大驴子还是被小老虎吃掉了。我们八路军新四军是孙行者和小老虎,是很有办法对付这个日本妖精或日本驴子的。目前我们须得变一变,把我们的身体变得小些,但是变得更加扎实些,我们就会变成无敌的了。"①

[15-7]所用的论证方法就是喻证法。这是抗日战争时期,毛泽东在《一个极其重要的政策》一文中,在论证实行精兵简政政策的重要性和必要性时所做的两个喻证,它生动形象地说明这样一个道理:实行精兵简政以后,我们的机构会变得小些,人员也会减少一些,但是我们会变得更强大,能更好地打败日本侵略者。

(四)分情况证明方法

什么是分情况证明方法? 当我们要证明在各种情况下命题 p 都是真的,又知道有关的情况有且只有 $1,2\cdots\cdots n$ 几种,这时,我们只要分别证明在 $1,2\cdots\cdots n$ 几种情况下 p 都是真的,也就证明了 p 在各种情况下都是真的。举例如下。

[15-8]设 A,B,C 分别为有效三段论的前提和结论,D 是与结论 C 相矛盾的直言命题,试证:A、B、D 中必有两个是肯定命题。

一个有效三段论的前提 A 和 B 有且只有 3 种情况:

(1)A 和 B 均为肯定命题;

(2)A 为肯定命题,B 为否定命题;

(3)A 为否定命题,B 为肯定命题。

如果(1)A 和 B 均为肯定命题,则结论 C 为肯定命题,D 与 C 矛盾,则 D 为否定命题,因而 A、B、D 中有两个肯定命题;

如果(2)A 为肯定命题,B 为否定命题,则 C 为否定命题,而 D 与 C 矛盾,则 D 为肯定命题,因而 A、B、D 中有两个肯定命题;

如果(3)A 为否定命题,B 为肯定命题,则 C 为否定命题,而 D 与 C 矛盾,则 D 为肯定命题,因而 A、B、D 中也有两个肯定命题;

---

① 毛泽东.毛泽东选集:第 3 卷[M].2 版.北京:人民出版社,1991:882-883.

所以,在题设的情况下,A、B、D中必有两个是肯定命题。

这里,论证"A、B、D中必有两个是肯定命题"所用的论证方法就是分情况证明方法。在论证过程中所用的推理形式是完全归纳推理,这种论证属于归纳论证。由于完全归纳推理的前提与结论之间具有必然性的联系,前提为真,则结论也必然为真,所以,应用这种归纳推理的论证方法——分情况证明法,可以作为严格的逻辑证明使用。

二、间接论证

间接论证是通过论证与论题相关的其他论断为假,从而论证该论题为真的一种论证方法。反证法和排除法是两种常用的间接论证方法。

(一)反证法

反证法是一种间接论证方法,它是通过论证与原论题相矛盾的反论题为假,然后根据排中律,从而间接地确定原论题为真。反证法的论证步骤是这样的:先设置一个与所要论证的论题相矛盾的反论题,然后构造一个否定后件式的充分条件假言推理来否定反论题,最后再根据排中律,确认原来所要论证的论题为真。

反证法的论证过程可以用公式表示如下。

(1)求证:p。
(2)设:非p,
(3)证:如果非p,则q,
(4)非q,
(5)所以,并非(非p),
(6)所以,p。

举例如下。

[15-9]党政领导干部必须提高科学文化水平。因为如果党政领导干部不提高科学文化水平,他们所负责的各个部门的组织领导工作就不能适应新形势的需要,我国的现代化建设事业就难以顺利地向前发展。

[15-9]这一论证所用的方法就是反证法。它的论题是:"党政领导干部必须提高科学文化水平。"为了确定这一论题的真实性,先设置了一个反论题:"党政领导干部不提高科学文化水平",然后从这一反论题出发,必然得出:"他们所负责的各个部门的组织领导工作就不能适应新形势的需要,我国的现代化建设事业就难以顺利地向前发展。"这样就组成了一个充分条件假言命题,但它的后件不是人们所希望的,因而根据充分条件假言推理的"否定后件,就要否定前件"的规则,推出反论题的否定。由于原论题与反论题之间是矛盾关系,依据排中律,不能同时否定两个互相矛盾的命题,这样,就可间接地确定原论题"党政领导干部必须提高科学文化水平"为真。因为论证过程中所用的推理形式是演绎推理中的假言推理,所以,这种论证叫作演绎论证,也叫假言论证。

[15-10]光是有质量的。因为光对它射到的物质产生了压力,而如果光没有质量,就不会产生这种压力。

[15-10]所用的论证方法也是反证法。它要论证的论题是"光是有质量的",论证时,先设置了一个反论题"光没有质量",这个反论题与原论题是矛盾关系,二者不会同假。通过论证确定反论题不能成立,从而也就可以间接地确定原论题为真。

(二)排除法

排除法,也叫选言证法,它也是一种间接论证的方法。因为论证过程中所用的推理形式是选言推理,所以,这种论证方法也叫选言证法。在论证时,通过确定与原论题相关的其他可能都为假,从而间接地确定原论题为真。

排除法的论证过程可以用公式表示如下。

> (1)求证:p。
> (2)设:或 p 或 q 或 r。
> (3)证:或 p 或 q 或 r,
> (4)非 q,
> (5)非 r,
> (6)所以,p。

举例如下。

[15-11]向外国学什么?是像有的国家那样把外国的电子计算机和脱衣舞一起学过来,还是脱衣舞进来了,计算机却不会掌握,还是引进了计算机,抵制了脱衣舞。我们反对前两种做法,赞成后一种做法,既要学资本主义国家的科学技术,同时又要抵制他们一切腐朽的东西。

这一论证所用的方法就是排除法,或者说选言证法。论题是"既要学资本主义国家的科学技术,同时又要抵制他们一切腐朽的东西"。论据是两条自明的道理:我们不能像有的国家那样,把外国的电子计算机和脱衣舞一起学过来;我们更不能只学脱衣舞而不学计算机。论证方式是一个选言推理的否定肯定式,通过否定选言前提中的两个选言支,从而肯定论题的真实性。

在实际工作中单独使用排除法比较少见,即使是在用得比较多的侦查工作中,使用排除法也仅限于用来缩小侦查范围,确定侦查方向。如果要逮捕法办,光靠排除其他人作案的可能性是远远不够的,因为要认定剩下这个人就是案犯,必须拿出确凿的证据来,这就需要进行直接论证。另外,只有在选言支穷尽了一切可能的条件下,才能确定剩下的一个选言支一定是真的。但是,在实际工作中,要穷尽一切可能是困难的,有时甚至是不可能的。

第三节　论证的规则

任何一个正确的论证,不仅需要依据具体情况,恰当地运用各种论证方法,而且还必须遵守如下 5 条论证的规则。

一、[规则 1]:论题必须明确

论题明确是论证的先决条件。论题不明确,就不可能有针对性地找出适当的论据和正确的论证方式去进行论证。论题是一个命题,命题是由概念所构成的。为了使论题明确,我们就应当了解:论题中的概念,尤其是关键性的概念,它的内涵与外延是什么。如果论题中的概念不明确,那么,整个论题也就不可能明确。举例如下。

[15-12]2001 年第五届国际大专辩论赛决赛的辩题是:金钱是不是万恶之源。正方论点:金钱是万恶之源。反方论点:金钱不是万恶之源。这个辩题中,一个非常关键的字是"万"。

对于正方来说,比较有利的做法是将"万"为理解为"很多",那么正方的论点就是"金钱是很多恶的来源"。而对于反方来说,比较有利的策略则是将"万"定义为"所有",那么反方的论点就是"金钱不是所有恶的来源"。因此,对于论辩双方来说,在论辩之前首先要确定论题应该如何理解。

[15-13]青年人喜欢生活丰富多彩,比如听听流行歌曲,开开家庭舞会,穿穿喇叭裤,戴戴变色镜,

我看这没有什么不可。社会在发展，时代在前进，旧的习惯总是要被新的所代替，人们的审美观念也在改变。资本主义的科学技术要学，难道生活方式就是一个"禁区"吗？对这个问题应该用历史唯物主义的科学态度实事求是地进行分析。当然，我并不赞成我们的青年去学习资本主义的生活方式，开家庭舞会，穿喇叭裤，戴变色镜，毕竟不符合我国的民族风俗习惯，所以我也不赞成青年们把这一套当作宝贝吸收过来，加以模仿……

这段文字，开头说青年人开家庭舞会，穿喇叭裤，戴变色镜，没有什么不可；后面又说不赞成青年人开家庭舞会，穿喇叭裤，戴变色镜，使人难以把握作者究竟想要论证什么，这就违反了论证的[规则1]，犯了"论题含混"的逻辑错误。

二、[规则2]：论题必须同一

在论证过程中，论题必须始终保持同一，不能随意变换；在反驳别人的论题时，不能歪曲或篡改别人的原意。这也是同一律要求在论证中的具体体现。违反这条规则就会犯"转移论题"或"偷换论题"的错误。

用内容完全不同的另一个命题替换原论题，这是转移论题的一种表现形式。举例如下。

[15-14]人人都是自私的。因为人人都需要生存，人人都需要衣、食、住、行等方面的物质生活条件。如果没有一定的物质生活条件，不用说其他精神生活的需要、自身的完善和发展不可能满足，就是连起码的日常生活都难以维持，所以，人人都将为自己的生存和发展而努力。

在这段议论中，他确立的论题是："人人都是自私的"，但实际上他所论证的论题却是："人人都将为自己的生存和发展而努力"。

用近似于论题的命题替换原论题，这也是转移论题的一种表现形式。举例如下。

[15-15]目前的大学生普遍缺乏中国传统文化的学习和积累。根据国家教育部有关部门及部分高等院校最近做的一次调查表明，大学生中喜欢和比较喜欢京剧艺术的只占到被调查人数的14%。

这段议论，所要论证的论题是："目前的大学生普遍缺乏中国传统文化的学习和积累"，可是实际论证的论题却是："目前的大学生普遍缺乏对中国京剧艺术的兴趣"。我们知道，京剧艺术只是中国传统文化中的一部分，即使证明了"目前的大学生普遍缺乏对中国京剧艺术的兴趣"这一命题，也并不等于证明了"目前的大学生普遍缺乏中国传统文化的学习和积累"这一命题。因为前一个命题断定较少，而后一个命题断定较多，所以，这一论证犯了转移论题的错误。

原来要论证的论题断定较多，而实际上论证的论题断定较少，这种转移论题的错误，叫作"论证过少"。[15-15]就是一个论证过少的实例。我们再举一例。

[15-16]有一个案子，办案人员要证明某甲犯了受贿罪，但是只证明了他是国家工作人员，接受了贿赂，并为他人在其他单位弄到一张假证明，却没有证明被告进行非法活动是利用自己职务上的便利。

这也是论证过少的一种错误表现。因为原论题应该包括三点：一是国家工作人员，二是利用自己职务上的便利，三是收受他人财物并为他人谋取私利。而证明人只证明了第一点和第三点，没有证明第二点。

如果所要论证的论题断定较少，而实际上论证的却是一个断定较多的论题，这个断定较多的命题往往是不真实的命题。这种错误叫作"论证过多"。例如，原论题是"自学也可以成才"，结果却去论证"自学必定能够成才"。"自学也可以成才"，这一命题断定较少；"自学必定能够成才"这一命题断定较多。"真理多走一步，就变成谬误"，原来断定较少的论题"自学也可以成才"，是一个很恰当的命题，现在换成"自学必定能够成才"，真理就变成谬误了。

如果有人为了某种目的，故意转移论题，那就是诡辩了。

三、[规则3]：论据必须是已确定为真的命题

论题的真实性是由论据的真实性来确定的。如果一个命题是虚假的，或者虽然是真实的，但却不

是人们所确知为真的命题,我们就不能把它作为论据。违反这条规则的逻辑错误有两种表现形式,即"虚假理由"和"预期理由"。

所谓虚假理由就是以虚假的命题作为论证的论据。举例如下。

[15-17]法国古生物学家乔治·居维叶在研究地层时,发现许多生物化石,在不同的地层中有不同的化石,地层越深,化石与现代生物越不相同。这些事实,如果从科学观点出发,本来是可以做出正确解释的。但他却坚持"生物形态是由造物主创造的"这一错误观点,并以此为论据,认为从远古以来,地球上发生过许多次周期性的大突变;每次突变后,生物全部灭绝了,造物主又重新造出另一些新的生物来。他还进一步认为,地球上现有的生物物种,是五六千年前的一次大突变后,由上帝创造出来的。

很显然,居维叶犯了虚假理由的逻辑错误。

所谓预期理由就是以真实性尚未确定的命题作为论证的论据。举例如下。

[15-18]有人说,地球上出现的不明飞行物,肯定是外星球的宇宙人发射的,因为现代科学告诉我们,外星球可能存在着比地球人更高级的宇宙人。他们向地球发射宇宙飞行器是很自然的事。

在这段议论中,用来论证"地球上出现的不明飞行物是外星球的宇宙人发射的"这一论题,所用的论据是"外星球可能存在着比地球人更高级的宇宙人",而这一论据的真实性并没有被确定过。所以,这段议论犯了预期理由的逻辑错误。

在日常生活中,我们会遇到有人以"道听途说"的东西作为根据来证明自己的观点的情况,这也是一种预期理由的错误。举例如下。

[15-19]甲对乙说:"你儿子被拘留了。"乙问有什么根据,甲说:"这不是明摆着吗?你儿子跟小吴关系很好,几乎形影不离,而且两人一起打过群架。听说这次你儿子和小吴又一起打群架。小吴因为打群架已经被拘留了,你儿子肯定也有份。"

在这里,乙提出的一个论据是"这次你儿子和小吴又一起打群架",但是,这个命题的真实性并没有得到确定,因为乙仅仅是"听说"而已。这就是预期理由的错误表现。

四、[规则 4]:论据的真实性必须独立于论题来加以论证

因为论题的真实性是依靠论据来加以论证的,因此,论据的真实性不能反过来依靠论题来加以论证。违反这条规则的逻辑错误有两种表现形式,即窃取论题和循环论证。

所谓窃取论题就是论据的真实性直接依赖于论题的真实性。例如,有人以"各班同学这次都通过了英语三级考试"为论据,来论证"甲班同学这次都通过了英语三级考试"这一论题,这就犯了窃取论题的逻辑错误。因为如果说"甲班同学这次都通过了英语三级考试"这一命题的真实性是未加确定的,那么,作为论据的命题"各班同学这次都通过了英语三级考试"的真实性,同样是未加确定的,所以,要确定论据的真实性,有赖于先确定甲班、乙班及其他各班同学这次真的都通过了英语三级考试,其中就已经包含了论题的真实性。

所谓循环论证就是论证的真实性间接地依赖于论题的真实性。举例如下。

[15-20]法兰西著名的喜剧作家莫里哀在《屈打成招》中,幽默而辛辣地讽刺一个没有水平的庸医。他是这样描写的:

一个哑女孩的爸爸向哈列尔问道:"我的女孩为什么是哑的?"

医生回答说:"没有比这更简单了,这就是由于她丧失了说话的能力。"

哑女孩的爸爸又问:"到底是什么原因使她丧失了说话的能力?"

医生郑重地说:"我们所有的优秀医书都会告诉你,这是由于她不能说话。"

这就是循环论证的一个典型。

[15-21]鲁迅先生的杂文《论辩的魂灵》是专门揭露诡辩术的。文中列举了种种玩弄诡辩的奇谈怪论,其中有这样一段:"……卖国贼是说谎的,所以你是卖国贼。我骂卖国贼,所以我是爱国者。爱

国者的话是最有价值的,所以我的话是不错的,我的话既然不错,你就是卖国贼无疑了!"

可以看出,这段话是用"你是卖国贼"来论证"我的话是不错的",反过来又用"我的话是不错的"来论证"你是卖国贼"。鲁迅先生所揭露的诡辩手法就是循环论证。

五、[规则5]:论据必须能正确地推出论题

这是有关论证方式的规则。这条规则主要是指论据与论题之间必须具有逻辑联系,论据应是论题的充足理由,从论据的真实性能合乎逻辑地推出论题的真实性。违反了这条论证规则,就会犯推不出的逻辑错误。

推不出的逻辑错误主要有两种表现形式:一是论证方式违反推理规则,二是论据不足。

正确的论证方式,必须是一个或一些正确的推理形式,必须遵守推理的规则。如果论证方式违反了推理规则,那么,即使论据都是已确定为真的命题,也不能推出论题的真实性。举例如下。

[15-22]有一年,某省中专入学考试的数学试题中,有这样一道题目:"有一个三角形,它的三条边分别为3厘米,4厘米和5厘米。请问:这是个什么三角形?"

许多考生都知道这是一个直角三角形。不少考生是这样论证的:这个三角形是直角三角形。因为由毕达哥拉斯定理可知,凡是直角三角形都是斜边的平方等于其他两边平方之和;而这个三角形斜边的平方等于其他两边平方之和。

这个论证的论题和论据都是真实的,但是,论证方式是不正确的。这里不少考生是运用三段论第二格来进行论证的。三段论的规则要求:中项至少要周延一次,而这个三段论中的中项是"斜边的平方等于其他两边平方之和",它在两个前提中都是作为肯定命题的谓项,因而都是不周延的,这就违反了三段论的推理规则,犯了推不出的错误。

论据不足是指在论证过程中,人们所引用的理论或事实方面的论据,对于确定论题的真实性来说,虽然是必要的,但不是充分的。也就是说,从现有的论据还不能确定论题的真实性,要确定论题的真实性,还必须补充新的理论或事实方面的论据。举例如下。

[15-23]人们起初论证"地球是圆形的"时,常提出以下两个论据。

(1)站在海岸上远望驶近的航船,总是先见桅杆,后见船身。

(2)站得越高,看得越广,到地平线目标的距离也就越长。

尽管这两个论据是正确的,但由此还无法证明"地球是球形的",而只能证明地面是曲面的。后来,有人又补充了两个论据。

(3)在地球表面无论什么地方,地平线都是圆形的,而且所见远近各处都一样。

(4)月食时,投射在月球上的地球影子每次都是圆形的。

这样,才完全证实了"地球是圆形的"。

第四节　反驳

一、反驳的定义

什么是反驳?用一个或几个已确定的真实命题来确定某一个命题虚假或某个论证不能成立的思维过程就是反驳。反驳针对的是对方的论证,因此,反驳也可以说是破斥对方论证的方法。反驳与论证相互对立,却又相辅相成。反驳了一个命题,也就意味着证明了与之相矛盾的命题;而证明了一个命题,也就等于反驳了与之相矛盾或相反对的命题。

二、反驳的组成

从结构上看,反驳也由 3 个部分组成。

(1)被反驳的论题,这是在反驳中要被确定为虚假的命题。它所回答的是"要反驳什么"这一问题。

(2)反驳的论据,这是在反驳中被引用来作为反驳依据的命题。它所回答的是"用什么来反驳"这一问题。

(3)反驳方式,这是在反驳过程中运用的推理形式。它所回答的是"怎样来反驳"这一问题。

反驳在日常思维,尤其是在论战的场合,经常被应用。举例如下。

[15-24]有一次,马尔看到他的"语言是经济基础的上层建筑"的公式遭到了反对,就决定"改造"一下,宣称"语言是生产工具"。马尔把语言列入生产工具一类,是否对呢？他完全不对。

不难理解,假如语言能够生产物质资料,那么夸夸其谈的人就会成为世界上最富的人了。

这是斯大林在反驳马尔时所说的一段话。这里所要反驳的论题是马尔宣称的所谓"语言是生产工具"这一错误观点。用来反驳,作为论据的命题是:"假如语言能够生产物质资料,那么夸夸其谈的人就会成为世界上最富的人了。"这里作为论据的还应当有两个命题。一是"假如语言是生产工具,那么语言就能够生产物质资料",二是"夸夸其谈的人不会成为世界上最富的人",它们在语言表达中被省略了。这些作为论据的命题,它们的真实性是不容置疑的。反驳过程所用的推理形式是充分条件假言推理的否定后件式。这一推理可以表述如下。

假如语言是生产工具,那么语言就能够生产物质资料;

假如语言能够生产物质资料,那么夸夸其谈的人就会成为世界上最富的人了;

但是,夸夸其谈的人不会成为世界上最富的人;

所以,语言绝不是什么生产工具。

反驳的任务在于推翻对方的论证。对方的论证有论题、论据和论证方式 3 个组成部分,因此,就反驳的对象而言,可以是反驳论题、反驳论据或者反驳论证方式。

反驳论题,就是确定对方所提出的论题是虚假的。在学术讨论中,由于双方的分歧主要在于各自的观点和主张不同,因此,常以对方的观点和主张,也就是对方的论题作为主要的反驳对象。在法庭辩论中,就经常将对方的论题作为主要反驳对象。举例如下。

[15-25]1979 年某县发生了一起精神病患者服用瓜蒂中毒死亡的案件。由于给病人开方的是回乡复员军人,他虽然在部队时担任过医务人员,但复员后并不具有医生身份,县人民检察院就以被告犯有非法行医、骗取钱财、致人死亡的罪名向县人民法院提起公诉。辩护律师在法庭辩论中指出:"我认为,公诉人认定被告犯有非法行医、骗取钱财、致人死亡的罪名,不能成立。"接着辩护律师提出大量论据,分别对于这 3 个罪名进行了反驳。最后,辩护律师做出这样的结论:"综上所述,我认为对被告人追究刑事责任,不仅没有法律上的根据,也违背人情常理。根据上述理由,法庭应宣告被告人无罪。"

在这里,辩护律师以公诉人提出的罪名为反驳对象,这就是反驳论题。在被告律师把公诉人提出的罪名驳倒了之后,县人民法院也认定起诉罪名不能成立,于是宣告被告无罪。

反驳论据,就是确定对方的论据是虚假的或者是未经证实的。只要能证明对方的论据是虚假的或者是未经证实的,那么,对方的论题也就失去了依据。举例如下。

[15-26]某校有一次大学生辩论赛的辩题是"在校大学生谈恋爱的利与弊"。正方的辩手认为"在校大学生谈恋爱利多于弊"。有一位正方辩手是这样论证的:"在校大学生谈恋爱利多于弊。因为青年时代确实是学习的黄金时代,但也是谈恋爱的黄金时代。凡是心理、生理正常的青年人谈恋爱都是利多于弊的,而凡是在校大学生都是心理、生理正常的青年人。"这一论证立即遭到了反方辩手的反击。有一反方辩手指出:"事实表明,并非凡是心理、生理正常的青年人谈恋爱都是利多于弊的,也并非凡是在校大学生都是心理、生理正常的青年人。"

在这里,反方辩手正是抓住正方辩手在论证中所提出的两个论据来进行反驳的,指出这两个论据不能成立。这就是反驳论据。

在反驳论据时,应注意的是,驳倒了对方的论据并不等于驳倒了对方的论题。所以,不能认为只要驳倒了对方的论据,反驳的任务就完成了。

反驳论证方式,就是指出对方所提出的论据与所要论证的论题之间没有正确的逻辑联系。在这种情况下,即使论据是真实的,也不能从论据中推出论题来。反驳论证方式,可以直接指出对方的推理形式有错;也可以先假设对方在论证中所用的推理形式成立,由此导出荒谬的结论,从而推翻对方的论证方式。举例如下。

[15-27]李某与陈某通奸,被李某的公公发觉,陈用手掐死李某的公公。事后,李某协助陈某伪造现场,放走凶犯。某检察院认为李某的行为不构成包庇罪,因为伪造现场法无明文规定。有人撰文指出,如果按照检察院运用这一原则的逻辑推理,那么犯杀人罪的应有凶器,陈某掐死李某公公的行为在刑法中也并没有明文规定治罪的条文,难道陈某就可以不构成杀人罪了吗?

同样,值得注意的是,驳倒了对方的论证方式,也并不等于就驳倒了对方的论题。驳倒了对方的论据或者论证方式,只能说对方关于该论题所做的论证不能成立,对方所论证的论题的真实性不能使人相信。

三、反驳的方法

为了有效地进行反驳,还要注意选择恰当的反驳方法。反驳有直接反驳和间接反驳两种。

(一)直接反驳

直接反驳就是引用一些已确定为真的命题,直接确定对方的论题或论据为假,或者以推理规则为依据,确定对方的论证方式不正确。

直接反驳的具体方法很多,下面介绍几种常用的反驳方法。

1. 用事实来反驳

用事实,用反映事物本质的典型事例来进行反驳,是最有力量的。举例如下。

[15-28]有人认为,"人多地少是中国近代爆发革命的原因"。我们就可以举如下的事实来反驳。美国的独立革命不是因为人多地少导致的。法国的大革命不是因为人多地少导致的。俄国的二月革命和十月革命也不是因为人多地少导致的。

我们在分析因果关系时,"有 A 无 B"事例的存在,或"无 A 有 B"事例的存在,都可以用来削弱 A 和 B 之间的因果关系。上文所举的典型事例都属于"无 A 有 B"的情况,因此可以构成强有力的反驳。

2. 用科学理论来反驳

科学理论是为实践所证实了的真理。在进行反驳时,只要指出对方的论点是不符合科学理论的,就可以证明对方的论点是不能成立的。举例如下。

[15-29]一个学生量出一个三角形的三个内角分别为 $63°$、$48°$ 和 $75°$。教师说,你的答案错了,因为三角形的内角之和应该等于 $180°$,而你求出的三个内角之和超过了 $180°$。

这就是一个引用数学定理进行反驳的例子。

3. 用揭露逻辑矛盾来反驳

我们知道,有逻辑矛盾的命题总是假的,所以,只要揭露对方论点中的逻辑矛盾,就可以有力地驳倒对方。举例如下。

[15-30]马克思在《哥达纲领批判》中对拉萨尔的"劳动所得应当不折不扣和按平等权利属于社会一切成员"这一观点进行了有力的批驳,用的方法就是揭露逻辑矛盾。

马克思说:"属于社会一切成员? 也属于不劳动的成员吗?"那么"不折不扣的劳动所得"又在哪里呢? 只属于社会中劳动的成员吗? 那么社会一切成员的"平等权利"又在哪里呢?

这里,马克思深刻地揭露了拉萨尔的"劳动所得应当不折不扣和按平等权利属于社会一切成员"

这一观点中所内含的逻辑矛盾，从而有力地驳倒了拉萨尔的这种不可能实现的机会主义观点。

4.用揭露逻辑错误来反驳

我们知道，正确的论证方式应该遵守论证过程中所运用的推理的有关规则，如果违反了有关的推理规则，那么对方的论证就不能成立。举例如下。

[15-31]鲁迅先生的杂文《论辩的魂灵》所揭露的种种奇谈怪论中有这样一个怪论："你说甲生疮，甲是中国人，你就是说中国人生疮了。"这个怪论，以"甲生疮"和"甲是中国人"这两个命题为论据，来论证"中国人生疮了"。这一论证所运用的推理是三段论。"中国人"这一小项，在前提中，它是肯定命题的谓项，不周延；而在结论中，它是全称命题的主项，周延。这一三段论推理违反了"在前提中不周延的项，到结论中不得周延"的规则，犯了"小项不当周延"的逻辑错误。

这里，我们揭露了这个怪论所犯的逻辑错误，也就有力地驳倒了这个怪论。

5.用比喻来反驳

我们在讲论证方法时曾经谈到比喻在论证中的作用。比喻在反驳中也常常用到。举例如下。

[15-32]《福尔摩斯探案集》的作者阿瑟·柯南道尔是英国近代的著名作家，他曾经当过一段时间的杂志编辑，每天都要处理大量的退稿。一天，阿瑟·柯南道尔收到一封信，信上说："先生，上星期你退回了我写的一篇小说，可是我知道，你并没有读完。我特意把几页稿纸粘在一起，可你并没有把这几页纸拆开看过，我认为，在没有读完之前，就把稿子退给我，这种做法是很不好的。"

阿瑟·柯南道尔回信说："如果你用餐时，盘子里放着一只鸡蛋，你为了证明这只鸡蛋已经发臭，大可不必一定要把它吃完。"

这里，阿瑟·柯南道尔正是用比喻来进行反驳的。这种反驳方法也叫类比反驳法。

类比反驳法的主要特点是：在两个或两类具有某种共同性的事物或现象中通过以某一个（或某一类）众所周知的事物或现象的荒谬性作类比，推出被类比的另一个（或另一类）事物或现象的荒谬性，从而达到反驳的目的。

类比反驳法不仅可以用于反驳论题和论据，而且也可以用于反驳论证方式。运用类比反驳法反驳论证方式，是通过两个论证在形式结构上的类比来实现的。因为如果一个给定的论证是错误的，那么任何具有同一形式结构（即同构）的其他论证也是错误的。据此，为了反驳对方的论证方式，我们可以构造一个与对方的论证方式具有同一形式结构的论证，并使它的论据已知为真而论题明显为假。例如"我不是闻名于世的，因为如果我是世界冠军，那么我是闻名于世的；但是，我并不是世界冠军"。这个论证所应用的推理形式是错误的，要确定这一点，我们可以构造这样一个论证："爱因斯坦不是闻名于世的，因为如果爱因斯坦是世界冠军，那么爱因斯坦是闻名于世的；但是，爱因斯坦并不是世界冠军。"我们知道，这个论证中的论据是真的，而论题"爱因斯坦不是闻名于世的"却明显是假的，因此，这一论证是错误的，那么与此具有同一形式结构的上面那个论证同样是错误的。

（二）间接反驳

间接反驳的方法，主要有两种。

1.独立论证

独立论证是一种间接反驳的方法，它是先论证与被反驳的论题相矛盾或相反对的论题为真，然后根据矛盾律确定被反驳的论题为假。

独立论证的反驳过程可以用公式表示如下。

（1）反驳：p；
（2）论证：非 p 真（非 p 与 p 为矛盾关系或反对关系）；
（3）所以，p 假。

举例如下。

[15-33]有人认为,生产关系都是阶级关系。这种观点值得商榷。众所周知,原始社会的生产关系就不是阶级关系,原始社会的生产关系也是生产关系,可见,有的生产关系就不是阶级关系。

这段议论就是一个独立论证,它是通过一个三段论的推理,以"原始社会的生产关系就不是阶级关系,原始社会的生产关系也是生产关系",作为论据,独立地论证了与被反驳的论题"生产关系都是阶级关系"相矛盾的论题"有的生产关系不是阶级关系"为真,因此,根据矛盾律就可以确定被反驳的论题"生产关系都是阶级关系"为假。

2.归谬法

归谬法也是一种间接反驳的方法,它是先假定被反驳的论题为真,然后由它推出荒谬的结论,最后根据充分条件假言推理"否定后件就要否定前件"的规则,确定被反驳的论题为假。

归谬法的反驳过程可以用公式表示如下。

(1)反驳:p。

(2)设:p真。

(3)证:如果 p 真,则 q,

(4)非 q,

(5)所以,并非 p 真,

(6)所以,p 假。

举例如下。

[15-34]巴基斯坦影片《人世间》,成功地塑造了女主人公拉基雅这个典型形象,她受尽了人世间的折磨和痛苦。她被指控为杀害丈夫的凶手。律师曼索尔出庭替她辩护,他运用归谬法,对"拉基雅是凶手"这一论题予以有力的驳斥。他说:"如果拉基雅是凶手,那么她手枪中的五发子弹必有一发打中了她的丈夫;但是经过现场检查,她手枪中五发子弹的弹头都打在对面的墙上(即五发子弹都没有打中她的丈夫),所以,拉基雅不是凶手。"他又说:"如果拉基雅是凶手,那么子弹一定是从前面打进她丈夫的身体(因为拉基雅枪击她丈夫是面对面的),可是尸检表明,子弹是从背后打进去的,所以,拉基雅不是凶手。"

这里,曼索尔两次运用归谬法,不容置辩地驳倒了对方的论点。

第五节　论证的复杂性

一、论证的多维视角

在日常生活中,实施论证或分析论证都是一个非常复杂的过程,涉及社会、语言、推理等多个方面,因此我们需要借助前几章所学的不同理论工具尽可能全面地分析和考虑论证活动的各种构成因素及其对最终论证效果的影响。比如说,我们在评价论证时,我们需要考虑前提是以一种怎样的方式支持论点的,是演绎推理、归纳推理,还是类比推理。如果是演绎推理,那么我们要分析该论证所包含的三段论推理、充分条件推理或必要条件推理是否满足有效性规则的要求。本书第二章关于复合命题及其推理的知识和第五章关于直言命题及其推理的知识就可以为我们提供相关的分析工具。如果是归纳推理和类比推理,那么我们就需要运用第九章的相关知识对其或然性进行分析。

生活世界中的论证是发生在特定语境下的言语行为。从语境的角度来看,论证的对象是谁?他们处于什么样的社交世界、物理世界和心智世界?信息传递的渠道是什么?特定的表达在特定的语境中传递出怎样的命题?都有待细致具体的分析。要回答这些问题我们就需要用到第十章有关语境的知识。从言语行为的角度来看,我们用自然语言来实施论证的过程,就是在实施一系列言语行为的过程。我们在论证中表达一个论点时,我们不仅仅是在陈述一个命题,而且是在完成不同的类型的语旨行为,有些是指令式的,有些则是宣告式的。在论证实施的具体语境中,不同的语旨行为还会涉及恰当性问题。第十一章的言语行为理论就可以为我们提供非常精细的分析工具。

此外,我们在用自然语言实施论证时,还会涉及自然语言的预设和会话含义问题。预设是暗含在语句中的一种预先设定的信息,在交际中通常表现为双方都可理解、都可接受的那种背景知识。在论证中,这些背景知识往往就是论证的出发点。有时会出现一方通过预设的方式将某一知识强加给对方,从而违反论证的基本原则,导致谬误的产生。作为一种交际活动,论证中的语言表达遵循合作原则,论证者有时会有意违反合作原则来传递会话含义,我们在理解和分析时需要将其替换为更为明确的命题。本书第十二章和第十三章分别提供了相应的分析工具。

二、语用论辩理论

虽然我们在书中,已经提供了各种不同的理论工具帮助我们更好地分析和评价论证,但不足之处是未能提供一个统一连贯的理论框架。因此,我们在这里为大家引介一种国际上较有影响力的论证研究理论,即语用论辩理论(pragma-dialectical theory of argumentation)。

语用论辩理论发轫于 20 世纪 70 年代,是当代西方论证研究的一个重要理论分支。在该学说中,论证被视作话语主体为证明己方立场或反驳对方立场而展开的批判性讨论,其目的是合理地消除双方的意见分歧。"语用"指的是从语用学的角度描述论辩者为消除意见分歧而在批判性讨论中实施的言语行为,"论辩"指的是沿袭西方古典论辩学传统,依照批判性讨论规则来评判这些言语行为的合理性。语用论辩理论框架下的论辩话语研究主要由三个有机相连的环节组成:论辩话语重构、策略操控分析和批判性评价。

由于日常话语中话语结构不够清晰,研究者必须通过删除、改写、增添和替换 4 种方法重构论辩话语的批判性讨论理想模型。该模型将话语划分整合为冲突、开始、论辩和结束 4 个阶段[①]。可以清晰再现论辩话语中隐含的批判性讨论,并明确其中的立场、正反双方、出发点、论辩结构、论证图式、结论等核心论辩要素,以及承载这些核心要素的论辩话步和话语推进方式。

但是在通过批判性讨论保障话语合理性的同时,论证者总是希望尽可能提升论证的劝说效果。在语用论辩学拓展理论中,研究者结合古典修辞学传统,同时从话题选择、受众需求和表达手段 3 个方面分析话语者的论步选择与博弈过程,探究如何在各个阶段实现策略操控提升话语的实效性[②]。

在论辩重构与策略操控分析基础上,研究者对照自由准则、举证责任准则、立场准则、关联准则、未表达前提准则、共同出发点准则、逻辑有效性准则、论证图式准则、结束准则、使用原则等"10 条准则"[③]对各论步的合理性做出评判:有实效且合理的论步应当被接受,而缺乏合理性论步则被视为谬误。比如说,合谬和分谬就是违了逻辑有效性原则,诉诸权威、诉诸公众、滑坡谬误的话就属于违反了论证图式准则而犯的错误。关于谬误的详细探讨可见本书第十六章相关内容。

✎ 练习题

一、从下列各题的 5 个备选答案中选择 1 个正确答案,并做出简要的分析。

1.禁止在大众媒介上做香烟广告并未减少吸烟人数,吸烟的人知道去哪里弄到烟,不需要广告给

---

① 范爱默伦.斯诺克·汉克曼斯.论证分析与评价[M].2 版.熊明辉,赵艺,译.北京:中国社会科学出版社,2018:24.
② 范爱默伦.斯诺克·汉克曼斯.论证分析与评价[M].2 版.熊明辉,赵艺,译.北京:中国社会科学出版社,2018:163-165.
③ 范爱默伦.斯诺克·汉克曼斯.论证分析与评价[M].2 版.熊明辉,赵艺,译.北京:中国社会科学出版社,2018:115-144.

他们提供信息。

下述哪项如果为真,最能反驳上述观点?

A.看到或听到某产品广告往往会提高人们对该产品的需求欲望。

B.禁止在大众媒介上做香烟广告会使零售点香烟广告增加。

C.在大众媒介上做香烟广告已成为香烟厂家的一项巨大开支。

D.反对香烟的人从发现香烟危害之日起就开始在大众媒介上宣传。

E.青年人比老年人更不易受大众媒介上的广告影响。

2.语言不能创造物质财富,如果语言能创造物质财富,那么夸夸其谈的人就会成为世界上的富翁。

下面哪项论证在方式上与上述论证最类似?

A.人在自己的生活中不能不尊重规律,如果违背规律,就会受到规律的无情惩罚。

B.加强税法宣传十分重要,这样做可以普及税法知识,增强人们的纳税意识,增加国家财政收入。

C.有些近体诗是要求对仗的,因为有些近体诗是律诗,而所有律诗都要求对仗的。

D.风水先生惯说空,指南指北指西东。倘若真有龙虎地,何不当年葬乃翁。

E.金属都具有导电的性质,因为我们研究了金、银、铜、铁等金属,发现它们都能导电。

3.近7年,家庭收入用于娱乐消费的比例一直稳定在10%左右。这个比例不会因为新的娱乐形式的出现而扩大。因此,随着电视录像这种娱乐形式的兴旺,电影院的票房收入会随之减少。

以下哪项如果是真的,最能削弱上述论证?

A.录像带的租金要比电影票便宜。

B.电影制片商依靠出售电影版权从录像业分得一部分利润。

C.录像业虽逐年兴旺,但远不能完全取代电影。

D.由于录像业的兴起,人们用于电影和录像业以外的娱乐消费明显减少。

E.某些不适合于电影院放映的影片适合于以录像形式放映。

4.凡是受过高等教育的人都穿着得体、举止斯文。小林穿着得体、举止斯文,小林一定受过高等教育。

下述哪项陈述能加强上述论证?

A.穿着得体、举止斯文的人大多都受过高等教育。

B.小林的衣着举止受其家庭的影响很大。

C.部分穿着得体、举止斯文的人并未受过高等教育。

D.衣着举止是人的爱好,而不是上大学的要求。

E.凡是受过高等教育的人应该穿着得体、举止斯文。

二、分析下列论证,指出其论题、论据和论证方式。

1.搞四个现代化,需要有一个勤奋好学、老老实实的好作风。不管做什么事情,都要有一个老老实实的态度。不懂就是不懂,不能装懂。在四个现代化过程中,会出现许多我们不懂的东西。不懂怎么办? 承认就是了,承认不懂,才能从不懂变懂;承认不会,才能从不会变会。装,只能使自己永远是外行,永远不懂,永远无知。当然,转化是有条件的。这条件,就是靠干和学。勤勤恳恳地学,老老实实地学,努力使自己从门外汉变成有知识、懂技术、会管理的内行。如果不是这样,而是靠装混日子,长此下去,实践就会将你的军,群众就会将你的军,马脚就会越露越多,终将在新的征途上落伍。这个危害可就大了。

2.为什么要搞对外开放,而不能闭关自守呢? 道理很简单,我们的产品统统在国内销? 什么都要自己制造? 还不是要从外面买进来一批,自己的卖出去一批。没有对外开放,翻两番困难,现在任何国家要发达起来,闭关自守都不可能。我们吃过闭关自守的苦头,我们的老祖宗吃过这个苦头。恐怕明成祖时候,郑和下西洋还算是开放的。明成祖死后,明朝逐渐衰落,以后清朝康乾时代,不能说是开放的,如果从明朝中叶算起,到鸦片战争,有300多年的闭关自守。如果从康熙算起,也有近200年的闭关自守。把中国搞得贫穷落后,愚昧无知。中华人民共和国成立以后,第一个五年计划也是对外开放的，只不过是对苏联东欧开放。以后关起门来，没有什么发展。

3.同样，社会的发展，主要地不是由于外因而是由于内因。许多国家在差不多一样的地理和气候的条件下，它们发展的差异性和不平衡性，非常之大。同一个国家，在地理和气候并没有变化的情形下，社会的变化却是很大的。帝国主义的俄国变为社会主义的苏联，封建的闭关锁国的日本变为帝国主义的日本，这些国家的地理和气候并没有变化。长期地被封建制度统治的中国，近百年来发生了很大的变化，现在正在变化到一个自由解放的新中国的方向去，中国的地理和气候并没有变化。整个地球及地球各部分的地理和气候也是变化着的，但以它们的变化和社会的变化相比较，则显得很微小，前者是以若干万年为单位而显现其变化的，后者则在几千年、几百年、几十年，甚至几年或几月（在革命时期）内就显现其变化了。

三、分析下列论证或反驳中的逻辑错误。

1.听了韩素音的报告，才知道她原来是个医生。看来知名的作家开始都是学医的。你看契诃夫原来是个医生，柯南道尔、鲁迅、郭沫若都学过医。

2.在法律面前人人平等。无论是谁，只要触犯了法律就应受法律制裁。如果不是这样，某些人就会借手中的权力胡作非为。有干部带头搞不正之风，损公肥私，使不正之风愈演愈烈。要纠正这种不正之风，首先应搞好党风，特别是党内各级领导干部更应以身作则，为政要清廉，办事要公道。党内作风正派了就会带动整个社会风气的好转。当然，党外的同志也应自觉纠正和抵制不正之风，那种你搞我也搞的态度是不对的。

3.在《十五贯》中有这样一个情节：尤葫芦被杀，十五贯钱被盗。人们发现他的养女苏戍娟正与熊友兰同行，熊友兰身上恰好带着十五贯钱。无锡知县过于执认定苏戍娟和熊友兰是杀害尤葫芦的凶手。他是这样论证的："看她艳如桃李，岂会无人勾引；年正青春，怎会无动于衷，她与奸夫情投意合，自然要生比翼双飞之意，其父拦阻，于是杀其父，而盗其财，此乃人之常情。"

四、分析下列反驳，指出其中被反驳的论题和反驳的方法。

1.短文章就没有分量？那不见得，文章不在长短，要看内容如何。内容有分量，尽管文章短小也是有分量的；如果内容没有分量，尽管文章写得像万里长城那样长，还是没有分量。所以不能用量压人，要讲求质。黄金只有一点点，但还是很有分量的；牛粪虽然一大堆，分量却不见得有多重。

说短文章没有分量是不切实际的。中国古代就有许多短文章，如《论语》《道德经》等。《论语》中有不少好的东西，就是《道德经》在那个历史时代也有它突出的地方。"三个臭皮匠，凑成个诸葛亮"这样的话就很好。它十几个字抵得过一大篇文章。类似的例子有的是。

2.关于德国法律在这里已经说得很多了，我也要发表对这个问题的意见。无疑问的，当前的政治策略政治上占统治地位的集团在任何时候都会影响法院的决定的。

司法部部长克尔是一个法庭承认的权威，我要引证他的一些话："形式主义和自由主义者对法律的误解在于，认为客观性仿佛应当是司法的偶像。现在我们已经找出人民同司法疏远的原因，而这种疏远归根结底要归咎于司法。因为，当人民为生存而斗争的时候，什么才是客观性呢？战斗中士兵知不知道客观性，一支打胜仗的军队知不知道客观性？士兵和军队只知道一个见解，承认一个问题：我要怎样去拯救自由和荣誉，拯救民族？可见，正在做殊死斗争的人民的司法，是不能够崇拜死去的客观性的。法庭、检察和辩护的措施都应当绝对遵循这个见解，什么东西攸关民族生存和能够拯救人民？

不要意味着停滞，因而也就是僵化的和疏远人民的懦弱的客观性——不，整个集体及个人的一切行动，措施都应当服从人民、民族的日常需求！"

总而言之，法律是一个相对的概念……（庭长打断了季米特洛夫的发言）

第十五章习题参考答案

第十六章 非形式逻辑（三）

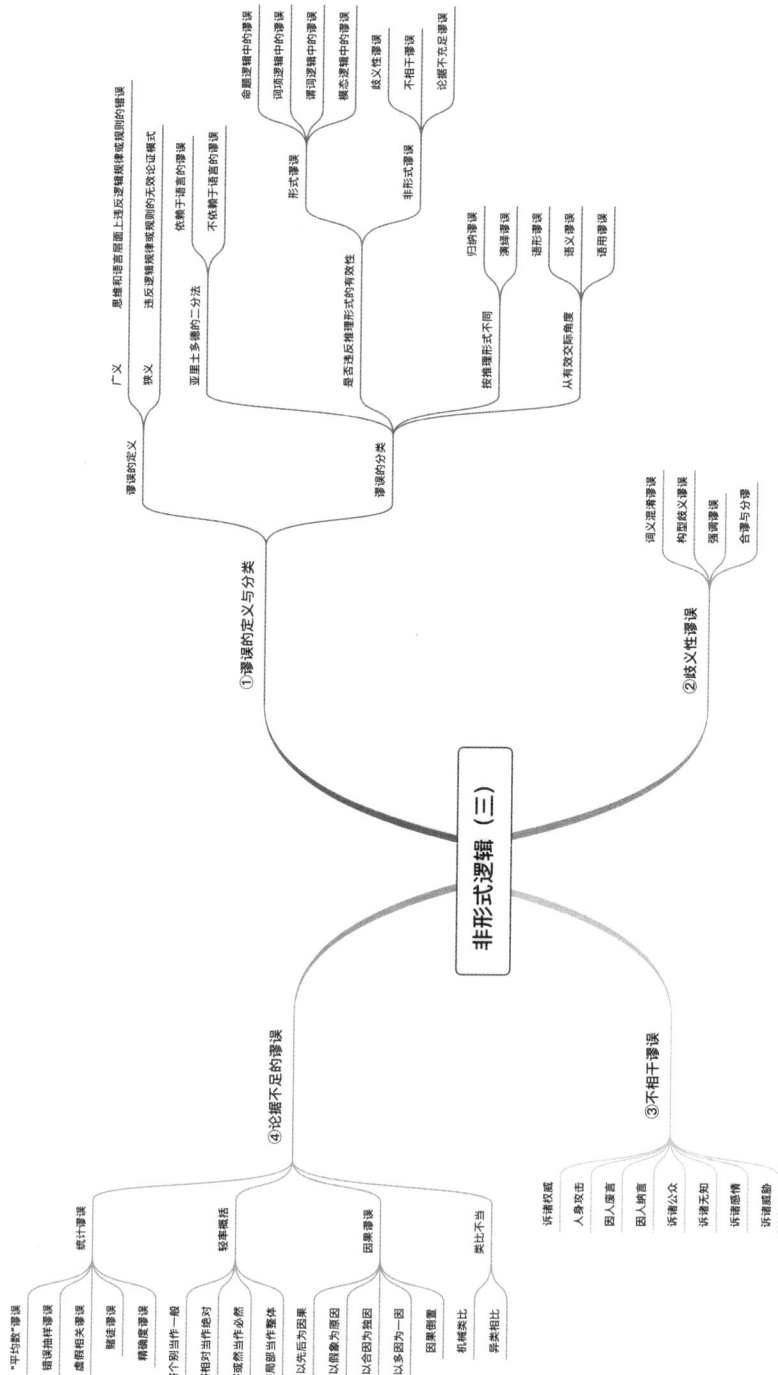

非形式逻辑（三）

- **① 谬误的定义与分类**
  - 谬误的定义
    - 广义：思维和语言层面上违反逻辑规律或规则的错误
    - 狭义：违反逻辑规律或规则的无效论证模式
      - 亚里士多德的二分法
        - 依赖于语言的谬误
        - 不依赖于语言的谬误
  - 谬误的分类
    - 是否违反推理形式的有效性
      - 形式谬误
        - 命题逻辑中的谬误
        - 词项逻辑中的谬误
        - 谓词逻辑中的谬误
      - 非形式谬误
        - 歧义性谬误
        - 不相干谬误
        - 论据不充足谬误
    - 按推理形式不同
      - 归纳谬误
    - 从有效交际角度
      - 演绎谬误
      - 语调谬误
      - 语义谬误
      - 语用谬误

- **② 歧义性谬误**
  - 词义混淆谬误
  - 构型歧义谬误
  - 强调谬误
  - 合掌与分掌

- **③ 不相干谬误**
  - 诉诸权威
  - 人身攻击
  - 因人废言
  - 因人纳言
  - 诉诸公众
  - 诉诸无知
  - 诉诸感情
  - 诉诸威胁

- **④ 论据不足的谬误**
  - 统计谬误
    - "平均数"谬误
    - 错误抽样谬误
    - 虚假相关谬误
    - 赌徒谬误
    - 精确度谬误
  - 轻率概括
    - 将个别当作一般
    - 将相对当作绝对
    - 将或然当作必然
    - 将局部当作整体
  - 因果谬误
    - 以先后为因果
    - 以偶象为原因
    - 以合因为独因
    - 以多因为一因
    - 因果倒置
  - 类比不当
    - 机械类比
    - 异类相比

第一节　谬误的定义与分类

一、什么是谬误

"谬误"一词在古汉语中意为错误,与"悖""过""妄""乱""狂举"等词同义或近义。英文"fallacy"的主要词义是错误观念或错误推论,它来源于拉丁语"fallacca",原有"欺骗"的意思,严复移译为"眢词",王国维则译为"虚妄",当代文献中通译为"谬误"。

谬误概念在不同的理论系统中有不同的界说。目前,学术界主要是从认识论和逻辑学这两个不同的角度来界说谬误的。作为认识论的范畴,谬误与真理相对应,它是人们对客观实际的歪曲反映,也就是不符合客观实际的认识;而作为逻辑学的范畴,谬误也有广义与狭义的理解,广义上泛指人们在思维活动和语言表达中出现的自觉或不自觉地违反逻辑规律和规则要求的各种错误;狭义上仅指违反逻辑规律和规则要求的各种无效论证模式。

历史上,持不同逻辑观的谬误研究者赋予"谬误"以不同的含义,亚里士多德在《辨谬篇》中将谬误定义为"虚妄的反驳"或诡辩的反驳,即貌似反驳而实际不是真正的反驳;康德在《纯粹理性批判》中指出逻辑的谬误推理不问其内容为何,乃方式误谬之一种三段论推理;在《逻辑学讲义》中,康德又把谬推(paralogismus)视为借以欺骗自己的错误推论。有的学者还从论证的角度界说谬误,把谬误看成是一种逻辑上无效的论证或"有缺陷的论证模式"。我国《哲学大词典·逻辑学卷》给"谬误"词条的解释则是"主要指论证中违反思维规律的逻辑要求或逻辑规则而产生的错误"。

本章采用广义的逻辑谬误定义,同时以"论证型"的逻辑谬误为分析重点。

二、谬误的分类

谬误分类是谬误研究的基本问题之一。对谬误予以适当的分类有利于总结谬误的一般性特征,加强对谬误的系统化认识。但是试图给各种各样的谬误设计一张严格而统一的分类表是十分困难的。自亚里士多德以来,研究者们在谬误分类上进行了艰苦的思维劳作,提出的分类系统不下十余种,但至今并没有一致公认的严格的分类系统,谬误分类将是一个需要长期探索的问题。

根据不同的标准,谬误可以有各种不同的分类。主要的有以下几种。

(一)与语言有关的谬误和与语言无关的谬误

1. 依赖于语言的谬误

亚里士多德在《辨谬篇》中明确提出了关于谬误的一个二分法分类,谬误被分为"与语言有关的"和"与语言无关的"。他认为,依赖于语言的谬误共有 6 种。

(1)语词歧义

语词歧义指因一词多义而引起的谬误。例如,"凡必然存在的都是善,而恶是必然存在的,因此恶就是善"。这个推论之所以是一个谬误,是因为"必然存在"这个词存在歧义。

(2)语意双关

语意双关指因一个语句具有双重意义而引起的谬误。例如,"有知识的人学习,因为知道字母的人学习他们要听写的东西"。"学习"在第一个命题中意指"通过使用知识理解",在第二个命题中指"获得知识"。

(3)合谬

合谬即把不能合的语句合起来了。例如,"一个人坐着时,他是能够行走的"这句话不能合为"他能在坐着时行走"。

（4）分谬

分谬即把不能分的东西分开了。例如，"五等于二加三"，不能把这句话分为"五等于二，又等于三"。

（5）错放重音

这是指重音读法发生变化而造成意义的不同。例如，"今天船长没有喝酒"和"今天船长没有喝酒"这两句话由于重音读法不同，意义也就不同。前一句的言外之意是别的人喝酒了，而后一句的言外之意则是说船长在别的时间曾喝过酒。如果要想表达的意思是前者，而将重音落在"今天"这个语词上；或者要想表达的意思是后者，而将"船长"这个语词读作重音，就犯了"错放重音"的谬误。

（6）变形谬误

这是根据词性、词形的变化进行归类而产生的谬误。例如，因为英文中形容词 ailing（在生病）一词的词尾同动词 cutting（切割）、building（建筑）的词尾类似而把它们归为同一类词。

2. 不依赖于语言的谬误

不依赖于语言的谬误共有 7 种。

（1）由于偶性而产生的谬误。

（2）由于意义笼统而产生的谬误，或者虽非笼统，但是就某个方面或地点或时间或关系上被述说而产生的谬误。

（3）由于对反驳无知而产生的谬误。

（4）由于结果而产生的谬误。

（5）因假定尚待论证的基本论点而产生的谬误。

（6）把不是原因的事物作为原因而产生的谬误。

（7）多个问题并成一个问题而产生的谬误。

（二）形式谬误与非形式谬误

这是按谬误的产生是否由于违反推理形式的有效性标准而对谬误所做的分类。美国逻辑学家 I. M. 柯比在其 1953 年首版的《逻辑导论》中把谬误区分为形式谬误和非形式谬误。由于《逻辑导论》作为教科书的广泛影响，I. M. 柯比的分类已成为一种颇具代表性的分类方式。

所谓形式谬误实际上就是违反推理形式的有效性标准而导致的各种谬误。其中主要包括以下几种。

（1）命题逻辑中的谬误，如"(p→q)∧q→p"，"(p∨q)∧q→￢p"。

（2）词项逻辑中的谬误，如"MAP，SEM，∴SEP"；"PAM，SAM，∴SAP"。

（3）谓词逻辑中的谬误，如"(∀x)(∃y)R(x,y)→(∀y)(∃x)R(x,y)"。

（4）模态逻辑中的谬误，如："￢□P→￢◇P"。

所谓非形式谬误则泛指一切并非由于逻辑形式上的不正确，而是因为语言、心理等方面的因素而导致的各种谬误。非形式谬误是当代谬误理论中出现频率很高的一个关键性概念，为众多的逻辑教科书和谬误论著作所使用。歧义性谬误、不相干谬误和论据不充足谬误是非形式谬误的 3 种主要表现。本章第二节将做专门介绍。

（三）归纳谬误与演绎谬误

这是按人们在思维活动中所运用的推理形式的不同而对谬误所做的相应分类。归纳谬误既可能产生在观察、实验、调查、统计等收集经验材料的过程中，如观察谬误、统计谬误等，也可能产生在分析、综合、概括、类比、探求现象因果联系等整理经验材料的过程中，如轻率概括、错认因果、类比不当等。归纳谬误作为一种非形式谬误，在论证中更多地表现为论据不充分的谬误。

对归纳谬误的早期论述可追溯到亚里士多德的《修辞学》，其中论及"仅凭'迹象'或个别事实做证据"，即是"轻率概括"的谬误；近现代，随着归纳逻辑地位的进一步确立，与概率和统计推理相关的谬误现象日益受到人们的重视，从发展趋势看，归纳谬误研究是逻辑谬误理论中最有发展空间的主题之一。

演绎谬误产生在思维活动中运用演绎推理形式的过程中。当人们违反各种演绎推理的形式规则时，演绎谬误随之出现。演绎谬误完全由违反推理的形式有效性要求而致，故可看成"形式谬误"的另一种表述方式。

（四）语形谬误、语义谬误与语用谬误

这是从有效交际的角度，按谬误产生于表达—理解过程中的语形、语义还是语用方面而对谬误所做的分类。

从交际方式来看，我们把论证看成是一个语言信息的表达—理解过程。根据有关学者的研究，信息的表达—理解过程如图 16-2 所示。

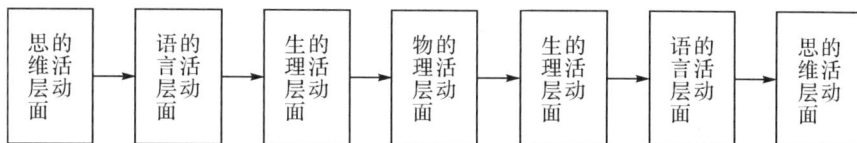

思维活动层面　→　语言活动层面　→　生理活动层面　→　物理活动层面　→　生理活动层面　→　语言活动层面　→　思维活动层面

图 16-2　信息的表达—理解过程

通常，人们把这一信息表达—理解过程的各环节，称之为思维—语言链。论证正是一种信息交换活动，这一链条中的任一环节出现障碍，就会使语言交流受阻，从而影响论证的正常运行。由此可见，在生理条件与物质条件都具备的前提下，论证的评估关键取决于主体的思维与语言表达能力。同时，一个具体的推论势必涉及语言信息的符号性、指谓性和交际性，最终的归结点则是交际性。从语言交流的有效性和无效性角度评估论证，我们把谬误区分为语形谬误、语义谬误和语用谬误。

语形谬误是纯属论证中所运用的推理形式无效而导致的谬误。它是"形式谬误""演绎谬误"的同义词，只是从不同的角度提出问题而已。

语义谬误是由于表达式意义上的原因而导致的无效论证，主要包括：由于论证中所运用的推理含有含混语词而导致的无效论证，由于句子内在结构或关系的不确定而导致的无效论证等。金岳霖先生在他的《逻辑》一书中，曾在"意义不定的错误"的大类下，讨论过意义变更的名词、合举的错误、分举的错误、普遍与特殊的混乱 4 种情形，我们认为它们均可归属语义谬误的范畴。

语用谬误的发生与论证中所运用的语用推理是否有效直接相关。语用推理是指话语在交际语境中的具体意义的推理。它通常考虑如下一些因素：传受双方的角色、地位，话语的时空背景，传者的意图和受者可能的理解程度。语用谬误作为涉及传受双方和语境等方面因素的谬误，它至少包括如下两种情形：一为情景谬误，如忽视语言符号出现的交际语境而导致的无效论证。在法庭辩论的场合，使用旨在唤起他人怜悯的言辞，即是典型例证。又如，忽略语境变化对推理有效性的影响而导致的无效论证。不顾时间因素而导致的时态谬误，即是一例。二为功能谬误，它是混淆交际者所使用的语言符号的不同功能或忽略语力行为（如断定式、指令式、许诺式等）的差异性而导致的无效论证，其中包括认知性功能谬误和非认知性功能谬误。金岳霖先生在《逻辑》里提及的"不相干的辩论的错误"，正是最常见的语用谬误。

纵观上述谬误分类，显而易见的是，其中的语形谬误与演绎谬误不过是形式谬误的不同称法，而语义谬误、语用谬误与归纳谬误都可归属于非形式谬误。从这个意义上说，形式谬误和非形式谬误的分类是最基本的分类。由于形式谬误与特定类型的演绎推理形式相对应，大多教科书将其放到演绎逻辑的相应章节中详细叙述。这样，非形式谬误就成为谬误专章中讨论的核心。本书亦做这样的安排。

非形式谬误与形式谬误相对应，大体上包括如下 3 个子类：一是由于推理和论证过程中语词或语句的歧义性所致的谬误，一般教科书上称之为歧义性谬误；二是由于推理和论证过程中前提（论据）与

结论(论题)之间缺乏应有的逻辑关联性所致的谬误,一般教科书上称之为不相干谬误(又称关联性谬误);三是由于推理和论证过程中前提(论据)对结论(论题)缺乏足够的支持程度所致的谬误,一般教科书称之为论据不充分谬误。这里我们将逐一介绍这3种类型的谬误。

第二节　歧义性谬误

概念的明确性和判断的恰当性是逻辑思维的重要前提,也是成功交际的必要条件。然而,概念的表达离不开语词,判断的表达依赖于语句。语词和语句作为符号和意义的统一体,它们兼具指谓功能和交际功能。语言在发挥自己特有功能的时候,难免出现种种歧义现象,从而有可能影响人们的正确思维和有效交际。歧义性谬误是指人们在运用语词表达概念,运用语句做出判断从而进行推理和论证的过程中,违反思维和表达的确定性原则而产生的各种谬误。主要的谬误有词义混淆谬误、构型歧义谬误、强调谬误、合谬与分谬等。

一、词义混淆谬误

在日常语言中,语词的意义往往具有模糊性、灵活性、多样性,但在特定的语言环境里,词义又是清晰、确定和单一的。如果在特定的语境中,把一个语词所可能具有的多种意义混为一谈,就犯了"词义混淆"的谬误。

词义混淆有如下4种表现。

(一)由重新定义而造成的词义混淆

如前所述,内涵定义是揭示概念内涵以明确概念的方法,但是在日常交际中,有人往往运用重新定义的方法把一个概念换成另一个概念,表面上看是同一个语词,但其含义已经混淆了。比如 A、B 两人的一场争论。

[16-1]A:甲村的李先生在水库里游泳时淹死了,真可惜!

B:淹死的人肯定不会游泳,会游泳的人怎么可能淹死呢?

A:难道能说李先生不会游泳?要知道他曾经获得深水游泳合格证。

B:不用说了,既然被淹死,那就表明他并不会游泳,而会游泳的人不可能被淹死。

争论发生的根源何在?问题在于两人对会不会游泳有各自的定义。B是通过重新定义来与A争辩的。A认为会游泳的人是那些取得深水游泳合格证的人,B却重新定义:凡是会游泳的人都不可能被淹死,也就是说,被淹死的人都不能算会游泳。由于B对会游泳的人的重新界定,概念的内涵和外延发生了变化,从而造成了词义混淆。

(二)混淆表达集合概念的语词与表达非集合概念的语词

表达集合概念的语词反映的是事物的群体,事物的群体是由许多个体构成的,作为群体中的个体并不具有该群体的属性。比如,我们说"人民是创造历史的真正动力",但并不因此就能说"某人是创造历史的真正动力"。表达非集合概念的语词反映的不是事物的群体,而是事物的类。事物的类由分子组成,属于这个类的每一分子都具有该类的属性。"张明是大学生""李聪是大学生"……这里的"大学生"就是表非集合的语词。同一语词在不同的语言环境中既可以表示集合概念也可以表示非集合概念,因而在辩论中若不加注意就可能引起两者的混淆。下面是两个朋友之间的一段对话。

[16-2]甲:人们都说"上有天堂,下有苏杭",杭州在人们眼里好像是人间的仙境。你能高度概括一下杭州的特点吗?

乙:能!我只用一个字就可以概括杭州的特点。这个字就是"秀"!杭州不仅山清水秀,而且杭州人也长得挺秀气。

甲：你的概括恐怕不对吧！你说"杭州人长得挺秀气"，可我见过几个杭州人，他们根本谈不上秀气。

显然，"甲"最后的那段话中两次出现的"杭州人"这一语词，表达的不是同一意义，前者是集合的，后者是非集合的。"甲"反驳"乙"的观点，实际上是出于对两个语词意义的混淆，因而当然不可能有逻辑性和说服力。

（三）将语言形式不同但含义有某些方面相通的两个语词混为一谈

举例如下。

[16-3]老陈：做人的思想工作，不仅要晓之以理，而且还要动之以情。

老王：晓之以理是必要的，动之以情倒不必。做人的思想工作还要感情投资，这不是活得太累了吗？

强调做思想工作要动之以情，但并不意味着一定要感情投资。把"动之以情"说成是"感情投资"，无疑是混淆词义。

（四）语形谬误

它是指人们根据语词表面形式上的类同来认定其实际意义的同一，进而做简单化的比附和推论。例如，假若有人以为"马上出发"和"人在马上"这两个句子中的"马上"是相同的意思，进而推断"人在出发中"，那就犯了语形谬误的错误。同样"道义在我手中"和"钢笔在我手中"这两个句子里的"在……手中"仅为语词表面形式的相同，实际意义并不一样，不可混同。

在现实生活中，尽管在特定的条件下思维"智慧"与物质"财富"是可以转化的，但如果人们简单地、无条件地谈论两者的多少比较，那就属于语形谬比。

《墨经·小取》讨论了许多语形谬比的推理。例如，"桃之实，桃也；棘之实，非棘也。问人之病，问人也；恶人之病，非恶人也。""船，木也；入船，非入木也。"[①] 它们都是依据语形相似性所做的推理，我们说由"船是木头的"推断"入船是入木"为语形谬比，正是因为"入船"和"入木"意义迥异，前者指上船，后者指入棺；前者是活人之"入"，后者是死人之"入"。

二、构型歧义谬误

这是指由句子内在结构或关系的不确定而导致的语句歧义谬误。在自然语言中，如果脱离具体的语言环境，那么同一个语句由于其中语词结构方式或语义搭配关系不同往往可以表达不同的命题，这正是产生构型歧义谬误的根源。构型歧义的具体表现多种多样。造成构型歧义的原因大体上有以下两种。

第一，由于句子中语词之间结合方式的不确定性而导致的构型歧义。例如，登在某报纸上的一则信息：《省领导干部违反住房规定专项清理举报电话》，人们看了这则信息后很难明白这究竟指的是省里专门设置了一个"针对领导干部违反住房规定专项清理的举报电话"，还是仅仅"针对省级领导干部违反住房规定专项清理的举报电话"。之所以如此，原因就在于这条信息中词与词的结合方式可以有不同的解读。

类似的现象在语言交流中屡见不鲜。某晚报上一则报道的标题是："一个台湾同胞投资的四星级宾馆生意红火"，该标题至少包含了如下两种含义：①有一家四星级宾馆（可能是由几位台湾同胞共同投资的）生意红火。②由某一位台湾同胞独立投资的四星级宾馆生意红火。这句话之所以产生歧义，在于"一个"既可以修饰四星级"宾馆"，也可以修饰"台湾同胞"。句子中词与词之间的结合方式制约着句子意义的具体生成。又如，"五一劳动节，工会主席和部门经理访问了卧病在床的董会计师的爱

---

① 吴毓江.墨子校注[M].孙启治，点校.北京：中华书局，1993：644.

人"。在这一语句中,"卧病在床的"这一定语所限定的对象不明确,可以有两种不同的解释。一种是董会计师卧病在床;另一种解释,卧病在床的是董会计师的爱人。

第二,由于句子语义搭配关系的不确定而导致的构型歧义。例如,"张老师在会议室里写字",既可以理解为"张老师(坐或站)在会议室里写字",也可以理解为"张老师把字写在会议室的某个地方"。由于表场所的不同词组既可用来限制动作,也可用来限制动作形成的结果,从而导致了语句歧义。又如,"关心的是穷山沟里的几位老年人"这个句子,由于词语"关心的"既可以表示主动者(实施行为)也可表示被动者(接受行为),因而这个句子可以同时表达"关心者是穷山沟里的几位老年人"和"被关心者是穷山沟里的几位老年人"这两个不同的命题。

三、强调谬误

同一句话由于强调内容的不同而衍生出截然不同的意义。强调谬误常常导致交际双方的误解和曲解,甚至致使言语交际中途搁浅、交际双方不欢而散。根据话语常见的强调方式,我们将强调谬误概括为以下几种。

(一)因同一语词轻重音的差异而造成的谬误

轻读或重读双音节语词中的一个语素会赋予这个语词完全不同的两个意义。举例如下。

[16-4]服务员说:"先生,请问您要买什么东西?"

顾客诧异地问:"东西? 我还要南北呢!"

显然,上句"东西"的"西"应该轻读,表示"具体或抽象的物体"的意义,无奈服务员口音太重,误读为重音了,致使顾客误解为"东面与西面"的意思了。这样的语词还有不少,如长短、轻重、多少、左右、哪儿等。

(二)因强调重音位置不同而造成的谬误

在具体语境中,交际者的意图决定了话语中强调重音的位置,也就滋生了许多不同的意义。举例如下。

[16-5]老李:"老王怎么来杭州了?"

老王:"我是来看刚出生的小孙子的。"

老李:"上星期你在电话里不是说要去上海开会吗?"

老王:"哦! 我就是从上海来的,上海的会议提早结束了。"

老李问话的重音是"杭州",问的是"为什么没去上海"? 老王把"怎么"听成了重音,于是理解为"没想到你来,你为什么来?"由此便上演了这场有趣的对话。

(三)因停延位置不同而造成的谬误

停延是指话语中音节的停顿和延连,不同的停延位置会使同一句话具有不同的意义,做不同的理解。举例如下。

[16-6]医生甲在下班前对医生乙说:"这管子/不要让他拔掉!"

医生乙对护士说:"这管子不要/让他拔掉!"

医生甲和医生乙的停延分别位于"不要"的前面与后面,虽然只是一前一后,意思却大相径庭,重则酿成一起医疗事故,轻则延误了病人的治疗。

(四)因语调不同造成的谬误

汉语常用的语调有平调、升调、降调、升降调和降升调。语调不同则意义相异。举例如下。

[16-7]星期天早上5点,男主人想要起床,妻子说:"今天是星期天呢!"过了一会儿,女儿柔声细气地说:"今天是星期天呢!"父亲笑眯眯地回答:"今天是星期天呢!"

同一句话,妻子用的是降调,表达的是:"星期天没事,再睡一会儿吧!"女儿用的是升调,意思是:

"快起来，你说过要带我去动物园看熊猫的。"妻子的关心和女儿的娇气让男主人心中暖洋洋，他自然用升降调，传达"好！我的乖女儿，马上起来去动物园"的言外之意。如果不注意上述语调不同而造成的语义差异就会犯歧义性谬误。

（五）因视觉因素造成的谬误

如文字的字形大小、字体形式及色彩浓淡等。请看一则商场广告。

[16-8]本商场全部产品 85 折。

同天消费 300 元以上。

上排文字选用红色大号华纹彩云字体，鲜艳触目，视觉冲击力极强；与此相比，下行文字却用极普通的小号字体，显得平淡无奇，极易忽略。最取巧的是对"85 折"的做法，"8"大"5"小，"8"粗"5"细，"8"浓"5"淡，无非是想设置陷阱引诱顾客上当。这种做法已经成了某些商家招揽顾客、倾销商品的惯用伎俩。

四、合谬与分谬

合谬与分谬是两种常见的语言谬误。亚里士多德在《辨篇》中将其称为"字的含糊结合"与"字的含糊分离"。说的是把一些分说的话合起来说，意义会发生变化而导致谬误；反过来，把一些合说的话分开来说，意义也会与原来不同，同样可能导致谬误。如果说"一个人当他坐着的时候，他能够行走"是正确的表述的话，那么"一个人能够在坐着的时候行走"就不符合事实。因为前者是说某人在某种状态中，同时具有造成与这种状态相反的潜能；而后者却将两种矛盾的状态纠合在一个句子里，从而导致了谬误，这就是"字的含糊结合"。

（一）合谬

不可否认，亚里士多德关于合谬与分谬的论述独到而有新意，欠缺之处便是所举的例子不太具有现实意义。实际上，只要稍加留意就能发现，合谬和分谬是病句错句产生的重要原因之一，这两种语言谬误在实际的言语交际中大量存在。我们先看看合谬的情况。

1. 将不同对象的不同属性合述而导致的合谬

如将"六年中我公司共有 10 人获硕士学位，60 人获学士学位"的说法合起来说，就成了"六年中我公司共有 70 人获得硕士和学士学位"。原来的意思很明确，合起来说就含糊了，到底是 70 个人都获得了硕士和学士学位呢，还是 70 人中一部分人获得了硕士学位，另一部分人获得了学士学位，还有一部分人先后获得了两个学位？糊里糊涂，不知所指。这种现象比比皆是。如将"他喜欢苹果，我喜欢梨"，合成"我们喜欢苹果和梨"；将"王教授曾应邀去荷兰、丹麦讲学，去瑞典、挪威访问"，合为"王教授曾应邀去荷兰、丹麦、瑞典、挪威等国讲学和访问"。

2. 取消分句之间的停顿而导致的合谬

这类合谬往往是前一分句的句尾有一个及物性或不及物性的动词，如"后悔、遗憾、忘记、知道、听说"等。"小雨很后悔，她撕掉了所有的信件"意思是小雨对某事很后悔以至撕掉了信件；取消停顿后就成了"小雨很后悔撕掉了所有的信件"，意思变成了小雨对撕掉信件的事很后悔，两者相差甚远。原因在于前句中的"后悔"是不及物的，语句中没有明示"后悔"的内容，与后一分句合并后，后一分句就歪打正着地成了"后悔"的宾语。举例如下。

[16-9]妈妈："你上学记得戴红领巾了吗？"

儿子："我忘记了，我还是个小孩！"

妈妈："你忘记你是个小孩了，那你是大人了？为什么还老让妈妈操心？"

儿子用"我还是个小孩"为自己忘记戴红领巾的行为做辩解，妈妈则将两句话合起来听了，误解为儿子认为自己长大了不需要戴红领巾了，妈妈的理解与儿子的初衷风马牛不相及，由此产生了误会，造成了母子间的不愉快。

(二)分谬

与合谬相应,分谬的情况也很多,在此略加列举。

1. 将几个事物的总述分派到每个个体上而造成的分谬

如某地的报纸上曾刊登了这样一则消息:"演讲团将到杭州、宁波和绍兴做两天演讲。"过了几天,宁波和绍兴的报纸也出现了两则类似的消息:"演讲团将到宁波做两天演讲。""演讲团将到绍兴做两天演讲。"后两则消息言语措辞与前一则消息基本相同,可是意思却是两样的。原因在于,前一则消息中,杭州、宁波和绍兴三地的演讲加起来共有两天时间,后两则消息却误解为三个地方各有两天的演讲。消息传出以后,大家以讹传讹,给有关部门造成了不必要的麻烦。

2. 将事物组合体具有的性质理解为各组成成员的性质而造成的分谬

举例如下。

[16-10]妈妈对爸爸说:"小王和小李是恋人,你知道吗?"

女儿无意听到了,插话:"妈妈,我知道。小王是恋人,小李也是恋人。对不对?"

妈妈:"错了! 他们合起来才是。"

女儿:"为什么? 那香蕉和苹果是水果呢!"

不谙世情的小孩会从"香蕉和苹果是水果"推出"香蕉是水果,苹果也是水果",自然也会从"小王和小李是恋人"推出"小王是恋人""小李是恋人"。但要明白"水果"是香蕉和苹果两者固有的性质,而"恋人"是小王和小李组合起来才具有的性质。

第三节　不相干谬误

所谓不相干谬误,又称相关谬误或关联谬误。它是指论据(前提)提供的信息与论题(结论)的确立仅在心理或语言上相关,而在逻辑上并不相关的谬误。正确的论证应该立足于论据与论题的逻辑相关,即论据在逻辑上支持论题,也就是由论据可以合乎逻辑地推导出论题真。不相干谬误的特点在于论证者通过喜好、尊敬、同情、敌意等主观情感的作用而产生说服力,而与论证本身产生的逻辑力量无实质性的联系。不相干谬误是一种典型的语用谬误,其根源在于人类语言功能多样性与心理活动复杂性等因素的干扰。不相干谬误有如下一些主要形式。

一、诉诸权威

诉诸权威是指不恰当地引证权威人士的言论作为论证的根据而导致的谬误,又名"滥引权威"或"以权威为据",是论证中"以人为据"谬误的特殊表现形式。与恰当引用权威言论的引证法不同,"诉诸权威"的实质是无视客观事实和具体条件,唯权威观点是尊,唯权威言行是从,用权威人士的无关言论或片言只语代替论据对论题做具体论证。

诉诸权威可以分为如下3种情形。

(一)错将或然性当作必然性

在诉诸权威的论证中,交际者未能自觉地把权威论证看成是归纳意义上的,而是当作演绎有效的论证形式来使用,把本来仅仅是或然性的结论当作必然性论断处理。此种谬误的实质是假定了权威论断的绝对真理性,而否认权威同样也有犯错误的可能性。例如,"诺贝尔奖的获得者也持这个观点,难道还能有错?""某某院士都是这么说的,你胆敢有异议?"现实生活中这种例子比比皆是。

(二)无视权威观点的具体条件性

在论证中,当某一权威超出了论题所属的专业知识领域,其言论的可信度就会大打折扣。而有的论证者无视这一具体情形,有时会有意或无意地借助于与论题不相关领域权威的个人名望来作为论证的根据。例如,"李军的观点是不会错的。因为他是根据他的父亲的意见这样说的,而他的父亲是一个治学严谨、造诣很深、世界著名的数学家"。尽管李军的父亲是数学方面的权威,但他在别的方面不一定是权威,即使是在数学领域,他所说的话也不一定句句都是真理。又如,有的医药企业请来一批并不是相关领域的名人、权威赴会论证,企图以他们的个人名望作为论证的根据,以证明他们所生产的某种新药效果好。这种谬误的认识论原因在于没有认识到权威的作用是具体的、相对的、有条件的。

(三)企图以权威性压制创新性

对一种颇有根据的新见解,反对者试图通过引证权威予以否定:当这种见解本身与权威的观点不相容,甚至直接针对权威观点而发时,依然引证权威来加以反驳。例如,在某企业的产品推广会议上,一位销售经理说:"由于本地市场情况特殊,我们应当采取灵活的、有针对性的策略,所以,我建议用市场创新的思路修改原有的推广方案。"这时另一位销售经理立刻站起来反驳说:"我们原有的方案不能变,这是总经理亲自定夺的,要知道总经理可是这方面的真正权威。"

二、人身攻击

这种谬误指在论证中攻击对方的出身、品行、人格,指责对方的体能、技能、智能,甚至以污辱谩骂的手段来代替对论题的具体论证,也是"以人为据"的表现形式之一。该谬误的特点是,反驳别人的观点时针对的并不是对方的论点、论据或论证方式,而是针对观点提出者的个人出身、职业、长相、地位、学识、能力、品德等与论题并无直接关系的方面,进行攻击。

且看下面这段对话。

[16-11]老太太:"你的菜好像不太新鲜呀,你看叶都有点发黄了。"

妇人:"你才不新鲜呢? 你看你脸上沟壑纵横,满脸黄褐斑,比我的菜还黄呢,而且还满头白发,远不如我这菜新鲜呢!"

这位妇人犯的就是典型的人身攻击的谬误。

无论是在学术领域还是现实生活中,"人身攻击"的谬误都不乏例证。比如,一位民工和他的老板的一段对话:"老板,我的工资怎么这么少? 我干的并不比别人少,也不比别人差呀!""什么? 就凭你这副长相,这身打扮,我看这一点就不少了!"

三、因人废言

这种谬误指仅仅根据论证者在品质、名声方面的缺陷、所处环境的特殊或以往曾有的过错等方面的原因就轻率否定其论断或观点,而不问这些论断或观点本身的真实性和论证方式的正确性。"因人废言"是将"人"本身的某些缺陷、不足过于放大并作为否定其观点的唯一根据,因而也是"以人为据"谬误的典型表现形式。"因人废言"可以分为 4 种类型。

(一)仅仅根据某人的品质不良或名声不好而否定此人的观点或陈述

用公式表示如下。

A 断定 P,

A 在品质名声方面有缺陷,

所以,P 是假的(或不可信的)。

例如,曾经提供过几次伪证的某证人又一次在法庭上提供证词,审判官认为其本人不值得信任而忽视其所作证词:"此人藐视法庭,屡作伪证,本庭对其为人的诚信度和言论的真实度持怀疑态度,故断定其提供的证词无效。"又如,一文学作品中描写的病人与医生的一段对话。病人:"我下个月就要结婚了,请问我的病化验结果如何?"医生:"很遗憾,我不得不告诉你一个不好的消息,化验结果是第三期肺病,这是化验单。"病人:"我想你一定是误诊了或者是有意陷害我!我调查过了,你曾幼年丧母,中年坐牢,对社会充满了不满,所以嫉妒别人得到幸福!"

(二)仅仅根据某人的身份低微或处境特殊而否定此人的观点或陈述

用公式表示如下。

A 断定 P,

A 身份、处境方面特殊,

所以,P 是不可信的。

这种谬误的发生频率相当高,如人们时常陷入以下思维定式:某人成了富翁,他就一定会过度挥霍;某人穷困潦倒,他就一定会见钱眼开;某人海外留学归来,他就一定才华过人……又如当有人论证提高企业的生命力和竞争力必须以切实改善员工生活、调动员工积极性为前提时,有人依据论证者的身份是工人就轻易否定这项建议的合理性。此类谬误在日常生活中屡见不鲜,在某村的计划生育群众会上,村主任力主不论男女只生一胎,以给邻村做个表率。这时,有群众站起来反对:"你家第一胎是男孩,你当然这么说了,如果你家是一个女孩,看你还这么说不?做个表率?恐怕是为自己搞政绩吧,这话谁信,大伙说是不是?"在这里,这位群众根据村主任家第一胎是男孩和村主任的特殊身份就认为村主任的话不合理,这是明显的因人废言。

这种常见的谬误古已有之,明朝冯梦龙在《警世通言》第一卷中讲述了俞伯牙和钟子期相遇的故事。

[16-12]俞伯牙是春秋时期晋国著名的弹琴高手。一次他乘船行至汉阳江口,一时兴起,开囊取琴,弹曲一首。不料发现有人偷听,俞伯牙道:"何人偷听?"只见一身披蓑衣、手持尖担、腰插板斧、脚踏芒鞋的樵夫道:"闻君雅操,少住听琴。"俞伯牙大笑:"山中打柴之人,也敢称'听琴'二字!"之后俞伯牙还故意用有关乐器的专业问题为难樵夫,谁料樵夫却对答如流,表现出卓越的琴曲鉴赏才能,俞伯牙大惊,推琴而起,行宾主之礼,连呼:"石中有美玉之藏,若以貌取人,岂不误了天下贤夫!先生高名尊姓?""小人姓钟,字子期。"从此两人结为兄弟。

"知音"这一典故由此传为佳话。俞伯牙见钟子期乃一介樵夫,否定其"少驻听琴"的言论,实为"因人废言"。当然,后来他能知错即改,善待知音,还是难能可贵的。

(三)仅仅根据某人所属集团或所联系的个人的名声、处境来否定此人的观点或陈述

用公式表示如下。

A 断定 P,

A 所属集团或所联系的个人名声、处境特殊,

所以,P 是不可信的。

例如,某国自由党与保守党在一次议会中的争论:自由党议员提出议题:"为了促进国家的科教文卫事业,我们应尽量削减国防经费。"保守党议员立刻提出反对意见:"各位与会者,刚才这位议员的话是不可信的。因为他提出的这些议题带着该集团自身的利益。"又如,在某学校的招生会议上,A 老师提议:"我觉得某学生不错,应该破格录取。"B 老师立刻提出了反对意见:"我反对,像他们那样的小学校怎么可能培养出优秀的学生呢?"现实生活中这样的例子不胜枚举。一母亲欲阻止女儿与男朋友交

往,责备道:"你以后千万不要和这个人来往!知其人视其友。近墨者黑,近朱者赤。你看他经常和那些没多大出息的高中同学在一起游玩,能好到哪里去呢?"

(四)仅仅根据批评者可能存在的某些不足来回避当前论题,从而为自己开脱

拉丁文名称是"你也一样",又称"诉诸公平"。在日常思维中,许多人在面对别人的指责时,常常以"你也一样"为遁词与挡箭牌回击对方。其公式可表述如下。

> A 有根据地指出 B 在 P 问题上有错,
> 但 A 在 P 问题或其他问题上也有错,
> 所以,A 的意见是错的(或不可信的)。

[16-13]某教师对一学生家长说:"请你配合我们的工作,加强对你儿子的管教,他在学校听课不专心,还经常迟到旷课、不交作业。"学生家长回敬道:"你还是回家管好你自己的孩子吧,他也不是连大学都考不上吗?"

现实生活中常有类似的事发生。一人欲劝其邻居不要在半夜唱卡拉 OK:"对不起,这么晚了,请你把音响关了吧!"邻居却理直气壮地说:"你有什么理由叫我关呀!你家孩子半夜三更啼哭为什么不管管好?你家空调机发出的噪音也影响了我休息,你为什么不先把空调给关了呢!?"

四、因人纳言

这种谬误指仅仅根据论证者个人的品德高尚、才华出众、处境优越或自己对论证者的信赖或好感就轻率地肯定其论断或观点,而不考虑其论断本身的内容是否真实或其论证过程是否正确。"因人纳言"是相对于"因人废言"来说的,也是"以人为据"的典型表现形式。

根据所纳之"言"的来源,可将此谬误分为以下两类。

(一)崇拜纳言

此谬误根源于对上级领导、老师学长或其他崇拜者的盲目信奉。例如,苏联作家弗·索洛乌欣在一篇小品文中讲述了一个故事。

[16-14]某地要举行一场诗歌朗诵会,原定由一位当时负有盛名的大诗人朗诵自己的诗,可他临时因故不能赴会,主办方只得请了另一位新出道的诗人来顶替。然而新诗人一上台就遭听众强烈反对,叫嚣声此起彼伏。聪明的诗人灵机一动,利用了听众的崇拜心理,说:"我念的正是你们伟大诗人的诗,我手里拿着的是他的诗集,而不是我自己的。"听众这才安静下来,仔细聆听,连声称道。而事实上诗人念的却是自己的诗。

故事真实地描绘了众人"崇拜纳言"的群丑图。无独有偶,当代社会中这类令人捧腹的闹剧仍在不断上演。

[16-15]如一家报社招聘记者,在众多应聘者中大多是名牌大学毕业的高学历者。面试的其中一个环节是当场评论给定的文章。应试者们在仔细阅读完文章后,纷纷发表见解。奇怪的是清一色统统认为此文章从选材、构思到运笔都绝佳,几乎是无懈可击。然而有一位自学成才者却发表了不同的意见,在他正要指出文章的缺点时,其他应试者均对其投以嘲讽的目光,还有人示意他看文章的注释,结果他一看,才发现:"本文选自朱自清某书。"他惊讶片刻后继续自己的批评意见,之后主考官笑着说:"文章打印时出了个错误,打错了文章的作者。"报社最后录用了这位自学成才者。

显然,"崇拜纳言"这一谬误终于给了众多高材生一个教训。

(二)私情纳言

此谬误根源于对亲属、朋友或其他有利害关系者的盲目信任。举例如下。

[16-16]春秋战国时期卫国国君对臣子弥子瑕十分宠信。当时卫国有一条法令:凡偷坐国王马车皆处以砍掉双脚的刑罚。一次,弥子瑕触犯了这条法令。卫君获悉此事后,责问弥子瑕。弥子瑕为自己申辩道:"臣因母亲病重,心急如焚,故偷坐君王马车,回母亲身边尽孝道。"卫君听了,不仅没有责怪、处罚,反而称赞道:"真是难得的孝子,为了母亲,竟忘了自己会被砍掉双脚。"

身为一国国君,却因纳宠臣之言而无视国法,实属徇私,小则失信于众臣,大则失信于天下。可见,"私情纳言"时常与主观臆断交织在一起,迷糊人们的双眼,使之误入歧途。

五、诉诸公众

诉诸公众是指仅仅以公众的常识、观点、态度和行为取向作为确定论题真实性的依据。该谬误的实质就是利用人们"众人之见即为真"的思维定式和从众心理。

其实,论题的真理性或可信度有其自身具体的评判标准,与公众的见识、态度和行为并不存在正关联。历史和现实一再表明,真理有时掌握在少数人手中,众人的见解很有可能是谬误。哥白尼、达尔文、马克思等伟大的人物敢于冲破历史的成见、时代的偏见、众人的谬见,想天下人之未想,为天下人之未为,思维新颖,观念先进,见解独到,可以说是驳斥"诉诸公众"谬误的有力论据。当然,理论只有被群众掌握才能发挥其现实的解题功能,真理只有被众人接受方能显示其内在的社会价值。虽然论题的真实性并不依赖于公众的接受性,但基于正确性和论证性的真理最终必将赢得越来越多理性公众的认可。

"诉诸公众"的谬误古往今来迷惑了很大一部分人。例如,中国古代广为流传的"三人成虎""曾参杀人"等典故,以及"一人传虚,万人传实""一犬吠形,百犬吠声"等成语恰好诠释了"诉诸公众"谬误的危害性。其中"三人成虎"的典故是这样的。

[16-17]庞葱与太子质于邯郸,谓魏王曰:"今一人言市有虎,王信之乎?"王曰:"否。""二人言市有虎,王信之乎?"王曰:"寡人疑之矣。""三人言市有虎,王信之乎?"王曰:"寡人信之矣。"庞葱曰:"夫市之无虎明矣,然而三人言而成虎。今邯郸去大梁也远于市,而议臣者过于三人矣。愿王察之矣。"王曰:"寡人自为之。"于是辞行,而谗言先至。后太子罢质,果不得见。[①]

这个故事的寓意是谣言或讹传一再反复,就有使人信以为真的可能。故事中的魏王就是不幸陷入"诉诸公众"的谬误陷阱而错失良臣。面对当今激烈的市场竞争,宣称个人、单位或产品深受大众欢迎并以此说服或鼓动更多的公众,已成为不少商人和商家惯用的手段。这实际上正是"诉诸公众"的表现形式。眼观四方,在商品大战中,商家为自己的产品做宣传时,使用频率最高的词汇可能就是"广受大众欢迎的""大众的绝佳选择""服务大众、造福人类"等。诉诸公众对某些人来说无疑是一贴"良方",在当前的国企改革中,一些干部为了保住自己的官位,不惜"牺牲自己的身份",坚持"与群众打成一片",企图通过保住所有职工的铁饭碗来赢得"人民群众"的支持,由此达到抗拒改革、明哲保身的目的。

六、诉诸无知

诉诸无知又称"以无知为据"。这类谬误是指,人们在论证中仅仅根据某个论点的虚假性未被证明就轻率地断定该论点真实,或仅仅根据某个论点的真实性未被证明就轻率地断定该论点虚假。

例如,中世纪欧洲神学家是这样论证上帝存在的:"你能证明上帝不存在吗?你不能证明上帝不存在,所以,上帝是存在的。"这就是"以无知为据"的谬误。有人对电脑算命的迷信也是根源于"以无知为据",他们认为没有人确定地证实电脑算命是不可信的,因此电脑算命是可信的。目前要证明"破坏生态

---

① 刘向.战国策(三)[M].高诱,注.北京:商务印书馆,1937:8.

平衡最终会导致地球毁灭"的论据尚未充分确立,有人就断定"破坏生态平衡并不会导致地球毁灭"。

有些打着科学的旗号而从事伪科学活动的人常常以无知为据的手段参与科学领域的竞争。他们从"诉诸无知"的形式中进一步延伸出一个似是而非的推论原则:如果某论题未被确证为假,那么有理由确证为真。于是,他们便堂而皇之地向科学界宣布:要证明我的理论不能成立,除非找到驳倒它的论据,不然,就须把它当作可能成立的理论予以接受。

现实生活中这样的情况也很常见,比如下面这段对话。

[16-18]甲:我觉得通信、网络及传统媒体等信息产业的高度发达一定会给我们的生活带来更多的舒适、快乐和自由。

乙:我觉得未必会如此,也许信息产业的高度发达会带来相反的后果。比如人们的活动会减少,心理更加烦躁;人与人之间缺乏信任,人际关系更加淡漠;人们时时刻刻被信息包围并时时刻刻被暴露在媒体的监控之下,以至于会觉得越来越不自由。

甲:你也只是猜测而已,不足为凭。现实是,当前的情况及发展趋势确实向着更好的方向发展,你现在能找到相反的证据吗?

甲的逻辑假设是:如果不能证明某理论错误,就等于证明它正确。然而事实上,没有人否证他的理论或观点,并不能意味着证实了他的理论或观点。这是最起码的逻辑常识。

七、诉诸感情

诉诸感情是指论证者过度使用带感情色彩的语句来调动受众的情绪或情感因素,进而妨碍受众做出正确的事实判断和价值判断。合理的论证不仅应当秉承"言之有理,持之有故"的原则,而且还需要适当考虑"动之以情"的因素。但诉诸感情的谬误忽视了"理由""论据"方面的根本性要求,过于强化了感情因素在语言交流中的功能和作用。

回避对理由或根据的准确而全面的陈述,用煽情的言辞刻意迎合听众喜好,牵动听众的感情需求,这种"投其所好"的策略便是诉诸感情的表现形式。例如,有人在村主任选举时鼓动说:"我们要支持××当村主任,因为他是本乡本土长大的,与各位父老乡亲有着血浓于水的感情,他一定会受大家喜欢的。"

在莎士比亚戏剧《尤里乌斯·恺撒》中,"投众所好"谬误有更为生动的表现:第一段是勃鲁脱斯在刺杀了恺撒之后,在大市场向罗马市民发表的演说:"并不是我不爱恺撒,而是我更爱罗马……因为他是勇敢的,所以我尊敬他;因为他有野心,所以我杀死了他。我用尊敬去崇仰他的勇敢,用死亡去惩戒他的野心。"勃鲁脱斯的这段激动人心的演讲目的是说明他杀死恺撒只是为了阻止其建立君主政权。果然,在场的罗马市民都对他刺杀恺撒的行为表示赞同。接着又有了"诉诸感情"的第二段,故事由此发生了戏剧性变化。恺撒的心腹安东尼等人抬着恺撒的尸体来到大市场,开始了煽动性的演说,他用催人泪下的声调赞美恺撒的英勇善战、公正仁慈,并利用恺撒身上的23处伤痕来蛊惑群众的情绪,最后还当众宣布:恺撒留下的遗嘱是把自己的全部财富分给人民,每个罗马人都有一份!安东尼的演说终于感染了在场的群众,他们群情激昂,齐声高呼:"尊敬的恺撒!伟大的恺撒!"然后把勃鲁脱斯等共和派赶出了罗马。上述故事中,勃鲁脱斯与安东尼一先一后都采用了"诉诸感情"的手段来实现各自的目的,只是在运用的巧妙程度上的差别(安东尼牵扯到了公众的切身利益)导致了不同的结局。

诉诸感情谬误中最常见的是诉诸怜悯。它是指回避对理由或根据的客观陈述,仅仅凭借情感性语词或语句来唤起人们的同情心,诱发听众的怜悯之情。例如,一个偷税漏税的公司经理在法庭上自我辩护:"你们为什么就不能可怜可怜我这位艰难创业,苦心经营的弱者呢?为什么就不能同情同情我那些同甘共苦的一百多名员工呢?你们不怜悯我没有关系,是我个人犯了错误,可是我的公司员工都是无辜的呀!假如公司要罚这么一大笔钱,就一定会倒闭,公司一倒闭,员工就会失业,他们将流离失所,在贫困线上挣扎,这是谁都不愿意看到的呀!"显然,此人的辩护手段是"诉诸怜悯",目的是让人觉得他作为弱者或弱势群体的代表是值得同情的,因而所持的观点也是合理的。然而,这种论证明显不合逻辑,因为某人值得同情与某人论断正确并没有相关性,唤起人类的怜悯之心也决不能代替具体的逻辑论证。

八、诉诸威胁

诉诸威胁是指借助于强权威胁或武力恐吓等手段来迫使对方接受其某一观点或主张,又称"诉诸强力""诉诸暴力"。现实生活中常说的"强权即公理""打棍子""扣帽子""抓辫子""装袋子"都是诉诸威胁的真实写照。如果谁不赞同或践行他所坚持的主张,那么谁就会遭遇精神上的烦恼或肉体上的痛苦。这种强盗逻辑的霸道用语便是:"你必须投赞成票支持我当选,否则你会永远没有安宁日子过!""我的主张毋庸置疑的,凡是不赞同我的人都将被免职!"

人类历史上曾盛行以决斗论胜负的不"正"之风,实际上是典型的"诉诸强力"的表现。德国哲学家康德对此的剖析可谓淋漓尽致。他写道:"迂回证明的方法,具有真实之诱惑势力,独断的推理者常以之博得其赞美之人。此类一斗士对于怀疑彼党之名誉及权利者,必申请与之决斗,以此扶植彼党之名誉及其不可争之权利。但此种傲慢夸大,于所争事项之是非,实无所证明,仅表示斗士之间各自之强力而已,且此仅表示采取攻势者之强力耳。"

诉诸威胁迫使他人接受某论断,其方式不仅有针对肉体的武力,还有精神上的折磨,如宗教的:"你不信服,佛祖会罚你入地狱";道德的:"你不承认,良心将受谴责";经济的:"你不遵守,就对你实行制裁";生命的:"你不嫁我,我就自刎于你面前"。

事实上,一旦使用"诉诸威胁"的手段就等同于在理性法庭上败诉,因为强权并不是公理,威胁取代不了论证。

第四节　论据不足的谬误

所谓论据不足的谬误是指论据(前提)对论题(结论)缺乏足够的支持而导致的谬误,又称理由不充分的谬误。违反归纳推理的合理性准则而产生的谬误,大多属于这种类型。这种谬误从形式和程序上看似乎没有什么问题,因而更具有迷惑性。实际上,导致这类谬误的根本原因在于人们忽视了运用这些方法时应当符合的基本条件和应当遵循的导向性原则。论据不足的谬误主要有以下几种类型。

一、统计谬误

统计谬误指运用统计推理时未能满足特定的相关条件而导致结论的可信度降低的谬误。统计谬误的发生极为频繁。有一项调查表明:根据对一批企业的对比调查,在 15 年前,这些企业总经理的平均年龄是 45 岁,而今天,这些企业总经理的平均年龄是 52 岁,由此,某些人认为目前企业中总经理的年龄呈老化趋势。然而,事实上并不尽然,因为调查样本仅仅涉及有 15 年以上历史的企业,而结论中显示的是目前的企业,这些企业当然既包括新企业也包括老企业,所以,上述调查的样本并不具有代表性,而由此得出的结论也就不足为信。通常人们总是相信实证调查的可靠性,总是希望更多地"用数字说话",但这些数字从何而来、怎样才能合理地解读这些数字? 这里却大有学问。如果不注意把握与这些数字相关的统计规律与统计方法,难免会导致种类繁多的统计谬误。统计谬误有以下几种表现形式。

(一)"平均数"谬误

这是指基于平均数假象而引申出一般性结论的谬误。有一个民营企业,每月平均薪金分配如下:

总经理 10000 元、3 个副总经理每人 7000 元、15 个部门经理每人 5000 元、50 个职工每人 1000 元。因此这个企业对应聘者说平均薪金是每月 2000 多元。但某个应聘者被聘后每月薪金不超过 1000 元。其实，2000 多元确实是平均数（指算术平均数），但 1000 元是众数，应聘者更关心的应当是众数而非平均数。有人以"平均 2000 多元"来推出每个职工的月薪都是 2000 多元的结论就反映了这种平均数的谬误。

在考虑统计推理时，"平均"这个度量概念是很有必要加以注意的。假如有人说"某村的一位高个子中年男子张某在平均深度只有 0.5 米的小河中淹死了"，听者起初或许会大吃一惊。因为"平均深度"这个概念给他带来了一种"心理眩惑"，以至形成某种思维偏见。其实，尽管一条小河平均深度只有 0.5 米，但并不排除其中有 2 米或 2 米以上的深水区，而张某又恰好是在深水区出事的。

（二）错误抽样谬误

这是指在统计归纳过程中样本偏颇或样本太小等抽样不合理因素导致的谬误。

日本通产省曾发布消息说："东京是全世界第八个最容易生活的都市。因为与国民收入相比，东京物价是比较便宜的都市。他们称这是调查了全球 31 个主要都市的物价，并参照各都市的国民收入所得出的结论。然而，有人指出，这一结果并未将与居民生活有密切关系的地价、房租、食品和其他高物价计算在内，所以，日本通产省在调查东京物价时犯了样本偏颇的谬误，由此得出的结论的可信性也就大打折扣了。

还有一种情况是样本太小。例如，《纽约时报》曾开展了一次有关环境保护问题的民意调查。在由 1479 位美国成年人组成的样本中，有 67％的人对"即使对经济增长有损害，是否希望维持现有的环境保护法"的问题做了肯定回答，其中黑人有 54％做了肯定回答。据报道，1479 位美国人中黑人的数量反映出黑人在整个美国人口中的百分比 15％，即 250 名黑人。然而，按照统计规律推算，这样的样本量接近总体实际比率的可能性并不是很大。换句话说，要保证样本比率以较大概率接近总体实际比率必须考虑到误差。在 250 人这样的样本量时，样本比率和总体比率的误差在 $\pm 0.05 \sim 0.1$ 之间，所以加上这个误差，黑人做出肯定回答的实际结论是 49％～59％。[①]

（三）虚假相关谬误

虚假相关也是一种常见的统计谬误。在一些具体场合，两类事件就某些统计数字上看好像是密切相关的，其实两者之间并不存在真正的因果关系。比如，有一项统计资料显示，某一个国家的居民，喝牛奶的和死于癌症的比例都很高。有人据此而做出如下推论：喝牛奶是引起癌症的原因。其实，这是不能成立的。事实上，这个国家老年人的比例也很高。而通常情况下老年人是更易得癌症的。虚假相关的另一个例子是，有统计资料显示，半数以上的美国总统是长子女，75％的教师是长子女，90％的宇航员是长子女，因此就有人断言，长子女更容易有所成就。

二是忽视相关变项，即未考虑影响事件概率的种种因素，盲目断定两事件之间的相关性，进而得出一个不合理的结论。比如，2003 年 SARS 流行期间，大多数调查都显示中青年被感染的比率很高，因此，有学者就推论中青年易感染 SARS 病毒，然而事实并不是这么简单。因为，中青年感染比率高的一个重要原因是他们比一般的老人和儿童流动性更强，因为他们大部分时间要外出工作。所以，这里，部分学者就犯了忽视相关变项的谬误。

（四）赌徒谬误

这是指有人根据一事件新近不如所期望的那样经常出现，便推断不久将来它出现的概率将会增加的统计推理谬误。该谬误产生的根源在于意识不到事件的独立性。由于赌徒们经常犯这种错误，故以此命名。

赌徒们在赌博时，依据硬币正面朝上的可能性是 1/2，在数次出现硬币正面朝下的情形之后，便

---

① 丁煌，武宏志. 谬误：思维的陷阱[M]. 延吉：延边大学出版社，1990：104.

推断下次正面朝上的可能性增加,于是拼命增添赌注,但事与愿违,最后还是输了。原因在于他们误解了统计概率中的"大数定律"。这个定律告诉人们:当试验次数足够多时,随机事件发生的频率与它们的概率会无限接近。但它并没告诉我们关于下次投掷中会出现什么样的具体信息,而只告诉我们一个长远的概率。赌徒们没有理解投掷硬币时出现正面或反面均是一种独立的事件,先期事件对后续事件并无影响,不论先期是朝上还是朝下,硬币正面朝上的概率每次总是 1/2。

多年前,某山村有一农妇连续生了两个女孩(取名"盼弟""招弟")后,以为再生小孩就会是男孩,从而在这种渴求中又生了 5 个女孩(取名"来弟""连弟""顺弟""领弟""望弟")。事实上,每次生小孩都是不依赖于前一次生小孩(是生女孩还是男孩)的独立事件,过去生了女孩并未增加下次生男孩的概率。可见,这一农妇也陷入了类似赌徒的谬误。

(五)精确度谬误

人们在进行从样本到总体的统计推理时,总是希望得到一个精确的数据。但若不引起重视,这种对精确度的过度追求有可能把人诱入思维的陷阱。

精确度谬误是指从样本推出总体的过程中,忽视误差、追求精确数字而导致的谬误。

在统计推理中,当样本相对小而总体相对大时,由样本到总体的推理不能不考虑误差的因素,否则,过于追求精确性是十分危险的。例如,抽取 500 名 20～25 岁的青年人作为样本,有 55% 的人对"青年人是否十分喜欢网络文学"的问题做了肯定回答。有人据此做出结论:我国 55% 的青年人十分喜欢网络文学。这个推理是不正确的。因为样本中的比率与总体中的比率完全相同几乎是不可能的。在考虑了统计推理相关的误差之后,这里的结论肯定不会是一个具体的百分数。

二、轻率概括

轻率概括指没有遵循归纳概括的合理性原则,由个别特例推出一个带有普遍必然性的全称命题而产生的谬误,亦称仓促概括或以偏概全。大家或许熟悉这样一个有趣的例子,这就是著名逻辑学家罗素所说的关于归纳主义者的例子——火鸡的故事。

在火鸡饲养场里,有一只火鸡发现,第一天上午 9 点钟主人给它喂食。然而,作为一个卓越的归纳主义者,它并不马上做出结论。它一直等到已搜集了有关上午 9 点给它喂食这一经验事实的大量观察;而且,它是在多种情况下进行这些观察的:雨天和晴天,热天和冷天,星期三和星期四……它每天都在自己的记录表中加进一个观察陈述。最后,它归纳主义的良心感到了满意,它进行归纳推理,得出了下面的结论:"主人总是在上午 9 点钟给我喂食。"可是,事情并不像它所想象的那样简单和乐观。在圣诞节前夕,当主人没有给它喂食,而是把它宰杀的时候,它那通过归纳概括而得到的结论终于被无情地推翻了。大概火鸡临终前也会因此而感到深深的遗憾!

罗素的例子给我们一个启示:人们在认识活动中,总是试图从一些观察过的个别现象中归纳出一般性的结论来,然而,这种归纳概括往往只是以经验的认识作为主要依据,从某种事例的多次重复并未发现反例而做出一般性的结论。事实上,未曾发现反例,并不等于不存在反例,更不等于以后也不会出现反例。所以,在这种归纳概括的过程中,往往会出现某种认识的谬误。比如,在过去相当长的一段时间里,人们曾根据经验认为:"凡鸟都会飞","所有的天鹅都是白的","鱼都是用鳃呼吸的",但是后来却在非洲发现了不会飞的鸵鸟,在澳洲发现了黑天鹅,在南美洲发现了用肺呼吸的肺鱼,这样,上面这些一般性的论断也就被否定了。

在认识过程中,如果人们不遵循归纳概括的合理性原则,不去充分考虑事例的数量、事例出现的各种可能性空间及相关条件,或者说,在没有充分的"质"和"量"保证的前提之下,就轻率地推出一个普遍必然的全称命题来,那么就会犯"轻率概括"的谬误。"轻率概括"有如下 4 种表现形式。

(一)将个别当作一般

把个别情况当成一般情况,把特殊情况当作普遍情况,这是"轻率概括"的主要表现形式。作为归纳概括,顾名思义就是由个别、特殊而推出一般、普遍。然而,在归纳概括的过程中,如果人们只是根据个别的经验事实或某些特殊的事例就简单地得出某种一般性、普遍性的结论来,并进而认定这个结论是真实可靠的,那就违反了归纳概括的合理性准则。例如,由于最近几年某地方造假、欺骗、抢劫及愚昧落后等现象被曝光比较多,有些人一看到某地方人就会产生不好的联想,以至于某地方人在全国的声誉下降。这种从个别现象中得出贬低某地方人的结论正是犯了轻率概括的错误。又如,由于当前部分广告中出现了扩大、虚构甚至伪造事实的现象,所以现在很多人就认为,"广告都是骗人的"、"广告都是吹牛的",这样从广告中的个别现象得出普遍性结论就犯了轻率概括的谬误。这种对广告的片面性认识会对广告业的健康发展带来不良影响。

类似的例子并不少见。有一不了解日本的观众,看了电视上日本相扑力士的表演后说:"原来日本人有这么大块头。"

(二)将相对当作绝对

任何事物都包含着某些属性,这些属性又往往是在不同的条件、不同的关系中呈现出来的。因此,人们在特定条件下所获得的认识必然具有相对性。人们在归纳概括的过程中,如果撇开事件出现的具体条件,把相对的认识当成绝对,那么也会出现"轻率概括"的谬误。举例如下。

[16-19]我国援外工程技术人员在坦桑尼亚曾遇到这样一件事。坦赞铁路发生水害,铁路总经理到现场,向中国专家询问那里挡土墙的构造。中国专家十分有把握地说:"没问题,那是花岗岩。"在我国,花岗岩确实具有坚硬不破的属性,因此,中国专家认为,既然那里也是花岗岩地质构造,当然也是坚硬的,所以也就不会出问题。可是,在第二天复查时,只见挡土墙下沉了3米,大大出乎中国专家的意料。这究竟是怎么回事?原来,坦桑尼亚的花岗岩属于风化花岗岩。这种花岗岩遇水即化,脱水干硬。所以,花岗岩虽然确实具有坚硬的属性,但必须是在不是风化花岗岩并且没遇到水的特定条件下才会具有。①

我国工程技术人员之所以造成工作上的失误,原因就在于他们没有分析具体的地点、条件,把相对的认识当成了绝对。

(三)将或然当作必然

由于归纳概括总是在特定的条件下进行的,并且用于归纳概括的前提往往数量不多,因此,其结论更多地带有或然的性质。在归纳概括的过程中,如果人们将具有或然性(可能性)的结论当成必然性的论断,也会导致"轻率概括"的谬误。华罗庚在《数学归纳法》中举过一个通俗的例子。

[16-20]从一个袋子里摸出来的第一个是红玻璃球,第二个是红玻璃球,甚至第三个、第四个、第五个都是红玻璃球的时候,我们立刻会出现一个猜想:"是不是这个袋里的东西全部都是红玻璃球?"但是,当我们有一次摸出一个白玻璃球时,这个猜想失败了。

这就是说,当我们在前几次都摸到红球而尚未摸完袋中之球的情况下,只能说"可能都是红球",而不能说"必然都是红球",否则就是一种"轻率概括"。我国民间流传着很多谚语,比如,"瑞雪兆丰年""八月十五云遮月,正月十五雪打灯"等,其真实性、可靠性并不具有必然的性质。如果有人把这些谚语所断定的可能性视为必然性,看到冬季下了大雪就认为来年一定丰收,看到八月十五日月亮被乌云遮蔽,就认为次年的正月十五必然下雪,那就是犯了"轻率概括"的错误。

这种现象在日常生活中也很常见。

[16-21]同学甲:我们别让小李一起去打球,每次他去我们都要输。

同学乙:这种人我也认识,就像我们每次和小赵一起去野餐都要下雨一样。

(四)将局部当作整体

在归纳概括的过程中,如果把局部的特殊性当作整体的普遍性,也是一种"轻率概括"的错误。整

---

① 汪馥郁.辩证思维及其应用[M].长沙:湖南人民出版社,1984:95.

体是构成事物的诸要素和关系的全部总和,它是事物的组成、结构、性质、功能、关系交互作用的统一体。局部则是整体的一部分,是整体中的要素和关系。局部可以是整体中的某一要素,也可以是某些要素的组合。不难看出,整体与部分既密切联系,又互相区别。假如人们把整体中某一部分或某些要素所具有的属性简单地当成整体本身所具有的属性,那显然是不合理的,有时甚至是非常荒谬的。举例如下。

[16-22]莫里哀的喜剧《贵人迷》中有一个有趣的情节。汝尔丹先生的音乐教师与舞蹈教师发生了争执。音乐教师认为:"没有音乐,国家就不能存在。"舞蹈教师则坚持:"没有舞蹈,人就寸步难行。"两人吵到哲学教师那里,叫他评理。哲学教师却主张,唯有哲学才是高于一切的。结果被两人打了一顿。

这里音乐教师、舞蹈教师与哲学教师的思考方式都是明显悖理的,问题就在于他们把"国家"和"人"这两个整体所应当具有的某些属性片面地夸大为"国家"和"人"这两个整体必须具有的最重要的属性,实际上也就把局部的特殊性和可能性当成了整体的普遍性和必然性。

在日常生活中,既然片面抓住事物的局部属性而忽视对事物的整体把握难免会造成"轻率概括"的错误,那么,在归纳概括的过程中,人们就很有必要从"多属性的统一"中来思考和把握具体的认识对象。人们很早就知道,吃糖对身体有益,特别是对那些长距离的跑步运动来说,糖更是一种很好的能源物质。假如仅仅基于这些认识,人们便进行归纳概括,并进而做出"吃糖对身体有益无害"这样的判断,那显然是不合适的,因为问题的另一个方面也值得重视。英国伦敦大学一位教授将长期喂含糖食物的小白鼠与喂不含糖食物的小白鼠相比较,发现前者的寿命短于后者。日本大学药理学教授,也通过大量的实验证明,多吃白糖会影响到机体的免疫功能。多吃糖更是引起龋齿的主要原因。鉴于此,有人或许会说:"吃糖对人体有害。"其实,这个结论同样是轻率的。正像有的学者所说,正确的认识是人们将这两个有差别的认识统一起来,从而形成一个正反综合的判断:"吃糖既能对人体产生有益的作用,也能对人体产生有害的作用。如果吃糖时能根据各人的身体状况,注意适量,讲究科学,那么吃糖就会对人体产生有益的作用,反之,吃糖就会对人体产生有害的作用。"

三、因果谬误

因果谬误指在探究因果联系的过程中,由于忽视或错认某些相关条件和相互关系而导致的谬误。因果关系反映的是事物现象之间和事物内部的相互作用关系。同为因果关系,也有一因多果、一果多因、多因多果等复杂情况。关系的多样性和复杂性,不同程度地模糊了人们的"视线",在人们探求因果联系的道路上设下了种种屏障和陷阱,使之难以摆脱因果谬误的侵袭。

因果关系的复杂性导致因果谬误也具有多样化的表现形式。

(一)以先后为因果

以先后为因果是指把时间的先后关系误认为因果关系而产生的谬误,即认定居前为因,居后为果。因果性与时间上的顺序性有联系,又有区别。在事物变化、发展的过程中,一般地说,总是原因在前,结果在后。但是,并非任何先后相继的运动都能构成因果关系。例如,昼与夜,春与夏,虽然有时间上的先后相继关系,但并不构成因果关系。而且,并非一切因果关系都具有时间上的顺序性。作为前因后果这种一般情况的例外,有的原因和结果可以是同时的,或者说由原因引起结果的过程是瞬间的。例如,在 $F=ma$ 公式中,F(作用于质量为 m 的物体的外力)是引起 a(加速度)的原因,其中外力的作用与速度的变化(加速或减速)却是同时的。

正因为如此,倘若在求取和把握因果联系时,仅根据两类事物现象在时间上的顺序性就推断其存在内在的因果性,那自然是不合理的。然而,这种不合理的思考和推断方式在日常生活中还是时有发生,并且这种错误常常是产生各种偏见和迷信的基础。例如,《韩非子·说林》上记载了一则故事。

[16-23]有人给荆王进献长生不老之药,一中箭受伤的士兵抢夺食之,荆王大怒,欲杀此人。此人辩解说,我吃此药,结果引来杀身之祸,可见此药不是长生不老之药。于是荆王免其死罪。

抢吃药的人就是以先后定因果。他的论证是,先吃药,后将送命,因此这药成为丧生的原因。然而,事实上,荆王要杀他,乃是因为他抢夺献王之物,不管此物为何物,都会招来杀身之祸,因此,此药本身和杀身之祸并无因果关系。荆王为其所惑,实际上也犯了以先后为因果的谬误。

[16-24]1811年拿破仑进攻俄国之前,在北半球有一个直径100多万千米的大彗星飞过大部分俄罗斯上空,天色变成了红色。随后便发生了拿破仑进攻俄国的战争。这一事件在时间上具有前后相继的关系,致使部分俄国人产生下述迷信的偏见:血红色的天空是出现残酷战争的原因。在相当长的时间里,一些俄国人始终存有如下成见:一旦天空出现血红色,战争就要发生。

这又是一个把"在此之后"与"由此之故"混为一谈的典型的历史事例。

美国逻辑学家S.F.巴克尔在他的《逻辑原理》中也讨论过这类谬误。他举出了如下归纳论证的实例:"史密斯总统上任不久,失业人数下降,所以,史密斯总统由于恢复了人们的工作,应该得到信任。"S.F.巴克尔认为,这个论证犯了以前后为因果的谬误,它是轻率归纳谬误的一个特例。在他看来,人们断言"失业人数下降是因为史密斯总统执政所引起的结果",这是一个"非常轻率的跳跃"。

在日常生活中这种"以先后为因果"的现象也很常见。例如,学生小李吃完饭后突然感到肚子不舒服,"怎么回事呢?"他想,"没有别的可能呀,我今天可没乱吃,肯定是刚才的米饭有问题,肯定是!"

(二)以假象为原因

"以假象为原因"也是常见的因果谬误。如前所述,因果关系在时间上通常是前后相继的,然而,在事物的先行情况中有些并不是后行情况的真正原因,问题在于它从表面上看又好像是"原因",而那些真正的原因却隐藏在事物现象的深层。如果人们不注意深入地分析思考,那就很可能以假为真,错认原因。这类现象在日常生活中屡屡可见。举例如下。

[16-25]一机关工作人员晚上看书3小时,同时喝了几杯浓茶,结果整夜失眠。第二天晚上他又读了3小时书,吸了许多纸烟,结果又整夜失眠。第三天晚上他又读了3小时书,喝了大量的咖啡,结果又整夜失眠。3个晚上各读了3小时书,因此认为读3小时书就是整夜失眠的原因。

其实,喝浓茶、抽纸烟与喝咖啡,虽然表面上看是3个不同的情况,却包含了一个共同的因素,即摄入大量兴奋性的东西,而这个共同的因素正是失眠的原因。

[16-26]有位同学每当听课就头疼,他以为患了神经衰弱症,并认定头疼的原因是上课听讲。后来经过医生检查,发现引起头疼的原因,是上课时才戴的那副不合适的近视眼镜。

这个学生只注意到上课与不上课这个差异,而没有注意到(上课时)戴眼镜和(下课时)不戴眼镜这个不同,因而把引起头疼的真正原因忽略了。

(三)以合因为独因

在现实生活中,人们要达到某种目的必须同时具备许多条件,或者说,多种原因结合到一起才能产生一个结果。比如,要想证实某人是作案人,那就必须考虑某人作案的时间、场所、动机、手段等诸多因素。如果只知其中的某个因素就妄下断言,就会犯以合因为独因的谬误。确知某人有作案的动机而忽视其他环节的侦查、分析,就是把"作案动机"当成了作案的单独原因。

(四)以多因为一因

同一结果可能由多种原因引起,多种原因也都可以分别独立地诱发一个结果。假如把导致特定现象的多种原因中的某一个当成是唯一的原因,那就犯了以多因为一因的谬误。比如,某人发高烧,可能是患肺炎引起,也可能是感冒引起,也可能是其他原因。如果认为不得感冒,人就不会发烧,那就是把感冒当成了发烧的唯一原因。

(五)因果倒置

因果倒置指在相对确立的条件下,把原因与结果相互颠倒,视结果为原因和视原因为结果而产生的谬误。例如,微生物入侵与有机物的腐败,这两者之间存在着内在的因果,前者是原因,后者是结果。但是有人不懂这个道理,误认为有机物腐败以后微生物才会入侵,这就是把因果颠倒了。

四、类比不当

类比不当是指在事物的已知属性和类推属性之间缺乏较强的关联时硬性运用类比推理而导致的谬误。事物的属性是多种多样的,它表现在各个方面。人们进行类比时,必须是在同一系列(同一类型)的属性上进行推论。如果不注意属性的同系列或同类型,而简单随意地抽取两类对象的某些属性进行类比,那么就难免会出现"类比不当"的谬误。例如,人们一定很熟悉苏东坡这样一首诗:"水光潋滟晴方好,山色空蒙雨亦奇。欲把西湖比西子,淡妆浓抹总相宜。""西湖"与"西子",两者为什么能类比?因为它们在"色""气""态"等诸方面有着许多共同点,它们都能给人以强烈的美的感受,因此,西施"淡妆浓抹总相宜",西湖也同样如此。但是,西湖还有灌溉之利,还是养鱼之地,西施弱不禁风,至多只能品尝鱼味。倘若我们比较了西湖与西施在自然美方面的种种共同点之后,进而推论西湖弱不禁风、能品尝鱼味,或者推论西施有灌溉之利,是养鱼之地,那显然是荒谬无比的。又如,基督教神学曾经通过"机械类比"为自己的错误论点做辩护:宇宙是由许多部分构成的一个和谐整体,如同钟表是由许多部分构成的和谐整体一样,而钟表有一个创造者,所以,宇宙也有一个创造者,那就是上帝。

类比不当有如下两种情形。

(一)机械类比

1. 定义

机械类比是指把某对象的特有属性或偶有属性类推到其他对象上而产生的谬误。换言之,就是把两个或两类共同点或相似点较少,而且在本质上并不相关的事物进行比较而推出错误结论的谬误。举例如下。

[16-27]有一次古罗马老百姓造反时,议员梅涅里·阿格利巴曾用下列方法去劝说人们平息暴动,他说,你们每人都知道,人体内有各种部分,并且每一部分都完成着自己一定的任务:双脚走路,大脑思想,双手工作。国家也是一个机器,里面每个部分也都完成着自己一定的任务:贵族是国家的脑,百姓是它的双手。如果人体的个别部分不安分,并拒绝完成赋予它的任务,那还成什么人体呢?假如人的双手拒绝工作,大脑拒绝思想,那么这个人只有死路一条。要是国家的公民拒绝尽他们应尽的义务的话,国家也会遭到这种命运。

其实,这个类比是完全错误的,他将社会上不同阶级间的关系与人体各部分之间的关系相比,实际上把两类完全不同的现象混淆了,因而属于"机械类比"的谬误。

下列这则幽默小品正揭示了机械类比的错误。

[16-28]顾客:"你们这些电脑为什么没有鼠标?广告上明明有的嘛!"

销售人员:"是的,先生,但广告上那台电脑的价格并不包括鼠标,鼠标的价格要另加上去。"

顾客:"岂有此理,这不是明摆着骗人吗?广告上明明登得清清楚楚的。"

销售人员:"是呀,先生,我们的广告上还有一位美女呢,可是在我们出售电脑时并不给顾客提供美女呀。"

很明显这位销售人员犯了机械类比的错误,因为鼠标是电脑不可分割的部分,广告上外加上去做宣传的美女照怎么能与之类比呢?

2. 表现形式

机械类比有两种表现形式。

(1)混淆共有属性与特征属性。举例如下。

[16-29]几十年前,科学家根据地球与火星的许多相同或相似点,即都是太阳系的行星,都有大气层,都有适中的温度,都有水分,地球上有高等动物存在,从而推论火星上也有类似于人的高等动物存在。

然而,地球上的大气层中含氧较多,这恰恰是地球的特有属性而不是地球、火星两者的共有属性。事实上,火星上的大气层中含氧极少,缺乏人类生存的必要条件,终于,"火星上有人"这个曾经使全世界兴奋了差不多一个世纪的推断破灭了。

(2)混淆固有属性与偶有属性。举例如下。

[16-30]老李与老张是中年男子,我们可以从老李长喉结、胡子而推知老张长喉结、胡子,因为长喉结、胡子可以说是中年男子的固有属性。但是假如老李长了6只手指头,人们据此就推断老张也有6只手指头,那显然是荒谬的。

因为长6只手指头不过是人的偶有属性。每个事物都会有许多偶有属性,两个事物即使其他很多属性都相似,也不能从一个事物的偶有属性,推论另一个事物必定具有这一属性。

(二)异类相比

异类相比指在尚未发现事物的相同属性因而未构成同类事物之前,对两类事物在数量上进行简单的比较。中国古代的墨家早就发现了这种谬误,他们在《墨经·经下》中提出:"异类不比。说在量。"墨家举例说:"木与夜孰长? 智与粟孰多? 爵、亲、行、贾,四者孰贵? 麋与霍孰高? 麋与霍孰霍? 蝉与瑟孰悲?"意思是说,不同类事物在量上不能简单比较。木头与夜晚属于不同类的事物,前者属于空间概念,后者属于时间概念,两者不可比较长短;智慧与粟,前者从属于精神范畴,后者从属于物质范畴,也不能说两者之间哪个多哪个少;爵位的上下、亲属的近远、品行的贵贱、价格的高低,四者均属于不同的类,不可相提并论;蝉声与瑟声都很悲凄,前者属于昆虫,后者属于乐器,怎么能说哪个更悲凄呢? 墨家指出,不同类的事物在量上不能简单类比,这是正确的。如果你简单地说某根木头比某个夜晚长,或者某个夜晚比某根木头短,那就是"异类相比"的错误。

第五节　研究谬误的意义

谬误广泛存在于人们思维活动和语言交流的整个过程和各个领域,深入而具体地研究谬误问题,不仅具有现实的应用价值,而且具有重要的理论意义。

首先,研究谬误有助于人们有效地识别、防范和避免谬误。应当承认思维活动和语言交流过程中谬误存在的普遍必然性和直接现实性。歌德曾说过一句寓意深刻的话:"谬误不断地在行动中重复,而我们在口头上不倦地重复的却是真理。"因此,如果我们能对谬误做系统研究,进而对谬误的分类、成因、识别和避免方式做出明确说明,那么对人类的思维活动和生活实践必将有所裨益。

其次,研究谬误有助于人们更好地达到求真的目标。逻辑是求真的一门学问,正如威拉德·冯·奥曼·蒯因所说:"逻辑,像任何科学一样,把求真作为自己的使命。"但在求真这一点上,逻辑又表现出自己的特色和个性,其求真的宗旨是为人们的思维和表达提供方法,最终给出的是人们可以从真前提得到真结论的理论框架或模型。求真与辨谬是一个问题的两个方面,它们是不可分割地联系在一起的。有人之所以不能以有效的方式求真,其中一个重要原因就是因为不能明确地辨析谬误。事实上,如果人们不能正确地把握辨谬的原则与方法,那么便不可能建立一个正确的"从真前提导出真结论"的理论模型。从这个意义上讲,辨谬实际上正是以直接或间接的方式在求真。

第三,研究谬误有助于拓展逻辑学的应用领域,并为逻辑学的发展寻找新的增长点。从历史的线索看,逻辑学的发展内在地包含理论与应用两个方面。从某种意义上讲,谬误研究正是沟通逻辑理论与日常应用的一座桥梁。辨析谬误的现实需求提示人们展开研究逻辑学科理论内容的多样性和解决思维实际问题的可操作性,这就为逻辑的生存和发展提供了更为广阔的空间,因为人们的思维活动和语言表达既需要严格的、形式化的分析,又需要意向性的非形式化的分析;另一方面,谬误研究的深入也会逐渐暴露出原有逻辑系统的某些缺陷和原有逻辑工具解题能力的不足,这就促使人们从深度与广度上拓宽逻辑思考的视野,进而催生新的逻辑学理论。

练习题

一、从下列各题的 4 个备选项中选择 1 个正确的答案,并做出简要的分析。

1.19 世纪有一位英国改革家说,每一个勤劳的农夫,都至少拥有两头牛。那些没有牛的,通常是些好吃懒做的人。因此,他的改革方案便是国家给每一个没有牛的农夫两头牛,这样整个国家就没有好吃懒做的人了。这位改革家明显犯了一个逻辑错误。

以下哪项论证中出现的逻辑错误与题干中出现的类似?

A.瓜熟蒂落,所以,瓜熟是蒂落的原因。

B.这是一本好书,因为它的作者曾获诺贝尔奖。

C.你是一个犯过罪的人,有什么资格说我不懂哲学?

D.有些发达国家一周只工作差不多四天或实行弹性工作制,为了缩短与发达国家的差距,我国也应该照此办理。

2.法庭上在对一名犯罪嫌疑人张某进行审讯,其辩护律师说:"张某大学毕业,有较高的文化层次,并且有一位美丽的妻子和一个可爱的女儿,他怎么可能铤而走险去抢劫银行呢!"

以下哪项中的手法与该辩护律师的手法相似?

A.小王在这个问题上的错误认识,与他不注重世界观的改造有一定的联系。

B.今年庄稼收成不好,固然有自然灾害方面的原因,难道我们主观上就没有责任吗!

C.李某只承认有挪用公款的行为,而拒不承认贪污行为,这是一种避重就轻的做法。

D.老林历史上犯过错误,受到组织上的处理,他不可能对本企业的发展提出合理化的建议。

3.陈华为了图便宜花 50 元买了双旅游鞋,不到一个月就断裂了,不久,他按市价的几乎一半买了件皮夹克,结果发现原来是仿羊皮的。于是他得出结论:便宜无好货。陈华得出结论的思维方法,与下列哪项最为类似?

A.李京东是语文教师,他仔细地阅改了每一篇作文,得出结论:全班同学的文字表达能力普遍有所提高。

B.王江检验一批产品,第一件合格,第二件是次品,于是得出结论:这批产品不全合格。

C.吴琼邻居的小男孩,头发有两个旋,脾气很犟;吴琼的小侄子,头发也有两个旋,脾气也很犟。吴琼因此得出结论:头发上有两个旋的孩子,脾气很犟。

D.吴琼认为头发上有两个旋的孩子脾气很犟,因此得出结论:自己的孩子脾气不犟是因为头发上只有一个旋。

4.对一批企业的调查显示,这些企业总经理的平均年龄是 57 岁,而在 20 年前,这些企业总经理的平均年龄大约是 49 岁。这说明,目前企业中总经理的年龄呈老化趋势。

以下哪项,对题干的论证提出的质疑最为有力?

A.题干中没有说明,20 年前这些企业关于总经理人选是否有年龄限制。

B.题干中没有说明,这些总经理任职的平均年数。

C.题干中的信息,仅仅基于有 20 年以上历史的企业。

D.题干中没有说明被调查企业的规模。

二、阅读下列材料,指出其中的谬误类型,并做简要分析。

1.教师甲:今年学校的情况不错呀,招生好,学生就业好,项目、课题也多。

教师乙:是呀,李校长果然厉害,一上台就有好成绩。

2.同学甲:哇,这位同学连续 3 年拿奖学金,肯定是天才。

同学乙:不是天才才怪呢!你看他一学期就发表了 5 篇文章。

3. 那里有个地下商场。

4. 全老师将于元旦举行新年画展。

5. 西施到底是哪里人？某某大学的著名历史学教授已有高见，难道你还有异议？

6. 秘书：局长，现在情况变化了，所以我建议修改一下原来的方案。

局长：这绝对不行，这是李教授亲自规划的方案，绝对没错，我们照办就是。

7. 丈夫：亲爱的，今天是你的结婚纪念日，我要好好为你庆祝。

妻子：到了你的结婚纪念日，我也要好好为你庆祝。

8. 公交车上，某先生被踩了一脚。

某先生：哎哟，踩着我的脚了。难道你看不见这是我的脚吗？

某小姐：哟，你的脚藏在鞋子里，我怎么看得见？

9. 李某因贪污被控告，在法庭上李某痛哭流涕："没人能想象我现在有多么内疚，我觉得我好像做了一场噩梦。我真是太惭愧了，我女儿曾经把我当作偶像，我妻子一直说'亲爱的，你好伟大'，我母亲也一直把我当作她这辈子的骄傲，可现在弄成这样，我真不知道如何面对他们，我真不知道他们会有多么失望。"

10. 法官：你为什么要踢这位先生？

被告：因为我的手受伤了呀。

11. 男：要像对情人一样对篮球，用缠的功夫，一双手要像口香糖一样粘在篮球上，那就绝了。

女：然后呢？就一手扔开？那才真叫绝了。

12. 邮局工作人员：太太，您的信超重了，要再贴一张邮票。

老太太：再贴一张邮票，那不是更重了吗？

13. 丈夫：亲爱的，你真是太任性了！为什么不和我商量就把头发剪了呢？

妻子：你也不和我商量头顶就全秃了，这又像什么话？

14. 小李：小王，昨天我看到有警察从你家出来，你家是不是有人犯错了？

小王：你家才有人犯错了呢，什么逻辑！如果有军人从你家出来，你家就一定爆发战争了吗？

15. 保险公司经理：小李，你有一件事让我非常担心，为什么你只向那些 95 岁的老人推销保险呢？这样下去，公司迟早会毁在你手上的。

小李：噢，经理，是这样的，我看了咱们国家过去 10 年的死亡统计资料，资料显示，每年只有极少数人是在 95 岁或超过这个年龄死去的。

16. 我们公司的手机销售去年增加 60% 以上，而我们的竞争对手只增加不到 30%，因此我们的市场竞争能力比对手更强。

17. 甲：我可以肯定地说，其他星球上存在智能型高人。

乙：怎么那样肯定？

甲：美国好几部影片不都是反映外星智能人的吗？

乙：那不过是科学幻想而已，难以为据。

甲：那你能拿出相反的证据来吗？

第十六章习题参考答案

参考文献

Irving M. Copi, Keith Burgess-jackson. *Informal Logic*[M]. New York：Macmillan Publishing Company，1982.

Irving M. Copi. *Introduction to Logic*[M]. New York：Macmillan Publishing Company，1972.

Irving M. Copi. *Symbolic Logic*[M]. Upper Saddle River：Prentice Hall，1979.

I. M. Bochenski. *A History of Formal Logic*[M]. Notre Dame：University of Notre Dame Press，1961.

Nicolas Rescher. *Topics in Philosophical Logic*[M]. Dordrecht：D. Reidel Publishing Company，1968.

Nancy Cavender，Howard Kahane. *Logic and Contemporary Rhetoric*[M]. Belmont：Wadsworth Publishing Company，1984.

Steven L. Levinson. *Pragmatics*[M]. Cambridge：Cambridge University Press，1993.

布鲁克·诺埃尔·摩尔,理查德·帕克.批判性思维[M].朱素梅,译.北京:机械工业出版社,2015.

蔡曙山.言语行为和语用逻辑[M].北京:中国社会科学出版社,1998.

C. W. 莫里斯.指号、语言和行为[M].罗兰,周易,译.上海:上海人民出版社,1989.

陈波.逻辑学导论[M].北京:中国人民大学出版社,2003.

陈波.逻辑学是什么[M].北京:北京大学出版社,2015.

陈晓平.归纳逻辑与归纳悖论[M].武汉:武汉大学出版社,1994.

陈宗明.中国语用学思想[M].杭州:浙江教育出版社,1997.

范爱默伦,赫尔森,克罗贝,等.论证理论手册(上下册)[M].熊明辉,赵艺,译.北京:中国社会科学出版社,2020.

范爱默伦,斯诺克·汉克曼斯.论证分析与评价[M].2 版.熊明辉,赵艺,译.北京:中国社会科学出版社,2018.

胡龙彪,黄华新.逻辑学教程[M].杭州:浙江大学出版社,2006.

黄华新,等.逻辑、语言与认知[M].杭州:浙江大学出版社,2019.

黄华新,王继同.新逻辑学[M].2 版.杭州:浙江大学出版社,1999.

加里·西伊,苏珊娜·努切泰利.逻辑思维简易入门[M].廖备水,雷立贤,冯立荣,译.北京:机械工业出版社,2013.

金岳霖.形式逻辑[M].北京:人民出版社,1979.

林正弘.逻辑[M].台北:三民书局,1970.

《逻辑学》编写组.逻辑学[M].北京:高等教育出版社,2017.

梅里利·萨蒙.逻辑与批判性思维导论[M].6 版.刘剑,李嘉伟,译.北京:中国轻工业出版社,2020.

苗力田.亚里士多德全集:第一卷[M].北京:中国人民大学出版社,1990.

欧文·柯匹,卡尔·科恩.逻辑学导论[M].11 版.张建军,潘天群,译.北京:中国人民大学出版社,2007.

彭漪涟.逻辑学基础教程[M].上海:华东师范大学出版社,1999.

P. 苏佩斯.逻辑导论[M].宋文淦,等译.北京:中国社会科学出版社,1984.

乔治·莱考夫,马克·约翰逊.我们赖以生存的隐喻[M].何文忠,译.杭州:浙江大学出版社,2015.

斯蒂芬·雷曼.逻辑的力量[M].3 版.杨武金,译.北京:中国人民大学出版社,2010.

宋文坚.新逻辑教程[M].北京:北京大学出版社,1992.

涂纪亮.英美语言哲学[M].北京:中国社会科学出版社,1993.

王路.逻辑的观念[M].北京:商务印书馆,2000.

王维贤,李先焜,陈宗明.语言逻辑引论[M].武汉:湖北教育出版社,1989.

王宪钧.数理逻辑引论[M].北京:北京大学出版社,1982.

威廉·涅尔,玛莎·涅尔.逻辑学的发展[M].张家龙,洪汉鼎,译.北京:商务印书馆,1985.

吴家国.普通逻辑述评[M].上海:上海人民出版社,1990.

武宏志,马永侠.谬误研究[M].西安:陕西人民出版社,1997.

熊立文.现代归纳逻辑的发展[M].北京:人民出版社,2004.

亚里士多德.工具论[M].李匡武,译.广州:广东人民出版社,1984.

殷海光.逻辑新引:怎样判别是非[M].成都:四川人民出版社,2018.

约翰·杜威.我们如何思维[M].伍中友,译.北京:新华出版社,2010.

詹斯·奥尔伍德,拉斯·冈纳尔·安德森,奥斯坦·达尔.语言学中的逻辑[M].王维贤,李先焜,蔡希杰,译.石家庄:河北人民出版社,1984.

张家龙.数理逻辑史[M].北京:社会科学文献出版社,1993.

张则幸,吴寅华.简明现代逻辑[M].杭州:杭州大学出版社,1995.

郑伟宏.智者的思辨花园[M].上海:复旦大学出版社,2018.

周北海.模态逻辑导论[M].北京:北京大学出版社,1997.

周礼全.逻辑:正确思维和有效交际的理论[M].北京:人民出版社,1994.

诸葛殷同,张家龙,周云之,等.形式逻辑原理[M].北京:人民出版社,1982.

邹崇理.逻辑、语言和信息:逻辑语法研究[M].北京:人民出版社,2002.

人名译名对照表

后　记

　　2002 年和 2004 年,"逻辑学"课程先后列入浙江大学和浙江省的精品课程建设计划。从那时开始,我们围绕精品课程建设的总体目标和思路,在反复酝酿和讨论的基础上,着力编写《逻辑学导论》,并于 2005 年正式出版。经过近 6 年的教学实践,我们于 2011 年出版了该教材的第二版。如今,又有 10 个年头了。2019 年,"逻辑学导论"课程还入选了浙江省本科高校一流课程,这无疑也给我们的教材建设提出了更高的要求。我们深深感觉到,在新的时代背景下,为了更好地传播逻辑知识,培育逻辑精神,有必要对《逻辑学导论》再做一次系统的修订。

　　本次修订力图体现传统逻辑题材与现代逻辑内容的衔接,逻辑知识传播与逻辑意识培养的汇通,逻辑理论阐发与逻辑思维训练的结合,以便更好地提高学生的思维能力,升华学生的思维品质。

　　这次修订主要包括如下几个方面:第一,对教材的一些内容进行精简或增写,对章节目做了若干调整和优化。第二,增加典型案例分析、练习题和延伸阅读的参考文献,在全书最后附上了练习题的参考答案。第三,各章的思维导图作为提纲使用,有助于梳理关键信息,构建知识体系,形成学习线索。学习者可以结合书中的详细内容和自己的理解,直接在思维导图提纲中对关键词信息进行完善补充。第四,根据新形态教材建设的要求,我们还在每章的相应位置增加了音频、视频材料。

　　在编写和修订本教材的过程中,我们参考了周礼全主编的《逻辑——正确思维和有效交际的理论》,宋文坚主编的《新逻辑教程》,陈波的《逻辑学导论》,林正弘的《逻辑》,P. 苏佩斯的《逻辑导论》,欧文·柯匹和卡尔·科恩著(张建军、潘天群,等译)的《逻辑学导论》及其他多种逻辑著作,并吸取了他们的一些成果。同时我们也整合了《新逻辑学》(黄华新、王继同主编)、《逻辑学教程》(胡龙彪、黄华新编著)和《简明现代逻辑》(张则幸、吴寅华编著)的部分内容。在此谨向各位作者表示深深的谢意!

　　金立、廖备水、胡龙彪、应腾、张传睿等老师对本书的修订提供了宝贵意见;洪峥怡同学全程参与了本次修订,在全书编校和文稿汇总方面做了大量具体细致的工作,并承担了归纳逻辑第四节的修订和语用逻辑四章的习题答案编写;黄略、杭颖颖、马继伟、徐璐洁、薛莹、祝文昇、杨奕帆、叶向阳、赵一旸、周佳旖等同学对本书的校对做出了贡献。浙江大学本科生院对本教材出版给予了重点资助,浙江大学出版社的曾熙老师为这次修订提出了许多很好的意见和建议,在此一并致谢!

　　修订后的教材里难免还有缺点和错误,敬请读者批评指正。

编者

2021 年 3 月